Frederike Wolf

Interkulturelle Integration als Aufgabe
des öffentlich-rechtlichen Fernsehens

Frederike Wolf

Interkulturelle Integration als Aufgabe des öffentlich-rechtlichen Fernsehens

Die Einwanderungsländer
Deutschland und Großbritannien
im Vergleich

VS VERLAG

Bibliografische Information der Deutschen Nationalbibliothek
Die Deutsche Nationalbibliothek verzeichnet diese Publikation in der
Deutschen Nationalbibliografie; detaillierte bibliografische Daten sind im Internet über
<http://dnb.d-nb.de> abrufbar.

Diese Dissertation wurde von der Friedrich-Naumann-Stiftung für die Freiheit
mit Mitteln des Bundesministeriums für Bildung und Forschung gefördert.

1. Auflage 2011

Alle Rechte vorbehalten
© VS Verlag für Sozialwissenschaften | Springer Fachmedien Wiesbaden GmbH 2011

Lektorat: Dorothee Koch | Priska Schorlemmer

VS Verlag für Sozialwissenschaften ist eine Marke von Springer Fachmedien.
Springer Fachmedien ist Teil der Fachverlagsgruppe Springer Science+Business Media.
www.vs-verlag.de

Umschlaggestaltung: KünkelLopka Medienentwicklung, Heidelberg
Druck und buchbinderische Verarbeitung: STRAUSS GMBH, Mörlenbach
Gedruckt auf säurefreiem und chlorfrei gebleichtem Papier
Printed in Germany

ISBN 978-3-531-18207-0

„If we cannot end now our differences,
at least we can help make the world safe for diversity."
John F. Kennedy (1917 - 1963)

Für meine Großmutter und meine Eltern

Danksagung

Vielen Menschen unterstützten, forderten und förderten mich während der Arbeit an meiner Dissertation. Bei ihnen möchte ich mich an dieser Stelle gerne bedanken. Mein besonderer Dank gilt meinem Doktorvater und Erstgutachter Prof. Dr. Uwe Hasebrink, der bereits während meiner Studienzeit am Institut für Journalistik und Kommunikationswissenschaft der Univerität Hamburg mein Interesse für empirische Untersuchungen im Allgemeinen und solche zum öffentlich-rechtlichen Fernsehen im Speziellen geweckt hat. Seine fachliche Erfahrung und seine stets konstruktiven Anmerkungen haben mich in den entscheidenden Situationen immer einen Schritt weiter gebracht.

Auch bedanke ich mich bei meinem Zweitgutachter Prof. Dr. Hans J. Kleinsteuber, der mich bereitwillig in die Gruppe seiner Doktoranden aufgenommen hat und mir dadurch die Möglichkeit eröffnete, zusammen mit anderen einen ungezwungenen Dialog über unsere Dissertationsprojekte in wissenschaftlich inspirierender Atmosphäre zu führen. Seine Erfahrung im Bereich der international vergleichenden Forschung hat mir wertvolle Impulse für das komparative Vorgehen in meinem Promotionsvorhaben gegeben.

Mein Dank gilt zudem Dr. Myria Georgiou, die mich während meines Forschungsaufenthalts als Visiting PhD Student am Department for Media and Communications der London School of Economics and Political Science in Großbritannien betreut hat. Durch ihr brennendes Interesse für die Thematik „Medien und kulturelle Vielfalt" und ihre Unterstützung bei der Gewinnung von geeigneten Interviewpartnern sind die Monate in London so interessant und für meine Untersuchung ausschlaggebend gewesen.

Mein besonderer Dank gilt meinen Interviewpartnern aus den Reihen der öffentlich-rechtlichen Fernsehsender in Deutschland und Großbritannien sowie aus Politik und Wissenschaft, die sich die Zeit genommen haben, mir als Experten für die Befragung zur Verfügung zu stehen. Ohne sie wäre diese Arbeit nicht zustande gekommen. Ihrer Interviewbereitschaft und Offenheit während der Gespräche, die mir einen Eindruck der Integrationsbemühungen bei den öffentlich-rechtlichen Fernsehsendern vermittelt haben, ist es zuzuschreiben, dass ich mich mit viel Freude an die Begegnungen „im Forschungsfeld" zurück erinnere.

Dankbarkeit empfinde ich auch gegenüber meinen Wegbegleitern, Freunden, früheren Kolleginnen und Kollegen sowie Professoren und Mitarbeitern an der Universität Hamburg und der Hamburg Media School, an die ich mich jederzeit mit inhaltlichen und formalen Fragen zu meiner Dissertation wenden konnte. Sie haben mir in zahlreichen Gesprächen entscheidende Anregungen für die Theorieentwicklung und die methodische Konzeption meines Forschungsvorhabens gegeben.

Namentlich möchte ich hier Prof. Dr. Siegfried Weischenberg erwähnen, dessen Kontextmodell Journalismus in dieser Studie als funktionales Theorieinstrument für die Analyse der Integrationspotentiale des öffentlich-rechtlichen Fernsehens Anwendung gefunden hat. Herzlich bedanken möchte ich mich auch bei meinem guten Freund und Mentor Dr. Steffen Burkhardt, der mich von Beginn an mit seinem persönlichen Beistand in meinem Promotionsvorhaben und meinen beruflichen Zielsetzungen bestärkt hat. Dank der professionellen und freundschaftlichen Zusammenarbeit mit ihm konnte ich erste Vortragserfahrungen auf dem Parkett der internationalen Wissenschaftlichen Gemeinschaft sammeln, und seine Ideen und Vorschläge haben meine Dissertation vor allem in der Endphase des Schreibens sehr bereichert.

Auch meinen Eltern, Ulrike und Igo Wolf, und Andrea Bienko danke ich sehr für ihre Unterstützung. Toby Francis danke ich für die Hilfestellungen beim Verfassen von englischsprachigen Manuskripten für Konferenzen und Publikationen. Ich danke auch Claudia Huber für produktive und schöne gemeinsame Arbeitswochen sowie Clemens Matuschek für die Hilfestellung bei der Formatierung. Meiner Mutter, Dr. Hubertus Hess und Jörg Ellmers danke ich für ihren scharfen Blick beim sorgfältigen Korrekturlesen der Schlussfassung.

Diese Dissertation ist von der Friedrich-Naumann-Stiftung für die Freiheit mit Mitteln des Bundesministeriums für Bildung und Forschung gefördert worden. Für diese Begünstigung und alle Erfahrungen, die ich in den zwei Jahren der Graduiertenförderung sammeln durfte, bin ich sehr dankbar. Auch danke ich meinen Vertrauensdozenten Prof. Dr. Otto Luchterhandt und Prof. Dr. Martin Klaffke für ihre Begleitung während meiner Stipendiatenzeit. Die Publikation meiner Arbeit ist mit einem Teil des Preisgeldes finanziert worden, das mir durch die Auszeichnung meiner Dissertation durch den Werner-von-Melle-Preis 2011 der Hamburgischen Wissenschaftlichen Stiftung und der Edmund Siemers-Stiftung zuteil wurde.

Inhalt

Verzeichnis der Abbildungen und Tabellen

1. Einleitung

Der Mensch ist ein „homo migrans" (Bade 2007). Nationen zeichnen sich durch kulturelle, ethnische, linguistische und religiöse Vielfalt aus und haben sich durch Zuwanderung kontinuierlich verändert. Globale Migrationsbewegungen verändern die Welt, und kaum eine Gesellschaft entspricht mehr den tradierten Ideologien homogener Nationalstaaten (vgl. Butterwegge 2006: 204). Gesellschaften werden künftig stärker als in der Vergangenheit durch grenzüberschreitende Migration geprägt sein (vgl. Yildiz 2006: 39) und Migration ist vor allem für Einwanderungsländer auf dem europäischen Kontinent zu einem relevanten Phänomen geworden (vgl. Vitorino 2005: VII).

Da Einwanderung für die einzelnen Staaten eine große Herausforderung (vgl. Grote & Kollender 2007: 6) ist, erfordern Migrationsbewegungen auch kulturelle, politische, ökonomische und soziale Integrationsanstrengungen seitens der Zuzugsländer. Diese Herausforderung besteht zunächst darin, den Fokus von den engen Grenzen der vermeintlich homogenen Aufnahmegesellschaften weg auf europäische Mitgliedstaaten als kulturell pluralistische, gesellschaftliche Sphären zu richten. Im europäischen Raum sind solche gesellschaftlichen Transformationsprozesse zu verzeichnen, hier herrscht ein hohes Maß an Migrationsströmen, sowohl aus Ländern außerhalb der Europäischen Union (EU) als auch durch die ansteigende Mobilität europäischer Bürger in Form von Binnenmigration (vgl. Favell 2008).[1] Im Rahmen der EU-Erweiterung ist die kulturelle Heterogenität in den Einwanderungsländern gewachsen und eine neue Ära der kulturellen Vielfalt innerhalb der nationalen Grenzen hat begonnen, die in diesem Maße in den Mitgliedstaaten der EU vor neue soziale Herausforderungen stellt.

Obwohl Europa auf eine lange Geschichte kulturell heterogener Gesellschaftsstrukturen zurückblicken kann, scheinen sich viele der heutigen EU-Mitgliedstaaten dieser Tatsache erst langsam bewusst zu werden. Millionen von Migranten kommen Jahr für Jahr nach Europa oder wechseln ihren Aufenthaltsort dauerhaft innerhalb der europäischen Mitgliedstaaten. Mit ihren Migrationsbewegungen formen sie neue Facetten und Perspektiven in den europäischen Gesellschaften (vgl. Georgi 2008: 81). Die Transformationsprozesse der jüngsten Zeit im

---

[1] Die im Jahr 1992 durch den Vertrag von Maastricht eingeführte Unionsbürgerschaft (vgl. Artikel 17 im EG-Vertrag) besagt, dass jeder Staatsangehörige eines Mitgliedstaates der EU zugleich Unionsbürger ist. Jedem Unionsbürger wird das Recht eingeräumt, sich im Hoheitsgebiet der EU-Mitgliedstaaten frei zu bewegen und aufzuhalten (vgl. Artikel 18 Absatz 1 im EG-Vertrag). Diese Bestimmungen haben die zunehmende Mobilität der Bürger innerhalb der EU-Länder weiter vorangetrieben.

europäischen Raum verweisen auf eine Gesellschaft, die am besten als „kosmopolitane Einwanderungsgesellschaft" (Yildiz 2006: 37) zu bezeichnen ist. Zu- und Abwanderung sind im 21. Jahrhundert Normalität (vgl. von Droste 2007: 17) und bestimmen die Entwicklung des wachsenden Europas, weil alle Mitgliedstaaten der EU von internationalen Migrationsströmen betroffen sind. Daher sehen Experten die politische Handhabung und den gesellschaftlichen Umgang mit Zuwanderung und mit der Integration von Migranten als zentrale Aufgabe für die vereinigte EU.[2] Wenn die europäischen Länder diese Herausforderung annehmen und ihr gerecht werden, dann werden sie auch zu Nutznießern der Vorzüge, die Migration zu bieten hat. Sollten sie jedoch daran scheitern, dann könnte Migration zu langfristigen ökonomischen und sozialen Problemen führen und die Gesellschaft eher spalten als bereichern (vgl. Süssmuth & Weidenfeld 2005: XII).

Wenn die EU als solch ein sich erst etablierendes gesellschaftliches Konstrukt betrachtet wird, so lassen insbesondere die Pluralität von Lebensstilen, Weltanschauungen und kulturellen Bezügen innerhalb ihrer Mitgliedstaaten die Frage aufkommen, wie es um die Möglichkeiten eines friedlichen Zusammenlebens von Menschen unterschiedlicher Kulturen in den europäischen Gesellschaften bestellt ist (vgl. Butterwegge & Hentges 2006: 7). Ein demokratisches Zusammenleben kann nur dann als gewährleistet angesehen werden, wenn die gleichberechtigte Teilhabe aller Bürger am gesellschaftlichen Leben, unabhängig von Geschlecht, Hautfarbe, Herkunft und Religionszugehörigkeit der Betreffenden als gesichert gilt (vgl. Butterwegge & Hentges 2006: 10), und eine gewisse Form von *Öffentlichkeit* allen Bürgern prinzipiell zugänglich ist (vgl. Habermas 2005).

Eine der größten gesellschaftspolitischen Herausforderungen der heutigen Zeit besteht somit darin, angesichts der zunehmenden Migrationsbewegungen und der steigenden kulturellen Vielfalt in demokratischen Staaten, mit dieser Heterogenität innerhalb der Aufnahmegesellschaft adäquat umzugehen und die Integration von Zuwanderern zu ermöglichen:

> „The novelty and shock arising from the coexistence of different cultures in one society, which lies at the root of misunderstandings and discriminatory behaviours, must be overcome." (Vitorino 2005: IX)

In diesem Prozess der Vergegenwärtigung und des Lernens besteht die Schwierigkeit einerseits darin, einen Kompromiss zwischen dem Anspruch auf kulturelle Eigenheiten und der Notwendigkeit von gemeinsamen demokratischen Wertvorstellungen zu finden. Andererseits soll eine Chancengerechtigkeit unter den ver-

---

[2] Vgl. Informationen auf der Europäischen Webseite für Integration http://ec.europa.eu/ewsi/de/, Abruf am 23.3.2009.

schiedenen gesellschaftlichen Gruppierungen angestrebt werden, die das Fundament für eine funktionierende Gemeinschaft bildet, in der sich alle Mitglieder nicht nur strukturell akzeptiert fühlen, sondern aktiv an gesellschaftlichen Prozessen teilhaben können (vgl. Georgi 2008: 79). Alle Gesellschaftsmitglieder stehen daher vor der Aufgabe, öffentlich miteinander in den Dialog zu treten und Integrationschancen zu reflektieren (vgl. Jarren, Imhof & Blum 2000: 17).

Der damalige Bundespräsident Johannes Rau hat als einer der ersten deutschen Spitzenpolitiker in seiner Berliner Rede vom 12. Mai 2000 die Debatte um Migration und gesellschaftliche Integration angestoßen:

> „Mehr als sieben Millionen Ausländer leben in Deutschland. Sie haben unsere Gesellschaft verändert. Doch wir denken zu wenig darüber nach, was das für das Zusammenleben in unserem Land insgesamt bedeutet. Und wir handeln zu wenig danach. (…) Wir müssen überall in der Gesellschaft über Zuwanderung und Zusammenleben in Deutschland reden – über die Chancen und über die Probleme. Und wir müssen handeln – und zwar ohne Angst und ohne Träumereien. (…) Mein Eindruck ist seit langem, dass wir in einer Gesellschaft leben, die in der Gefahr ist, auseinanderzudriften. Bildlich gesprochen, haben wir es mit einem Haus zu tun, bei dem der Mörtel ausgeht. Der Mörtel verbindet Menschen." (Rau 2000)

Der damalige Bundespräsident hat in seiner Rede sehr weitsichtig den demografischen Wandel in Deutschland[3] öffentlich thematisiert. Das Migrationsgeschehen wird in den europäischen Ländern, vor allem in Deutschland und in Großbritannien[4], von allgemeinen demografischen Entwicklungen geprägt. Die Migrationsgeschichte Deutschlands unterscheidet sich in groben Entwicklungsschritten nicht wesentlich von dem Rest Westeuropas (vgl. Herbert 2001). Trotzdem muss beachtet werden, dass Deutschland erstens keine große postkoloniale Einwanderung erlebt hat, wie es beispielsweise in Großbritannien der Fall war. Außerdem hatte das Deutschland der Nachkriegszeit den Ruf einer starken Wirtschaftsnation mit einem relativ hohen Lebensstandard, der das Land für Migranten attraktiv erscheinen ließ. Während Politik und Gesellschaft Großbritannien seit den Anfängen der

---

[3] Mit *Deutschland* wird in dieser Studie die *Bundesrepublik Deutschland* und – nach der Wiedervereinigung von 1990 – *Gesamtdeutschland* bezeichnet.

[4] Obwohl sich dieser Vergleich prinzipiell auf das gesamte Vereinigte Königreich bezieht, liegt der Fokus auf *Großbritannien*, da sich hier der Mittelpunkt des nationalen Medienmarktes befindet und es zudem international ein hohes Forschungsinteresse gibt. In England, vor allem im Londoner Raum, leben eine besonders große Anzahl an kulturellen Minderheiten und Zuwanderern. Schottland und Wales spielen nur eine untergeordnete Rolle und Nordirland wird aufgrund seiner spezifischen historischen Konditionen und religiösen Konflikte gänzlich ausgeklammert. Daher wird im Folgenden auf die Begrifflichkeit *Vereinigtes Königreich* verzichtet und sich auf *Großbritannien* konzentriert.

Zuwanderung als Einwanderungsland sahen, wurde diese Realität in Deutschland bis in die späten 90er Jahre verkannt.[5]

Die kulturell heterogene Gemeinschaft innerhalb der europäischen Staaten bietet, von Migrationsbewegungen geprägt, eine gewisse „Funktion als Treffpunkt" (D'Haenens & Koeman 2006: 224) oder eine moderne Begegnungsstätte für Menschen aus verschiedenen Ländern, mit anderen Sprachen und unterschiedlichen Herkünften. Grob vereinfacht kann davon gesprochen werden, dass Migration bewirkt, dass Menschen zusammenkommen und sich miteinander auseinandersetzen müssen (vgl. Grote & Kollender 2007: 2). Jede Gesellschaft ist dabei auf ein Mindestmaß an Übereinstimmung und Zusammenhalt sowie auf Respekt vor kultureller Verschiedenheit angewiesen.

Daher sollten alle Gesellschaftsbereiche Wege für ein Miteinander verschiedener Kulturen finden und sich zeitgleich um die Herausbildung einer gemeinsamen Identität ihrer Bürger bemühen (vgl. Parekh 2000). Europäisierung, Globalisierung, zunehmende Mobilität und Flexibilität machen die Frage nach *Integration* zu einer der größten und dringlichsten Aufgaben für die moderne Gesellschaft. Es gilt zu klären, welchen Beitrag das politische System, aber auch einzelne Institutionen und Personen für die gesellschaftliche Integration leisten könnten oder leisten sollten (vgl. Schultz 2002: 38).

Laut Bade wird in der deutschen Integrationsdiskussion über die angeblich flächendeckend „gescheiterte Integration" (Bade 2007: 21) lamentiert. Doch Deutschland steht mit den Herausforderungen der Migration und Integration auf politischer und gesellschaftlicher Ebene nicht allein da. Vielmehr sind es europäische und globale Entwicklungen, mit denen zunächst jedes europäische Land für sich im politischen und gesellschaftlichen Alltag umzugehen lernen muss. So kann es für diesen Lernprozess hilfreich sein, den Blick auf andere europäische Mitgliedstaaten zu lenken. Für einen Vergleich bietet sich vor allem unser Nachbar Großbritannien an, denn auch die frühere Kolonialmacht stößt bei Integrationsbemühungen von Staat und Bevölkerung auf Problemstellungen und Potentiale, die eine kulturell vielfältige Gesellschaft mit sich bringt, ist uns aber im öffentlichen Selbstverständnis als Einwanderungsland um Jahrzehnte voraus (vgl. Mahnig 1998).

Aus den Worten des ehemaligen Minister für Generationen, Familien, Frauen und Integration des Landes Nordrhein-Westfalen, Armin Laschet, sowie an Ausführungen vom ehemaligen Bundesinnenminister und heutigen Bundesfinanzminister Wolfgang Schäuble im Mai 2006 wird deutlich, dass die Integrationsthematik in Deutschland jahrelang unterschätzt wurde, und dass es nun zu einer

---

[5] Auf die unterschiedlichen Traditionen der beiden EU-Länder Deutschland und Großbritannien und ihre Einwanderungsgeschichte wird im Verlauf dieser Arbeit noch genauer eingegangen (vgl. Kapitel 5 und 6).

Schwerpunktverschiebung in der deutschen Migrations- und Integrationspolitik gekommen ist. Heute behaupten die Politiker, dass die Zuwanderung gar nicht mehr das Problem sei, sondern die nachzuholende Integration: „Wir haben uns durch jahrzehntelange Realitätsverweigerung leider an den Aufstiegschancen ganzer Generationen von Zuwanderern versündigt" (Laschet 2009: 13) und „wahrscheinlich war der entscheidende Fehler, dass man gedacht hat, Integration geschehe von allein" (Schäuble 2006: 37).

Dass sich gesellschaftliche Integration nicht nahtlos und selbstverständlich an den Migrationsprozess anschließt, hat die Zeit nach dem Zweiten Weltkrieg bis heute sowohl in Deutschland als auch in Großbritannien gezeigt. In vielen europäischen Staaten wurde vor einigen Jahren eine neue Integrationspolitik gefordert, die durch neue Instrumente, erweiterte Ressourcen und eine effektivere Organisation öffentlicher Maßnahmen die unzureichende Integration von Zuwanderern vorantreiben will (vgl. Baringhorst, Hunger & Schönwalder 2006: 9). Von der Politik wurde mittlerweile erkannt, dass unsere Zukunftsfähigkeit von der Frage abhängt, ob es gelingt, mit kultureller Vielfalt angemessen und friedlich umzugehen (vgl. Süssmuth 2006: 8).

1.1 Problemstellung

Seit dem ersten Integrationsgipfel der Bundesregierung im Jahr 2006, der Veröffentlichung des Nationalen Integrationsplans im folgenden Jahr und der Ernennung des Jahres 2008 zum *Europäischen Jahr des interkulturellen Dialogs*, bekam das Thema *Integration* eine hohe aktuelle Brisanz in Politik, Gesellschaft und Medienöffentlichkeit. Der gesellschaftliche Stellenwert des Gegenstandes und die enorme öffentliche Nachfrage nach Antworten auf integrationstheoretische Fragestellungen und deren praktische Umsetzung in der multikulturellen Gesellschaft ließen in den vergangenen Jahren stetig mehr Arbeitskapazität in die Migrations- und Integrationsforschung fließen.

Die Herausforderung für die Integrationsforschung besteht dabei darin, dass Integration als soziales Phänomen aufgrund ihres hohen Komplexitätsgrades nicht hinreichend empirisch gemessen oder in wissenschaftlich validen Kategorien erfasst werden kann (vgl. Jarren 2000: 32). Integration ist ein lange andauernder und vielschichtiger Sozialisationsprozess (vgl. Bade 2007: 37). So ist es nicht verwunderlich, dass die sozialwissenschaftliche Analyse an Grenzen stößt, wenn es um die konkrete Evaluation der Wirkung von integrationspolitischen Maßnahmen geht (vgl. Mahnig 1998: 6). Dennoch führen die steigende gesellschaftliche Relevanz des Themas, der dringende Handlungsbedarf der Politik und der damit verbundene *Problemdruck* dazu, dass sich viele der jüngeren Forschungsprojekte durch einen hohen Politikbezug auszeichnen und auf eine praktische Integrationsforschung mit hohem Anwendungsbezug abzielen (vgl. Kalter 2008: 11).

Auch die politik- und sozialwissenschaftliche Forschung hat seit einigen Jahrzehnten begonnen, sich auf theoretischer und empirischer Basis näher mit dem Themenfeld *Integration* zu befassen. Auf Seiten der Kommunikationswissenschaft war die Jahrestagung der Deutschen Gesellschaft für Publizistik und Kommunikationswissenschaft (DGPuK) aus dem Jahr 1998 unter dem Titel *Dialog der Kulturen* ein Anstoß für darauf folgende interdisziplinäre Fachtagungen und Workshops (vgl. Quandt 1998), die mittlerweile fast regelmäßig stattfinden. Auch für die Kulturwissenschaft markiert die Auseinandersetzung mit Migration und Identität einen Kernbereich vergangener und aktueller Forschungsanstrengungen (vgl. Viehoff & Segers 1999), insbesondere der britische Zweig der Cultural Studies befasst sich bereits seit den 70er Jahren intensiv mit der Thematik (vgl. Morley & Robins 1995). Seit einiger Zeit hat sich der Dialog zwischen Politik, Medien und den mit diesem Gegenstand befassten Initiativen sowie den genannten Wissenschaftsdisziplinen verstärkt, und mittlerweile gibt es in Deutschland einige Institute und Einrichtungen, die im Bezug auf Migrations- und Integrationsfragen forschen[6]. Dieser Austausch wird auch durch die Ausländerbeauftragten der Länder, die Landesmedienanstalten und Rundfunkanstalten, die Stiftungen der Parteien sowie einzelne Wissenschaftler, Politiker und Journalisten befruchtet (vgl. Schatz & Nieland 2000: 11f.).

Hierbei ist die Rolle der Medien im Integrationsprozess von Zuwanderern in den letzen zwanzig Jahren stärker in den Fokus der öffentlichen und wissenschaftlichen Debatten gerückt (vgl. Zambonini & Simon 2008). Die Sozialwissenschaften – und in noch stärkerem Maße die Kommunikationswissenschaft – fragen nach dem Wechselverhältnis zwischen Politik, Medien und Gesellschaft (vgl. Trebbe 2009: 9) und nach den Auswirkungen von gesellschaftlichem Wandel durch Migration und Integration. Wissenschaftler haben sich diesbezüglich auch vorgenommen, die Art und Weise der Repräsentation der gesellschaftlichen Zustände in den Medien zu untersuchen. Insbesondere in westlichen Demokratien, die unter dem Einfluss der Entwicklungen durch Europäisierung, Globalisierung und raschen Erneuerungen im Mediensystem stehen, geht es dabei um das Einflusspotential der Medien auf die gesellschaftlichen Zustände:

---

[6] An dieser Stelle sind z. B. folgende Institutionen zu nennen: das Wissenschaftszentrum Berlin für Sozialforschung Gemeinnützige Gesellschaft mbH; das von der DFG geförderte Projekt *Mediale Integration ethnischer Minderheiten* unter der Leitung von Prof. Dr. Horst Pöttker und Prof. Dr. Rainer Geißler; das Gemeinschaftsprojekt des Netzwerks Migration in Europa von der Bundeszentrale für Politische Bildung und dem Hamburgischen WeltWirtschaftsInstitut *migration-info.de*; die Bundesinitiative *Integration und Fernsehen*, u. a.

„The movement of people and the flow of mediated cultural representations across nation-state boundaries are key features of globalisation processes in the contemporary world. At no point in human history have there been more people on the move, experiencing new forms of liminality and transience, but also creating new patterns of settlement and diversity. At the same time, we are witnessing an unprecedented increase in media production and circulation on a global scale, incorporating new technological developments and reaching out to increasingly dispersed audiences." (Kosnick 2007: 2)

Kulturell heterogene Gesellschaften bewegen sich in einem stetigen Spannungsverhältnis zwischen Integrations- und Desintegrationsprozessen (vgl. Schatz & Nieland 2000: 14). Multikulturalismus[7] ist zur Prämisse des Lebens im 21. Jahrhundert geworden, und die größte Herausforderung ist die Suche nach zielführenden Strategien, mit diesen permanenten kulturellen Differenzen leben zu lernen (vgl. Baumann 2009). Durch ihren hohen Stellenwert für das gesellschaftliche Sozialgefüge ist der Einfluss der Massenmedien auf gesellschaftliche Veränderungen von besonders großem Interesse, und sie werden dabei häufig pauschal als funktionale Größe im Integrationsprozess aufgefasst (vgl. Trebbe 2009: 13).

Vor dem Hintergrund zunehmender kultureller Vielfalt in der Gesellschaft und der damit verbundenen Frage nach Integration sind neben politischen Institutionen daher auch die Massenmedien aufgerufen, den Wandel hin zur Akzeptanz einer multikulturellen Gesellschaft zu begleiten und neue Wege der Integration zu eröffnen (vgl. Schatz & Nieland 2000: 19). Da die Geschichte der Medien seit jeher eng mit der Staats- und Gesellschaftsentwicklung verknüpft ist, erstrecken sich diese gesellschaftlichen Integrationserwartungen, zum Teil in entsprechenden normativen Formulierungen, auch auf massenmedial vermittelten Journalismus.

Diese *Aufbruchstimmung* im politischen und wissenschaftlichen Diskurs ist nötig, denn mehr denn je sind heute tragfähige Konzepte gefragt, um das Zusammenleben von Menschen unterschiedlicher Herkunft vertrauensvoll zu gestalten. Neben politischen Idealvorstellungen und wirtschaftlichen Integrationsbestrebungen spielt das Mediensystem eine bedeutende Rolle, denn hochkomplexe Gesellschaften brauchen die mediale Kommunikation, um ihre Probleme zu erkennen und um für diese Probleme dann adäquate Lösungsansätze entwickeln zu können. Der sich erweiternde europäischen Raum, der unterschiedliche Sprachen und Kulturen beherbergt, ist maßgeblich und zunehmend auf ein funktionales Mediensystem angewiesen (vgl. Zambonini 2006: 285f.).

Medienangebote mit ihrer Öffentlichkeitsfunktion leisten einen wesentlichen Beitrag zur Konstruktion gesellschaftlicher Wirklichkeit (vgl. Berger & Luckmann 1997), ohne die in einer Gesellschaft keine Verständigung über die kollektiv zu verfolgenden Ziele möglich ist (vgl. Schatz & Immer 1990: 333). Die Ge-

---

[7] Einen Überblick über die unterschiedlichen Konzepte und Analysemöglichkeiten von multikulturellen Gesellschaften liefern Bade 1996, Mintzel 1997 und Radke 1993; die genaue Definition des Begriffs *Multikulturalismus* folgt in Kapitel 2.2.

sellschaftsmitglieder können sich über die Medien über Geschehnisse verständigen, die mit Zuwanderung und kultureller Vielfalt verbunden sind (vgl. Pöttker 2006: 296f.). Die modernen Massenmedien sind maßgeblich am Ablauf kultureller Begegnungen und bei der Prägung des gesamtgesellschaftlich relevanten Sozialgefüges durch die Auseinandersetzungen mit anderen Kulturen beteiligt. Hier zeigt sich, dass die zentralen Herausforderungen der multikulturellen Gesellschaft nicht allein von Politik, Wirtschaft und weiteren Gesellschaftssystemen getragen werden, sondern dass auch den Massenmedien im Hinblick auf Integrationsprozesse in hohem Maße Verantwortung zugesprochen wird (vgl. Yildiz 2006: 37).

So erstaunt es nicht, dass Medieninstitutionen und Journalisten bei der Frage nach gesellschaftlicher Integration mittlerweile regelmäßig in den Blick geraten (vgl. Jarren 2000: 23). Wie die folgenden Kapitel herausstellen werden, gehören interkulturelle Integration und die Förderung der Akzeptanz von kultureller Vielfalt mittlerweile zu den Aufgaben der Massenmedien. Diese Arbeit wird aufzeigen, dass das öffentlich-rechtliche Fernsehen – als Leitmedium von Mehrheitsbevölkerung und Zuwanderern – dabei eine bedeutende Rolle spielt (vgl. Humphreys 2008: 2). Aufgrund seiner, durch den Programmauftrag gesicherten, besonderen Stellung im dualen Rundfunk- und im gesamten Mediensystem steht das öffentlich-rechtliche Fernsehen im Mittelpunkt des Interesses dieser Untersuchung.

Seine konkrete Rolle im gesellschaftlichen Integrationsprozess ist weder in Deutschland noch in anderen europäischen Ländern, und trotz einer steigenden Anzahl an Studien, bislang systematisch analysiert worden. Ungeachtet des sozial relevanten Forschungsfeldes beschäftigen sich bis dato erst vergleichsweise wenige sozial- und kommunikationswissenschaftliche Studien mit interkultureller Integration als Aufgabe des öffentlich-rechtlichen Fernsehens.

So steht die Forschung zum Bereich *Medien, Migration und Integration* noch am Anfang (vgl. Geißler & Pöttker 2005) und es gibt bislang nur vereinzelte Untersuchungen und rudimentäre wissenschaftliche Erkenntnisse darüber, wie die Medien ihren Beitrag zur Integration und zur Akzeptanz von kultureller Vielfalt in europäischen Einwanderungsländern leisten. Ein Blick auf den derzeitigen Forschungsstand zeigt bestehende Lücken sowie Potentiale auf, derer sich diese Arbeit annimmt.

1.2 Stand der bisherigen Forschung

Trebbe (2009) bietet einen detaillierten Überblick über die vielschichtigen, aber in großen Teilen unzusammenhängenden Forschungstraditionen in den klassischen sozialwissenschaftlichen und angrenzenden Fächern zum Thema *Medien und Integration von ethnischen Minderheiten*. Die Befunde und häufig auch die Mutmaßungen, insbesondere was die Rolle der Massenmedien im Integrationsprozess von Zuwanderern angeht, sind uneinheitlich bis widersprüchlich und reichen von Aussagen über „die Bedeutungslosigkeit der Massenmedien bis hin zur Omnipotenzthese – eine Entwicklung, die stark an die Geschichte der kommunikationswissenschaftlichen Medienwirkungsforschung im letzten Jahrhundert erinnert" (Trebbe 2009: 9).

Bei der auf wissenschaftlichen Standards basierenden Forschung ist es daher unvermeidlich, zu bedenken, dass Medien nur mittelbar wirken und es keine simple Ursache-Wirkungs-Relation zwischen Medienkonsum und Integrationsprozessen gibt. Die erwünschten positiven Integrationseffekte und -leistungen werden dem Mediensystem vorab „normativ im Sinne von Erwartungen der Gesellschaft an die Medien zugeschrieben, ohne genauer zu spezifizieren oder gar empirisch zu überprüten, über welche konkreten Medienangebote einerseits und damit zusammenhängenden Medienwirkungen andererseits diese Leistungen auch tatsächlich erbracht werden" (Bonfadelli 2008: 15). Mittlerweile fordern Wissenschaftler daher explizit, der *Wirkungsfrage* von Massenmedien für die Integration reflektierter nachzugehen, um so mit neuen Erkenntnissen zu einem verstärkten Dialog über die Integrationspotentiale der Massenmedien in der Einwanderungsgesellschaft beitragen zu können (vgl. Klute 2008: 4).

Für den deutschsprachigen Raum kann einerseits festgehalten werden, dass in den vergangenen Jahren einige Veröffentlichungen und aktuelle Sammelbände mit theoretischer Schwerpunktsetzung in diesem Bereich erschienen sind[8] und sich auch die empirische Forschung intensiviert hat[9] (vgl. Bonfadelli & Moser 2007: 8f.; Ruhrmann 2009). Auf der anderen Seite kann und muss der Kommunikationswissenschaft vorgehalten werden, „sich erst vergleichsweise spät und dann auch nur sehr vereinzelt dem Problem der Integration ethnischer Minderheiten (wieder) zugewandt zu haben" (Trebbe 2009: 239). Obwohl schon seit den 80er Jahren eine Vielzahl an Thematisierungs- und Darstellungsstudien zur Thematik zu verzeichnen ist, sind diese nur sehr vereinzelt theoretisch unterfüttert und nur unzulänglich innerhalb der Forschungslandschaft systematisiert (vgl. Trebbe 2009: 239).

Dennoch ermöglicht es der bisherige Forschungsstand, im Folgenden medientheoretische Überlegungen zu der Frage anzustellen, ob und wie mediale Kommunikation zur Integration kulturell verschiedener Gruppen im Einwanderungsland beitragen kann. Die sich aufdrängende, übergeordnete Fragestellung bewusst ausblendend, ob sich die komplexe moderne Gesellschaft überhaupt als eine bestimmbare Einheit konstituieren lässt (vgl. Schultz 2002: 37), erlauben derzeitige wissenschaftliche Erkenntnisse Rückschlüsse auf die integrative Funktionen

---

[8] Vgl. Bonfadelli & Moser (2007); Busch, Hipfel & Robins (2001); Butterwege & Hentges (2006); Butterwege, Hentges & Sarigöz (1999); Geißler & Pöttker (2005, 2006); Hepp & Löffelholz (2002); Schatz, Holtz-Bacha & Nieland (2000); Winter, Thomas & Hepp (2003).
[9] Vgl. Bucher & Bonfadelli (2007); Hermann & Hanetseder (2007).

der Massenmedien, da diese zum Abbau von Vorurteilen und sozialer Distanz beitragen können (vgl. Zambonini & Simon 2008: 120).

Der Forschungsstand lässt sich in Arbeiten aufschlüsseln, die sich entweder inhaltsanalytisch mit Medienangeboten auseinandersetzen, sich mit Hilfe von Mediennutzungs- und Rezeptionsstudien dem Gebiet nähern, oder auf Basis von systemischen oder akteurstheoretischen Modellen die Medienproduktion näher beleuchten. Hier fällt zunächst ins Auge, dass, obgleich sich mittlerweile immer mehr Wissenschaftler in ihren Studien und Aufsätzen mit der Thematik befassen[10], der Interessenfokus zumeist auf der inhaltsanalytischen Betrachtung von der Berichterstattung über Zuwanderer – etwa im Zusammenhang mit Stichworten wie „negative Stereotypisierung" (Schiffer 2005) liegt.

Bei der Betrachtung der wissenschaftlichen Arbeiten, die sich mit der Mediennutzung von Menschen aus Einwandererfamilien beschäftigen, wird deutlich, dass es über das Mediennutzungsverhalten von Migranten in Deutschland bis dato kaum valide Erkenntnisse gibt (vgl. MMB 2006: 9). Es scheint, als sei die deutschsprachige Kommunikationswissenschaft bislang über den Stand von Untersuchungen zur so genannten *Medienghetto-These* (vgl. Schneider & Arnold 2006; Weiß 2002) nicht hinaus gekommen. Letztlich liegen auch über die Partizipation von Menschen mit Zuwanderungsgeschichte in Medienberufen aktuell nur wenige Daten vor (vgl. MMB 2006: 7). Bei den einzelnen existenten Studien entsteht der Eindruck, dass sie häufig auf deskriptiven und seltener auf analytischen Elementen basieren.

In Deutschland befasst sich die Forschungsgruppe um Horst Pöttker und Rainer Geißler mit einer von der Deutschen Forschungsgemeinschaft (DFG) geförderten Untersuchung des Themenkomplexes *Medien, Migration und Integration*. Neben den vielen Erkenntnissen zur *medialen Integration*[11] gehen aber auch diese Wissenschaftler nicht explizit der Fragestellung nach, inwieweit öffentlich-rechtliche Fernsehanstalten im Speziellen zur gesellschaftlichen Integration innerhalb kulturell vielfältiger, europäischer Mitgliedstaaten beitragen können. Trotz der erhöhten Bedeutung, die den öffentlich-rechtlichen Fernsehsendern bei diesen Prozessen seit dem ersten Integrationsgipfel der Bundesregierung aus Politik und Gesellschaft zugeschrieben werden, sind bisher nur wenige Einzelaspekte der Medien- und Integrationsthematik sozialwissenschaftlich untersucht worden und wurden auch kommunikationswissenschaftlich bislang nicht hinreichend empirisch überprüft (vgl. Vlasic & Brosius 2002: 93).

Es kann festgehalten werden, dass dieses Forschungsfeld in Deutschland von den Kommunikationswissenschaften in der Vergangenheit eher vernachlässigt

---

[10] Vgl. das Buch zum Mediensymposium *Integration und Medien* (2000) sowie Imhof, Jarren & Blum (2003).

[11] Das Konzept der medialen Integration (vgl. Geißler 2006) wird in Kapitel 3 detailliert vorgestellt.

wurde (vgl. Jarren, Imhof & Blum 2000: 160) und dass die Forschung zur Integrationsleistung des öffentlich-rechtlichen Fernsehens noch viele offene Fragen aufweist. Ungeachtet des wachsenden Interesses an dieser Thematik können noch Forschungslücken gefüllt werden, und eine systematische Analyse des Gesamtzusammenhangs wird von Seiten der Wissenschaft bereits gefordert (vgl. Geißler & Pöttker 2006: 13):

> „There are few subjects more serious and deserving of detailed research than the role(s) played by the mass media in maintaining and reproducing racialised discourses, forms of racial inequality and boundaries of ethnic inclusion and exclusion." (Cottle 1997: 2)

Insbesondere im Vergleich mit Ländern wie Großbritannien besteht hier eindeutig ein Nachholbedarf in der deutschen Forschungslandschaft, der vor dem Hintergrund anhaltender Diskussionen um die deutsche Integrationspolitik umso dringlicher erscheint (vgl. Schneider & Arnold 2004). Es bedarf weiterführender theoretischer Überlegungen, um zu ermitteln, welche Maßnahmen bereits existieren oder entwickelt werden müssen, um in Zukunft zu einer viel versprechenden Nutzung der Integrationspotentiale des öffentlich-rechtlichen Fernsehens zu gelangen.

Nur dann kann evaluiert werden, ob die Institution des öffentlich-rechtlichen Fernsehens ihre Aufgabe als treibende Kraft im Integrationsprozess weg vom homogenen Nationalstaat hin zum kulturell vielfältigen Einwanderungsland verantwortungsvoll wahrnehmen kann oder bereits wahrnimmt. Die Studie setzt an dieser Stelle an und versucht, durch neue Erkenntnisse bestehende Forschungslücken zu minimieren.

1.3 Zielsetzung und Vorgehensweise

Die wissenschaftliche Zielsetzung dieser Arbeit ist, einen Beitrag zur Theorie und Empirie der Integrationsleistung von Massenmedien zu leisten. Dies geschieht zum einen, indem der Frage nach einer Konzeptionalisierung und Systematisierung von Integrationspotentialen des öffentlich-rechtlichen Fernsehens nachgegangen wird. Zum anderen werden die Einflussfaktoren auf die Integrationsleistung der öffentlich-rechtlichen Fernsehsender in Form von rechtlichen Bestimmungen, integrationspolitischen Ansätzen, strukturellen Voraussetzungen, inhaltlichen Programmentwürfen und rollenspezifischen Erwartungen analysiert.

Die öffentlich-rechtlichen Fernsehsender werden dabei nicht als monolithische Akteure wahrgenommen, bei denen lediglich der Programmoutput ausschlaggebend ist, sondern sie stehen für Demokratie sichernde Institutionen, die auf vielschichtigen Ebenen einen Dialog innerhalb der multikulturellen Bevölkerung des Einwanderungslandes ermöglichen können.

In den wissenschaftlichen Debatten um Integrationsforschung wird beanstandet, dass sich diese häufig auf Konflikt- und Desintegrationsforschung konzentriert, „als führe eine möglichst methodensichere Analyse von Verkehrsunfällen zur Entdeckung der Regeln für den ansonsten meist flüssigen und unfallfreien Verkehr" (Bade 2006: 40). Wie im theoretischen Teil der Arbeit deutlich wird, fällt es bei der wissenschaftlichen Auseinandersetzung mit dem Thema *Integration und Medien* sicherlich leichter, Ausnahmesituationen zu beschreiben und auf Fehlleistungen der Medien hinzuweisen. Doch das „Geheimnis der gelungenen Integration liegt in der Unauffälligkeit" (Bade 2006: 41) und „das höchste Maß an Integration ist Normalität" (Kurtulus 2008).

Die Praxisrelevanz der Studie ergibt sich daher aus dem Ziel, die potentiell verborgenen Integrationspotentiale in den Medieninstitutionen zu identifizieren und zu systematisieren. So können Stärken und Schwächen in der Umsetzung der Integrationsfunktion bei den öffentlich-rechtlichen Sendern sowohl strukturell innerhalb ihrer Häuser als auch in der Programmplanung und -gestaltung herausgearbeitet werden und im Idealfall anhand der Studienergebnisse Vorschläge zur Verbesserung in den Bereichen Personal- und Programmentwicklung gegeben werden. Einerseits lassen sich Leitrichtlinien für aktuelle und zukünftige medienpolitische Entscheidungen im Bereich der Integrationsthematik entwickeln und anderseits werden die politisch relevanten Forderungen nach einer angemessenen Beteiligung von Zuwanderern an der Medienproduktion und einer realistischen Darstellung von kultureller Vielfalt im öffentlich-rechtlichen Fernsehen durch empirische Erhebungen fundiert.

Die Vorgehensweise der Untersuchung zeichnet sich durch ein stufenartiges Verfahren aus, bei dem der Themenkomplex *Medien, Migration und Integration* schrittweise näher beleuchtet, in relevante Aspekte aufgeschlüsselt und gezielt für das öffentlich-rechtliche Fernsehen unter der folgenden forschungsleitenden Fragestellung diskutiert wird:

Was sind die normativen, strukturellen, funktionalen und rollenspezifischen Rahmenbedingungen des öffentlich-rechtlichen Fernsehens für die mediale Integration von Menschen mit Zuwanderungsgeschichte in Deutschland und in Großbritannien?[12]

Wie in der Einführung in die Thematik bereits deutlich wurde, steht diese Arbeit im Kontext von sozialwissenschaftlichen Ansätzen der Migrations- und Integrationsgeschichte Deutschlands und Großbritanniens. Die Untersuchung bezieht sich sowohl auf politiktheoretische und soziologische Ansätze von Integration in der

---

[12] Diese übergeordnete Forschungsfragestellung untergliedert sich in weitere Aspekte, die in Kapitel 7 genauer erläutert werden.

multikulturellen Gesellschaft als auch gezielt auf kommunikationswissenschaftliche Theorien zur Rolle der Medien bei der Integration von Zuwanderern. Es wird auf eine Triangulierung von Theorien zum Forschungsbereich *Medien, Migration und Integration*, auf vergleichende Theorieansätze zur Integrationspolitik (vgl. Baringhorst 2008; Schulte 2000) sowie auf Theorien zur Demokratieentwicklung (vgl. Dewey 1996; Fleras & Elliot 2002; Habermas 1981, 1990) zurückgegriffen. Die Kombination von Theorien aus verschiedenen wissenschaftlichen Disziplinen soll helfen, interkulturelle Integration als Aufgaben des öffentlich-rechtlichen Fernsehens möglichst umfassend zu beleuchten und hierbei die Strukturebene mit der Akteursebene zu verbinden.

Nach dieser Einleitung befasst sich Kapitel 2 aus einem soziologischen und politikwissenschaftlichen Blickwinkel mit den Herausforderungen der kulturell heterogenen Einwanderungsländer. Kapitel 3 erläutert den Zusammenhang von Integration und Medien anhand des Modells der medialen Integration, das für Massenmedien zunächst eine allgemeine Gültigkeit besitzt, bevor dann in Kapitel 4 auf die speziellen Integrationspotentiale des öffentlich-rechtlichen Fernsehens eingegangen wird. Die darauf folgenden Kapitel 5 und 6 stellen die Grundlagen für die zwei Fallstudien der medialen Integration vor. Die beiden EU-Mitgliedstaaten Deutschland und Großbritannien werden mit ihren geschichtlichen Voraussetzungen und integrationspolitischen Handlungsmaximen sowie ihren öffentlich-rechtlichen Fernsehsystemen und den entsprechenden Programmaufträgen näher beleuchtet. In Kapitel 7 werden die einzelnen Forschungsfragen erläutert und die methodische Herangehensweise der Datenerhebung und -auswertung behandelt.

Um die Perspektive bei der Betrachtung der deutschen Gesellschaft durch eine weitere abgleichen und komplettieren zu können, bedient sich die Studie zur Beantwortung der Forschungsfragen der Methodik der komparativen Forschung, indem ein Ländervergleich zwischen zwei der einwohnerstärksten EU-Mitgliedstaaten angelegt wird. Als internationaler Bezugsrahmen dienen Deutschland und Großbritannien. Die beiden Länder wurden aufgrund ihrer vergleichbaren dualen Rundfunksysteme mit ihren öffentlich-rechtlichen Fernsehanstalten als Untersuchungsgegenstand ausgewählt. Dabei werden für Deutschland die *Arbeitsgemeinschaft der öffentlich-rechtlichen Rundfunkanstalten der Bundesrepublik Deutschland (ARD)*, der *Westdeutsche Rundfunk (WDR)* und das *Zweite Deutsche Fernsehen (ZDF)*, sowie für Großbritannien die *British Broadcasting Corporation (BBC)* und *Channel 4* betrachtet.[13]

Als empirische Erhebung wurden Experteninterviews mit den Verantwortlichen und Redakteuren der öffentlich-rechtlichen Fernsehsender, mit Vertretern der Rundfunk- und Fernsehräte, mit den Integrationsbeauftragten der Länder und mit medienpolitischen Akteuren geführt, um eine umfassende und möglichst per-

---

[13] Diese Auswahl der Länder und der Untersuchungsgegenstände wird in Kapitel 7.3 erläutert und begründet.

spektivreiche Datenmenge zu generieren. Da das Untersuchungsgebiet bislang noch nicht tiefgehend erforscht wurde, stützt sich die Konzeption und Durchführung der Befragungen im explorativen Sinn auf ein qualitatives Verfahren. Das konkrete Forschungsproblem der Studie zeichnet sich zudem durch einen hohen Bezug zur Politik- und Medienpraxis und durch eine gesellschaftliche Relevanz für zukünftige medienpolitische Entscheidungen sowohl auf nationaler als auch auf europäischer Ebene aus.

Die Auswertung der beiden Länderstudien erfolgt in Kapitel 8 und 9. Die aus dem Vergleich gewonnenen Ergebnisse werden in Kapitel 10 diskutiert. Kapitel 11 bildet den Schluss der Studie, weist auf Implikationen für die Wissenschaft und die Medienpraxis hin und rundet die gewonnenen Erkenntnisse durch einen Ausblick auf mögliche Folgeuntersuchungen ab.

Mit Blick auf den Titel dieser Arbeit *Interkulturelle Integration als Aufgabe des öffentlich-rechtlichen Fernsehens* sind an dieser Stelle für das Verständnis der Studie noch einige terminologische Anmerkungen notwendig. Zunächst geht es um die Klärung des Begriffs *öffentlich-rechtliches Fernsehen*. Für das öffentlich-rechtliche Fernsehen gibt es keine allgemeingültige Definition, jedoch zeichnet es sich durch die folgenden Attribute aus (vgl. Campion 2005: 7): Erstens ist es universal, d. h. für jeden Bürger zugänglich. Zweitens ist es dazu verpflichtet, in Hinsicht auf die duale Rundfunkordnung und die Gebührenfinanzierung ein breites und umfassendes *Qualitätsprogramm* zu liefern, das die kommerziellen Sender in dieser Form möglicherweise nicht bieten. Drittens wird vom öffentlich-rechtlichen Fernsehen eine unabhängige Berichterstattung vor allem in der Nachrichtensparte erwartet und viertens hat das öffentlich-rechtliche Fernsehen die Funktion, die Gesellschaft und ihre Entwicklungen durch die Berichterstattung zu spiegeln.[14]

Die Definition des Begriffs *Integration* ist ein so komplexes Thema, dass sich damit das Kapitel 2.3 im Detail beschäftigt. Den Terminus *kulturelle Vielfalt* und das Adjektiv *interkulturell* genauer einzugrenzen, die beide implizit in der Diskussion um Integration mitschwingen, bedarf ebenfalls einer ausführlichen Diskussion, so dass die Begrifflichkeiten im Kapitel 2.2 näher erläutert werden.

Da interkulturelle Integration zumindest theoretisch auf frühere und aktuelle Migrationsbewegungen folgt, beschäftigt sie sich engeren Sinn mit der *Einwanderungsgesellschaft* und somit ist kulturelle Vielfalt stets eng verbunden mit dem Gebrauch und den Definitionen von den Begriffen wie *ethnische Minderheiten, Migrant, Immigrant, Einwanderer, Zuwanderer* und *Mensch mit Migrationshintergrund*. Alle diese Begrifflichkeiten haben gemeinsam, dass sie weder im Alltagsgebrauch, noch im politischen Diskurs oder in der wissenschaftlichen Fachsprache einheitlich ver-

---

[14] Weitere Erläuterungen zu den Besonderheiten und Charakteristika des öffentlich-rechtlichen Fernsehens und seiner, sich daraus ableitenden Integrationsfunktion werden in Kapitel 4 gegeben.

wendet werden. Außerdem werden die Begriffe *Integration* und *Migrant* in den zwei untersuchten Ländern unterschiedlich verwendet und sind mit unterschiedlichen Konnotationen versehen.

Die Frage liegt deshalb nahe, ob eine vergleichende Perspektive bei dieser Thematik überhaupt anwendbar ist.[15] Ein Ausweg bestünde darin, diese Termini nicht zu verwenden, sondern sich auf den juristischen Begriff des *Ausländers* zu konzentrieren, welcher überall gleich definiert wird. Damit würde aber in den beiden Ländern ein Großteil der Personen, die mit den hier untersuchten Integrationsmaßnahmen anvisiert werden, nicht berücksichtigt: In Großbritannien sind fast alle Einwanderer aus dem Commonwealth britische Bürger und lediglich in Deutschland deckt sich, aufgrund des restriktiven Staatsangehörigkeitsgesetztes, die Gruppe der Zuwanderer noch teilweise mit derjenigen der Ausländer.

Folglich wird sich diese Studie auf die Terminologie *Zuwanderer*, *Migrant*, *Mensch mit Zuwanderungsgeschichte* und *Mensch aus Einwandererfamilie* beschränken. Der entscheidende Vorteil in der Verwendung der Begrifflichkeit *Mensch mit Zuwanderungsgeschichte*[16] liegt darin, dass er allumfassender ist als *Mensch mit Migrationshintergrund*, denn die Kinder von Zuwanderern, die in Deutschland geboren sind, sind im engeren Sinne ja keine Migranten mehr. Zwar haben ihre Eltern die Migrationserfahrungen gemacht, jedoch nicht sie selbst – sie haben aber die Geschichte, dass sie aus einer Einwandererfamilie stammen.[17]

Unter den genannten Begriffen wird in dieser Arbeit auf alle die Menschen verwiesen, die auf integrationspolitisch legalem Weg nach Deutschland und Großbritannien eingewandert sind (vgl. auch Kymlicka 2001: 153).[18] Als Menschen mit Zuwanderungsgeschichte sind zudem die Gesamtgruppe der nach 1945 eingewanderten Personen und ihre Kinder definiert, ob sie über die Staatsbürgerschaft des Aufnahmelandes verfügen oder nicht. Daneben können – vor allem in direkten Zitaten – aber auch die für die nationalen Kontexte spezifischen Begriffe wie *ausländische Arbeitskräfte* und *Gastarbeiter* (meistens im Zusammenhang mit Deutschland) oder *ethnische Minderheiten* (meistens im Zusammenhang mit Großbritannien) Verwendung finden. Letzterer Begriff wird im Folgenden zum Teil auch anstelle

---

[15] Zum Problem der Vergleichbarkeit von Zuwanderung in verschiedenen Ländern bieten z. B. Hoffmann-Nowotny, Imhof & Romano (1998) einen Überblick.

[16] Den Begriff *Mensch mit Zuwanderungsgeschichte* hat Armin Laschet, ehemaliger Minister für Generationen, Familie, Frauen und Integration des Landes Nordrhein-Westfalen, im regierungsamtlichen Sprachgebrauch eingeführt.

[17] In Deutschland machen Menschen mit Zuwanderungsgeschichte heute knapp 20 Prozent der Gesamtbevölkerung aus. www.destatis.de, Abruf am 17.05.2009. In Großbritannien ist der Bevölkerungsanstieg zwischen 1991 und 2001 zur Hälfte auf Einwanderung zurückzuführen. http://www.ippr.org.uk/, Abruf am 17.05.2009. Nähere Informationen z. B. zu den Heimatländern der Zuwanderer bieten die entsprechenden Internetquellen.

[18] Die Diskussion um illegale Einwanderung wird hier komplett ausgeklammert.

der anderen Termini gebraucht, weil dieser Begriff am weitesten gefasst ist und die anderen Begriffe mit einschließt (vgl. Trebbe 2009: 26).

Ferner gilt es noch anzumerken, dass diese Studie auf den differenzierten Gebrauch männlicher und weiblicher Substantivformen verzichtet, was sich aus sprachpragmatischen und Gründen der Lesbarkeit anbietet. Es sind immer beide Geschlechter gemeint, und das generische Maskulinum wird verwendet. Schließlich sind auch Migrationsbewegungen in europäischen Ländern heute ebenso von Frauen wie von Männern geprägt. Seit dem Jahr 1965 ist die Zahl der Migranten weltweit um das Zweieinhalbfache gestiegen. Der Frauenanteil liegt dabei bei knapp 50 Prozent, somit ist das Geschlechterverhältnis ausgeglichen (vgl. IOM 2008).

1.4 Relevanz für Theorie und Praxis

Die Relevanz dieser Arbeit für die Theorie besteht in der wissenschaftlichen Reflexion über ein Idealbild des öffentlich-rechtlichen Fernsehens, das als komplexe Medieninstitution in vielerlei Hinsicht Integrationspotentiale für eine multikulturelle Gesellschaft entfalten kann. Es kann durch seine Personalstruktur sowie sein journalistisches Angebot als Treffpunkt unterschiedlicher Kulturen fungieren und durch die Berücksichtigung von Zuwanderern auch zur generellen Akzeptanz von kultureller Vielfalt in der Gesellschaft beitragen. Die Studie beruht auf der Zielvorstellung einer toleranten Gemeinschaft, in der Menschen verschiedener Herkunft, auch mit Hilfe des öffentlich-rechtlichen Fernsehens, voneinander lernen und durch einen stetigen wechselseitigen Dialog gemeinsam die Zukunft ihrer kulturell vielfältigen Gesellschaft und ihr Zusammenleben gestalten.

Diese Arbeit enthält zudem einen empirischen Teil, der in Form einer Primärerhebung neben dem Ausbau des theoretischen Forschungsstands auch für die medienpolitische Praxis neue Erkenntnisse verspricht. Die Auswertung der im Rahmen dieser Studie durchgeführten Experteninterviews ermöglicht eine systematischere Einschätzung der Integrationspotentiale des öffentlich-rechtlichen Fernsehens. Mit Hilfe der theoriefundierten und empiriegeleiteten Studie werden hier sowohl länderspezifische als auch länderübergreifende Strategien der öffentlich-rechtlichen Fernsehsender in Bezug auf ihre Integrationsleistung deutlich gemacht und unterschiedliche medienpolitische Ansätze bezüglich der Integrationsfunktion nachgezeichnet. So lassen sich mit Hilfe des wissenschaftlichen Vergleichs von zwei europäischen Mitgliedstaaten im besten Fall konkrete praktische Lösungsansätze für aktuelle medienpolitische Herausforderungen in Deutschland gewinnen.

Die Relevanz dieser Studie für die Medienpraxis besteht mittelfristig in der Bereicherung des Austauschs auf allen Ebenen zwischen den Verantwortlichen der

Medienbranche, der Politik und den gesellschaftlichen Akteuren, wie z. B. Stiftungen[19]. Ein Runder Tisch mit Vertretern aus allen gesellschaftlichen Bereichen hat in diesem Sinn in Deutschland erstmalig in Form der Arbeitsgruppe Medien im Rahmen des Integrationsgipfels im Jahr 2006 stattgefunden. Für die Zukunft können die hier entwickelten Leitrichtlinien und Beispiele für so genanntes *Best Practice* die Basis für die Entwicklung weiterer Integrationsstrategien bilden, bei denen die Massenmedien ihre Potentiale ins Spiel bringen und ihrer gesellschaftliche Verantwortung gerecht werden können.

Zudem ermöglicht diese Arbeit einen besseren Einblick in die strukturellen Rahmenbedingungen der Integrationsfunktion der öffentlich-rechtlichen Fernsehsender. Erst wenn diese offen gelegt werden, kann auf den Ergebnissen des Vergleichs mit Großbritannien aufbauend, eine Art *Toolkit* für die zukünftige medienpolitische Arbeit entworfen werden, welche die verantwortlichen Medienakteure individuell an die Rahmenbedingungen ihrer öffentlich-rechtlichen Fernsehanstalten in den verschiedenen EU-Mitgliedstaaten anpassen können.

1.5 Zwischenfazit

Diese Studie bewegt sich in dem wissenschaftlich bisher noch unzureichend thematisierten und schwer einzugrenzenden Themenfeld *Integration und Medien*. In der Welt des 21. Jahrhunderts, die der einzelne Mensch nicht mehr ausreichend durch eigene Erfahrungen erfassen kann, tragen Massenmedien zur *gesellschaftlichen Konstruktion der Wirklichkeit* bei. Einen Einfluss auf die Etablierung eines gesellschaftlichen Zusammenhalts können Massenmedien unter anderem über ihre Integrationsfunktion ausüben, denn sie unterstützen die Herausbildung gesellschaftlicher Normen und Werte als kollektive Bezugssysteme, bieten Orientierungshilfen und ermöglichen den Dialog innerhalb kulturell verschiedener Gesellschaftsgruppen.

Wegweisend ist dabei insbesondere das visuelle *Leitmedium* Fernsehen und explizit das öffentlich-rechtliche Fernsehen, dessen Bedeutung für die soziale Zusammengehörigkeit innerhalb der heterogenen Gesellschaft zunimmt. Im Zusammenhang mit den gesellschaftlichen Ansprüchen an den öffentlich-rechtlichen Rundfunk stellt sich hier die Frage nach den Möglichkeiten der öffentlich-rechtlichen Fernsehsender, einen Beitrag zur interkulturellen Integration in den Einwanderungsländern zu leisten.

Aufgrund ihres hohen Komplexitätsgrades kann Integration nicht hinreichend empirisch gemessen werden und ist wissenschaftlich, wenn überhaupt, nur

---

[19] In Deutschland gibt es einige Stiftungen, die sich intensiv mit dem Thema *Migration und Integration* auseinandersetzen. Beispielsweise hat die Bertelsmann Stiftung verschiedene Publikationen herausgebracht (vgl. Bertelsmann Stiftung 2003; 2006a, b, c).

über die Beobachtung und Einschätzung von Integrationsprozessen über größere Zeitspannen möglich. Dennoch ist es das Bestreben mit dieser theoretischen und empirischen Arbeit, die medienpolitischen Idealvorstellungen bei der Nutzung der Integrationspotentiale der öffentlich-rechtlichen Fernsehanstalten und die derzeitig dafür bestehenden Rahmenbedingungen nach wissenschaftlichen Kriterien zu erfassen. Nur dann können die Befunde bei der Konzeptionalisierung von strukturellen sowie inhaltlichen Entwicklungen der Integrationsfunktion von öffentlich-rechtlichen Fernsehsendern Berücksichtigung finden. Mit Hilfe der vorhandenen Datenlage kann diskutiert werden, welchen angestrebten Integrationszielen durch welche Organisationsformen und mit welchen Angeboten am besten entsprochen werden sollte.

Neben Integrationsbemühungen von gesellschaftlichen Akteuren sind auch Integrationserfolge in der Bevölkerung wissenschaftlich schwer zu erfassen. Ob sich die hier untersuchten Bemühungen von Seiten der Fernsehsender langfristig tatsächlich auf der Ebene der gesellschaftlichen Integrationsprozesse positiv niederschlagen, kann und soll mit dieser Studie nicht erhoben werden. Hier liegt das Augenmerk auf den medienpolitischen Ansätzen zum Thema *Öffentlich-rechtliches Fernsehen, Integration und kulturelle Vielfalt*. Diese theoretischen Idealvorstellungen werden mit den gegebenen Möglichkeiten für eine verstärkte Nutzung der Integrationspotentiale innerhalb der untersuchten Fernsehanstalten in Bezug gesetzt.

Diese Arbeit hat die Zielsetzung, bei den öffentlich-rechtlichen Fernsehsendern die möglicherweise unauffälligen, aber erfolgreichen Strategien zur Nutzung ihrer Integrationspotentiale herauszuarbeiten und deren komplexe Eigendynamiken und strukturelle Voraussetzungen zu analysieren. Dies geschieht in dem Bewusstsein, dass es sich hierbei um ein *normativ belastetes Thema* handelt. In Anbetracht dieser wissenschaftlichen Herausforderungen arbeitet die Untersuchung schrittweise heraus, unter welchen normativen, strukturellen, funktionalen und rollenspezifischen Rahmenbedingen das öffentlich-rechtliche Fernsehen bei der Umsetzung seiner Integrationsfunktion *Wirklichkeitsentwürfe* liefert. Es wird untersucht, wie die Verantwortlichen den medienpolitischen Idealvorstellungen eines Beitrags zur interkulturellen Integration auf struktureller sowie inhaltlicher Ebene im Alltagsgeschäft ihrer jeweiligen Sendeanstalten begegnen.

Diese Untersuchung besteht aufgrund der komparativen Vorgehensweise aus zwei Teilstudien, die sich mit den öffentlich-rechtlichen Fernsehsendern in Deutschland und Großbritannien befassen. Die Ergebnisse werden anschließend verglichen und die Frage diskutiert, inwiefern die britischen Fernsehanstalten im Hinblick auf die interkulturelle Integration als Vorbilder für Deutschland fungieren können. Der direkte Vergleich zwischen den beiden EU-Staaten ermöglicht hierbei, über den *Tellerrand* der deutschen Integrations- und Medienpolitik zu schauen, um mögliche Gemeinsamkeiten und Unterschiede im Umgang mit Integrationsfragen zu erörtern und schließlich zu länderspezifischen wie länderübergreifenden Befunden und Handlungsanregungen zu kommen.

Ziele der Studie sind neben den theoretischen Erträgen für die Kommunikationswissenschaft vor allem die Impulse für den medienpolitischen Diskurs und die praktische Anwendbarkeit der Ergebnisse für das öffentlich-rechtliche Fernsehen.

2. Herausforderungen für europäische Einwanderungsländer

Dieses Kapitel liefert zunächst einen Einblick in die Schnittmenge aus Politik, Medien und Gesellschaft, die das Thema *Integration* formt. Diesem gesellschaftlich kontrovers eingeschätzten Thema entspricht ein spezielles Forschungsfeld, das in den sozial- und kommunikationswissenschaftlichen Disziplinen zum Teil noch unzulänglich definiert und bislang nur basal bearbeitet worden ist. Begriffliche Unschärfen und konzeptionelle Widersprüche innerhalb der bestehenden Forschungslandschaft erhöhen die Komplexität und erschweren die Durchdringung des aktuellen Forschungsstandes. Entsprechend bestehen auf theoretischer Ebene unterschiedliche Prämissen, Ansätze und Modelle zum Verhältnis von Gesellschaft, Medien und Integration, die zum Teil nicht trennscharf sind oder sich auch komplementär ergänzen können.

Im Folgenden wird erstens auf heutige Migrationsbewegungen und ihre Auswirkungen auf die Aufnahmegesellschaft eingegangen. Zweitens werden die definitorischen Ansätze von *Multikulturalismus* und *kultureller Vielfalt* erklärt. Drittens werden die unterschiedlichen Auffassungen von *Integration* vorgestellt und der Begriff wird für diese Untersuchung möglichst eindeutig definiert. In den beiden Unterkapiteln werden Grundbegriffe der Migrations- und Integrationsforschung aufgegriffen und besprochen, die nicht nur im Kontext des Forschungsüberblicks gebraucht werden, sondern für eine stringente Terminologieanwendung und das Verständnis der gesamten Untersuchung relevant sind. Unterschiedliche Interpretationsweisen, die im Grundsatz unabhängig von der thematischen Verknüpfung von Integration und Medien sind, werden miteinander abgeglichen, um schließlich eine gültige Arbeitsdefinition für diese Untersuchung herauszuarbeiten. Der vierte Teil dieses Kapitels beleuchtet die Rolle der Medien im Integrationsprozess und die Bedeutung von interkultureller Kommunikation für den gesellschaftlichen Zusammenhalt.

2.1 Migrationsbewegungen in europäischen Mitgliedstaaten

Migration, Multikulturalismus und *Integration* haben sich zu Schlüsselbegriffen im modernen Zeitalter herauskristallisiert. Transnationale Migrationsbewegungen sind eine globale Realität und aus der heutigen Zeit nicht mehr wegzudenken. Es bewegen sich auf dem Erdball zurzeit mehr als 200 Millionen internationale Migranten (vgl. UN 2006).[20] Auch die Europäische Union ist stark von Migrationsbewegungen geprägt, die sich sowohl aus Einwanderern aus nicht EU-Ländern als auch durch Binnenmigration innerhalb der europäischen Grenzen zusammensetzen. Diese Migrationsprozesse verändern die Strukturen und Gegebenheiten in den Gesellschaften der europäischen Mitgliedstaaten, die im 21. Jahrhundert bereits durch eine sich kontinuierlich erweiternde ethnische, kulturelle und religiöse Vielfalt charakterisiert sind (vgl. OECD 2008). So ist die Bemerkung nicht übertrieben, dass alle modernen Staaten heute den Auswirkungen des Multikulturalismus gegenüber stehen, selbst, wenn sie diese erst zögerlich auf ihre politische Agenda setzen (vgl. Kelly 2002: 1).

Im Moment scheint der politische Diskurs in einigen europäischen Mitgliedstaaten diesbezüglich noch eher Fragen aufzuwerfen, als angemessene Vorschläge zum Umgang mit einer kulturell heterogenen Bevölkerung zu liefern. Wie langfristige und effiziente Migrations- und Integrationsstrategien aussehen sollen und wie sie sich vor dem jeweiligen Hintergrund der unterschiedlichen nationalen Historien und Kulturen entwickeln und durchsetzen lassen, ist eine der großen (politischen) Herausforderung der heutigen Zeit (vgl. Cuperus, Duffek & Kandel 2003: 11). Eingedenk der Dynamik von Migration und Integration ist dies nicht überraschend, und die Verantwortlichen müssen sich dieser Problematik stellen. So heißt es in einer Erklärung des Europarats, dass der generelle Trend der Globalisierung und Internationalisierung sowie die bürgerliche Individualisierung von der modernen Gesellschaft fordert, Mechanismen zu entwickeln, die dieser Fragmentierung entgegenwirken und den gesellschaftlichen Zusammenhalt durch Integrationsprozesse stärken (vgl. Council of Europe 2006: 19).

Migration und Integration sind hoch emotional besetzte Themen, zumal sie mittlerweile fast immer im Zusammenhang mit Islamisierung diskutiert werden.[21] Die Auseinandersetzung mit ihnen löst Fragen nach der eigenen Identität, dem Verhältnis zur Identität des anderen, nach Vereinbarkeit und Unverträglichkeit unterschiedlicher Kulturen und Religionen und nach Kompromisslösungen aus (vgl. Süssmuth 2006: 203). Um die Emotionalität aus der wissenschaftlichen Beschäftigung mit dem Themenkomplex herauszuhalten und dem akademischen Niveau entsprechend arbeiten zu können, ist es notwendig, die im Alltagsgebrauch häufig unpräzise gebrauchten Begriffe *Migration* und *Integration* möglichst genau zu definieren. So gilt es zunächst zu klären, was in einem engeren Sinn unter Migration zu verstehen ist.

---

[20] Genaue Zahlen können eingesehen werden unter: http://esa.un.org/migration, Abruf am 25.5.2009.
[21] In dieser Arbeit werden der Themenkomplex *Islam und Islamisierung* und die damit verbundenen vermeintlichen Ängste in der Bevölkerung nicht explizit behandelt.

Im *Migrationsbericht 2006* des Bundesamtes für Migration und Flüchtlinge (BAMF) ist von Migration die Rede, „wenn eine Person ihren Lebensmittelpunkt räumlich verlegt und von internationaler Migration spricht man, wenn dies über Staatsgrenzen hinweg geschieht" (BAMF 2007: 12). Stichweh (2005) grenzt den Begriff folgendermaßen ein:

> „Mit Migration ist der mittel- bis langfristige bis schließlich dauerhafte Transfer von Personen an einen anderen Ort und/oder in einen anderen soziokulturellen Raum gemeint, in dem die Personen künftig den Mittelpunkt ihrer Lebensführung etablieren. Die Formen von Migration, die zu beobachten sind, sind mannigfaltig, und vermutlich ist es eine der einfachsten Aussagen, die man über die Weltgesellschaft machen kann, dass diese die Formen diversifiziert, in denen Migration vorkommen kann." (Stichweh 2005: 148)

Diese Mannigfaltigkeit von Migration wird in der heutigen Zeit sehr deutlich. Insbesondere im europäischen Raum ist es wesentlich unkomplizierter geworden, temporär seinen Wohnsitz in ein anderes Land zu verlegen. Dies geschieht beispielsweise schon auf längeren Reisen, beim Studienaufenthalt im Ausland und durch die berufliche Weiterqualifikation. Im Allgemeinen ist es jedoch der langfristige bis dauerhafte Transfer von Personen, der mit dem Begriff Migration in Verbindung gebracht wird. Hierbei wird häufig auch die Flüchtlingsmigration und Asylsuche angesprochen.

Für diese Studie ist es entscheidend, dass Begriffe wie *Zuwanderer* mit den Menschen assoziiert werden, die sich dazu entschieden haben, langfristig bis dauerhaft ihren Lebensmittelpunkt nach Deutschland oder Großbritannien zu verschieben (vgl. Kapitel 1.5). Aus welcher Motivation heraus diese Bewegung geschieht und ob ihr eine freiwillige oder unfreiwillige Entscheidung zugrunde liegt, ist für die Untersuchung von nachrangiger Bedeutung. Laut einer Empfehlung der Vereinten Nationen (UN) sollte von Zuwanderung dann gesprochen werde, sobald eine Person ein Jahr im Zielland lebt (vgl. UN 2006).

Dieser Zeitraum fand auch Eingang in die am 14. März 2007 vom Europäischen Parlament gebilligte und am 12. Juni 2007 vom Rat verabschiedete EG-Verordnung über Gemeinschaftsstatistiken in den Bereichen Migration und internationaler Schutz. Danach wird jemand als Migrant definiert, der seinen gewöhnlichen Aufenthalt für mindestens zwölf Monate in das Zielland verlagert (vgl. BAMF 2007: 13). Die in dieser Arbeit verwendeten Bezeichnungen wie *Migrant* beziehen sich auf diese Definition, die mitunter in Anlehnung an die Unabhängige Kommission Zuwanderung entstanden ist (vgl. Süssmuth 2006: 8). Dabei liegt der Fokus hier stets auf der Einwanderung oder Zuwanderung in eines der zwei untersuchten EU-Länder, und auf der Analyse von langfristigen Integrationsprozessen der Zugezogenen in der Aufnahmegesellschaft.

Die Folge zunehmender Einwanderung ist ein erhöhtes Maß an kultureller Vielfalt und gesellschaftlicher Heterogenität. Folglich erfordert die gesellschaftliche

Integration von Migranten, den „archetypical strangers" (Parekh 2008: 4), eine Neudefinition der gesellschaftlichen Identität. Insbesondere die europäischen Einwanderungsgesellschaften fühlen sich von einer zunehmenden kulturellen Heterogenität bedroht, weil sie sich traditionell als homogene Nationalstaaten wahrnehmen (vgl. Parekh 2008: 4). Da kulturelle Vielfalt aber ein „inescapable fact of modern life" (Parekh 2008: 80) ist, ist auch die wissenschaftliche Beschäftigung mit dem Thema *Integration* heutzutage untrennbar von der Diskussion um *Multikulturalismus* und *kulturelle Vielfalt* im deutschsprachigen und *Cultural Diversity* im angelsächsischen Raum. Im folgenden Kapitel werden diese Begriffe näher erläutert.

2.2 Multikulturalismus und kulturelle Vielfalt

Das Gegenteil von *Multikulturalismus* ist genau genommen der *Monokulturalismus*, der für die offensichtliche Dominanz einer übergeordneten Kultur steht, die gänzlich keine anderen kulturellen Sichtweisen respektiert und keinerlei Wertschätzung gegenüber andern kulturellen Ansichten zulässt. Eine monokulturelle Gesellschaft müsste theoretisch hermetisch nach außen *abgeriegelt* sein und wäre keinen anderen kulturellen Einflüssen ausgesetzt. Die Integration neuer Gesellschaftsmitglieder ist hier nur in Form von absoluter Assimilation erwünscht, denn die Monokultur toleriert keine kulturelle Vielfalt sondern erwartet von den Zuwanderern eine Verschmelzung mit dem dominanten Wertesystem und den entsprechenden Weltanschauungen. Diese gewollte Etablierung von Einheit ohne die Toleranz einer gewissen Vielfalt kann lediglich zur kulturellen Unterdrückung von Minderheiten und zur Vorherrschaft der dominanten Kultur führen.

Kulturelle Verschiedenheit, die sich in den Lebensweisen Einzelner oder gesellschaftlicher Gruppen niederschlägt, birgt hingegen ohne die Akzeptanz eines gemeinsamen Wertesystems die potentielle Gefahr von gesellschaftlicher Fragmentierung und Abschottung von verschiedenen Gruppierungen, und kann zur Herausbildung von so genannten *Parallelgesellschaften* führen. Trotzdem bedeutet eine enge Verbundenheit der Menschen mit Zuwanderungsgeschichte mit ihrem Herkunftsland und ihrer Herkunftsidentität nicht automatisch eine gezielte Abgrenzung und Integrationsunwilligkeit. Dies mag allenfalls bei einer kleinen Minderheit der Fall sein, ansonsten weisen verfügbare Erkenntnisse auf andere Gründe hin:

> „Je weniger der Integrationsprozess gelingt, je mehr Ablehnung und Diskriminierung erfahren wird, desto ausgeprägter ist die Tendenz des Rückzugs in Parallelgesellschaften. Wer das ver-

meiden will, muss Maßnahmen zur Förderung der Integration ausbauen und von der Konfrontation zur Kooperation übergehen." (Süssmuth 2006: 189)

Für moderne Zuwanderungsländer, in denen Migration und Integration eine immer wichtigere Rolle im gesellschaftlichen Zusammenleben spielen, gilt es, eine Kooperation zwischen Mehrheiten und Minderheiten herzustellen und so den *goldenen Mittelweg* zwischen diesen extremen Positionen der monokulturellen Dominanzgesellschaft und der multikulturellen Parallelgesellschaft zu finden. Einheit und Vielfalt müssen in einem ausgeglichenen Verhältnis etabliert werden, damit ein friedliches Zusammenleben in einem demokratischen, multikulturellen Nationalstaat gegeben sein kann (vgl. Banks 2004: 291). Diesen Balanceakt zu meistern und ein kulturell vielfältiges Zusammenleben langfristig zu sichern, gelingt nicht durch das Infragestellen der multikulturellen Gesellschaft per se, denn diese kulturelle Vielfalt und Heterogenität ist längst zur Realität geworden. Heutzutage ist dieses Engagement vielmehr eine der zentralen Gestaltungsaufgaben einer lebendigen Demokratie (vgl. Fuchs 2002).

Kulturell heterogene Gesellschaften setzen sich aus einer Vielzahl an Kulturen und Gruppierungen zusammen, die sich wiederum auf verschiedene – obwohl häufig überlappende – Traditionen, Bräuche und Lebensstile stützen. Das Vorhandensein von vielen verschiedenen Kulturen in der Gesellschaft ist längst eine Tatsache und der sprachlich und kulturell homogene Nationalstaat eine Fiktion. Kulturelle Heterogenität ist alltägliche Wirklichkeit geworden, auch wenn sie (noch) nicht allen vertraut und selbstverständlich ist (vgl. Süssmuth 2006: 176). So geht es darum, die Pluralität und Verschiedenartigkeit der Menschen anzuerkennen, ohne das multikulturelle Zusammenleben mit Beliebigkeit zu verwechseln (vgl. Thränhardt & Hunger 2003). Erforderlich ist der breite gesellschaftliche Konsens in der Überzeugung, dass eine „Gesellschaft keine Addition von Minderheiten ist" (Rau 2000) und dass bei aller Unterschiedlichkeit Erfahrungen vorhanden sein müssen, die verbinden (vgl. Süssmuth 2006: 208/213).

Wenn von *Multikulturalismus* heute als gesellschaftlichem Konstrukt gesprochen wird, dann kann es verschiedene Ausprägungen annehmen (vgl. Parekh 1997) und wird nicht immer und nicht von allen als etwas Wünschenswertes angesehen. So gab es seit der 80er Jahre diverse normative Auseinandersetzungen um die gesellschaftlichen Gegebenheiten, die als Multikulturalismus bezeichnet wurden. Trotz einer Vielzahl an Kritikern gewinnt das Modell seit einigen Jahren in europäischen Mitgliedstaaten wieder an Bedeutung:

„Contemporary multiculturalism has often been criticised in the context of anti-racist politics for failing to address structural and systematic inequalities, its superficial and seemingly static understanding of cultural diversity, and its tendency to eroticize the cultures of others. In recent years it nonetheless represents a significant advance in normative thinking and has informed such policies as affirmative action in the US and multicultural education in the UK." (Goldberg 1994; Husband 2000)

Auch im deutschen Diskurs ist das Konzept des *Multikulturalismus* häufig negativ besetzt. Es wird im Volksmund mit *bunten Volksfesten* in Verbindung gebracht, als *multikulti* verschmäht, und mit *gescheiterter Integration* gleichgesetzt. Um sich der Begrifflichkeit und dem Modell aus wissenschaftlicher Sicht zu nähern, hilft eine Vergegenwärtigung der sich dahinter verbergenden theoretischen und politischen Paradigmen.

Einen relativ einfachen Definitionsansatz bietet Bhikhu Parekh, der auf Multikulturalismus als „perspective on human life" (Parekh 2000: 336) verweist. Laut ihm steht der Begriff für folgende Prämissen: Unsere modernen Gesellschaften sind heterogen und bringen eine gewisse kulturelle Diversität hervor, die untrennbar von der heutigen Zeit ist. Um ein stabiles gesellschaftliches Zusammenleben zu ermöglichen, müssen kollektive, kulturelle Rechte von der Bevölkerungsmehrheit akzeptiert werden, und ein ständiger Austausch und Dialog zwischen den verschiedenen Kulturen und Subkulturen ist unabdingbar (vgl. Cuperus, Duffek & Kandel 2003: 16).

Dieser Ansatz von Parekh bietet zunächst einen Einblick in die Voraussetzungen, die eine moderne Einwanderungsgesellschaft erfüllen muss, damit ein Zusammenleben verschiedener Individuen aus unterschiedlichen Sprach- und Kulturräumen funktionieren kann. Was jedoch der Terminus Multikulturalismus genau bezeichnet und wo das Modell möglicherweise Schwachstellen aufzeigt, darauf geht Parekh nicht gesondert ein. Hier bietet der Politologe Bassam Tibi eine Definition, die den Begriff *Multikulturalismus* bewusst vom *Kulturpluralismus* abgrenzt.

Nach Tibi bedeutet ersteres sowohl die Feststellung kultureller Unterschiede als auch die Anerkennung der kulturellen Differenzen. Multikulturalismus steht laut seinem Verständnis für ein gesellschaftliches Nebeneinander und für eine Haltung im Sinne von *anything goes*. Daraus wird kulturrelativistisch der Anspruch auf gewisse kulturelle Grundrechte abgeleitet, ohne diese Kollektivrechte weiter zu hinterfragen (vgl. Tibi 2008). Wenn Kritiker befürchten, dass heutige Zuwanderergruppen Ghettos bilden, eine „Balkanisierung" stattfindet und es zu Parallelgesellschaften kommt, dann werden dafür nicht allein Menschen mit Zuwanderungsgeschichte verantwortlich gemacht, sondern auch die Ansätze der Integrationspolitik, die sich dem Modell des Multikulturalismus bedienen. Insbesondere auf die aktuellen Richtlinien, die auf Multikulturalismus abzielen, ist es zurück zu führen, dass gesellschaftliche Integration für Zugewanderte nicht attraktiv erscheint, da diese auf ihren *kulturellen Grundrechten* beharren (vgl. Kymlicka 2001: 152).

Es wird argumentiert, dass die *Logik* des Multikulturalismus dazu führt, kulturelle Praktiken der Minderheitsgesellschaft akzeptieren zu müssen, die sich mit liberal-demokratischen Werten der EU-Staaten nicht in den Einklang bringen lassen. Folglich stellt sich hier vermehrt die Frage nach der Toleranzgrenze (vgl. Kymlicka 2001: 172). Solche Gegensprecher des Multikulturalismus befürchten eine Zunahme von Separatismus in der Gesellschaft (vgl. Kymlicka 2001: 154). Daraus leitet sich wiederum die negative Konnotation des Begriffs im gesellschaftlichen Diskurs um gescheiterte Integration ab.

Doch dies ist nur eine mögliche Definitionsauslegung von Multikulturalismus. Der Begriff kann auch so definiert werden, dass die multikulturelle Gesellschaft innerhalb der westlichen Demokratien mit einer hohen Anzahl an Zuwanderern heute längst alltäglich ist. Schließlich bedeutet das lateinische Präfix *multi-* lediglich *viel, vielfach* oder *mehrfach*. Da sich die Gesellschaften durch Globalisierung und Europäisierung verstärkt weiterentwickeln und anderen Kulturen öffnen, sprach Nathan Galzer bereits vor über einem Jahrzehnt von „we are all multiculturalists now" (Glazer 1997). Daher ist Multikulturalismus streng genommen auch kein belastbares Konzept für den Zusammenhalt in der Gesellschaft (vgl. Süssmuth 2006: 207f.) sondern lediglich ihre Ausgangssituation.

Kymlicka (2001) betont, dass für die moderne Gesellschaftsform mit vielen Kulturen das Konzept des Multikulturalismus für die Politik lediglich eine sinnvolle Zielvorgabe für fairere Integrationsbedingungen darstellt:

> „Multiculturalism simply specifies how this sort of political and social integration should occur – namely, in a way that respects and accommodates diversity. Within the constraints of liberal-democratic values, and of linguistic/institutional integration, governments must seek to recognise and accommodate our increasing ethno-cultural diversity." (Kymlicka 2001: 176)

Zur Konzeptionalisierung der Verbindung von Akzeptanz der Verschiedenheit und gemeinsamer Erfahrung bietet Tibi den Begriff *Kulturpluralismus* an, der sich sowohl für kulturelle Vielfalt einsetzt, als gleichzeitig auch für einen hohen Grad an Gemeinsamkeit. Denn Kulturpluralismus verknüpft diese Vielfalt mit einem Minimalanspruch hinsichtlich der Universalität der gesellschaftlichen Werte, den so genannten Kernwerten, wie beispielsweise den Menschenrechten. Hier wird davon ausgegangen, dass ein gesellschaftliches Miteinander der Kulturen nur im Rahmen einer verbindlichen Einigung auf kulturübergreifende Basiswerte möglich ist. Dies besagt, dass es kein *kulturelles Grundrecht* gibt (vgl. Tibi 2008), sondern dass sich die kulturell vielfältigen Gesellschaftsmitglieder im ständigen Dialog das demokratische Fundament für ihr Zusammenleben schaffen müssen.

Im übertragenen Sinne bedeutet dies, dass die *globale Gesellschaft*[22] daher auch keine Aufhebung aller individuellen, nationalen, kulturellen, ethnischen oder weltanschaulichen Unterschiede meinen kann, sondern lediglich für deren Durchlässigkeit für andere Völker, deren Offenheit für andere Menschen und deren Verbindungen zu anderen Kulturen eintritt. Es gibt in einem funktionierenden Kulturpluralismus nicht den einen globalen Menschen und nicht die allumfassende globale Gesellschaft, sondern nur solche Menschen und Gesellschaften, die sich anderen individuellen, kulturellen, ethnischen Weltanschauungen öffnen (vgl. Stolte 2004: 156).

Die Aufnahmegesellschaft bietet den Zuwanderern dabei zunächst eine eigene Wertorientierung und damit eine Identität, mit der sie sich auseinandersetzen können. Dies zeigt, dass gesellschaftliche Integration immer auch etwas mit Orientierung an den Rechten, Sitten und Bräuchen des Aufnahmelandes zu tun hat. Ohne dass die Aufnahmegesellschaft den eigenen Standpunkt und die eigenen Wertvorstellungen für ein gesellschaftliches Zusammenleben klar definiert und kommuniziert, muss *der Fremde* immer fremd bleiben (vgl. Tibi 2008). Daher ist es essentiell für die Integrationsdebatten in den europäischen Mitgliedstaaten, dass sich diese grundsätzlich darüber klar sind, welches Selbstbild sie haben, oder dieses gegebenenfalls gründlich reflektieren und ihre Ergebnisse dann kommunizieren.

Diese Untersuchung baut auf der Theorie des Kulturpluralismus und der damit verbundenen Prämisse einer generell positiven Wahrnehmung von kultureller Vielfalt auf. Dies geschieht in Hinsicht auf die Etablierung einer pluralistischen Gesellschaft, bei der kulturelle Heterogenität auf Grundlage von einem kollektiv verbindlichen Rechts- und Wertesystem anerkannt und geachtet wird. Allein auf dieser Basis können Integrationsmechanismen greifen. Das folgende Kapitel widmet sich der theoretischen Reflexion über den Begriff *Integration* und seine verschiedenen Interpretationsweisen.

2.3 Definitionsversuche von Integration

Neben der jeweils nötigen Betrachtung der konkreten Rahmenbedingungen, in denen Migration mündet, eine multikulturelle Gesellschaft entsteht und Integration beginnt, wirft die Terminologie *Integration* für den wissenschaftlichen Gebrauch

---

[22] Hier besteht eine Schnittstelle mit dem Diskurs um ein kosmopolitisches (Welt-)Bürgertum, bei dem die einzelnen Individuen trotz ihrer unterschiedlichen Herkünfte und Wohnorte in Nationalstaaten, sich mit anderen Menschen an anderen Orten mit anderen individuellen Anschauungen, kulturellen Eigenheiten und Gewohnheiten vernetzen und in einen respektvollen Dialog treten. Auf den Diskurs um Kosmopolitismus wird in dieser Studie allerdings nicht näher eingegangen. Weitere Informationen dazu finden sich in Appiah (2007).

einige weitere Schwierigkeiten auf. Integration ist im alltagssprachlichen Gebrauch ein geradezu inflationär verwendeter Begriff, der zunächst als Gegenbegriff zur *Desintegration* und *Ab- und Ausgrenzung* benutzt wird, wobei oft nicht eindeutig klar ist, was darunter verstanden wird. Doch da es keine einheitliche Definition oder eine universale Strategie gibt, um Integrationsprozesse voranzubringen (vgl. Ghosh 2005: 2), schwingen mit dem Begriff darüber hinaus unterschiedliche Vorstellungen und Erwartungen mit. Der Sachverständigenrat für Zuwanderung und Integration (2004: 21) und Süssmuth (2006) sind der Ansicht, dass dennoch einige grundlegende Positionen festgehalten werden können, die mit Integration immer in Verbindung gebracht werden sollten:

> „Es geht um individuelle und gesellschaftliche Teilhabe und Zugehörigkeit. Leitbild ist eine plurale Gesellschaft, die auf der Grundlage einer für alle verbindlichen Werte- und Normenordnung ein Zusammenleben ohne Ausgrenzung anstrebt. Integration von Zuwanderern ist in der Regel ein mittel- bis langfristiger, mitunter sogar mehrere Generationen umfassender kultureller und sozialer Prozess. Dieser hat bei aller Planung eine ausgeprägte Eigendynamik. Er kann durch eine gute Integrationspolitik gefördert und begleitet werden. Integration liegt nicht nur im Interesse der Mehrheitsbevölkerung." (Süssmuth 2006: 138)

Aufgrund dieser Eigendynamik und der Abhängigkeit von gesellschaftlichen Rahmenbedingungen basieren auch politische Integrationsanforderungen und theoretische Konzepte des Integrationsprozesses auf zum Teil unterschiedlichen Prämissen (vgl. Cuperus, Duffek & Kandel 2003: 18). Es ist eine rege und doch uneinheitliche Forschungstradition im Bereich der gesellschaftlichen Integration zu verzeichnen:

> „Theorien und Forschungsansätze zur sozialen Integration im Allgemeinen und zur Eingliederung ethnischer Minderheiten respektive Migranten im Besonderen sind ein – vor allem in der Soziologie – traditionsreiches und ausdifferenziertes Forschungsfeld." (Trebbe 2009: 238)

Um sich dem aktuellen Diskurs um Integrationspolitik in Deutschland auf theoretischer Ebene nähern zu können, muss reflektiert werden, was genau unter dem Begriff Integration verstanden wird, was gesellschaftliche Integration leisten und wie der erwünschte Endzustand des Integrationsprozesses beschaffen sein soll. Da sich „das breiteste und am stärksten differenzierte Terminologiegeflecht unter dem Stichwort Integration" (Trebbe 2009: 25) findet, werden im Folgenden die verschiedenen Auslegungen des Begriffs detailliert vorgestellt.

2.3.1 Die Vieldeutigkeit des Begriffs Integration

In den Sozialwissenschaften, vor allem im deutschen Sprachraum, wird man schnell mit der Vieldeutigkeit des Integrationsbegriffs konfrontiert (vgl. Sackmann

2004: 23). Dies hängt auch damit zusammen, dass wir zunächst eher gescheiterte Integration in Form von gesellschaftlicher Exklusion oder Desintegration wahrnehmen, bevor wir reflektieren, was konkret unter einer integrierten Gesellschaft verstanden werden soll. Auch ist der Begriff *soziale Integration* bezüglich der Einheit der Gesellschaft mehrdeutig: soziale Integration kann einmal die Integration der Individuen in die Gesellschaft meinen (hier werden auch die Begrifflichkeiten *Inklusion* oder aber *Anerkennung* benutzt), oder es wird sich auf die Integration eines Teiles der Gesellschaft oder einer Handlungssphäre in die Gesamtgesellschaft bezogen (vgl. Renn 2006: 46). So wird Integration von diversen Akteuren aus Politik, Gesellschaft aber auch Wissenschaft und Medien unterschiedlich verwendet.[23]

Im Alltagsgebrauch haftet dem Terminus *Integration* im deutschen Sprachraum größtenteils eine positive Konnotation an. Integration wird im Allgemeinen als etwas Wünschenswertes dargestellt und aufgefasst. Soziale Integration wird angesichts fortgesetzter Differenzierungen immer komplexer und problematischer einzugrenzen (vgl. Münch 1998: 129), aber sie stellt einen Prozess dar, der angestrebt werden soll, und ist somit eng mit einem normativen Anspruch verknüpft. Die modernen Sozialwissenschaften haben eine Reihe erfolgloser Versuche unternommen, sich der normativen Kompetenzen des Begriffs *soziale Integration* zu entledigen (vgl. Peters 1993: 23), was auch eine der Herausforderungen dieser Untersuchung darstellt.

Gemeinsam mit der Problematik, die Einheit der Gesellschaft als die Bezugsgröße der Integrationsfrage zu definieren, wächst die Schwierigkeit, den Begriff der Integration selbst wissenschaftlich zu erfassen (vgl. Renn 2006: 75). Damit geht auch die Perspektive der Prozesshaftigkeit von Integration einher, da es sich hier nicht allein um ein gewünschtes Endziel handelt, sondern auch um den Weg, dieses Ziel zu erreichen. So erscheint gesellschaftliche Integration immer deutlicher als eine Dynamik und als ein unabschließbarer aktiver Produktionsprozess (vgl. Münch 1998b: 190). Integration ist kein Zustand, den eine stabile harmonische Gesellschaftsordnung eines Tages unwiderrufbar erreicht haben wird (vgl. Renn 2006: 75f.). Die Beobachtung und Einschätzung von Integrationsprozessen ist dementsprechend nur über größere Zeithorizonte möglich, denn Integration ist ein lange dauernder Kultur- und Sozialisationsprozess (vgl. Bade 2007: 37).

Aus dem Blickwinkel der deutschen Vergangenheit definieren verschiedene Akteure den Integrationsbegriff unterschiedlich: Staatliche Institutionen verstanden unter Integration „die Erleichterung der Eingliederung der ausländischen Familien

---

[23] Eine frühe Integrationslehre wurde bereits 1928 von Rudolf Smend vertreten und in seinem Werk Verfassung und Verfassungsrecht beschrieben. Hierbei entwickelte Smend die drei Arten persönliche, funktionelle und sachliche Integration. Eine Unterscheidung, die sich auch in der heutigen Diskussion zwischen struktureller und sozialer Integration wieder finden lässt.

durch politisch-administrative Maßnahmen" (Mahnig 1998: 53), währenddessen Kirchen, Verbände und Hilfswerke Integration als Gleichberechtigung der Zuwanderer in der Einwanderungsgesellschaft definierten. In politischen Stellungnahmen wiederum wurde unter Integration vor allem die Anpassungsleistung der Zugewanderten hervorgehoben (vgl. Mahnig 1998: 53). Auch fällt auf, dass Bürger häufig den Staat und die Regierung als Garanten für eine gelungene Integration ansehen und von diesen einen verantwortungsvollen Umgang mit der Mirations- und Integrationsthematik erwarten (vgl. Geddes 2003: 23f.).

In akademischen Kreisen ist Integration in wissenschaftlichen Ansätzen grundsätzlich positiv konnotiert – zumindest gilt es, Desintegration zu vermeiden. Dabei wird vorausgesetzt, dass es so etwas wie eine allgemein akzeptierte soziale Einheit gibt, die es zu schützen oder bestenfalls weiterzuentwickeln gilt. Beim Nachschlagen der Geschichte der deutschen Migrations- und Integrationspolitik wird deutlich, dass, je nach historischem Zeitpunkt, staatspolitischem Verständnis und gesellschaftspolitischer Norm diesbezüglich höchst unterschiedliche Ziele formuliert und Maßnahmen entwickelt wurden (vgl. Jarren, Imhof & Blum 2000: 17).

Auffallend an der aktuellen öffentlichen Debatte ist, dass zwischen den Begriffen *Ausländer* und *Integration* eine Art sachlich-logische Verbindungslinie hergestellt wird. Wenn heutzutage von Integration gesprochen wird, geht es im Allgemeinen um Menschen mit Zuwanderungsgeschichte, die es in die Gesellschaft zu integrieren gilt. Die Integrationsfrage ist häufig verbunden mit Diskussionen um vermeintliche ethnische und kulturelle Differenzen zwischen den Zuwanderern und der Bevölkerung des Aufnahmelandes (vgl. Geddes 2003: 23f.).

Abgesehen von der Tatsache, dass die Gruppe der Zugewanderten, wie jede andere gesellschaftliche Gruppe auch, aufgrund ihrer sozialen, ethnischen und nationalen Herkunft heterogen sein kann, impliziert diese Annahme, dass in gesellschaftlichen Gruppen und Teilgruppen der Aufnahmegesellschaft bereits alle Bevölkerungsmitglieder integriert sind und gewissermaßen eine *Einheit* konstituieren. Diese Vorstellung ignoriert den Tatbestand, dass moderne Gesellschaften aus wechselnden zusammengesetzten Minderheits- und Mehrheitsgesellschaften bestehen. So kommt es, dass Integration vor allem als Gegenbegriff zu Differenzierung oder Desintegration einer Gesellschaft gebraucht wird.

Theoretisch kann Integration auch unabhängig vom eigentlichen Migrationsprozess verwendet (vgl. Vlasic 2004: 16) und muss nicht ausschließlich auf die Gruppe der Menschen mit Zuwanderungsgeschichte reduziert werden (vgl. Heinrich 2005). Eingedenk dieser Überlegungen geht es bei der Frage um gesellschaftliche Integration somit vorrangig um die Integration von Zuwanderern in die Gesellschaft, die auch mit dem Begriff Inklusion gleichgesetzt werden kann. Letztendlich ist aber auch die Integration der Gesellschaft als Ganzes gemeint (vgl. Melotti

2004), womit der Anspruch verbunden ist, dass gesellschaftliche Gruppen „gemeinsam eine neue Normalität schaffen" (Preuß 2001).

In dieser Studie richtet sich das Hauptaugenmerk auf die Integration von unterschiedlichen Kulturen. Dabei werden unter funktionalen Gesichtspunkten die Integration von Menschen mit Zuwanderungsgeschichte und die Akzeptanz der kulturellen Vielfalt als spezifischer Bereich des gesellschaftlichen Integrationsprozesses betrachtet und herausgestellt. Diese Arbeit beschäftigt sich folglich nicht mehr mit dem *Ob* sondern mit dem *Wie* des gesellschaftlichen Zusammenlebens von Einheimischen und Zuwanderern in den beiden europäischen Mitgliedstaaten, und verfolgt damit einen Ansatz, der in jüngster Vergangenheit von einigen Wissenschaftlern verstärkt gefordert wird (vgl. Schulte 2006: 27).

Hierbei wird der Begriff *Integration* verwendet, um die an den Migrationsprozess anschließende Phase zu bezeichnen, in der das eingewanderte Individuum oder Kollektiv mit der Ankunftsgesellschaft konfrontiert wird (vgl. Vlasic 2004: 16). Dass Integration als Oberbegriff in der politischen Praxis aber auch generell für alle sozialen Prozesse im Kontext dieser Konfrontation gebraucht wird, verdeutlicht, dass sich gleichzeitig auch die Aufnahmegesellschaft mit den Zugewanderten auseinandersetzen muss. Denn mit Ankunft der Migranten entwickelt sich die Gesellschaft als Ganzes weiter und differenziert sich weiter aus.

Die genaue linguistische Definition von Integration durch die Auseinandersetzung mit seinen Antonymen näher zu bestimmen, stellt sich als nicht gewinnbringend heraus. Auch der Versuch, sich dem Begriff *Integration* über seine Bedeutung zu nähern und hieraus die Aufgaben für Integration klar zu beschreiben, führt eher in eine Sackgasse. Laut Duden bedeutet Integration *Vervollständigung, Eingliederung* und *Vereinigung*. Diese Begriffe suggerieren einen erwünschten Endzustand und doch weisen die bislang dargelegten Erkenntnisse darauf hin, dass Integration nicht zu etwas Statischem führen kann, sondern als ein vielgestaltiger gesellschaftlicher Prozess aufgefasst werden muss, der streng genommen nie beendet ist, da eine (Aufnahme-) Gesellschaft nie einen Endzustand erreichen wird (vgl. Heinrich 2005).

Die „Vergesellschaftung" (Peters 1993: 28) kann selbst als ein solcher Prozess verstanden werden, währenddessen sich Abgrenzung und Integration sozialer Einheiten ständig produzieren und reproduzieren. Es geht beim Integrationsprozess somit um die Herausbildung verschiedener Formen von Vergesellschaftung und um die gemeinsame Anstrengung, eine pluralistische und doch in sich geschlossene Gesellschaft zu bilden (vgl. Peters 1993: 22).

2.3.2 Strukturelle und soziale Integration

Bevor gängige sozialwissenschaftliche Definitionsangebote von Integration sich auf eine endgültige Interpretation des Begriffs festlegen, liefern sie zunächst eine Grundlage zur Differenzierung der prinzipiell stattfindenden Prozesse. Dabei können diverse Formen von Integration unterschieden werden, die unterschiedliche Anforderungen an die gesellschaftlichen Abläufe zwischen Mehrheiten und Minderheiten stellen. Einerseits besteht weitgehend Einigkeit, dass es sinnvoll ist, Prozesse der strukturellen, sozialen, kulturellen und identifikativen Integration zu unterscheiden (vgl. Baringhorst, Hunger & Schönwälder 2006: 15; Esser 2001; Geißler 2005; Schönwälder & Söhn 2006). Andererseits bringen diese verschiedenen Formen der Integration und die nicht trennscharfe Abgrenzungen und Unterscheidungen zwischen ihnen weitere Unklarheiten im Konzept der Integration mit sich (vgl. Peters 1993: 23).

Im Kontext der soziologischen Debatte wird von *sozialer Integration* im engeren Sinne als Gegenstück zur *Systemintegration* gesprochen. Die Unterscheidung ist ursprünglich auf Lockwood (1964) zurückzuführen. Sie wird aber heutzutage noch immer verwendet, um die Perspektive der Akteure im Integrationsprozess zu beschreiben, zu analysieren (vgl. Pöttker 2005: 27f.) und sie gegen die funktionalistische Systemperspektive abzugrenzen (vgl. Esser 2000; Friedrichs & Jagodzinski 1999). Cuperus et al. (2003) bieten eine Möglichkeit, zwischen struktureller und sozialer Integration zu differenzieren:

> „Integration into a system is the cohesion of the parts of a social system which can emerge and establish itself independently of the specific motives and relationships of the individual protagonists and often enough contrary to their intentions and interests even (anonymously and behind their backs, as it were). Social integration, by contrast, is directly concerned with the motives, orientations, intentions and, in particular, the relationships of the protagonists." (Cuperus, Duffek & Kandel 2003: 18)

Anhand des Zitats wird deutlich, dass der Begriff *strukturelle Integration* für die funktionale Einbindung der neuen Mitbürger in das *System* der Aufnahmegesellschaft steht. Nach dieser Definition könnte die strukturelle Integration beispielsweise schon mit dem Beziehen einer Wohnung in einer neuen Stadt erfolgen. Die persönlichen Kontakte und Motive der Zugezogenen sind hierbei zunächst irrelevant. Die implizierte „Einheit der Gesellschaft" (Vlasic 2004: 16) erscheint an dieser Stelle erneut als Zielgröße, was auf den normativen Anspruch des Integrationskonzepts schließen lässt (vgl. Trebbe 2007: 184f.). Wenn die strukturelle Integration erfolgt ist, richtet sich das Augenmerk auf die soziale Integration, die den angestrebten Prozess nach der Zuwanderung und auf der strukturellen Integration aufbauend, beschreibt. Wird der Terminus *soziale Integration* in dieser Form verwendet, geht es weniger um die Struktur- als um die Akteursebene, da hier die am Prozess beteiligten Individuen handeln und sich in die Aufnahmegesellschaft eingliedern.

Mit Blick auf die aktuellen Gegebenheiten in der deutschen Gesellschaft wird deutlich, dass Zuwanderer sich zum Teil bereits auf dem Arbeitsmarkt etabliert haben, was der strukturellen Integration entspricht. Für die *erfolgreiche* Integration von Migranten in das gesellschaftliche Zusammenleben sind jedoch nicht allein strukturelle, sondern auch soziale Dimensionen von Bedeutung (vgl. Robbers 1994: 393; Touraine 1994). Laut Esser (2000) sind bei der sozialen Integration insbesondere die Intentionen, individuellen Motive und Wertvorstellungen der zu integrierenden Individuen oder Gruppen entscheidend. Auf diese komplexe, soziale Perspektive des Integrationsprozesses legen die europäischen Mitgliedstaaten seit Kurzem den Fokus (vgl. OECD 2008).

2.3.3 Integration als Assimilationsmodell

In der frühen Migrationssoziologie haben Wissenschaftler die „soziale Integration in das Aufnahmeland" (Esser 2000a: 27) in Form von Akkulturation oder kultureller Assimilation (vgl. Gordon 1964) oder in Form eines Assimilationsmodells (vgl. Esser 2001: 36) aufgefasst. Sie argumentieren, dass für die Integration moderner Gesellschaften sowohl eine komplette sprachlich-mentale als auch sozial-kulturelle Angleichung der Migranten an die Normen, Werte und Verhaltensmuster der existierenden Mehrheitskultur in der Aufnahmegesellschaft notwendig sei.

Hartmut Esser vertritt diese assimilative Version von Integration, die in der deutschen Migrationsforschung die Integrationsdebatte lange dominierte. Er schreibt im Jahr 2001 über diese spezielle Form von Integration in seinem Gutachten für die so genannte Süßmuth-Kommission, dass soziale Integration in eine Aufnahmegesellschaft „eigentlich nur in der Form von Assimilation" (Esser; zit. n. Geißler & Pöttker 2006: 18) möglich sei. Eine Definition von Assimilation wird auch von anderen Wissenschaftlern angeboten:

> „Assimilation is usually defined as the policy of including minorities into the host society through a one-sided process of adaptation. It is most often applied as a concept of political and social integration of migrant communities. Migrants are expected to become culturally indistinguishable from the majority population and thus give up distinctive cultural differences. Citizenship is only granted if immigrants adjust to mainstream society and give up their particular group identity. There is no space for cultural diversity or the formation of ethnic communities." (Baringhorst; zit. n. Cuperus, Duffek & Kandel 2003: 67)

Das assimilative Konzept hat demnach die kognitive, soziale und identifikatorische Assimilation oder auch Angleichung der ethnischen Minderheiten an die Mehrheitskultur zum Ziel. Assimilation ist ein eigendynamischer Prozess, der sich in fließenden Übergängen an Integration anschließen kann. Dies muss allerdings nicht geschehen und kann vor allem nicht eingefordert oder gar amtlich verordnet werden. Die potentiell mögliche *freiwillige* Assimilation, die Generationen dauern kann, setzt zunächst immer einen Prozess der Integration voraus, und nicht jede Integration mündet automatisch in Assimilation (vgl. Bade 2007: 21).

Die Auffassung von Assimilation, wenn sie nicht als Folgephase der Integration gesehen wird, sondern anstelle dessen, wird hier in Frage gestellt, da sie kultureller Vielfalt in der Gesellschaft entgegenwirkt und bei der sozialen Eingliederung der Zuwanderer als politisch gleichberechtigte Bürger in die Mehrheitsgesellschaft versagt (vgl. Baringhorst; zit. n. Cuperus, Duffek & Kandel 2003: 67). Obwohl eine kulturell heterogene Gesellschaft auf gemeinsame Wertvorstellungen und verbindliche Regeln angewiesen ist, verlangt dieses Modell eine höhere Bereitschaft zur Angleichung und Einheit als möglich – und für ein tolerantes Zusammenleben nötig ist (vgl. Parekh 2008: 83). Bezüglich der zunehmenden Kritik am Assimilationsmodell und der Tendenz hin zu einer moderneren Auslegung von Integration auf Basis einer multikulturellen Gesellschaft heißt es:

> „In the last forty years, we have witnessed a veritable revolution around the world in the relations between states and ethno-cultural minorities. Older models of the assimilationist and homogenizing nation-states are increasingly being contested, and often displaced, by newer ‚multicultural' models of the state and of citizenship." (Kymlicka 2007: 3)

Gerade in Deutschland haftet dem Begriff *Assimilation* im allgemeinen Sprachgebrauch eine negative Konnotation an, die an Diskussionen um *Leitkultur*[24] erinnert und an „forcible Germanisation" (Brubaker 2003: 42). Daher ist es nicht verwunderlich, dass im öffentlichen Diskurs über die Integration von Zuwanderern eine Sensibilisierung auf mögliche kulturelle Verschiedenheit einen größeren Raum angenommen hat (vgl. Brubaker 2003: 39). Dies hat den Weg geebnet für das im Folgenden beschriebene Modell der interkulturellen Integration.

2.3.4 Das Modell der interkulturellen Integration

Dem Modell der Assimilation steht heute das Konzept der interkulturellen Integration gegenüber, das soziale Integration anders definiert. Die Vertreter der interkulturellen Integration (vgl. Geißler 2003) widersprechen der Assimilationsthese inso-

---

[24] Im Herbst 2004 flammte erneut eine so genannte *Leitkulturdebatte* in der Deutschland auf, bei der es im Kern um Integrationsstrategien, Assimilation und mögliche so genannte *Parallelgesellschaften* ging. Verschiedene Zeitungsberichte ermöglichen einen Einblick in die Thematik, so unter http://www.sued-deutsche.de/politik/703/394492/text/, Abruf am 7.10.2009.

fern, als sie ein Recht auf die eigene kulturelle Identität der Herkunftskultur aller ethnischen Minderheiten in der Aufnahmegesellschaft verlangen. Hier wird auf theoretischer Basis argumentiert, dass kulturelle Vielfalt der gesellschaftlichen Integration nicht im Weg stünde (vgl. Busch 1999).

Somit sucht dieses neuere Modell nach einer ausgewogenen Balance zwischen dem Recht der Minderheiten auf gleichberechtigte und gleichwertige kulturelle Eigenheiten und der Forderung der Mehrheit nach (partieller) Akkulturation und Anpassung (vgl. Geißler & Pöttker 2006: 19). In der Konsequenz sind ethnische Minderheiten kulturell nicht assimiliert, sondern sie bewahren ihre Besonderheiten, solange diese innerhalb des rechtlichen und kulturellen Rahmens liegen, der für ein friedliches Miteinander in der Gesellschaft des Einwanderungslandes unabdingbar ist. Wenn ein solches Maß an Akzeptanz von kultureller Heterogenität erst einmal erreicht ist, können alle Bürger auf individueller Ebene gemeinsam zur Herstellung einer pluralistisch-demokratischen Öffentlichkeit beitragen, indem sie Informationen über ihre ethnischen Gruppen und deren Lebensumstände in die Gemeinschaft einbringen.

Auf gesellschaftlicher Ebene wird das Konzept der interkulturellen Integration von der Theorie des „kulturellen Pluralismus" (Geißler 2002, 2005; Pöttker 2005) gestützt. In diesem Zusammenhang bedeutet Eingliederung oder Integration eine Mehrheiten-Minderheiten-Wechselbeziehung, die einen Kern von Anforderungen auf beiden Seiten enthält und auf den folgenden drei Grundprinzipien basiert: Erstens dem Grundsatz von *Unity-within-diversity*, der sich dadurch auszeichnet, dass Mehrheiten und Minderheiten miteinander auf der Basis gemeinsamer Sprache, Regeln und Grundwerte (*Unity*) und im gegenseitigen Respekt für ihre jeweiligen sozialen und kulturellen Besonderheiten (*Diversity*) nach dem Motto „engaging diversity" (Fleras & Elliot 2002) leben.

Zweitens gilt beim Modell der interkulturellen Integration der Grundsatz von Chancengerechtigkeit oder *different but equal*. Allen ethnischen und kulturellen Gruppen werden gleiche Chancen auf Teilhabe in den wichtigen Bereichen der Aufnahmegesellschaft und deren Institutionen – z. B. gleiche Teilhabe an Öffentlichkeit und Zugang zu Medien – gewährt. Drittens steht die aktive Akzeptanz von Migration und Integration im Mittelpunkt des Konzepts. Dazu gehören die Einsichten, dass (gesteuerte) Einwanderung notwendig und nützlich ist, dass Zuwanderer interkulturell integriert werden können und dass interkulturelle Integration sich nicht von selbst entwickelt, sondern erheblicher politischer und gesellschaftlicher Anstrengung der Aufnahmegesellschaft sowie der Einwanderer selbst bedarf (vgl. Geißler 2007: 12).

Zwischen der Position der Vertreter der Assimilationsthese und denen, die das Konzept der interkulturellen Integration bevorzugen, gibt es gemäßigte Vertreter unterschiedlich akzentuierter integrativ-pluralistischer Modelle. Diese erachten kulturelle Vielfalt zwar als notwendig, betonen aber gleichzeitig, dass die Auslebung von kultureller Verschiedenheit im Alltag des Aufnahmelandes auch Grenzen haben müsse:

> „Unterschiedliche Auffassungen und Erwartungen bestehen in Bezug auf den Grad der Annäherung und Anpassung an die kulturellen, politischen und sozialen Werte und Normen des Aufnahmelandes. Während für die einen der Integrationsprozess im Kern ein Assimilationsprozess ist, der in der weitgehenden oder gänzlichen Übernahme der Kultur, der Lebensformen und Lebensweise der Aufnahmegesellschaft besteht, betont die Gegenposition ihr Integrationsverständnis auf der Basis kultureller Vielfalt bei Anerkennung der Verfassung und der Gesetze des Aufnahmelandes." (Süssmuth 2006: 138f.)

Daher wird als Grundlage für jegliche Diskussion um Integrationsmodelle die Überzeugung benötigt, dass gegenseitiger Respekt, Toleranz und Akzeptanz von generellen Normen und Werten, die für alle Mitglieder einer demokratischen Gesellschaft gelten müssen, essentiell für ein friedliches Zusammenleben sind (vgl. Geißler & Pöttker 2005: 56f.). Die Basis für gesellschaftliche Integration findet sich in der aktiven Zusammenarbeit von Einheimischen und Zuwanderern *auf Augenhöhe*. Es geht darum, einen tragbaren Kompromiss zwischen den Idealvorstellungen von Integrationsbereitschaft der Zugewanderten und der Bereitschaft zum Erlernen des Umgangs mit gesellschaftlicher Heterogenität und kultureller Vielfalt der Aufnahmegesellschaft zu finden:

> „So sehr auch die Anpassungsleistungen der Migranten betont werden, die Aufnahmegesellschaft ist nicht weniger gefordert. Es geht um die Integration von Menschen und damit auch von Kulturen. Das ist ein tief greifender Prozess. Er macht eine Gesellschaft vielfältiger und reicher, aber das Zusammenleben zugleich anspruchsvoller und komplizierter. Vielfalt leben ist leichter gesagt als getan. Warum ist das Wort ‚multikulturell' in Deutschland zu einem verbannten Begriff geworden? Gewiss nicht, weil er mit Beliebigkeit oder mit Parallelgesellschaft gleichgesetzt wird. Ausschlaggebend dürfte sein, dass ‚multikulturell' eine Aussage über die gesellschaftliche Wirklichkeit enthält. Diese ist nicht von einer, sondern von mehreren Kulturen mit Gemeinsamkeiten und Unterschieden geprägt. Das löst die Frage aus, wie viel Pluralität eine Gesellschaft verträgt, wie viel an Gemeinsamkeit und Übereinstimmung notwendig ist. Diese Frage ist nicht nur berechtigt, sondern unverzichtbar." (Süssmuth 2006: 109f.)

Integration ist somit theoretisch wie praktisch als ein wechselseitiger Prozess zu verstehen, der die Seite der Minderheits- sowie die Seite der Mehrheitsgesellschaft umfasst und der sich anhaltend auf unterschiedlichen gesellschaftlichen Ebenen vollzieht:

> „Integration must, therefore, not be characterized by forced assimilation, but must offer both sides – immigrants and the population of the host country alike – the opportunity to be receptive to each other. This is not at odds with the expectation that immigrants respect and abide by the basic values of the host country. Integration is the process of becoming an accepted part of a foreign society and of accepting that society, based on the principles of equality, human rights, diversity, and inclusion. The most important factor of integration is acceptance, and this

means maintaining a positive perception and appreciation of diversity. Integration is a long-term process with short-term targets. It is a two-way process based on rights and obligations of both the immigrant and the host society." (Süssmuth & Weidenfeld 2005: XIV)

Dieser Schritt zur gegenseitigen Toleranz zwischen Zuwanderern und Mehrheitsgesellschaft ist laut Bade unumgänglich, „denn es gibt aus der in der modernen Gesellschaft zur Struktur gewordenen ‚Kultur der Differenz' (Sennett 2002: 23) ohnehin keine Fluchtwege zurück in eine oft groteske Unkenntnis über gesellschaftsgeschichtliche Problemlagen und Entwicklungslinien für harmonischer erachtete, weil als vermeintlich kulturell homogen vorgestellte Vergangenheit" (Bade 2007: 38). Vitorino (2005) erläutert, dass bei Integrationsprozessen neben der Akzeptanz auch der gegenseitige Respekt eine entscheidende Komponente ist:

> „Despite of an official (common) definition of integration, consensus should be based on a balance between the rights entrusted to immigrants, which ensures their economic, socio-cultural, and political participation in civil society and the identity of the society that welcomes them, as well as a respect for the host society's values and basic rules. Therefore, it seems quite obvious that this effort of integration implies the need for strong mutual respect." (Vitorino 2005: IX)

Das Konzept der interkulturellen Integration fordert die Individuen der Aufnahmegesellschaft in gleichem Maße wie Menschen mit Zuwanderungsgeschichte. Die wesentlichen Anforderungen an die Mehrheitsgesellschaft lassen sich auf die Kurzformeln Akzeptanz und Chancengerechtigkeit bringen, die sich in der Toleranz der ethnischen Minderheiten mit ihren Besonderheiten als nützliche Teile der Gesellschaft (des Ganzen) und der Gewährung von gleichen Rechten und Chancen ausdrücken. Die wesentlichen Anforderungen an die Zuwanderer lassen sich durch Kenntnis und Anerkennung sowie Segregationsverzicht kennzeichnen. Hier geht es um die Akzeptanz der grundlegenden Werte und Institutionen der Mehrheitsgesellschaft sowie um den Verzicht auf Absonderung, auf die Herausbildung von so genannten *ethnischen Gettos, ethnischen Kolonien* oder *Parallelgesellschaften*, von denen in den Medien so häufig die Rede ist (vgl. Göttlich 2000: 130).

Um trotz kultureller Unterschiede ein gesellschaftliches Miteinander zu gestalten, ist Integration ein unumgänglicher Prozess, der als Konstruktion sozialer Realität betrachtet wird und sich als solches im Wesentlichen durch Kommunikation vollziehen kann. Der Hauptgrund dafür ist die Kommunikationsbasierung moderner Sozialsysteme, der die Frage der Partizipation oder der Nichtpartizipation an Kommunikation in den Mittelpunkt stellt (vgl. Stichweh 2005: 134).

2.3.5 Das Verständnis von interkultureller Integration in dieser Studie

Integration kann als möglichst gleichberechtigte Partizipation in zentralen Bereichen der Gesellschaft aufgefasst werden. Während das Konzept des Multikulturalismus auf der Wahrnehmung und Wertschätzung von kulturellen Unterschieden basiert, geht es beim Modell der interkulturellen Integration darum, einen Schwerpunkt auf wechselseitigen Dialog, gesellschaftliche Partizipation und gemeinsame Grundwerte von Zuwanderern und Aufnahmegesellschaft zu legen. Hier wird auf die Zielvorstellung von einer gesellschaftlichen Einheit hingearbeitet, und der Integrationsprozess wird geprägt vom Gedanken an eine „shared public sphere and the importance of all citizens being part of a common national project" (Georgiou & Joo 2009: 64). Im Ergebnis haben in einer kulturell vielfältigen Gesellschaft alle Individuen Zugang zu einer entsprechenden Teilhabe am gesellschaftlichen und politischen Alltag des Landes (vgl. Bade 2007: 81).

Die Herausforderungen an ein umfassendes Konzept von interkultureller Integration können strukturiert zusammengefasst werden:

> „First: There cannot be a well integrated culturally diverse democracy without a strong democratic consensus of its citizens and a shared political culture. Second: The assimilationist model is not acceptable as it violates peoples rights to their self-defined cultural identity, it is not necessary for political integration because a shared political culture is a sufficient basis for democracy and it does not work in most circumstances, because the failure of recognitions usually produces fundamentalism. Third: Laisser-faire multiculturalism when leading to the proliferation of parallel societies is a high risk for inter-communal peace and social integration. Forth: Integration is a political challenge that needs to be met by way of organizing a directed process a) mutual recognition of divergent identities, b) within a framework of democracy under the rule of law that must be respected by all and c) the promotion of a common political culture that requires large networks of culturally overlapping civil society and life world structures and activities." (Cuperus, Duffek & Kandel 2003: 304)

Unter Berücksichtigung dieser vier Faktoren kommt es zu einer Erweiterung des ursprünglich assimilativen Konzepts von Integration, weg von der durch die Begrifflichkeit suggerierten Homogenitätsvorstellung einer national geprägten Gesellschaft, die am Ende der Bemühungen stehen soll, hin zu der gegenwärtigen Tatsache, dass Bürger in der multikulturellen Einwanderergesellschaft lernen müssen, mit Unterschieden zu leben. In Anlehnung an das aktuelle Werk von Trebbe (2009) wird der Begriff von Integration in dieser Studie somit als Oberbegriff für den gesamten Konfrontations- und Interaktionsprozess ethnischer Minderheiten in der Ankunfts- oder Mehrheitsgesellschaft gebraucht, ohne durch eine stärkere Fokussierung die theoretische Perspektive a priori zu stark zu verengen (vgl. Trebbe 2009: 26).

Mit dieser Entscheidung geht einher, dass sich diese Untersuchung theoretisch nur basal auf die Prozesse der strukturellen Integration stützt, da die Mehrheit der Zuwanderer in Deutschland und in Großbritannien bereits als strukturell in die Gesellschaft integriert gilt (vgl. OECD 2008). Im Hinblick auf die Erfassung von sozialer Integration, die hier unter dem spezifischen Terminus der interkulturellen Integration geführt wird, greift diese Arbeit nicht auf das assimilative Konzept im Sinne von Esser zurück. Der aktuelle wissenschaftliche Forschungsstand widerspricht der Vorstellung, dass Integration nur in Form von Assimilation stattfinden kann. Assimilation wird daher als ein Prozess definiert, der sich potentiell der Phase der Integration anschließen kann, aber nicht zwangsläufig muss.

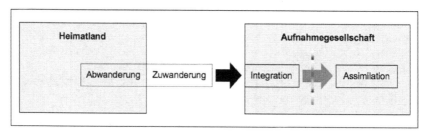

Abbildung 1: Der Integrationsprozess (eigene Darstellung)

Es ist nicht (mehr) möglich (vgl. schematischen Integrationsprozess in Abbildung 1), den Begriff *Integration* durch *Assimilation* zu ersetzen. Anstelle des Assimilationsmodells wird in dieser Arbeit das Konzept der interkulturellen Integration verwendet, bei dem das theoretische Gerüst auf dem Gesellschaftsbild eines kulturell heterogenen europäischen Mitgliedstaates basiert, in dem kulturelle Vielfalt, die durch Migrationsbewegungen in den Gesellschaftsstrukturen entsteht, als Chance im Zeitalter von EU-Erweiterung und Globalisierung betrachtet wird. Integrationsprozesse können dann stattfinden, wenn Menschen unabhängig von ihrer Zuwanderungsgeschichte „eine möglichst gleichberechtigte Partizipation an dem Chancenangebot in zentralen Bereichen der Gesellschaft" (Bade 2007: 81) zuteil wird.

Diese theoretischen Ausführungen zur Definition von Integrationsprozessen stehen in einem engen Bezug zu den aktuellen Ansätzen der Bundesregierung, die auf ein Zusammenarbeiten von Minderheits- und Mehrheitsgesellschaft ausgerichtet sind. Es zeigt sich, dass auch die derzeitigen politischen Zielvorstellungen von Integration grundsätzlich auf dem Konzept der interkulturellen Integration basieren:

„Integration is a long-term process intended to ensure that all lawful and permanent residents are included in German society. Legal immigrants should be able to participate fully in all areas of society, on equal terms wherever possible. Immigrants are obligated to learn the language of the country in which they live and to know, respect and uphold the German constitution, German laws and the basic values of German Society. And the receiving society is obligated to provide immigrants equal access to all areas of society, if possible." (Bundesministerium des Inneren 2008: 174)

Nachdem Integration als Prozess der gesellschaftlichen Teilhabe und als gemeinsame Herausforderung an Mehrheiten und Minderheiten festgelegt worden ist, gilt es, sich darüber im Klaren zu werden, wie das Endresultat von Integration aussehen soll. Integration als komplexer Prozess verläuft nicht konfliktfrei oder ohne Benachteiligungen und Ausgrenzungen. Dieser „two-way process" (Parekh 2008: 85) erfordert ein hohes Maß an Einsatz von allen gesellschaftlichen Akteuren und verlangt, dass sich Zuwanderer und Einheimische auf diesen Prozess einlassen und aufeinander einstellen. Ohne Akzeptanz, Toleranz und ein stabiles positives Klima für Integration, kann diese Entwicklung nicht stattfinden (vgl. Süssmuth & Weidenfeld 2005: XIV). Dabei ist das Gelingen von Integration von entscheidender Bedeutung für die dauerhafte Sicherung des sozialen Friedens in der Einwanderungsgesellschaft.

Politische Leitlinien und Strategien bezüglich Migration und Integration unterscheiden sich in der EU beim Blick über den Nationalstaat hinaus zum Teil erheblich. Dies ist nicht verwunderlich, denn jeder Mitgliedstaat hat seine eigene Migrationsgeschichte und national geprägte Kultur(en). In Bezug auf Integration wird jedoch länderübergreifend fast überall die enorme Bedeutung eines Konsenses über grundlegende Werte wie Freiheit, Gerechtigkeit und Solidarität hervorgehoben. Vertreter der interkulturellen Integration mahnen, dass Integration nur dann gelingen kann, wenn Menschen mit Zuwanderungsgeschichte als Gewinn für die Gesellschaft und Multikulturalität als Quelle wechselseitiger Bereicherung wahrgenommen werden (vgl. Geißler 2003). Konsequenterweise kann der Begriff *Integration* zwar auf unterschiedliche Weise interpretiert werden, die einzelnen Auslegungen sind jedoch ohne die Komponenten der Akzeptanz von Verschiedenheit und der Zusicherung an gleichen Rechten in keinem Land der EU denkbar (vgl. d'Haenens & Koemän 2006: 255)

Aufgrund früherer und derzeitiger Migrationsbewegungen und der damit verbundenen politischen Dringlichkeiten ist es eine Herausforderung, anhand dieser Wertvorstellungen und vor dem Hintergrund der historischen Traditionen des jeweiligen EU-Landes, konkrete politische Implementierungen zu entwickeln (vgl. Cuperus, Duffek & Kandel 2003: 11). Auf die Migrationsbewegung und die Ankunft in der Aufnahmegesellschaft folgt in der logischen Konsequenz der Prozess der Integration oder der Nicht-Integration. Die Frage, was *gelungene* Integration kennzeichnet, kann somit niemals a priori, sondern nur im jeweiligen nationalen

Kontext beantwortet werden. Anders formuliert bedeutet dies, dass jedes Land über ein eigenes Integrationsverständnis verfügt, das stark von seiner historischen Vergangenheit und von den sozialen Prozessen, die zu seiner Entwicklung als Nationalstaat geführt haben, geprägt ist (vgl. Mahnig 1998: 7). In dieser Arbeit gilt es, dieses Integrationsverständnis für Deutschland und Großbritannien herauszuarbeiten.[25]

Die zentrale Fragestellung der modernen Einwanderungsgesellschaft ist, wie Konfrontationen zwischen Zuwanderern und Aufnahmegesellschaft vermieden, mehr Kenntnis voneinander ermöglicht sowie ein wechselseitiger Annäherungs- und Verständigungsprozess in Gang gesetzt werden kann (vgl. Süssmuth 2006: 179). Menschen, die heute in einer kulturell pluralistischen Gesellschaft zusammenleben, bedürfen folglich einer gemeinsamen Wertebasis[26], auf deren Grundlage sich ein interkultureller Austausch ermöglicht (vgl. Tibi 2008). Da die Individuen in einer Gesellschaft immer – bewusst oder unbewusst – einen eigenen Standpunkt bezüglich der Auslegung ihrer persönlichen Rechte haben, ist dieser Meinungsaustausch zweifellos eine der grundlegendsten Bedingungen für das Zusammenleben in einer multikulturellen Gesellschaft.

Mit dieser Erkenntnis drängt sich die Bedeutung von Kommunikation in den Vordergrund, und es lässt sich schlussfolgern, dass kulturelle Konflikte in Einwanderungsgesellschaften theoretisch auch als Kommunikationsprobleme und fehlender Informationsaustausch aufgefasst werden können. Die tatsächliche kulturelle Distanz, die Fremdheit verschiedener Lebensgestaltung kann im logischen Umkehrschluss auch nur durch Kommunikation zwischen den Kulturen und mit Hilfe von Informationen über die Kulturen überwunden werden. Beim Modell der interkulturellen Integration von Zuwanderern steht folglich als einzige Alternative zum beziehungslosen Nebeneinander vermeintlich unvereinbarer Kulturen die Kommunikation zwischen Einheimischen und Zuwanderern als zentraler Aspekt für den gesellschaftlichen Zusammenhalt im Mittelpunkt des Interesses.

2.4 Die Bedeutung medialer Kommunikation im Integrationsprozess

Interkulturelle Kommunikation steht in erster Linie für die Begegnung mit den Überzeugungen und dem Austausch mit einer anderen Kultur. Gegenüber dem Wertemuster der uns fremden Kulturen bestehen vorgeprägte Meinungen und

---

[25] Diese Grundlagen werden für die jeweiligen Länder in Kapitel 5 und 6 vorgestellt.
[26] Interessant in dieser Debatte um gemeinsame Wertvorstellungen ist das Interview mit dem Politologen Tibi *Wir brauchen eine europäische Leitkultur*, Spiegel Online www.spiegel.de/politik/deutschland/0.1518.html, Abruf am 23.11.2008.

Haltungen, die mit Ethnozentrismus, Stereotypen oder Vorurteilen bezeichnet werden. Der Umgang mit Differenzen kann durch Prozesse der interkulturellen Kommunikation und des kulturübergreifenden Dialogs eine Voraussetzung für das friedliche Zusammenleben innerhalb einer kulturell heterogenen Gesellschaft schaffen. Eine „Willkommenskultur" (Laschet 2009) kann durch Kommunikation nicht nur unterstützt, sondern auch geschaffen werden:

> „Das Gefühl, willkommen zu sein, akzeptiert zu werden und dazuzugehören, ist die Grundvoraussetzung dafür, dass sich Menschen, woher sie auch stammen, in unserem Land und in unserer Gesellschaft zu Hause fühlen können." (Laschet 2009: 15)

Um zu diesem Gefühl beitragen zu können, ist interkulturelle Kommunikation essentiell und muss als ein wichtiger Aspekt der interkulturellen Integration betrachtet werden (vgl. Greger & Otto 2000: 234). Aufgrund des geforderten Kulturdialogs ergibt sich, dass wenn Menschen miteinander kommunizieren, im besten Fall Auseinandersetzungen, die auf Unverständnis, Ignoranz und Intoleranz zurückzuführen sind, vermieden werden können.[27]

Diese These begründet die theoretische Überlegung, dass die beiden kulturell vielfältigen europäischen Mitgliedstaaten Deutschland und Großbritannien auf eine intensive Kommunikation innerhalb ihrer Bevölkerung angewiesen sind, um ein friedliches Miteinander zu unterstützen. Es ist eine Debatte über Integrationsprozesse erwünscht, die alle Gesellschaftsmitglieder einschließt – sowohl diejenigen, die schon seit Geburt in dem Land leben als auch diejenigen, die hinzugezogen sind. Dieser öffentliche Diskurs um eine „gemeinsame Leitkultur" (Laschet 2009), orientiert sich an dem Idealbild einer gesamtgesellschaftlichen Öffentlichkeit, die einen maximalen Teilnehmerkreis mit einer maximalen sachlichen Breite im Inhalt verbindet, damit theoretisch alle über alles kommunizieren können (vgl. Weßler 2002: 63).

An dieser Stelle ergibt sich eine Parallele zu den theoretischen Überlegungen des deutschen Philosophen und Soziologen Jürgen Habermas und des amerikanischen Philosophen und Pädagogen John Dewey. Habermas' Theorie des kommunikativen Handelns (1981) hat deutlich gemacht, dass soziale Integration einer interaktiv vollzogenen diskursiven Verständigung bedarf (vgl. Sutter 2002: 129). Er glaubte an einen so genannten *revival of the public sphere*, der dazu führen könnte, dass sich alle Bürger in öffentliche Diskurse einmischen und aktiv an den politischen Entscheidungen teilhätten.

---

[27] Auf die tragende Rolle der Kommunikation im interkulturellen Austausch geht auch das Übereinkommen über den Schutz und die Förderung der Vielfalt kultureller Ausdrucksformen ein, das im Jahr 2005 von der Generalkonferenz der Organisation der Vereinten Nationen für Erziehung, Wissenschaft und Kultur (UNESCO) verabschiedet wurde. http://www.unsesco.de/pdf/deklaration_kulturelle _vielfalt.pdf, Abruf am 11.08.2008.

Währenddessen sah Dewey die Herausforderung der Moderne darin, durch eine besondere Kunst der Kommunikation (*art of communication*) eine Große Gemeinschaft (*great community*) zu stiften, die wiederum die Basis des demokratischen Zusammenlebens sichert (vgl. Hickman & Alexander 1998). Gesellschaftliche Integration ist für Dewey (1992) ähnlich wie für Habermas (1990) prinzipiell an den allgemeinen Zugang zur Öffentlichkeit gebunden. Sobald Bürger aus dieser ausgeschlossen werden, können Integrationsprozesse nicht mehr stattfinden, und das Konstrukt der Öffentlichkeit zerfällt (vgl. Habermas 1990: 156).

Für das Bestehen einer demokratischen Gesellschaft ist aber diese vitale Öffentlichkeit unverzichtbar, denn nur durch sie können kulturelle Interdependenzen sichtbar, zum Gegenstand öffentlicher Diskurse und somit regulierbar gemacht werden (vgl. Schultz 2002: 36).

Da ein friedliches Zusammenleben von Menschen unterschiedlicher Kulturen stets von kulturellen Einflüssen und der Dominanz der Mehrheitsgesellschaft herausgefordert werden kann und die gemeinsame Basis des gesellschaftlichen Miteinanders stetig im Prozess der interkulturellen Verständigung ausgehandelt werden muss (vgl. Cuperus, Duffek & Kandel 2003: 304), ist Kommunikation der Schlüssel zur sozialen Integration. In der Konsequenz fällt der Fokus in modernen Einwanderungsländern auf die Massenmedien, über die heutzutage ein Großteil der gesellschaftlichen Kommunikation abläuft. Das Wissen über die Gesellschaft, in der wir leben, generieren wir über unsere Mediennutzung (vgl. Luhmann 1996). Somit beeinflussen Medienangebote unsere Wahrnehmung von Realität und prägen unsere Gesellschaftsvorstellung. Dies geschieht durch die Themen und medialen Darstellungen, die von den Medien aufgegriffen werden, genauso wie durch diejenigen, die in der Berichterstattung vernachlässigt werden.

Da in der wachsenden Komplexität des 21. Jahrhunderts die Massenmedien uns in hohem Maße eine soziale Konstruktion von Realität ermöglichen, können und müssen sie bei einer übergreifenden Verständigung der Kulturen im Rahmen ihrer Möglichkeiten zum Podium und zum Forum des Dialogs werden (vgl. Stolte 2004: 157). In diesem Sinne konfrontieren massenmediale Angebote ihre Rezipienten mit fremden Ländern und Kulturen, Ereignissen und Lebensstilen, die auch außerhalb der gewohnten Erfahrungen und bewährten Lebensumfelder liegen können:

> „Der Einzelne steht vor neuen Situationen und vergleicht die eigene Identität und Kultur, die eigenen Fähigkeiten, seine Lebensart und seine Werte mit denjenigen von Menschen aus ganz anderen Kulturen. In der heutigen Welt ist der Zugang zu den neuen Informationsmedien Voraussetzung für den Zugang zur Welt." (Süssmuth 2006: 191)

Aus kommunikationswissenschaftlicher Sicht enthält die im Zitat beschriebene Perspektive den Hinweis auf die Integrationspotentiale der Massenmedien (vgl. Trebbe 2007: 184f.). Es interessiert, wie Medien dazu beitragen, dass Menschen in europäischen Mitgliedstaaten die Realität und Normalität der kulturellen Vielfalt in der Gesellschaft eines Einwanderungslandes anerkennen und wertschätzen. Es wird nach einer Verbindung zwischen interkultureller Integration und Medien gesucht, um Faktoren zu ermitteln, die den Integrationsprozess unterstützen und mit denen die Medien eine Integrationsfunktion erfüllen (vgl. Sackmann 2004: 14).

2.5 Zwischenfazit

Das gesellschaftstheoretische Verständnis von Integration, auf dem die Arbeit basiert, wird hier nicht im Sinn des Assimilationsmodells ausgelegt, sondern als eine gemeinsame Anstrengung zum friedlichen Zusammenleben von kulturell unterschiedlich geprägten Gesellschaftsmitgliedern von allen Bürgern definiert, die ihre individuellen Grenzen in allgemeingültigen Regeln des Zusammenlebens finden. Innerhalb des Prozesses der interkulturellen Integration werden von Seiten der Zuwanderer der Erwerb von Sprachkenntnissen gefordert und die Anerkennung der im Aufnahmeland geltenden Rechtsordnungen. Auf Seiten der Mehrheitsbevölkerung wird für mehr Toleranz und Akzeptanz *des Fremden* plädiert.

Eine gesellschaftliche Einheit kann nur dann von Dauer sein, wenn alle Bürger nicht nur über die gleichen Rechte und Pflichten verfügen, sondern auch über die gleichen Chancen, um sich aktiv an den Diskursen in der *Öffentlichkeit* zu beteiligen. Interkulturelle Integration bezieht sich dabei weniger auf die Ebene der strukturellen Integration, als vordergründig auf die der sozialen Integration. Sie wird als ein anhaltender Prozess innerhalb der kulturell vielfältigen Einwanderungsgesellschaft definiert, der als erwünschtes Endziel nicht die absolute Anpassung von ethnischen Minderheiten an die Aufnahmegesellschaft verfolgt, sondern eine pluralistische Gesellschaft anstrebt, in der ein gewisses Maß an kultureller Eigenheiten innerhalb einer gesamtgesellschaftlichen Einheit toleriert wird. Im Verlauf dieser Studie ist daher stets das Konzept der interkulturellen Integration gemeint, wenn von sozialer oder gesellschaftlicher Integration die Rede ist.

Integration ist ein komplexer, langfristiger und über mehrere Generationen andauernder Prozess, der alle Bevölkerungsgruppen und gesellschaftlichen Akteure mit einschließt. Da gemeinsame Anstrengungen von Mehrheiten und Minderheiten und die Grundfragen über eine gemeinsame gesellschaftliche Wertebasis stets aufs Neue im öffentlichen Diskurs ausgehandelt werden müssen, ist Kommunikation der Schlüssel zur Integration. Für die Etablierung einer gemeinsamen politischen Kultur und die Förderung von gegenseitiger Akzeptanz und Toleranz in der kulturell heterogenen Gesellschaft sind dabei alle Beteiligten gleichermaßen auf die medial vermittelte Kommunikation durch Massenmedien angewiesen, über die sich heutzutage ein Großteil der gesellschaftlichen Kommunikation vollzieht.

Da Massenmedien uns in hohem Maße eine soziale Konstruktion von Realität ermöglichen, können und sollten sie bei einer übergreifenden Verständigung der Kulturen im Rahmen ihrer Möglichkeiten zum Forum des interkulturellen Dialogs werden. Über ihre Informations- und Vermittlungsfunktion können die Medien die kulturell vielfältige Lebenswirklichkeit der Einwanderungsgesellschaft, die immer stärker geprägt wird von Menschen unterschiedlicher Herkunft, an ihre unterschiedlichen Zielgruppen herantragen. Interkulturelle Integration ist im 21. Jahrhundert zu einer kommunikativen Herausforderung geworden, so dass sich die Kommunikationswissenschaft mittlerweile verstärkt die Frage stellen sollte, wie Medien dazu beitragen können, dass Menschen in europäischen Mitgliedstaaten die Realität und Normalität der kulturellen Vielfalt anerkennen und wertschätzen. Da die Zukunftsfähigkeit der EU-Mitgliedstaaten auch von ihrem Umgang mit Migrations- und Integrationsfragen und der Etablierung eines gesellschaftlichen Zusammenhalts abhängt, tragen die Medien in hohem Maß soziale Verantwortung.

Diese Feststellung führt zum zentralen Forschungsbereich der Untersuchung: Erstens zur Auseinandersetzung mit den Chancen und Grenzen von Integrationspotentialen der Massenmedien im Allgemeinen und zweitens zur Analyse der Rahmenbedingungen für die Integrationsleistung des öffentlich-rechtlichen Fernsehens im Speziellen. Dafür wird in den nächsten zwei Kapiteln die theoretische Basis gelegt.

3. Interkulturelle Integration und Medien

In den vergangenen zwanzig Jahren ist die Rolle der Medien im Integrationsprozess von Zuwanderern und ethnischen Minderheiten stärker in das Zentrum der Aufmerksamkeit bei öffentlichen und wissenschaftlichen Debatten gerückt (vgl. Trebbe 2009: 9). Von Seiten der Politik und Medien wird gefordert, dass Integration nicht als „Einbahnstraße" (Butterwegge 2006: 228) betrachtet werden soll, sondern allein in Kooperation von Zuwanderern und Einheimischen in gemeinsamer Anstrengung zu realisieren ist.[28] Es heißt, dass die Massenmedien wie die Gesellschaft insgesamt, sich der Realität kulturell vielfältiger Staaten gegenüber öffnen müssen. Dabei müssten sie ihren Gesellschaftsmitgliedern respektive Rezipienten entsprechende Angebote machen, um verschiedene Standpunkte in die Öffentlichkeit einzubringen und so gesellschaftliche Integration zu erleichtern (vgl. Butterwegge 2006: 228f.).

Da sich gesellschaftliche Teilhabe weitgehend über Medien vollzieht, kommt ihnen eine zentrale Funktion als Vermittler bei (Integrations-) Diskursen zu. Dabei ist der enorme Bedeutungszuwachs von Information und Kommunikation im Zuge der Globalisierung so zu erklären, dass den Medien das Moment der Distanzüberwindung in hohem Maße eigen ist (vgl. Stichweh 2005: 135). So können Massenmedien auf den Integrationsprozess Einfluss nehmen und die individuelle und kollektive Erfahrung von Migrationsbewegungen prägen (vgl. King & Wood 2001: 1).

Im bisherigen Verlauf dieser Arbeit wurden aus sozialwissenschaftlicher Perspektive erste Forschungsgrundlagen des Komplexes *Migration und Integration* auf Makroebene vorgestellt. Die Herausforderungen des Integrationsprozesses und das Konstrukt des Multikulturalismus und der kulturellen Vielfalt wurden erläutert, die Begrifflichkeit *interkulturelle Integration* definiert, und schließlich die Bedeutung von Kommunikation im Integrationsprozess näher beleuchtet. Auf dieser Grundlage wird in diesem Kapitel die Rolle der Medien im Integrationsprozess auf Mesoebene konzeptionalisiert und das Modell der medialen Integration erklärt.

---

[28] Interessant ist, dass sich, nachdem diese Forderungen in der Wissenschaft schon einige Jahre kursieren, nun auch seit kurzem politische Führungspersonen mit exakt demselben Wortlaut in die Integrationsdebatten einbringen.

3.1 Die Massenmedien in der Verantwortung

Themen der Einwanderungsgesellschaft stehen seit einigen Jahren auf der medienpolitischen Agenda hoch im Ranking. Vom wissenschaftlichen Standpunkt aus sind Studien über Migration und Medien reich an Berührungspunkten und Interdisziplinarität. Doch obgleich sich diese beiden Forschungsfelder an verschiedenen Bereichen überlappen, wurden diese Schnittstellen bislang wissenschaftliche selten analysiert (vgl. King & Wood 2001: 1) und die durch Medien vermittelte öffentliche Kommunikation hat in der Migrationssoziologie keine gezielte Beachtung gefunden (vgl. Bonfadelli 2008: 10).

In der sozialwissenschaftlich orientierten Kommunikationsforschung im deutschsprachigen Raum wird sich zudem erst seit kurzer Zeit mit den Ursachen, Folgen, Leistungen und Funktionen öffentlicher Kommunikation für ethnische Minderheiten und Zuwanderer beschäftigt. Obwohl die Integrationsfunktion der Massenmedien schon seit Längerem auf der Tagesordnung der Publizistik und Kommunikationswissenschaft zu finden war (vgl. Vlasic 2004), ließ die konkrete Anwendung auf Migrations- und Integrationsfragen vergleichsweise lange auf sich warten (vgl. Trebbe 2009: 11). So ist die Forschungslage zur Rolle der Medien im Integrationsprozess bis dato vergleichsweise dürftig (vgl. Bonfadelli 2008: 10).

Heute gehört die Frage nach der Integrationsfunktion der Massenmedien mittlerweile jedoch zu den „großen Fragen" (Vlasic & Brosius 2002: 93) der Kommunikationswissenschaft. Medien und Integration bilden ein Spannungsfeld, in dem wichtige medienpolitische Maßnahmen entschieden werden. In der Politik, in den Massenmedien selbst und in der kommunikationswissenschaftlichen Forschung enthält das Thema *(mangelnde) Integration von Zuwanderern* große Brisanz (vgl. Butterwegge & Hentges 2006: 7) und im Zuge der Diskussion um gesellschaftliche Sozialisations- und Integrationsprozesse wird immer häufiger nach der Rolle der Massenmedien gefragt.[29] Aufgrund der besonderen Rolle der Medien im Prozess der öffentlichen Meinungsbildung wird die fundierte wissenschaftliche Betrachtung der Integrationspotentiale der Medien gefordert:

---

[29] Der erste *Integrationsgipfel* fand am 14. Juli 2006 statt. Dort wurden Arbeitsgruppen gebildet, die im Laufe des Jahres den *Nationalen Integrationsplan* zusammenstellen sollten. Die Arbeitsgruppe *Medien und Integration*, deren Ergebnisse in den Integrationsplan eingeflossen sind, tagte im Bundeskanzleramt am 18. Januar 2007 in Berlin. Der zweite deutsche Integrationsgipfel am 12. Juli 2007 verabschiedete den *Nationalen Integrationsplan*, der insgesamt mehr als 400 Selbstverpflichtungen umfasst. Der dritte Integrationsgipfel fand am 6. November 2008 statt und diente der ersten Evaluation der Fortschritte bei der Umsetzung des Integrationsplans.

„Well designed research concerning this role of the media is strongly recommended in order to acquire a fuller insight into attitudes of recipient societies towards immigration." (Entzinger & Biezeveld 2005: 105)

Im Gegensatz zur relativ jungen Forschungstradition in der deutschsprachigen Kommunikationswissenschaft, gibt es im englischen Sprachraum bereits eine sehr viel umfassenderen Forschungsstand zur gesellschaftlichen Integration ethnischer Minderheiten und ihrer Mediennutzung, -produktion und -repräsentation. Mit Blick auf die englische Forschungsliteratur fällt sogleich auf, dass hier zumeist der Ausdruck *ethnische Minderheiten* verwendet wird, und fast nie die Termini *Integration* und *Migrant* auftauchen. Hieran wird deutlich, dass „im Kontext der internationalen Migrations- und Integrationsforschung sehr unterschiedliche, in verschiedenen Disziplinen verankerte theoretische und empirische Ansätze zu dem grundsätzlichen Phänomen existieren, dass eine Minderheit, die in einem anderen gesellschaftlichen Kontext aufgewachsen oder zumindest verankert ist, mit einem anderen, neuen und/oder mehrheitlichen Kontext konfrontiert wird" (Trebbe 2009: 17).

Neben den Schwierigkeiten, einen einheitlichen, in sich schlüssigen theoretischen Bezugsrahmen für die Fallstudien innerhalb Deutschlands und Großbritannien zu entwickeln, muss an dieser Stelle eine weitere Herausforderung des Forschungsfelds angemerkt werden. Grundsätzlich zählt die Integrationsfunktion von Massenmedien erstens als ein schwierig zu operationalisierendes und empirisch überprüfbares Konstrukt und damit zweitens auch als eine wenig empirisch belastete Annahme zur Wirkung von Massenmedien (vgl. Jarren 2000: 22; Vlasic 2004: 190f.; Valsic & Brosius 2002: 93f.). Der aktuelle Forschungsstand zur Beziehung von interkultureller Integration und Medien lässt jedoch einen deutlichen Zusammenhang zwischen Mediennutzungsmustern und Integrationsmustern erkennen (vgl. Trebbe 2009: 120), so dass sich diese Untersuchung auf die Prämisse stützen kann, dass das öffentlich-rechtliche Fernsehen einen Beitrag zur interkulturellen Integration und zur Akzeptanz von kultureller Vielfalt in der Einwanderungsgesellschaft leisten kann.

Da Massenmedien allgemein die Einwanderungsgesellschaft nicht nur abbilden, sondern sie auch mitgestalten, kommt ihnen im Zusammenleben von Menschen unterschiedlicher Herkunft eine verantwortungsvolle gesellschaftliche Aufgabe zu (vgl. Jarren 2000: 38). Im Rahmen des Nationalen Integrationsplans wurden neben gesellschaftlichen Akteuren auch die Medienunternehmer an ihren grundsätzlichen Integrationsauftrag erinnert und die Debatte über die Erfüllung eines solchen Auftrags wurde erneut entfacht. Hierbei ist deutlich geworden, dass die Anforderungen zur Integrationskommunikation normativ an Medienorganisationen gestellt werden, um ihre demokratische Aufgabe, die Abbildung gesellschaftlich relevanter Diskurse, zu unterstreichen.

Der normative Charakter des Integrationsauftrags liegt bereits in seiner Begrifflichkeit (vgl. Kapitel 2). Zudem sind Normen und verbindliche Zielsetzungen notwendig, wenn Medienleistungen zum Gegenstand medienkritischer Debatten werden sollen. Dazu bedarf es „jedoch weniger inhaltlicher, gegenständlich-konkreter als vielmehr prozeduraler Vorgaben für eine publizistische Praxis, die sich der gesellschaftlichen Diskurse anzunehmen hat. Diese Verpflichtung sollte insbesondere dann bestehen, wenn Organisationen das Medienprivileg für sich in Anspruch nehmen wollen" (Jarren 2000: 22). Folglich kann an die einzelne Medienorganisation dabei weniger ein konkreter Integrationsauftrag, sondern lediglich ein Auftrag zur Abbildung relevanter Selbstverständigungsdiskurse gerichtet werden (vgl. Jarren 2000: 39).

Die normative Verpflichtung zur Realisierung von Integrationsaufgaben ist somit grundsätzlich als prozedurale Anforderung zu begreifen und kann erst in zweiter Linie als konkrete, gegenständliche Vorgabe zur dauerhaften Realisierung in Form beispielsweise bestimmter Programmformen oder inhaltlichen Ausrichtungen formuliert werden. Da sich Integrationsvorstellungen und -ziele im Kontext des sozialen Wandels, dem jede Gesellschaft unterliegt, verändern, können Integrationsbemühungen in der heutigen Gesellschaft nur im sozialen Prozess erzielt und nicht durch Vorabbestimmungen festgelegt werden. Die Anforderungen an Verbreitungswege oder Programmformen sowie Inhalte sind dynamisch und müssen mit Hilfe von gesellschaftlichen Debatten über Normen und Leistungsaufträge immer wieder neu definiert werden (vgl. Jarren 2000: 23).

Laut Wolfgang Schäuble, dem ehemaligen deutschen Innenminister und jetzigen Finanzminister, tragen Medien vielfältig zu den Lebensumständen bei, unter denen Migranten in den Zielländern leben. Sie haben einen Einfluss darauf, ob Integration gelingt oder nicht, und ob Aufnahmebereitschaft und Toleranz der Bevölkerung wachsen oder abnehmen. Er bezieht sich damit auf den Gedanken, dass angesichts des hohen und sich ständig steigernden Differenzierungsgrades moderner Gesellschaften die Massenmedien eine zunehmende Bedeutung als Integrationsfaktoren gewinnen. Jetzt gilt es, die vorhandenen Möglichkeiten zur Integration von ethnischen Minderheiten in eine demokratische, auf gegenseitiges Verständnis gebaute Gesellschaft in den Fokus der Aufmerksamkeit zu rücken (vgl. Eckhardt 2000: 270). Auch der ehemalige Ministerpräsident des Landes Nordrhein-Westfalen vertritt diesen Standpunkt und unterstreicht den bedeutenden Stellenwert der Massenmedien:

> „In unserer Gesellschaft haben die Medien eine Schlüsselfunktion für gelingende Integration. Sie haben drei Aufgaben: Erstens müssen wir mehr über die Zuwanderer und ihre Kultur erfahren. Zweitens brauchen wir eine umfassende Berichterstattung für Zugewanderte. Und drittens gilt es, Konflikten im Dialog der Kulturen nicht auszuweichen, sondern durch exzellente Berichterstattung und Aufklärung zum Abbau von Spannungen beizutragen." (Rüttgers 2006)

Durch die massenmediale Informationsvermittlung und die Etablierung eines wechselseitigen Dialogs zwischen Aufnahmegesellschaft und Zuwanderern werden die öffentliche Meinung und das Bewusstsein in der Bevölkerung über Integrationsthemen geprägt. Einerseits können kulturelle Minderheiten durch ihre Mediennutzung positive Rollenvorbilder erfahren, andererseits wird der breiten Bevölkerung ein realistisches und ausgewogenes Bild über Zuwanderer und die multikulturelle Gesellschaft vermittelt (vgl. Klute 2008: 4). Durch die mediale Darstellung von kultureller Vielfalt und die gezielte Hintergrundberichterstattung können Massenmedien uns helfen, Menschen mit Zuwanderungsgeschichte besser zu verstehen (vgl. Hafez 2006: 2). So werden Medien zwar nicht als Kernbereich der Integration wie beispielsweise das Bildungssystem angesehen, jedoch spielen sie – wenn auch nur mittelbar – im Prozess der Integration von Zuwanderern in einer demokratischen Gesellschaftsform eine bedeutende Rolle (vgl. Geißler & Pottker 2006: 16).

Einerseits stellen sie durch ihre unabhängige Berichterstattung Informationen über die verschiedenen kulturellen Bevölkerungsgruppen zur Verfügung, prägen unser Bild von aktuellen gesellschaftlichen Entwicklungen und können so einen Beitrag zum interkulturellen Dialog leisten. Wenn Massenmedien kulturelle Vielfalt adäquat abbilden, dann fördern sie den Anspruch auf Wertschätzung aller Mitglieder in der Gesellschaft und stellen die Wichtigkeit von Einheit und einem friedlichen Miteinander in den Vordergrund. Andererseits stellen sie für unterschiedliche gesellschaftliche Gruppen eine Plattform für die öffentliche Kommunikation bereit. Im Interesse der interkulturellen Integration in den europäischen Einwanderungsländern müssen sie kulturelle Vielfalt thematisieren und kommunizieren. Aufgrund dieser komplexen Beziehung zwischen Integration und Medien wird gefordert, den Einfluss der Medien auf die öffentliche Meinung und die konkrete Rolle der Medien im Integrationsprozess zu analysieren (vgl. Entzinger & Biezeveld 2005: 105).

3.2 Die Rolle der Medien im Prozess der öffentlichen Meinungsbildung

Die Medien sind wichtige gesellschaftliche Akteure und ihre Rolle im Prozess der öffentlichen Meinungsbildung ist vielschichtig. Für den öffentlichen Diskurs im Spannungsfeld zwischen Staat und Gesellschaft ist die massenmedial vermittelte Kommunikation von wachsender und entscheidender Bedeutung (vgl. Lamp 2008: 206), insbesondere als „offenes Kommunikationsforum für alle, die etwas sagen, oder das, was andere sagen, hören wollen" (Neidhardt 1994).

Die Interaktion zwischen Individuum und Gesellschaft vollzieht sich über wechselseitige Beobachtung und Beurteilung. Die klassischen unidirektionalen Medien dienen hier zwar nicht als interaktives Forum für den kommunikativen Austausch, aber sie entfalten ihren Einfluss als indirekte, mittelbare Informations-

quelle, da sie die direkte, unmittelbare Umweltbeobachtung der Menschen vervoll-
ständigen. Durch die Mediennutzung begünstigt, treten Menschen in Kontakt miteinander, bauen Beziehungsmuster zueinander auf und begegnen einander auf einer
anderen Ebene als dies die direkte *Face-to-face-Kommunikation* ermöglicht. Die massenmediale Kommunikation bietet Chancen für das gesellschaftliche Zusammenleben:

> „We must see that the use of communication media involves the creation of new forms of ac-
> tion and interaction in the social world, new kinds of social relationship and new ways of relat-
> ing to others and to oneself. When individuals use communication media, they enter into forms
> of interaction, which differ in certain respect from the type of face-to-face interaction, which
> characterises most encounters in daily life. They are able to act for others, who are physically
> absent, or act in response to others who are situated in distant locals." (Thompson 1995: 4)

Die Thematisierungs- und Artikulationsfunktion der Massenmedien gewinnt vor
allem im Bereich von Migrations- und Integrationsbewegungen an Bedeutung, da
sie ethnischen Minderheiten die Möglichkeit bieten, sich in die Öffentlichkeit einzubringen. Wenn ihre Themen von den Massenmedien nicht berücksichtigt werden, dann werden sie auch in der Öffentlichkeit wenig beachtet und diskutiert.
Somit erhalten Menschen lediglich Zugang zum gesellschaftlichen Diskurs, wenn
ihnen durch die Massenmedien die Worte verliehen werden, mit denen sie ihren
eigenen Standpunkt in der Öffentlichkeit vertreten und verteidigen können. Gerade
marginalisierte Randgruppen der Bevölkerung, zu denen Zuwanderer häufig zählen, verfallen ohne Artikulations- und Argumentationshilfe der Medien eher in
Schweigen und sind damit mundtot und ohne gesellschaftlichen Einfluss (vgl.
Lamp 2008: 207).

Aufgrund dieser Funktionen, die Massenmedien in der Gesellschaft übernehmen, können sie mit einer fairen und ausgewogenen Berichterstattung über
Integrationsthemen die breite Öffentlichkeit beeinflussen (vgl. Klute 2008: 4) und
somit auch das Miteinander von Menschen unterschiedlicher Herkunft langfristig
prägen. Durch den Einfluss der Berichterstattung auf die öffentliche Meinung
kommen die Integrationspotentiale der Medien zustande:

> „The media can make a crucial contribution to raising awareness on issues relating to intercul-
> tural dialogue and discrimination as well as to help foster public debates, thus ensuring better
> mutual understanding between different communities, notably by providing different groups in
> society with an opportunity to receive and impart information, to express themselves and to
> exchange ideas." (Council of Europe 2009: 3)

Diese Feststellung bildet die Basis für ein medientheoretisches Verständnis von
Integration, das auf den Fähigkeiten von Bürgern und Journalisten basiert, sich
gemeinsam in einer Öffentlichkeit zu engagieren (vgl. Gerhards 1998: 25f.). Hier

wird sichtbar, dass der Integrationsbegriff nur begrenzt etwas mit Migrationsprozessen oder ethnischen Minderheiten zu tun hat. Integration gehört grundsätzlich zu einer der großen Herausforderungen der modernen Gesellschaft. Die Frage nach der Integrationsfunktion von Massenmedien richtet sich somit zunächst auf die Auswirkungen, die sie generell für den gesamtgesellschaftlichen Zusammenhalt haben, bevor sie sich auf die Einbindung von einzelnen gesellschaftlichen Gruppen spezialisiert (vgl. Trebbe 2009: 26). Wenn dann gezielt nach der Integrationsfunktion der Massenmedien gefragt wird, verbinden sich an dieser Stelle kommunikationswissenschaftliche Konzepte mit politikwissenschaftlichen und soziologischen Annahmen (vgl. Kapitel 2).[30]

Abbildung 2 veranschaulicht, wie die Massenmedien für das Publikum eine gewisse Art von „Medienrealität" konstruieren, die aufgrund ihrer Selektion und Präsentation, Effekte in Form von Vorurteilsbildung, Stereotypisierung und Diskriminierung nach sich ziehen kann.

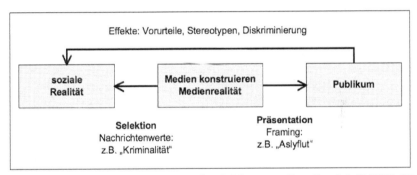

Abbildung 2: Die Realitätskonstruktion durch Massenmedien (Bonfadelli 2007: 95)

In Hinblick auf die Realitätskonstruktion durch Massenmedien wird deutlich, dass in der Gesellschaft jede Art der medialen Kommunikation in dem, was sie vermittelt, und in dem, worüber sie nicht berichtet, zur Realitätskonstruktion der Mediennutzer beiträgt (vgl. Schmidt 1998: 105/117). Diese Erkenntnis kann auf die Rolle der Medien im Integrationsprozess übertragen werden. Wenn Medien das Bild einer heterogenen Gesellschaft vermitteln, dann wird die Gesellschaft von den Rezipienten auch als kulturell vielfältig wahrgenommen und *Fremdes* wird vertraut:

> „Media become important as systems of representation, but also as socially relevant cultural references – in their political economy, their content, their symbolic relevance for particular social groups. On the one hand, everyday life is saturated by the images and sounds on screens,

---

[30] Vgl. Überlegungen zur Etablierung von Öffentlichkeit von Habermas (1990) und Dewey (1992).

speakers and papers. On the other, media discourses have become some of the common denominators of everyday communication, in a way that sharing understandings about *Us* and the *Others* is often (expected or assumed to be) mediated by media and discourses." (Georgiou 2006: 28f.; Hervorh. im Original)

Das Zitat belegt, wie stark Alltagserfahrungen von medialen Diskursen beeinflusst und geprägt werden. Massenmedien bilden so die Hauptinformationsquelle außerhalb unserer direkten, persönlichen Erfahrungswelt und helfen uns, Dinge außerhalb unseres Erfahrungsalltags zu verstehen. Außerdem bringen sie uns mit Geschehnissen und Menschen mittelbar in Kontakt, die wir bislang nicht kannten. Sowohl Nachrichten als auch Unterhaltungsangebote zeigen den Rezipienten bestimmte Menschen in bestimmten Rollen in bestimmten Situationen. Durch diese regelmäßigen Darstellungsweisen wird die eigene Identitätswahrnehmung wie Vorstellung von anderen in einem bestimmten Licht geprägt. Hall (2007), der sich aus der Perspektive der Cultural Studies mit Medienwirkungsmechanismen beschäftigt, bekräftigt diese Annahme:

> „Media consumption extensively frames everyday life, as people learn about the world from the media, shape tastes through their consumption, develop common codes of communication while sharing media representations." (Hall 1997)

Hieran wird sichtbar, dass Menschen auch durch ihre Mediennutzung lernen, was sie wertschätzen, welchen Einstellungen sie zustimmen oder welche Sichtweisen sie ablehnen. Gewisse Darstellungen von gesellschaftlichen Gruppen und Individuen wirken sich darauf aus, wie andere Menschen eingeschätzt werden und wie sich ihnen gegenüber verhalten wird. Dieser, als „politics of representation" (Greco Larson 2006: 14) bezeichneten Tatsache der medial vermittelten Kommunikation ist es geschuldet, dass die gegenwärtige Kultur zu einem hohen Grad von Medienangeboten beeinflusst ist. Massenmedien bringen „the issues of representation, exclusion and inclusion" (Georgiou 2005: 33) eng zusammen und haben einen Einfluss auf die Entscheidung, wer letztendlich als vollwertiges Mitglied der Gesellschaft akzeptiert wird – und wer nicht:

> „The area of communication, as part of the cultural sphere, becomes the main terrain where the symbolic representations of a society are produced and consumed. In mediated culture, perceptions and actions around inclusion and exclusion are produced and communicated. The question then becomes who is a member of the society and who has the right to belong, to be included and to be represented." (Georgiou 2005: 33f.)

Mediale Angebote spielen folglich auch eine Rolle, wenn es um die öffentliche Repräsentanz von ungleichen sozialen Beziehungen und um vermeintliche kulturelle Dominanz geht (vgl. Goddar 2001: 11). Über ihre Mediennutzung konstruieren

70

die Rezipienten ein Gefühl von Zugehörigkeit im Vergleich zu Nicht-Zugehörigkeit. Hier liegt auch ein gewisses soziales Gefahrenpotential, denn durch betont negative Darstellungen in den Medien können gewisse Gruppen und Menschen in der Gesellschaft stigmatisiert und diskriminiert werden. Neben solchen dysfunktionalen Medieneffekten in Form von Stereotypisierung von ethnischen Minderheiten und gesellschaftlicher Fragmentierung (vgl. McQuail 2000: 71f.) können Medien aber auch im positiven Sinne zur Akzeptanz von kultureller Vielfalt beitragen.

Massenmedien geben der Gesellschaft eine Plattform, auf der Fragen nach Identität und sozialer Zugehörigkeit diskutiert und verändert werden können (vgl. Cottle 2000: 2). So können sie eine Schlüsselrolle bei der Vermittlung von Wissen über die jeweils andere kulturelle Gruppe einnehmen. Sie bereiten wichtige Informationen für die Meinungsbildung auf und beeinflussen so das Bewusstsein der Menschen, denen sich die gesellschaftliche Realität zunehmend über die Rezeption von Medien erschließt (vgl. Butterwegge 2008).

Das wichtigste Bindeglied zwischen Individuum und Gesellschaft in der modernen, teils unübersichtlichen Gesellschaft ist Kommunikation, durch die wir über Medien miteinander in Beziehung treten können (vgl. Stolte 2004: 139). Dadurch, dass Massenmedien diese unterschiedlichen, einander ergänzenden, sozialen Funktionen erfüllen, wirken sie gesellschaftlich integrierend. Einerseits informieren Massenmedien über andere Menschen, ihre kulturellen Hintergründe und Lebensumstände, andererseits sind sie Instanzen der Selbstbestätigung, die es den Rezipienten erlauben, sich selbst durch ihre persönliche Wahrnehmung zu definieren (vgl. Becker 2007: 46).

In einer Synopse der verschiedenen Einflussmöglichkeiten von Medien auf den Prozess der öffentlichen Meinungsbildung kommt Vlasic zu einer hierarchischen Typologie der fünf zentralen Dimensionen der gesamtgesellschaftlichen Integrationsfunktion: An prominentester Stelle steht die Thematisierungsfunktion und die Wissensvermittlung, durch die der gesamten Gesellschaft eine gemeinsame Basis für die Verbreitung relevanter Themen und Alltagsgesprächsstoff gegeben wird. Zweitens wirken Massenmedien integrierend durch die Repräsentation gesellschaftlicher Gruppen und Lebenswelten als Teil der gesellschaftlichen Realität. Drittens wird ihnen eine Öffentlichkeitsfunktion zugeschrieben, durch die alle repräsentierten Akteure ihre Interessen vertreten und am gesellschaftlichen Diskurs teilnehmen können. An vierter Stelle wird die Funktion der Vermittlung von Normen und Werten für die Schaffung und Stabilisierung eines gemeinschaftlichen Wertesystems in der Gesellschaft genannt. Abschließend steht die übergeordnete Funktion der Konstruktion einer gemeinsamen Realität der Gesellschaft (vgl. Vlasic 2004: 67).

Diese Faktoren finden ihre Bedeutung auch speziell in der Diskussion über interkulturelle Integration, wenn den Medien eine wichtige Rolle bei der Integration von Zuwanderern zugesprochen wird. Massenmedien in der heutigen Gesellschaft sind für die Integration von ethnischen Minderheiten insofern relevant, als dass sie für Neuankömmlinge beispielsweise eine wichtige Informationsquelle über ihr Aufnahmeland und dessen Einwohner darstellen. Durch die Nutzung der ansässigen und lokalen Medien werden Menschen mit Zuwanderungsgeschichte Kenntnisse über die aktuellen politischen und sozialen Vorgänge im neuen Land und deren Hintergründe vermittelt, die sie brauchen, damit eine angemessene Wahrnehmung ihrer Teilnahmechancen an der neuen Gesellschaft möglich wird (vgl. Geißler 2007: 13).

Interkulturelle Integration enthält viele Dimensionen und bezieht sich auf diverse Bereiche des Zusammenlebens in der Bevölkerung. Was und in welcher Form die Massenmedien zu diesem komplexen Prozess beitragen können, bildet den zentralen Gedanken dieser Studie. Bislang liegt in diesem Forschungsfeld ein theoretisches Defizit dahingehend vor, dass sich die Perspektiven ebenso stark wie die Auffassungen darüber unterscheiden, „was Integration überhaupt ist und wie das entsprechende Phänomen begrifflich, modelltheoretisch und schließlich auch empirisch in den Kommunikationswissenschaften gefasst werden kann" (Trebbe 2009: 117). Während der theoretische Fortschritt der Studie von Trebbe (2009) in der Systematisierung der Ansätze und Befunde besteht, widmet sich diese Untersuchung einer gezielten Auseinandersetzung mit den Integrationspotentialen des öffentlich-rechtlichen Fernsehens.

Dabei wird vorrangig auf das theoretische Konzept der medialen Integration (vgl. Geißler & Pöttker 2006) zurückgegriffen, das sich für die Analyse der Einbindung von Zuwanderern in das Mediensystem und für die Darstellung von kultureller Vielfalt im Medienangebot eignet. Darüber hinaus erlaubt dieses Modell jedoch lediglich theoretische Annahmen, aber keinen empirischen Nachweis über den Einfluss auf gesellschaftliche Integrationsprozesse in der Einwanderungsgesellschaft. Fest steht, dass durch die Rezeption von massenmedial vermittelten Inhalten nachweislich eine Wirkung auf die öffentliche Meinung entsteht. Daher liegt dieser Untersuchung die These zugrunde, dass Medien mit Hilfe der verschiedenen Dimensionen ihrer Integrationsfunktion zumindest theoretisch zur interkulturellen Integration und zur Etablierung einer toleranten und pluralistischen Gesellschaft unterstützend beitragen können (vgl. Göttlich 2000: 131).

Der Forschungsstand in sozialwissenschaftlichen Arbeiten legt diese mittelbare Einflussnahme der Massenmedien auf Integrationsprozesse nahe, und die Frage, die im Zuge der aktuellen Integrationsdebatten auftaucht, ob hochmoderne Gesellschaften durch Kommunikation und damit durch Medien *zusammengehalten* werden, kann insofern zumindest eingeschränkt bejaht werden (vgl. Jarren, Imhof & Blum 2000: 16). Welcher Voraussetzungen und Rahmenbedingungen es bedarf, damit Medien zur Integration und zur Akzeptanz von kultureller Vielfalt in der

Gesellschaft beitragen können, wird anhand des Konzepts der medialen Integration erläutert.

3.3 Das Konzept der medialen Integration

Integrationsprozesse in der Einwanderungsgesellschaft durch Medien zu beeinflussen, ist laut Göttlich ein langwieriger Vorgang, der sich über Jahrzehnte hinziehen kann. Dabei lassen sich drei verschiedene Phasen unterscheiden, die miteinander verschränkt sind und sich zum Teil überschneiden: Die erste Phase dient der Problemerkennung, die insbesondere von den Sozialwissenschaften vorangetrieben werden kann. Die zweite Phase steht für das Schaffen von Problembewusstsein bei den Verantwortlichen in der Politik und in den Medieninstitutionen. Hier kann bereits die Entwicklung von Lösungsstrategien ansetzen. In der dritten Phase folgt schließlich die schrittweise Umsetzung dieser Strategien und die Lösung des Problems (vgl. Göttlich 2000: 141).

Die Verläufe zwischen den einzelnen Phasen sind fließend. Wird über den deutschsprachigen Raum und damit auch den rein kommunikationswissenschaftlichen Horizont hinaus geblickt, können für den europäischen Raum ähnliche Rahmenbedingungen wie in Deutschland festgestellt werden (vgl. ter Wal 2002). Auch wird deutlich, dass sich sowohl Deutschland als auch Großbritannien derzeit im Übergang von der zweiten Phase zur dritten Phase befinden, wobei die Entwicklung von Lösungsstrategien und ihre Implementierung in Großbritannien bereits vor einigen Jahrzehnten begonnen hat.

Das Konzept der medialen Integration basiert auf der theoretischen Grundannahme, dass Medien nicht nur (Zerr-)Bilder von Zuwanderern und ethnischen Minderheiten liefern, die das Denken und Handeln der Mitmenschen beeinflussen, sondern dass sie auch deren Haltung im Hinblick auf ein friedliches Zusammenleben zwischen Menschen unterschiedlicher Nationalität, Herkunft, Kultur und Religion prägen. Dies geschieht, indem sie Möglichkeiten und Grenzen der Integration ausloten und öffentliche Debatten darüber wiedergeben und mitgestalten (vgl. Butterwegge & Hentges 2003: 199). In interkulturellen Integrationsprozessen werden die Medien als Foren für den gegenseitigen Austausch und die kulturelle Orientierung genutzt.

Dies erfordert unter Partizipationsgesichtspunkten (vgl. Habermas 1990) einerseits, dass kulturelle Hintergründe der Zuwanderer in den verschiedenen gesellschaftlichen Bereichen angemessen und unverkürzt zur Entfaltung kommen. Unter inhaltlichen Gesichtspunkten werden andererseits inter- und intrakulturelle Prozesse angestoßen, bei denen es im Kern um Begegnung, Austausch und Verstehen, aber auch um Selbstreflexion sowie wechselseitige Kritik und Beurteilung geht. Im Idealfall können diese Prozesse wiederum längerfristig dazu beitragen, dass ethnozentrische, fremdenfeindliche oder (kultur-) rassistische und fundamentalistische Einstellungen und Verhaltensweisen innerhalb der Gesellschaft abgebaut werden oder diesen zumindest vorgebeugt und der gemeinschaftliche Zusammenhalt gestärkt wird (vgl. Schulte 2006: 50).

Mediale Integration bedeutet die Integration von Zuwanderern und ethnischen Minderheiten in das Mediensystem der Aufnahmegesellschaft. Sie gründet auf dem Prinzip der wechselseitigen Kommunikation zwischen den Kulturen von Mehrheiten und Minderheiten und der wechselseitigen zunehmenden Kenntnis voneinander (vgl. Geißler & Pöttker 2006: 13f.). Vor diesem Hintergrund besagt das Modell, dass mediale Integration dann gewährleistet wird, wenn alle gesellschaftlich relevanten Bevölkerungsgruppen in der medial hergestellten Öffentlichkeit repräsentiert sind und der Zugang zu dieser prinzipiell für alle Menschen – Einheimische und Zugewanderte – offen ist. Laut Geißler findet mediale Integration in drei Bereichen des Mediensystems statt: bei der Mediennutzung, beim Medienpersonal und bei den Medieninhalten. Abbildung 3 veranschaulicht das Modell der medialen Integration.

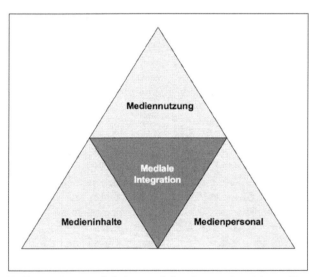

Abbildung 3: Das Modell der medialen Integration (eigene Darstellung nach Geißler 2006)

Diese drei Bereiche der medialen Integration stehen miteinander in enger Verbindung. Es gibt zu jedem Aspekt bereits erste Erkenntnisse aus der Forschung, die im Folgenden genauer vorgestellt werden.

3.3.1 Mediennutzung

Die Mediennutzung bildet die Grundvoraussetzung beim Konzept der medialen Integration. Denn nur durch die aktive Beschäftigung mit dem medialen Angebot sind Informationen erhältlich, die für Zuwanderer als Basis dienen, um am Alltag des Aufnahmelandes mitwirken zu können (vgl. Moser 2007: 365). Damit die Massenmedien zur Integration von Menschen mit Zuwanderungsgeschichte beitragen, und sie die Akzeptanz von kultureller Vielfalt in der Aufnahmegesellschaft voranbringen können, ist die *conditio sine qua non*, dass Medienangebote auch genutzt werden. Da in dieser Studie aus forschungsökonomischen Gründen keine eigenständige Rezipienten- oder Mediennutzungsanalyse durchgeführt werden kann, wird sich bei diesem ersten Aspekt der medialen Integration auf bisherige Forschungsergebnisse und bestehende Datengrundlagen gestützt.

Da das Hauptaugenmerk dieser Untersuchung auf dem öffentlich-rechtlichen Fernsehen liegt, interessieren in erster Linie Daten über die Fernsehnutzung von ethnischen Minderheiten dieser Sender. Zwar wurden im Jahr 2001 dem bundesdeutschen AGF/GfK-Fernsehpanel eine Stichprobe von 150 Haushalten von EU-Ausländern hinzugefügt (vgl. Müller 2000), die mehrheitlich nicht die deutsche Staatsbürgerschaft haben, allerdings sind hier nur Ausländerhaushalte aus den EU-Mitgliedstaaten berücksichtigt worden und damit sind Mediennutzer aus Ex-Jugoslawien und der Türkei nicht vertreten. Folglich dürfte diese Stichprobengruppe die Nutzung der öffentlich-rechtlichen Fernsehsender von Menschen mit Zuwanderungsgeschichte in Deutschland nur unzureichend abbilden.[31]

Seit einigen Jahren fordert die Gesellschaft für Konsumforschung (GfK) nun vermehrt, dass die Fernsehpanels zur Erhebung der Einschaltquoten um die Nicht-EU-Ausländer erweitert werden und in Form eines eigenen, so genannten *Ausländerpanels* angeboten werden sollten. Über eine diesbezügliche Notwendigkeit von Migrantenorganisationen und der Arbeitsgemeinschaft Fernsehforschung (AGF) als verantwortlicher Trägerinstitution wurde zwar lange diskutiert, die Umsetzung scheiterte aber bislang an Kosten, methodischen Details und den Interes-

---

[31] In Deutschland wird die quantitative Fernsehzuschauerforschung von der GfK im Auftrag und unter Kontrolle der AGF durchgeführt. Die daraus generierten Datenmengen zu Reichweite und Nutzung von Fernsehsendungen sind nicht öffentlich zugänglich. Weitere Informationen finden sich unter www.agf.de, Abruf am 22.9.2008.

sensgegensätzen der beteiligten öffentlich-rechtlichen und privaten Fernsehveranstalter (vgl. Koschnick 2004; Müller 2000; Trebbe 2009: 58).

Für Daten über die Mediennutzung von Zuwanderern und ethnischen Minderheiten muss daher auf Einzelstudien zurückgegriffen werden, bei denen der Begründungszusammenhang in Deutschland stark durch die Forschungstraditionen der öffentlich-rechtlichen Rundfunkanstalten von ARD, ZDF und insbesondere des WDR geprägt ist (vgl. Trebbe 2009: 60). Studien, die das Mediennutzungsverhalten von Migranten untersuchen, beschäftigen sich neben der quantitativen Datenerhebung auch mit der Frage, inwiefern die Rezeption von Medieninhalten zur Integration von Zuwanderern in Deutschland beiträgt.

Vom Zusammenhang von identitäts- und integrationsbezogenen Einstellungen und Verhaltensdimensionen mit der Mediennutzung am stärksten geprägt sind zwei Umfragen, die im Auftrag des Presse- und Informationsamtes der Bundesregierung im Jahr 1997 (vgl. ZfT 1997) und im Jahr 2000 (vgl. Weiß & Trebbe 2001) durchgeführt wurden. In einer weiterführenden Studie nehmen Weiß und Trebbe eine differenzierte Betrachtung der Integrationsfrage vor, die darin Hinweise auf unterschiedliche Integrationsmilieus in der Gruppe der in Deutschland lebenden Türken fanden (vgl. Weiß & Trebbe 2002). Dass die Mediennutzungsgewohnheiten von Zuwanderern durchaus in Verbindung mit deren Integrationsgrad stehen, bestätigen auch eine Untersuchung des Zentrums für Türkeistudien (vgl. Güntürk 1999, 2000) sowie vorliegende Studien für verschiedene Migrantengruppen mit einem Schwerpunkt auf den USA (vgl. Jeffres 2000).

Weitere Untersuchungen belegen, dass Medien eine Schlüsselrolle bei der Vermittlung von Wissen über die jeweils andere ethnokulturelle Gruppe einnehmen können. So werden deutsche Medienangebote insbesondere von denjenigen türkischen Migranten genutzt, die ein großes Interesse an aktuellen deutschen Themen besitzen und dieses durch die Nutzung deutscher Medien befriedigen (vgl. Schneider & Arnold 2004). Darüber hinaus zeigt sich die Tendenz, dass der Trend zur Nutzung von deutschsprachigen Medienangeboten zunimmt, je länger Zuwanderer in Deutschland leben. Diese Rezeption fördert dann wiederum die Integration in die deutsche Gesellschaft (vgl. Konrad Adenauer Stiftung 2001).

Speziell für die Mediennutzung gibt es mittlerweile auch einige Studien, die sich mit der Nutzung des Fernsehens durch Menschen mit Zuwanderungsgeschichte befassen. So wertete eine Medienforschungsstudie des WDR (2006) auf Basis einer Repräsentativbefragung türkischstämmiger Zuschauer der Altersgruppe 14 bis 49 Jahre die Fernsehnutzung, die Programmerwartungen sowie die Einstellungen zum Fernsehen aus. Zu den maßgeblichen Ergebnissen gehört, dass dem öffentlich-rechtlichen Fernsehen die höchste Kompetenz bei Informationssendungen attestiert wird. Nachrichtensendungen, politische Magazine, Reportagen, Dokumentationen und regionale Sendungen haben bei den türkischstämmigen Zuschauern einen hohen Stellenwert. Private Sender hingegen punkten mit ihren Unterhaltungssendungen. Wichtig ist auch, dass ein starker Wunsch nach glaubwürdigen Identifikationsfiguren im Programm besteht, was die Schlussfolgerung zulässt, dass eine stärkere Präsenz von türkischstämmigen Akteuren im Programmangebot zu einer stärkeren Publikumsbindung dieser Zuschauergruppe an die öffentlich-rechtlichen Sender führen kann (vgl. Dokumentation der Medienkonferenz in Essen 2006: 31f.).

Eine Forschungsstudie des ZDF zur Analyse der Zuschauererwartungen von Rezipienten türkischer und italienischer Herkunft an das öffentlich-rechtliche Angebot kommt zu folgenden Erkenntnissen: Zuwanderer suchen im Programm Orientierungsangebote und erhoffen sich, dadurch über die Normen und Gepflogenheiten der deutschen Alltags- und Lebenskultur informiert zu werden. Andererseits wird erwartet, dass auch die Teilhabe von Menschen mit Zuwanderungsgeschichte am gesellschaftlichen Alltag widergespiegelt wird. Dennoch wünschen beide Gruppen keine gezielten Sendungen, die sich ausschließlich dem Thema Migration und Integration widmen. Die öffentlich-rechtlichen Sender genießen bei türkischen Zuwanderern allgemein ein hohes Ansehen. Ihnen wird Glaubwürdigkeit attestiert und sie verfügen über einen Vertrauensvorschuss. Bei umfassenden, sachbezogenen und praxisnahen Informationen wird auf die Sender der ARD und das ZDF als relevante Fernsehanbieter zurückgegriffen (vgl. Dokumentation der Medienkonferenz in Essen 2006: 32f.).

Auf diesen ersten Erkenntnissen aufbauend, wurde die Studie *Migranten und Medien 2007* von der ARD/ZDF-Medienkommission in Auftrag gegeben, die mit Unterstützung der Hertie-Stiftung durchgeführt und veröffentlicht wurde.[32] In dieser bundesweit repräsentativen Grundlagenstudie zur Mediennutzung von Migranten wird nachgewiesen, dass in Deutschland keine ausgeprägte Parallelgesellschaft im Hinblick auf die Mediennutzung zu erkennen ist. Zu einem weiteren Ergebnis der Studie zählt, dass das Fernsehen von Migranten in ähnlichem Umfang genutzt wird wie von Deutschen und es für Migranten als Leitmedium zählt. Die Untersuchung belegt, dass öffentlich-rechtliche Fernsehprogramme Migranten zwar weniger gut erreichen als das deutsche Publikum, allerdings sind beide Sender im relevanten Set der von Migranten genutzten Fernsehprogramme verankert und besitzen, insbesondere aufgrund der ihnen zugeschriebenen hohen Informationskompetenz, ein positives Image (vgl. Oehmichen 2008). Alle Migrantengruppen werden von deutschen Medien gut erreicht, so dass die Ausgangslage für die mediale Integration von Zuwanderern sich in Deutschland gut darstellt.

Wie die jüngsten Ergebnisse dieser Studie der Massenkommunikationsforschung zeigen, informieren sich sowohl die deutsche Mehrheitsbevölkerung als

---

[32] Vgl. http://www.unternehmen.zdf.de/uploads/media/Migranten_und_Medien_2007_Handout_neu. pdf, Abruf am 15.11.2008.

auch Zugewanderte über politische Entscheidungen und das Geschehen in der Gesellschaft in erster Linie über das Fernsehen. Damit ist die Grundlage für das Funktionieren von medialer Integration bei den öffentlich-rechtlichen Sendern gegeben:

> „Unstrittig ist nach den aktuellsten Studien die Bedeutung des Fernsehens – sie entspricht im Wesentlichen derjenigen in der jeweiligen Aufnahmegesellschaft. Technische Verbreitung und Reichweite machen das Fernsehen zum ‚Leitmedium' (ARD/ZDF 2007: 6) für alle Migrantengruppen. Nach den neusten Daten der ARD-/ZDF-Studie kann man bis zu 87 Prozent als *Stammseher* des Fernsehens bezeichnen." (Trebbe 2009: 95; Hervorh. im Original)

Anhand der Erkenntnisse der bisherigen Forschung lässt sich bereits an dieser Stelle eine These für die spätere Analyse der Integrationspotentiale von öffentlich-rechtlichen Sendern aufstellen: Wenn es den öffentlich-rechtlichen Sendern in Zukunft gelingt, ein Programm anzubieten, das durch Vorbilder und Identifikationsfiguren einen selbstverständlichen Umgang mit Migration und Integration unterstützt, dann dient es den Zuschauern aus Einwandererfamilien zur Orientierung und sie können als feste Zielgruppe erreicht und etabliert werden.

Neben diesen ersten wissenschaftlichen Ansätzen zu den Beziehungen zwischen Mediennutzung und Integrationsprozess besteht in diesem Bereich nach wie vor Forschungsbedarf (vgl. Trebbe 2007, 2009). So wird es in Zukunft zur Aufgabe der internationalen Wissenschaftsgemeinschaft, weitere Erkenntnisse über die komplexen wechselseitigen Beziehungen zu sammeln.

3.3.2 Medienpersonal

Diskussionen während wissenschaftlicher und journalistischer Tagungen[33] liefern erste Hinweise, dass es in den Medienunternehmen und Redaktionen zu einem Paradigmenwechsel gekommen ist oder noch kommen muss, der im Idealfall zur verstärkten Einbindung von Journalisten mit unterschiedlichen kulturellen Hintergründen in die Medienhäuser führt. Die Gesprächsrunden zeigen, dass es für die journalistische Berichterstattung über Migrations- und Integrationsthemen unabdingbar ist, dass die Belegschaft über ein erhöhtes Maß an kultureller Vielfalt verfügt. Neben Vertretern von Migrantenorganisationen kritisieren auch Wissenschaftler das Fehlen von Medienakteuren mit Zuwanderungsgeschichte in der deutschen Medienlandschaft und betonen, dass es Zeit wird, „dass in den Massen-

---

[33] Vgl. z. B. Mediensymposium Luzern 2000; Netzwerk Recherche Jahrestagung 2007; Fachtagung des ZDF 2007.

medien Deutschlands die Zahl der dort arbeitenden Journalisten mit Migrationshintergrund deutlich höher wird als bislang" (Becker 2007: 47).

Da zurzeit noch keine validen Daten zu Beschäftigungsverhältnissen existieren, muss sich auf Schätzungen berufen werden, die belegen, dass nur zwei bis drei Prozent der Medienschaffenden in Deutschland aus einer Einwandererfamilie kommt. Das sind, verglichen am Anteil der Gesamtbevölkerung, nur wenige (vgl. Junk 1999). Die Verantwortlichen sind sich einig, dass die berufliche Integration von Zuwanderern in den Journalismus bislang nur unzureichend gelingt.[34] Einzelne Studien und Statistiken weisen sogar darauf hin, dass sich ihr Anteil in journalistischen Berufen lediglich im einstelligen Prozentbereich bewegt. Dieser wäre gemessen an ihrem knapp 20-prozentigem Anteil an der Bevölkerung, in einzelnen Gebieten Deutschlands sogar 30 Prozent und mehr (vgl. Grimberg 2007: 15), recht gering.

Die demografische Struktur des journalistischen Systems mit seiner Vielzahl an Medienakteuren in unterschiedlichen Bereichen sollte sich folglich der gesamtgesellschaftlichen Demografie in Deutschland stärker annähern, damit Journalismus seine Demokratie sichernden Aufgaben für die Gesellschaft, nämlich die Beobachtung und Abbildung dieser in all ihrer Vielfalt (vgl. Weischenberg 2002), gewissenhaft ausführen kann. Menschen mit Zuwanderungsgeschichte müssten nicht nur Objekte der Medien, sondern auch deren Gestalter sein (vgl. Voß 2001: 137). Experten des Instituts für Medien und Kompetenzforschung fordern, dass dies nicht nur in Nischenprogrammen stattfindet:

> „Mehrheitlich ist diese Beschäftigtengruppe in Nischenprogrammen mit interkulturellem Charakter vertreten, wozu insbesondere die muttersprachlichen Sendungen des ARD-Hörfunkprogramms zählen. Aufgrund der geringen Durchlässigkeit zu den allgemeinen Redaktionen sowie der eingeschränkten Zugänglichkeit senderinterner Fortbildungen ist es für Migranten besonders schwierig, in andere Arbeitsfelder zu wechseln: Sie erhalten nur selten Arbeitsangebote von Redaktionen für Mainstreamprogramme." (MMB 2006: 8)

Aktuelle Erhebungen belegen, dass *multikulturelles Potential* im deutschen Mediensystem bislang nur basal ausgeschöpft wird (vgl. MMB 2006). Auch werden kulturelle Unterschiede und eine stärkere interkulturelle Perspektive noch nicht ausreichend als wichtige Zusatzqualifikationen herausgestellt und in der Journalistenausbildung stringent gefördert (vgl. Röben 2004). Analoges gilt laut dem Bericht der Arbeitsgruppe Medien des Nationalen Integrationsplans für den Kenntnis- und Ausbildungsstand deutscher Mitarbeiter in den Bereichen Redaktion und Produktion der Medienhäuser: Um professionell über relevante gesellschaftliche Thematiken berichten zu können, benötigen sie eine umfassende Sachkenntnis über die von ihnen zu bearbeitenden Migrationsthemen und unterschiedlichen Kulturen. Doch bisher

---

[34] Vgl. Nationaler Integrationsplan, AG Medien, Abschlussbericht (2007: 7).

werden sie darauf weder ausreichend vorbereitet, noch weitergebildet oder geschult. Die Ausbildungscurricula lassen die vertiefende Vermittlung über Migration und Integration und die damit verbundenen Themenfelder vermissen. Auch fehlen flächendeckende Angebote zu Lernfeldern der interkulturellen Kompetenz in den Führungskräfteschulungen der Medienunternehmen.

Dennoch ist es spätestens seit dem ersten Integrationsgipfel im Jahr 2006 das erklärte Ziel der Medienakteure in Deutschland, mehr kulturelle Vielfalt in die Personalstruktur zu bringen. Dieser Aussage zum Trotz liegen über die Partizipation von Migranten in Medienberufen bislang nur wenige aktuelle Daten vor und nur einzelne Medieninstitutionen haben sich quantifizierbaren Zielen in der Personalpolitik verschrieben.[35] Doch die Integration in das Medienpersonal ist nur dann erreicht, wenn Menschen mit Zuwanderungsgeschichte in den Massenmedien angemessen vertreten sind. Sei es operativ z. B. als Redakteure, Moderatoren, Schauspieler oder strategisch als Ressortleiter, Programmdirektoren, Rundfunkräte oder in ähnlichen Funktionen.

Dadurch, dass sie ihr spezielles Wissen, ihre spezifischen Erfahrungen und ihre individuellen Sichtweisen in die Medienproduktion einbringen, bereichern sie das vorhandene Medienpersonal durch eine zusätzliche Dimension – „die Ethnodimension" (Geißler 2007: 12). Diese Herangehensweise wird auch von der Staatsministerin im Kanzleramt und Beauftragten für Migration, Flüchtlinge und Integration gefordert:

> „Es geht nicht nur darum, über Menschen ausländischer Herkunft zu berichten, sondern gemeinsam mit ihnen Programme und Medien zu gestalten. Es geht nicht darum, Integration und kulturelle Vielfalt zum Inhalt der Berichterstattung zu machen, sondern als selbstverständlichen Teil unserer Realität zu vermitteln." (Böhmer 2006)

Damit diese erwünschte Mitarbeit von Menschen aus Einwandererfamilien am Programm Realität werden kann, ist es wichtig, dass ethnische Minderheiten angemessen in den Redaktionen vertreten sind. Denn durch eine bessere Repräsentation innerhalb der redaktionellen Struktur kann eine bessere Präsentation der ethnischen Minderheiten im Programm erfolgen. Dann werden Menschen mit Zuwanderungsgeschichte in die Lage versetzt, sich und ihr Umfeld selbst darstellen zu können (vgl. Schneider & Arnold 2004: 247f.). Um ein durch die Medien vermitteltes, stimmiges Abbild der kulturellen Vielfalt in der Gesellschaft zu erlangen, müssen Zuwanderer „ihre Stimme direkt im pluralistischen Konzert der öffentlichen Information und Interessenartikulation zur Geltung bringen können – und nicht nur vermittelt über die Vertreter der dominanten Gruppe" (Göttlich 2007: 142f.).

---

[35] Eine Ausnahme bildet hier der WDR mit seinem jährlich veröffentlichten Integrationsbericht, in dem auch aktuelle Einstellungszahlen dargelegt werden.

Die Präsenz der ethnischen Minderheiten in den wichtigen Medienunternehmen der Mehrheitsgesellschaft führt zunächst zu ihrer medialen Integration (vgl. Göttlich 2007: 142f.) und hat dann theoretisch mittel- bis langfristig über die Medieninhalte auch einen Effekt auf die interkulturelle Integration im Einwanderungsland. Dieser Ansatzpunkt leitet zum letzten Punkt des Modells der medialen Integration über, der inhaltlichen Auseinandersetzung mit Medienangeboten unter dem Aspekt der Darstellung von Zuwanderern und kulturellen Minderheiten.

3.3.3 Medieninhalte

Neben wissenschaftlichen Erhebungen zur Mediennutzung von Migranten und der spärlichen Datenlage zu ihrer Präsenz im Medienpersonal interessieren im Modell der medialen Integration als dritte Komponente die Medieninhalte. Dabei wird die Berichterstattung der Medien über ethnische Minderheiten zumeist von der inhaltsanalytischen Seite betrachtet (vgl. Schatz & Nieland 2000:14). Auf empirischer Basis wurden die ersten quantitativen Studien zur Medienberichterstattung über Gastarbeiter in den frühen 1970er Jahren durchgeführt (vgl. Delgado 1972). Heutzutage sind Inhaltsanalysen zur Darstellung von Zuwanderern in den Medien keine Mangelware mehr (Trebbe 2009: 46). Die meisten Forschungsprojekte zu Medien und Migration konzentrieren sich dabei auf die Darstellung von Migranten und Migrationsthemen in den Printmedien (vgl. King & Wood 2001: 4). Auch Forschungssynopsen und Überblickswerke für den deutschsprachigen Raum sind inzwischen vorhanden (vgl. Bonfadelli 2007; Müller 2005; Ruhrmann & Demren 2000).

Die Bandbreite an Perspektiven, aus denen das Thema wissenschaftlich betrachtet wird, ist genauso groß wie die Vielfalt der Studien zur medialen Darstellung von ethnischen Minderheiten und vor allem Zuwanderern. Mittlerweile gibt es Untersuchungen auf der Publikumsseite, die sich u. a. mit der Wahrnehmung der Medienangebote durch die Betroffenen und den gesellschaftlichen Folgen ihrer Repräsentation in den Medien beschäftigen (vgl. Hafez 2002b; Krüger & Simon 2004; Kühnel & Leibold 2000). Bislang sind jedoch methodisch und methodologisch naturgemäß Studien vorherrschend, die Medieninhalte analysieren. Wird die Zahl der einschlägigen Publikationen als Indikator ausgewählt, dann ist die mediale Darstellung der Menschen mit Zuwanderungsgeschichte am besten erforscht.

Als Ausgangspunkt aller inhaltsanalytischen Untersuchungen steht die These, dass eine verzerrte Präsenz einer Gruppe und stereotypisierte Individuen vermutlich nicht dazu beitragen, dass sich Zuwanderer in einer Gesellschaft heimisch fühlen (vgl. Maurer & Reinemann 2006: 152). Denn, wenn sich durch die Migrationsberichterstattung und die Medienbilder der Eindruck verfestigt, dass Zuwanderer eine problematische Außenseitergruppe bilden, muss ihre soziale, ökonomische und politische Integration scheitern (vgl. Butterwegge & Hentges 2006: 10).

Unter Berücksichtigung dieser nahe liegenden Auswirkungen von massenmedial vermittelten Informationen auf die Gesamtbevölkerung und ihre unterschiedlichen kulturellen Teilgruppen gibt es Studien, die sich zum Ziel gemacht haben, offen zu legen, wie ethnische Minderheiten in den (deutschen) Printmedien dargestellt werden, wie häufig über sie berichtet wird und in welchem Kontext und mit welchen Konnotationen dies geschieht (vgl. Butterwegge, Hentges & Sarigöz 1999; Jung, Wengele & Böke 1997).

Wissenschaftliche Arbeiten, die sich auf die Rezeption der Medieninhalte durch Migranten beziehen, kommen zu dem Ergebnis, dass ihre mediale Präsenz sehr wichtig ist, und dass sich die Gruppe der Zuwanderer eine stärkere Berücksichtigung ihrer Interessen im Programm wünscht (vgl. Campion 2005). Diese Erkenntnis belegt auch eine qualitative Studie im Auftrag des WDR (Hammeran et al. 2007). Der Aspekt der Marginalisierung ist für die Befragten ein großes Thema, und fast alle haben subjektiv das Gefühl, dass *ihre* ethnische Gruppe zu selten in den Medien vertreten ist. Gleichzeitig wird auch die stereotypische Darstellung der türkischstämmigen Akteure beanstandet (vgl. Trebbe 2009: 92). Der aktuelle Forschungsstand unterstreicht diesen Befund:

> „Gerade qualitative Studien von Jugendlichen mit Migrationshintergrund weisen auf die bedeutende Rolle der Medien im Prozess der Identitätsaneignung und Identitätsartikulation hin. So kritisieren junge Migranten beispielsweise das weitgehende Fehlen von positiven Identitätsangeboten der Medien des Aufnahmelandes, während solche positiven Rollenvorbilder in den Ethnomedien vorhanden seien." (Bonfadelli 2008: 20)

Bei Zusammentreffen der Vertreter der Migrantenverbände mit Verantwortlichen aus der Medienbranche wurde stets darauf hingewiesen, dass sich Zuwanderer von den Medien nicht angemessen repräsentiert fühlen und sich in der Berichterstattung nur unzureichend wiederfinden:

> „Ein großer Bericht des European Monitoring Centre on Racism and Xenophobia (EUMC) in Wien hat vor einigen Jahren gezeigt, dass Migranten in unseren Medien fast nur im Zusammenhang mit Integrationsproblemen auftauchen. Ihr Alltag wird durch eine verzerrte Medienagenda dem Bürger falsch dargestellt. Das fördert sicher nicht den gesellschaftlichen Frieden. Wenn sie sich an die Ausländerunruhen in den französischen Städten im letzten Jahr erinnern, dann wissen sie, dass dort das Gefühl der Migranten, nicht anerkannt zu sein, ein wesentliches Motiv für die Gewalt war. Zu diesem subjektiven Unwohlsein tragen Medien in Europa allzu oft bei." (Hafez 2006: 1f.)

Trotz der Masse an Studien sind die Befunde vergleichsweise eindeutig und verweisen auf Marginalisierung, negative Darstellung (vgl. Schiffer 2005) und ein verzerrtes Bild der gezeigten Gruppen, wenn die Darstellung von ethnischen Minderheiten und Zuwanderern in Massenmedien, und hier insbesondere im Fernsehen analysiert wurde (vgl. Trebbe 2009: 78). Auch haben deutsche Inhaltsanalysen (vgl. Krüger & Simon 2005) und eine europäisch vergleichende Untersuchung (vgl. ter Wal 2004) dargelegt, dass Migrationsthemen im Rundfunk stark unterrepräsentiert sind.

Tendenziell wird dabei sowohl ein Defizit bezüglich der generellen Erwähnung von Zuwanderern als auch eine stereotyp-negative Berichterstattung bemängelt, die – so die Annahme der Wissenschaftler – ihre gesellschaftliche Integration tendenziell behindere. In den inhaltsanalytischen Untersuchungen, die sich aktuell zumeist auf die Darstellung des Islam beziehen (vgl. Hafez & Richter 2007), wird aufgeführt, dass die Medienberichterstattung zu stark problembezogen und in der Tendenz negativ oder ambivalent sei.

Auch andere internationale Studien zeigen, dass die Darstellung von Zuwanderern in der heutigen Zeit immer noch problematisch ist (vgl. Madianou 2005). Europäische Rezipientenstudien belegen, dass Migranten ihre Darstellung in der Mainstream-Berichterstattung nicht als fair empfinden und sie sich aus diesem Grund nicht als gleichberechtigte Bürger in der Aufnahmegesellschaft fühlen. Auch die negative Stigmatisierung von Migranten in den Nachrichten wurde beklagt sowie der generelle Eindruck geschildert, dass eine kulturell vielfältige Einwanderungsgesellschaft mit Zuwanderern als aktiven Gesellschaftsmitgliedern in der medialen Darstellung nicht realistisch gespiegelt wird (vgl. Klute 2008: 10).

Hier schneiden bei allgemein dünner Datenlage die öffentlich-rechtlichen Fernsehsender etwas besser ab, d. h. sie sind bemüht, eine negative und tendenziöse Berichterstattung über Minderheiten zu vermeiden (vgl. Geißler 2000). Doch auch im Fernsehen kommt kulturelle Vielfalt in den Programminhalten häufig noch zu kurz, mit der Folge, dass ohne diese Darstellung ein inakkurates Bild der heutigen Einwanderungsgesellschaft verbreitet wird. Wenn Beiträge von Menschen mit Zuwanderungsgeschichte keinen Zugang ins Hauptprogramm finden, können eine hohe Anzahl an Rezipienten und vor allem Kinder aus Einwandererfamilien keine medialen Vorbilder finden (vgl. Campion 2005). Die Forschungsliteratur zeigt auch, dass zu der fehlenden Ausgewogenheit im Programm erschwerend hinzukommt, dass nicht in allen Mediensparten und journalistischen Darstellungsformen die Prinzipien einer neutralen Berichterstattung befolgt werden.

Häufig wurde in Medienberichten über Migrationsthemen eine inhaltliche Fokussierung auf negative Aspekte, eine Dramatisierung der Umstände, das Heraufbeschwören von Gefahren, der Entwurf von Bedrohungsszenarien sowie ein Hang zur Kriminalisierung der erwähnten ethnischen Minderheiten nachgewiesen. Eine solch klischeehafte Darstellung von Migranten, so die oftmals geäußerte Befürchtung, befördere desintegrative Tendenzen – bei einheimischen und zugezogenen Mitbürgern gleichermaßen (vgl. MMB 2006: 13). Ausgewogene Berichterstattung hingegen hat das Potential, Fremdenfeindlichkeit und Rassismus zu schwächen:

> „It is abundantly clear that the media play a significant role in shaping public attitudes towards minority ehnic groups. The evidence from Britain suggests that if more balanced media coverage can help to create less negative images of minorities, this may also reduce the reservoir of racism and xenophobia on wich extremist parties are able to drawn." (King & Wood 2001: 35)

Wenn kulturelle Minderheiten aus der Berichterstattung ausgeklammert oder nur unzulänglich und stereotypisch vorkommen, lässt das auf eine Dominanz der Mehrheitskultur schließen, die nach dem Prinzip der Assimilationstheorie keine kulturelle Differenz duldet. Negative Darstellungen von Zuwanderern prägen sich so in das kollektive Bewusstsein der Gesamtbevölkerung ein und führen zur Verfestigung von Vorurteilen:

> „Host-country media constructions of migrants will be critical in influencing the type of reception they are accorded, and hence will condition migrants' eventual experience of inclusion or exclusion. Often acting as the mouthpiece of political parties or other powerful groups, media discourses have been shown to be immensely influential in constructing migrants as ‚others', and often too as ‚criminals' or ‚undesirables'. Such a focus on migrant criminality creates stereotypes which are very far from the truth and very hard to shake off." (King & Wood 2001: 2)

Trotz dieser negativen Effekte auf das Zusammenleben von verschiedenen kulturellen Gruppen in der Gesellschaft kommt es vor, dass einzelne Medienunternehmen teilweise eine fremdenkritische Berichterstattung und rassistische Portraitierungen liefern (vgl. Greco Larson 2006: 15). Dies geschieht, obwohl sich die Medien in ihren Leitrichtlinien den Idealvorstellungen der pluralistischen und integrativen multikulturellen Gesellschaft verschrieben haben. Solche medialen Fehltritte sind zu kritisieren, jedoch mit einem Blick auf die Komplexität der Arbeitswelt von Journalisten zumindest in Momenten nachvollziehbar:

> „Institutional inertia, as well as countervailing tendencies are at work in the operations and the output of today's mainstream media, as are the ideals of multiculturalism. Contradiction and complexity, continuity and change characterize the media today." (Cottle 2000: 3f.)

Doch unangemessener Berichterstattung über Themen und Akteure der Einwanderungsgesellschaft kann durch die Verinnerlichung und Anwendung des Konzepts der medialen Integration entgegengewirkt werden. Mediale Integration auf Ebene der Medieninhalte ist erreicht, wenn folgende Punkte beachtet werden: Kulturelle Vielfalt innerhalb der Gesellschaft wird als Normalität gezeigt und die Darstellungen von Migrationsbewegungen und Integrationsprozessen orientieren sich am Prinzip der aktiven Akzeptanz. Es werden sowohl die Probleme und Schwierigkeiten der kulturell vielfältigen Einwanderungsgesellschaft, als auch deren Chancen und Erfolge in einer ausgewogenen Balance präsentiert.

Hier sieht Beate Winkler, die Direktorin der Europäischen Stelle zur Beobachtung von Rassismus und Fremdenfeindlichkeit in Wien, die Medien in der Pflicht:

> „Die Medien haben eine klare Verantwortung, nicht nur Negatives zu berichten, sondern auch die vielen positiven Aspekte einer vielfältigen Gesellschaft aufzuzeigen. Die Frage des kompetenten Umgangs mit kultureller Vielfalt auch in den Medien wird mitentscheidend sein, ob es uns gelingt, Chancengleichheit zu erreichen. Das Fernsehen und der Hörfunk können Geschichten erzählen, wie aus Problemen Chancen werden. Sie können positive und negative Entwicklungen gleichzeitig vermitteln und damit Polarisierungen entgegenwirken." (Winkler 2006)

Ihre Position verdeutlicht den Standpunkt, dass den Medien in unserer Gesellschaft neben den Aufgaben zur Information, Unterhaltung und politischer Willensbildung auch die Funktion zugeschrieben wird, die Lebenswirklichkeiten unterschiedlicher Bevölkerungsgruppen realistisch abzubilden. Um eine Chancengerechtigkeit in der Gesellschaft herstellen zu können, ist es wichtig, dass sich Zuwanderer mit ihren Auffassungen und Befindlichkeiten in den Inhalten der Berichterstattung wiederfinden. Positive Impulse können vor allem dadurch gegeben werden, dass Migranten andere Menschen aus Einwandererfamilien in der Berichterstattung wahrnehmen, mit denen sie sich identifizieren können (vgl. Geißler 2007: 12).

Der soziale Anschluss von Zuwanderern erfolgt durch den Kontakt mit der Aufnahmegesellschaft, der über moderne Kommunikationsmedien etabliert wird. Medien vermitteln gesellschaftliche Diskurse, die alle Mitglieder der Gesellschaft etwas angehen. So tragen sie dazu bei, dass die Gesellschaft *zusammengehalten* wird (vgl. Stolte 2004: 126f.). Damit Partizipation am öffentlichen Leben für die Gruppe der Migranten möglich wird, müssen Menschen mit Zuwanderungsgeschichte nicht allein Gegenstand journalistischer Berichterstattung oder Objekt des öffentlichen Diskurses sein, sondern ihn auch aktiv mit gestalten können. Mit Hilfe der Massenmedien am öffentlichen Leben teilnehmen zu können, und seine individuellen Sichtweisen und Lebensumstände durch die Medien gespiegelt zu bekommen, ist integrativ und identitätsstiftend (vgl. Trebbe 2009: 46). Dieser Effekt trifft nicht nur für die Gruppe der ethnischen Minderheiten zu, sondern für alle Gesellschaftsmitglieder (vgl. Jarren 2000).

Auch können Sendungen über das Aufnahmeland den Zugezogenen wichtige Informationen liefern (vgl. King & Wood 2001: 1) und Medien vermitteln durch ihre Informationsfunktion sowohl Wissen als auch soziale Normen. Dadurch bieten sie Zuwanderern die Möglichkeit, sich im Aufnahmeland besser zurechtzufinden (vgl. Piga 2007: 209). Schließlich benötigen gerade Migranten eine klare Stellungnahme der Aufnahmegesellschaft, welche die gesellschaftlichen und politischen Grundregeln festlegt und Chancen und Grenzen des Zusammenlebens in der multikulturellen Einwanderungsgesellschaft deutlich macht (vgl. Hawkins 1989: 217). Die Massenmedien können hier Hilfestellungen leisten, und im Hinblick auf den größtmöglichen Einfluss auf den interkulturellen Dialog innerhalb der gesamten Gesellschaft sollte dies gerade auch in den Hauptprogrammen der Fernsehsender geschehen.[36]

Die Art und Weise, in der über ethnische Minderheiten in den Medien berichtet wird, in welchen thematischen Bezügen sie vorkommen oder auch nicht vorkommen, hat Auswirkungen auf alle Gesellschaftsmitglieder. Einerseits ist die Mehrheitsgesellschaft mit ihren Einstellungen zu ethnischen Minderheiten betroffen. Andererseits wirken sich die medialen Angebote auch auf die Bilder der Minderheiten von der Aufnahmegesellschaft aus (vgl. Trebbe 2009: 91). Eine belgische Studie zeigt auf Basis von Fokusgruppen mit Menschen mit Zuwanderungsgeschichte, dass multikulturellen Programmen eine wichtige Brückenfunktion zugeschrieben wird. Durch das Fernsehprogramm können den Mitgliedern der Mehrheitsgesellschaft Informationen über die Kultur der Zuwanderer vermittelt werden, und umgekehrt erhalten Zugezogene relevantes Orientierungswissen über die Kultur des Aufnahmelandes (vgl. Devroe 2004).

Trotz dieser ersten Ergebnisse fällt bei der Beschäftigung mit inhaltsanalytischer Forschung zum Thema Migranten und Medien auf, dass die alleinige Betrachtung der Medieninhalte dem Forschungsfeld Integration und Medien nicht gerecht wird. Ohne den Wert der inhaltsanalytischen Forschung schmälern zu wollen, wurde diese Feststellung im englischsprachigen Raum bereits vor über einem Jahrzehnt gemacht. Die kritische Auseinandersetzung mit der Darstellung von ethnischen Minderheiten im Medienangebot ist nach wie vor sinnvoll und bereichernd für das Forschungsfeld. Dennoch müssen zudem auch andere Bereiche erschlossen werden, da die ausschließliche Beschäftigung mit Medieninhalten nicht ausreicht – und es diese Herangehensweise auch schlichtweg nicht leisten kann – empirische Ergebnisse für ein besseres Verständnis über die Einflüsse auf die Produktion von Medieninhalten über Migrationsthemen und ihre Rezeption zu generieren (vgl. Cottle 1997: 1f.).

Mittlerweile hat sich daher der Blick von inhaltsanalytischen Untersuchungen auf Mediennutzungs- und Wirkungsforschung geweitet (vgl. ARD/ZDF 2007; Trebbe & Weiß 2007).[37] So gilt es heute, einen weiterführenden Erkenntnisgewinn

---

[36] Diese Feststellung soll Nischenprogrammen, Spartensendern und Bürgermedien ihren Wert und Nutzen nicht absprechen. Zusätzlich zu diesen Maßnahmen wird ein realistisches Abbild der kulturell vielfältigen Bevölkerung aber auch in den *Mainstream-Medien* gefordert.

[37] Zur Übersicht über weitere Untersuchungen und Forschungsansätze vgl. auch Müller (2005) und Piga (2007).

anzustreben und den derzeitigen Forschungsstand zu Medieninhalten durch weitere Ansätze zu komplementieren und dafür auch methodisch neue Herangehensweisen zu entwickeln:

„It is important that research also moves beyond simply looking at media messages. Our knowledge of the topic would be seriously strengthened by research projects that linked media messages systematically to actors and social relationships, whether this relates to production (media institutions, journalistic practices, source relations etc.) or reception (audience cognition)." (Statham 2002: 417)

Bei der Betrachtung des gesamten Modells der medialen Integration wurde deutlich, dass Medien die Integration von Zuwanderern in der Gesellschaft des Aufnahmelandes nicht allein durch die mediale Darstellung dieser Gruppe fördern können, sondern auch durch die Berufstätigkeit von Migranten als Journalisten, Mitarbeiter in der Programmplanung und Verantwortliche in den verschiedenen Medienbetrieben (vgl. Piening 2006). Erforderlich scheint daher eine umfassende Nutzung der medialen Integrationspotentiale, die sich sowohl inhaltlich in der Aufbereitung des redaktionellen Programms als auch strukturell im Medienpersonal niederschlägt.

Diese Studie möchte an diese Forderung nach neuen Forschungsrichtungen anknüpfen. Im Folgenden wird herausgearbeitet, unter welchen Rahmenbedingungen sich das Modell der medialen Integration in der Medienbranche anwenden lässt. Dazu werden die Massenmedien zunächst als komplexe Systeme beschrieben und die einzelnen Bereiche vorgestellt. Der folgende Abschnitt geht auf den Forschungsstand zu strukturellen Voraussetzungen von Mediensystemen und Medieninstitutionen ein. Obwohl es anhand des Modells nahe liegt, dass die institutionellen Rahmenbedingungen und insbesondere die Aufstellung des Medienpersonals einen nicht zu unterschätzenden Einfluss auf die Integrationspotentiale der Medien haben, sind Untersuchungen diesbezüglich in der quantitativen wie qualitativen Forschung bisher zu kurz gekommen.

3.4 Massenmedien als komplexe Systeme

Massenmedien sind keine monolithischen Akteure, sondern strukturell eng an andere Systeme gekoppelt und in einem komplexen Wirkungsgeflecht mit der Gesellschaft verbunden. Sie sind Beobachter, Berichterstatter und gesellschaftliche Akteure zugleich. Da liegt es auf der Hand, dass sich Organisationsformen und Rahmenbedingungen des Mediensystems auf die Vermittlungsleistung und -qualität des Journalismus auswirken. So beeinflussen die strukturellen Bedingungen innerhalb der Medieninstitution die redaktionellen Organisationsweisen und damit auch die redaktionellen Mitarbeiter. Von ihnen ist dann wiederum das mediale Produkt abhängig (vgl. Jarren & Donges 2002: 191).

Um die Rolle der Massenmedien als komplexes System im interkulturellen Integrationsprozess besser verstehen zu können, ist es daher notwendig, sich über die verschiedenen Einflussfaktoren auf die Medienunternehmen und die Rahmenbedingungen der Entstehung von massenmedial vermittelten Inhalten im Klaren zu werden:

> „Im Hinblick auf einzelne Medienorganisationen sind hierbei in integrationstheoretischer Hinsicht die Interaktionsformen zwischen politischen und ökonomischen Akteuren, Medien und Publikum, die Organisationsregelungen bzw. Unternehmensleitbilder, die implementierten Formen der Selbstevaluation und Selbstbindung, die Bedeutung und die Effekte einer professionellen Ausbildung auf die Angebotsformen und Inhalte sowie das Qualitätsmanagement von Interesse." (Imhof 2002: 15)

Für die Leistungsfähigkeit der Medien sind ihre internen strukturellen Voraussetzungen und die ökonomischen Bedingungen, unter denen Medienorganisationen handeln, von hoher Relevanz (vgl. Jarren & Donges 2002: 171). Folglich befasst sich diese Studie auch mit den verschiedenen Strukturen, Kontexten und Dynamiken, die mediale Integrationsprozesse beeinflussen. Hierbei interessieren institutionelle Regeln und wirtschaftliche Einflüsse genauso wie organisatorische Ansätze und professionelle Rollenbilder (vgl. Cottle 2000: 18). Medienakteure finden sich mit ihrem Handeln inmitten dieser Rahmenbedingungen wieder:

> „Institutionally positioned in between, and buffeted by, the forces of regulatory, technological and economic change on the one side, and the shifting sands of ethnic minority cultural-politics on the other, stand the television producers." (Cottle 2000a: 101)

In Anlehnung an die Differenzierung von Theorieebenen (vgl. Jarren & Donges 2002: 23), wird sich hier primär mit der Mesoebene befasst, da es um die Handlungsebene von öffentlich-rechtlichen Medienorganisationen geht. Das öffentlich-rechtliche Fernsehen wird als ein spezialisiertes Teilsystem der Gesellschaft begriffen, das in Interaktion mit anderen gesellschaftlichen Teilsystemen für die organisatorische und institutionalisierte Bereitstellung von Themen für die öffentliche Kommunikation verantwortlich ist und so die Selbstbeobachtung der Gesellschaft ermöglicht.

Die Herausforderung bei der Analyse von Integrationspotentialen eines bestimmten Medienunternehmens besteht darin, handlungstheoretische Ansätze bei der Betrachtung von individuellen Medienakteuren mit der institutionellen Ebene der Systemtheorie zu verbinden. Diese erforderliche Triangulierung auf theoretischer Ebene kann erreicht werden, indem die strukturelle Ebene der Medienorganisation mit der inhaltlichen Ebene der Medienaussagen verbunden wird. System- und handlungstheoretische Argumente werden verknüpft, indem Medienakteure stets eingedenk der Tatsache betrachtet werden, dass sie innerhalb von festen Strukturen und Systemen handeln (vgl. Jarren & Donges 2002: 79).

In dieser Untersuchung wird kein expliziter Vergleich auf der Mikroebene angestrebt, da bei der Auswahl der Analyse der handelnden Akteure jeweils die institutionelle Funktion der Personen als ein Auswahlkriterium gilt und das Individuum mit persönlichen Einstellungen nicht von Interesse ist. Dennoch wird der Rollenkontext der Medienakteure erfasst. Zudem wird in der Strukturanalyse nicht allein nach dem Vorhandensein von strukturellen Elementen gefragt, sondern auch die Anordnung dieser Elemente zueinander betrachtet. Durch den Vergleich der zwei EU-Länder können Unterschiede in den Strukturen der öffentlich-rechtlichen Fernsehanstalten erkannt und beschrieben werden (vgl. Jarren & Donges 2002: 175).[38]

Die Untersuchung der Integrationspotentiale im Kontext des Gesellschafts- und Journalismussystems auf Mesoebene kann mit Hilfe des integrativen „Kontextmodells des Journalismus"[39] (Weischenberg 1992: 67) durchgeführt werden. Da dieses theoretische Konzept die Strukturen, Funktionen und Rollen umfasst, die in einem Mediensystem bestimmen, was Journalismus ist und wie journalistisches Arbeiten abläuft (vgl. Weischenberg 1998: 69), bietet es sich hier als Instrument an. Neben dieser Fokussierung auf die Mesoebene gelingt es mit Hilfe des Modells auch, die Makroebene des gesellschaftlichen Verständnis von interkultureller Integration mit einzubeziehen, da die äußerste Kreisschicht sich auf den Normenkontext bezieht, der den übergeordneten, gesellschaftlichen Rahmen für die öffentlich-rechtlichen Fernsehsender darstellt.

Zwar ermöglicht das Modell kein eindeutig trennscharfes Kategoriensystem, es ist aber ein geeignetes Analysewerkzeug, um die unterschiedlichen Rahmenbedingungen der medialen Integration zu differenzieren und systematisch beleuchten zu können. Die Faktoren, die in den einzelnen Ebenen des Modells den Journalismus jeweils definieren, lassen sich zum Zweck der Analyse isolieren, beschreiben und zum Teil empirisch untersuchen. Für die wissenschaftliche Auseinandersetzung mit dem System öffentlich-rechtliches Fernsehen und seiner interkulturellen Integrationspotentiale hat es zur Konsequenz, dass sich diese Studie mit allen Ebenen befassen muss. Dadurch ist ein besonders hohes Maß an Interdisziplinarität und Komplexität erforderlich.

---

[38] Einen tieferen Einblick in das komparative Vorgehen der Studie bietet Kapitel 7.2.
[39] Umgangssprachlich hat sich für das *Kontextmodell des Journalismus* von Weischenberg (1992) auch der Begriff des *Zwiebelmodells* durchgesetzt.

Abbildung 4 veranschaulicht, welche Ebenen es zu analysieren gilt, die sich modellhaft als Kreisformation um die Journalisten als Akteure der Medienbranche darstellen.

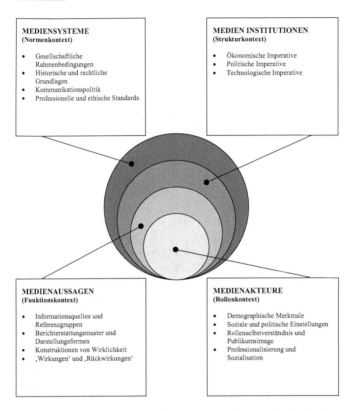

MEDIENSYSTEME
(Normenkontext)

- Gesellschaftliche Rahmenbedingungen
- Historische und rechtliche Grundlagen
- Kommunikationspolitik
- Professionelle und ethische Standards

MEDIEN INSTITUTIONEN
(Strukturkontext)

- Ökonomische Imperative
- Politische Imperative
- Technologische Imperative

MEDIENAUSSAGEN
(Funktionskontext)

- Informationsquellen und Referenzgruppen
- Berichterstattungsmuster und Darstellungsformen
- Konstruktionen von Wirklichkeit
- ‚Wirkungen' und ‚Rückwirkungen'

MEDIENAKTEURE
(Rollenkontext)

- Demographische Merkmale
- Soziale und politische Einstellungen
- Rollenselbstverständnis und Publikumsimage
- Professionalisierung und Sozialisation

Abbildung 4: Das Kontextmodell des Journalismus (Weischenberg 1992: 67)

Beim *Kontextmodell des Journalismus* bildet das Mediensystem als Normenkontext des journalistischen Arbeitens die äußerste Kreisschicht. Es handelt sich um gesellschaftliche Rahmenbedingungen, historische und rechtliche Grundlagen, medienpolitische Richtlinien sowie grundlegende, übergreifende journalistische Berufsethiken und professionelle Standards. Da eine einheitliche europäische Perspektive auf das Thema Migration und Medien weder auf der Ebene der politischen Debatten noch auf der Ebene der Migrations- und Integrationsforschung existiert (vgl.

Trebbe 2009: 10), kann mit Blick auf den Normenkontext herausgestellt werden, welche Bedingungen das nationale Mediensystem für die medialen Integrationspotentiale des öffentlich-rechtlichen Fernsehens schafft. So lassen sich die unterschiedlichen Herangehensweisen im Umgang mit der Thematik für die beiden EU-Länder auf Grundlage unterschiedlicher Migrations- und Integrationserfahrungen – Großbritannien mit kolonialer Historie und Deutschland mit seiner so genannten *Gastarbeitertradition* – herausstellen.

Die nächste Kreisschicht steht für den Strukturkontext, in dem journalistisches Arbeiten abläuft. Auf dieser Ebene geht es um die ökonomischen, politischen, organisatorischen und technologischen Voraussetzungen der einzelnen Medieninstitutionen. Diese Ebene könnte insbesondere für das Umsetzen der medialen Integration entscheidend sein, da Wissenschaftler hier bereits Umstrukturierungen fordern. So heißt es, dass europäische Medien zu strukturellen Reformen bereit sein müssen, wenn sie „in Zukunft zum friedlichen Zusammenleben in den multikulturellen Gesellschaften beitragen wollen und dazu, dass insbesondere die spannungsreichen westlich-islamischen Beziehungen verbessert werden" (Hafez 2006: 1).

Der dritte Kreis ist im Modell als Funktionskontext des Journalismus festgelegt. Hier interessieren die konkreten Medienaussagen. Es kann auf dieser Ebene analysiert werden, welche publizistischen Leistungen und Wirkungen der Journalismus produziert und welche Medieneffekte auf die Meinung, Einstellung und Handlungen der Rezipienten messbar sind. Zudem handelt es sich um Informationsquellen und Referenzgruppen, Berichterstattungsmuster und Darstellungsformen. Auch wenn in dieser Studie weder eine Inhaltsanalyse des Programms noch eine Untersuchung zum Rezeptionsverhalten und Medienwirkung durchgeführt werden, so interessieren die Strategien der Programmplanung und -gestaltung, die von den Verantwortlichen als notwendig im Bezug auf die medialen Integrationspotentiale der Sender angesehen werden. Bei der Beschäftigung mit Integrationspotentialen auf inhaltlicher Ebene ist es entscheidend, dass Integration durch die Rezeption von Medienaussagen nicht darüber erfolgen wird, dass alle dieselben Sendungen in demselben Programm ansehen.

Hier stimmen die Auffassungen von Wissenschaftlern und Medienpraktikern überein, wenn sie den Erfolg eines *Integrationskanals*[40] in Europa bezweifeln

---

[40] Unter dem Titel *Migration und Integration – Europas große Herausforderung. Welche Rolle spielen die Medien* fand am 23./24.11.2006 in Essen eine Medienkonferenz statt. Hierzu hatte die European Broadcasting Union (EBU), der Westdeutsche Rundfunk (WDR), France Télévisions und das Zweite Deutsche Fernsehen (ZDF) geladen. In Podiumsrunden und Workshops diskutierten Politiker, Medienverantwortliche, Vertreter der Religionen und Wissenschaftler die Rolle des öffentlich-rechtlichen Rundfunks gegenüber eines ethnisch, kulturell und religiös heterogenen Publikums. Als das Thema *Integrationskanal* angesprochen wurde, sprachen sich die Rundfunkanstalten dafür aus, Themen der Einwanderungsgesellschaft besser in den Mainstream zu holen, als einen gesonderten

(vgl. Geißler & Pöttker 2006). Interkulturelle Integration durch Mediennutzung kann somit nicht verstanden werden als das Resultat der Rezeption von ein und demselben Medienangebot durch verschiedene Individuen unterschiedlicher kultureller Herkunft. Sie wird aber dadurch ermöglicht, dass verschiedene Menschen in den für sie konzipierten vielschichtigen Angeboten hinreichend Gelegenheit haben, die jeweils anderen Mitglieder der Bevölkerung kennen zu lernen, und sie diese Medieninhalte dann auch nutzen.

In Zeiten der heterogenen Mediennutzung besteht das Integrationspotential der Massenmedien somit vorrangig in der Herstellung von Beziehungen und gegenseitigen Kenntnissen zwischen diesen verschiedenen Gruppen (vgl. Hasebrink & Rössler 1999: 66). Es kann von einer Untergliederung der gesamtgesellschaftlichen medialen Öffentlichkeit durch mehr oder weniger vernetzte Gruppenöffentlichkeiten und situativ entstehende Themenöffentlichkeiten gesprochen werden (vgl. Hasebrink 2000; Weßler 2002: 65). Diese können durch die gegenseitige Kenntnisnahme dennoch integrative Wirkung aufzeigen.

Den inneren Kreis des *Kontextmodells des Journalismus* bilden die Medienakteure, die trotz ihres eigenständigen Handelns in die äußeren Rahmenbedingungen eingeschlossen sind, die auf historisch gewachsenen Bedingungen und professionalisierten Routinen beruhen. Im Zentrum des Interesses stehen hier das individuelle Rollenverhalten und das professionelle Selbstverständnis von Medienakteuren aus Einwandererfamilien, die Erwartungen an sie und ihre professionellen Einstellungen, sowie das Publikumsimage und die Sozialisation der journalistischen Berufsgruppe.

3.5 Zwischenfazit

Dieses Kapitel hat die Bedeutung der interkulturellen Integration in den EU-Mitgliedstaaten als eine kommunikative Herausforderung für die Massenmedien herausgearbeitet. Da es eine enge Verknüpfung zwischen dem politischen System, den Massenmedien, der Geschichte eines Landes und seiner gesellschaftlichen Entwicklung gibt, kann interkulturelle Integration in der Einwanderungsgesellschaft durch die Medien als Kommunikator und Plattform im Austausch unterschiedlicher Kulturen begünstigt werden.

Kanal dafür zu entwickeln. Es hieß, das Thema Integration solle stärker bei der Gestaltung der massenattraktiven Programme berücksichtigt werden. Es geht um Sendungen, in denen der Lebensalltag von Menschen mit Zuwanderungsgeschichte aufgegriffen wird und die im Hauptprogramm für alle Zuschauer angeboten werden.

Um zu untersuchen, wie die Massenmedien ihre Integrationspotentiale nutzen, bietet sich das theoretische Konzept der medialen Integration an. Dieses besagt, dass sich Zuwanderer und ethnische Minderheiten mit ihren Lebenswirklichkeiten angemessen in den Medien wiederfinden müssen. Nur wenn die kulturelle Vielfalt der Gesellschaft mit allen Facetten im Programm darstellt wird, können alle Menschen sich in der Berichterstattung wiederfinden oder mit anderen Kulturen in Berührung kommen und Vorurteile abbauen. So kann durch die medial vermittelte Kommunikation ein Dialog der verschiedenen Gesellschaftsmitglieder untereinander entstehen.

Dabei setzt das Modell der medialen Integration zunächst die Mediennutzung von Zuwanderern und Mehrheitsbevölkerung voraus. Dieser Bereich wird in dieser Untersuchung jedoch bewusst ausgeklammert, da keine Mediennutzungsstudie durchgeführt wird und der aktuelle Forschungsstand belegt, dass Menschen aus Einwandererfamilien Medien im Allgemeinen und das öffentlich-rechtliche Fernsehen im Speziellen nutzen (vgl. ARD/ZDF-Medienkommission 2007). Als weitere Komponente wird das Medienpersonal in das Modell eingegliedert. Hier wird auf die nötige aktive Teilhabe von Zuwanderern als professionelle Mitarbeiter des Medienunternehmens hingewiesen. Auch beinhaltet das Modell die adäquate Präsenz und Repräsentanz von Menschen mit Zuwanderungsgeschichte in den Medieninhalten.

Da Integration und der Einfluss der Medien auf interkulturelle Integrationsprozesse empirisch schwer messbar sind, wird in dieser Untersuchung keine Medienwirkungsstudie durchgeführt, sondern die Arbeit befasst sich mit der explorativen Analyse der Integrationspotentiale, also den Möglichkeiten und Rahmenbedingungen der medialen Integration beim öffentlich-rechtlichen Fernsehen. Ob Integrationsleistungen der Medien in der Bevölkerung greifen und einen *tatsächlichen* Einfluss auf die interkulturellen Integration in der Einwanderergesellschaft haben, kann und soll hier nicht empirisch belegt werden. Anhand bestehender Erkenntnisse des relevanten Forschungsstandes und Theorien zum Verhältnis von Integration und Medien können jedoch Effekte vermutet werden. Was empirisch analysiert wird und als Zielsetzung für diese Untersuchung dient, sind die Rahmenbedingungen, unter denen das öffentlich-rechtliche Fernsehen Integrationsleistungen erbringen kann.

Da Massenmedien komplexe Systeme sind, ist es in der folgenden theoretischen Herangehensweise sinnvoll, wenn sie zunächst in ihre Kontexte aufgeschlüsselt werden, damit ihre Integrationspotentiale in den einzelnen Bereichen beschreibbar werden. Die Integrationspotentiale der öffentlich-rechtlichen Fernsehsender sollen auf vier funktionalen Analyseebenen untersucht werden. Auf der Ebene des Normenkontexts geht es um die Frage nach den gesellschaftlichen Rahmenbedingungen und medienpolitischen Grundlagen, die die Integrationsleistung des öffentlich-rechtlichen Fernsehens prägen. Auf der Ebene des Strukturkontexts, in dem journalistisches Arbeiten zustande kommt, werden die ökonomischen, organisatorischen und technologischen Voraussetzungen für die Integrationsleistung der einzelnen Fernsehsender behandelt.

Auf Ebene des Funktionskontexts werden die konkreten Leistungen, Informationsquellen und Referenzgruppen, sowie die Berichterstattungsmuster und Darstellungsformen des öffentlich-rechtlichen Fernsehens aus Perspektive der Medienakteure und medienpolitischen Verantwortlichen untersucht. Auf der vierten funktionalen Analyseebene – im Rollenkontext – interessieren die individuellen Integrationspotentiale der Medienakteure. Hier werden die Verhaltenserwartungen an die Medienakteure mit Zuwanderungsgeschichte, ihre journalistische Sozialisation und ihre persönlichen Erfahrungswerte mit den medialen Integrationsbemühungen innerhalb ihres beruflichen Umfeldes ausgewertet.

Nachdem sich dieses Kapitel allgemein mit dem Thema *Integration und Medien* befasst hat, das Konzept der medialen Integration vorgestellt wurde, und die theoretische Vorgehensweise anhand der vier Ebenen des *Kontextmodells des Journalismus* erläutert wurde, werden im folgenden Kapitel die speziellen Integrationspotentiale und Voraussetzungen für die mediale Integration beim öffentlich-rechtlichen Fernsehen präsentiert.

4. Integrationspotentiale des öffentlich-rechtlichen Fernsehens

Eine Untersuchung des Themenkomplexes *Integration und Medien* ist für das gesamte Spektrum des Journalismus im den Bereichen Print, Radio, Fernsehen und Neue Medien von Bedeutung. Da diese holistische Herangehensweise jedoch nicht den zeitlichen Vorgaben dieser Arbeit entspricht, steht hier ein bestimmter Bereich der Medienlandschaft im Fokus, auf den sich die Forschungsfragen beziehen.

Als interessantes Forschungsobjekt bietet sich bei dieser Thematik insbesondere das öffentlich-rechtliche Fernsehen an, da aus der Perspektive öffentlich-rechtlicher Programmveranstalter und Aufsichtsgremien die mediale Integration von ethnischen Minderheiten bei den nicht-kommerziellen Rundfunkanbietern innerhalb des Programmauftrags auch eine festgeschriebene normative Dimension enthält (vgl. Trebbe 2009: 133). Für diese Säule des dualen Rundfunksystems in Deutschland und Großbritannien ist die Integrationsleistung des öffentlich-rechtlichen Fernsehens keine bloße Wirkungsannahme, sondern eine Leistungsanforderung und Funktionszuschreibung, die sich verschriftlicht im Mandat und in den Selbstverpflichtungen der Sender wiederfindet.

Die Aufgabe der interkulturellen Integration wird so den öffentlich-rechtlichen Fernsehanstalten zugeschrieben, denn sie sind an die Abbildung der politischen und sozialen Realität der Einwanderungsgesellschaft durch Gesetz, Konzession oder Leistungsauftrag normativ gebunden. Auch die Festlegung von Versorgungsräumen und der Anspruch ein Programm für alle Bürger bereitzustellen, ist durch die Rundfunkstaatsverträge abgedeckt. Zur Integration beizutragen und kulturelle Vielfalt abzubilden, sind daher Leitsätze der öffentlich-rechtlichen Sender. Das öffentlich-rechtliche Fernsehen ist dazu angehalten, sowohl in seinen einzelnen Abteilungen als auch als gesamte Institution nach dem Leitprinzip des Pluralismus zu handeln.

Nachdem im vorhergehenden Kapitel auf generelle theoretische Grundlagen zur Rolle der Medien im Integrationsprozess eingegangen wurde, die für alle Medienanbieter gleichermaßen Gültigkeit besitzen, widmet sich dieses Kapitel gezielt den Rahmenbedingungen des öffentlich-rechtlichen Fernsehens bezüglich seiner medialen Integrationspotentiale. Die Besonderheiten des öffentlich-rechtlichen Fernsehens als gesellschaftliches Leitmedium mit seinen Alleinstel-

lungsmerkmalen werden in normativen, strukturellen, funktionalen und rollenspezifischen Kontexten erläutert.[41]

4.1 Gesellschaftliche und politische Rahmenbedingungen

Bei der Betrachtung des Normenkontexts und des Mediensystems wird deutlich,
dass in der öffentlichen Diskussion um Integration regelmäßig – explizit oder implizit – die Vorstellung auftaucht, dass vor allem das Fernsehen den Zusammenhalt
der Gesellschaft fördern kann (vgl. Kiliç 2003: 22) oder, dass es zu einem gewissen
Grad sogar für diesen verantwortlich sei (vgl. Vlasic & Brosius 2002: 93). Abbildung 5 verdeutlicht, die Herausforderungen der heutigen Einwanderungsländer für
das öffentlich-rechtliche Fernsehen einerseits, und seine im Programmauftrag festgeschriebenen Funktionen sowie die damit zusammenhängenden gesellschaftlichen
Leistungen und Funktionen andererseits.

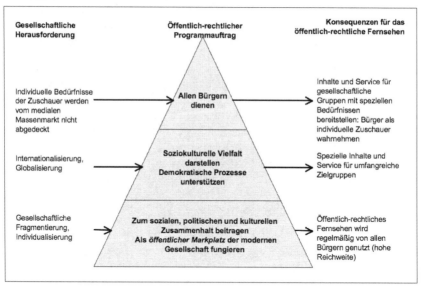

Abbildung 5: Die Aufgaben des öffentlich-rechtlichen Rundfunks (eigene Darstellung nach Council of Europe 2006: 21)

---

[41] Bei der Orientierung am *Kontextmodell des Journalismus* handelt es sich um eine funktionale Differenzierung von verschiedenen Ebenen des Integrationspotentials. Trennschärfe ist bei diesem Modell insbesondere zwischen Normen- und Strukturkontext schwer zu gewährleisten.

Im Zuge des Europäisierungsprozesses und der zunehmenden kulturellen Heterogenität in der Gesellschaft setzen politische Akteure auf die Integrationspotentiale des Massenmediums. Hierbei steht der öffentlich-rechtliche Rundfunk im Mittelpunkt des Interesses (vgl. Meckel 1994; Meyer 1999):

> „The media audiences are changing; ethnic minority communities are an important and growing part of the society and the public. Public Service Broadcasting (PSB) has an essential task and responsibility by offering a platform for intercultural dialogue and unbiased information to all citizens." (Klute 2008: 9)

Die Fokussierung auf das Fernsehen im Allgemeinen und die öffentlich-rechtlichen Sendeanstalten im Besonderen beruht auf zwei Überlegungen: Erstens handelt es sich beim Fernsehen aufgrund seiner sozialen Reichweite um ein gesellschaftliches Leitmedium (vgl. Gerhards, Grajczyk & Klingler 1999; Greger & Otto 2000. 234f.). Die öffentlich-rechtlichen Programme sind zumindest theoretisch von allen Bürgern kostengünstig zu empfangen, und die Sender können eine große Anzahl an Rezipienten erreichen. Zweitens bietet insbesondere das Fernsehen die Möglichkeiten der Visualisierung von kultureller Vielfalt. Es ist diese Sichtbarkeit von Menschen unterschiedlicher Herkunft und Kultur, die für die interkulturelle Integration zur Voraussetzung wird, denn alle Mitglieder der Gesellschaft müssen in der Lage sein, ihre Ethnie, Identität und kulturellen wie politischen Aktivitäten in der Gesellschaft repräsentiert zu sehen (vgl. Georgiou 2005: 43).

Diese Beobachtung der Gesellschaft geschieht heutzutage verstärkt durch Inhalte, die über das Fernsehen medial vermittelt werden (vgl. Georgiou 2005: 34). Denn über seine Bilder kann es als „Fenster zur Welt" und nicht als „Schlüsselloch" (Stolte 2004: 141) fungieren, indem es gesellschaftliche Prozesse spiegelt und über Zusammenhänge informiert:

> „TV and radio provide a window on the worlds of different people, people that many in the audience may never get to know in their daily life, so diversity in output was seen to be key to bridging social divides." (Campion 2005: 10)

Damit wird das Fernsehen als der „stärkste Vermittler der kulturellen Dimension der Globalisierung" (Barroso 2006: 4) beschrieben. Die öffentlich-rechtlichen Fernsehsender bekommen zudem eine Zuständigkeit für Integration programmatisch zugeschrieben, denn „nicht Nation oder Volk, sondern die integrierende Gesellschaft, die der Integrationsrundfunk herstellt, steht für die operative Fiktion von Einheit und soll Identität stiften" (Schneider 2008: 39). Die öffentlich-rechtlichen Sender kommen dieser Zielvorgabe der Integrationsleistung nach, indem sie das Zusammenleben von Menschen unterschiedlicher Herkunft in allen Programmen als selbstverständliche Alltagswirklichkeit darstellen und thematisieren (vgl. Zambonini & Simon 2008: 122). Wenn verschiedene kulturelle Interessensgruppen mit Hilfe der Medien in den Dialog treten, bietet sich das öffentlich-rechtliche Fernsehen als Forum dafür an:

> „Although widely believed to be on the defensive, the tradition of public service broadcasting contains values compatible with the ethos of the right to be understood. It is not solely market driven, can be unembarrassed in its advocacy of a collective public good, and has an ability to target a wide range of audiences on its own terms." (Husband 2000: 212f.)

Öffentlich-rechtliches Fernsehen bietet eine Plattform für den interkulturellen Austausch und fördert das gegenseitige Verständnis, weil es allen Gesellschaftsmitgliedern unparteiliche Informationen zukommen lässt (vgl. Klute 2008: 4). In einer globalisierten Welt mit zunehmenden interkulturellen Spannungen können die öffentlich-rechtlichen Rundfunkanstalten dazu beitragen, Brücken zu bauen und den notwendigen Dialog zwischen den verschiedenen kulturellen, religiösen und ethnischen Gruppen voran zu treiben (vgl. Khan 2006: 5). Dies wiederum unterstützt gesellschaftliche Integrationsprozesse und fördert das Gefühl von Zusammen- und Zugehörigkeit innerhalb der Gesellschaft. Doch das Fernsehen kann seine integrativen Potentiale für die Gesellschaft nur dann ausschöpfen, wenn es auch genutzt wird und somit Informationen über verschiedene kulturelle Gruppen kommuniziert werden können. Insofern ist die potenzielle Erreichbarkeit der Zielgruppe durch attraktive Inhalte und relevante Themen die zentrale Voraussetzung für die intendierten Integrationseffekte.

Es könnte an dieser Stelle argumentiert werden, dass auch das Privatfernsehen über diese Voraussetzungen verfügt. Zudem zeigen Untersuchungen, dass private Sender und deren Unterhaltungsangebote von Migranten häufiger genutzt werden, als die Kanäle der öffentlich-rechtlichen Anbieter (vgl. ARD/ZDF 2007). Dass das Hauptaugenmerk bei der Integrationsfunktion aber bei den öffentlich-rechtlichen Vertretern liegt, entspricht dem Leitgedanken des dualen Systems. Danach hat das privatwirtschaftlich organisierte Fernsehen, das primär auf kommerziellen Gewinn ausgerichtet ist, nicht vorrangig den Menschen und die Gesellschaft im Auge, sondern orientiert sich als ein Wirtschaftsunternehmen an Angebot und Nachfrage. Auf Grundlage der dualen Rundfunkordnung ist dies in einer Demokratie nur hinnehmbar und verantwortbar, solange das öffentlich-rechtliche Programmangebot auf der Gegenseite funktionstüchtig bleibt. In dieser Funktion bildet der öffentlich-rechtliche Rundfunk nicht ausschließlich die eine Seite des dualen Systems, sondern dessen tragendes Fundament.

Von diesem Grundauftrag wird abgeleitet, dass die Verantwortung der öffentlich-rechtlichen Sender dann steigt, wenn die gesellschaftliche Verantwortung der privaten Sender sinkt (vgl. Stolte 2004: 110). Zudem unterscheidet sich der öffentlich-rechtliche Rundfunk von den Privaten dahingehend, dass er seinem

Programmauftrag unterliegt, in dem festgeschrieben ist, für Verständigung, für gesellschaftlichen Frieden und für die Achtung von kultureller Vielfalt in den Sendegebieten einzustehen. Den „kommunikationspolitischen Ritterschlag" (Vlasic & Brosius 2002: 97) erhielt das Konzept der Integrationsfunktion der öffentlich-rechtlichen Fernsehsender in Deutschland im Jahr 1971 durch das 2. Rundfunkurteil des Bundesverfassungsgerichts (vgl. Vlasic & Brosius 2002: 97).

Da theoretisch alle Bürger den öffentlich-rechtlichen Rundfunk mit ihren Gebühren finanzieren, haben sie auch alle ein Recht darauf, mit ihren Lebensumständen im Programm repräsentiert zu werden. Im Sinne des dualen Rundfunksystems wird von den öffentlich-rechtlichen Fernsehsendern erwartet, dass sie die verschiedenen Bedürfnisse der gesamten Bevölkerung inklusive allen vorhandenen kulturellen Hintergründen, geistigen Richtungen und religiösen Wertschätzungen bei der Programmentwicklung im Blick haben, ohne eine Gruppe strukturell auszuschließen (vgl. d'Haenens & Koeman 2006: 224). Hier wird deutlich, dass in einer sich weiter ausdifferenzierenden Gesellschaft mit zunehmender kultureller Vielfalt, für den öffentlich-rechtlichen Rundfunk, im Gegensatz zu den privaten Sendern, eine Verpflichtung besteht, diesen Beitrag zu leisten und alle Bürger mit einzubeziehen (vgl. Zambonini 2006: 259).

Der Integrationsauftrag des öffentlich-rechtlichen Rundfunks wird durch die Karriere der kommerziellen Massenkommunikation nicht bedeutungsloser, sondern scheint heute wichtiger denn je (vgl. Buchwald 1997: 77). In Bezug auf die mediale Integration als Aufgabe des Fernsehens gilt, dass private Sender durchaus über Integrationspotentiale verfügen. Für sie ist es allerdings keine gesellschaftliche Verpflichtung, eine angemessene Repräsentanz von kultureller Vielfalt zu gewährleisten und ihre Integrationspotentiale zu nutzen. Als Unternehmen, die primär Profit erwirtschaften, sind den privaten Sendern von staatlicher Seite keine expliziten Funktionen für das gesellschaftliche Gemeinwohl zugeschrieben worden. Dem gegenüber steht die nicht ausschließlich an wirtschaftlichen Interessen ausgerichtete Form von Verantwortung eines Intendanten in einem öffentlich-rechtlichen Rundfunkunternehmen. In seiner professionellen Rolle nimmt er einen Gesellschaftsauftrag wahr und ist mit seinen Handlungen und Entscheidungen dem *bonum commune* – dem Gemeinwohl – verpflichtet.

Durch die jeweiligen Programmaufträge gesichert, liegt mit dem öffentlich-rechtlichen Fernsehen ein Medium der Selbstbeobachtung moderner Gesellschaften vor, von dem prinzipiell niemand ausgeschlossen wird und das insoweit als gemeinsamer thematischer Rahmen gesellschaftsinterner Kommunikation fungieren kann (vgl. Marcinkowski 2002: 114). Den zur Integration verpflichteten öffentlich-rechtlichen Rundfunkanstalten, die als zentraler Infrastrukturbestandteil der Mediengesellschaft gelten, obliegt gemäß den Programmaufträgen die Aufgabe, diesen gesellschaftlichen Selbstverständigungsprozess abzubilden und durch eigene publizistische Leistungen voranzutreiben. Pluralismus und kulturelle Vielfalt gehören damit zu den Prioritäten der öffentlich-rechtlichen Kommunikation (vgl. La Porte, Medina & Sábada 2007: 377).

Die gesellschaftlichen Erwartungen bezüglich der verantwortungsvollen und gezielten Anwendung der Integrationsfunktion können sich zwar an alle Medienorganisationen gleichermaßen richten, jedoch sind nur die öffentlich-rechtlichen Rundfunkunternehmen tatsächlich zum Handeln normativ angehalten. Daher taucht gerade in jüngster Zeit in medienpolitischen und wissenschaftlichen Diskussionen über die Formulierung eines Funktionsauftrages für den öffentlich-rechtlichen Rundfunk wieder die Frage nach den Integrationsleistungen auf. Bereits in den letzten Jahren benennen verschiedene Gutachten die Integrationsfunktion als zentrale Anforderungen des dualen Mediensystems (vgl. Bullinger 1999; Hoffmann-Riem 2000; Holznagel 1999; Mattern & Künstner 1998).

Das Konzept des Integrationsrundfunks bei der Organisationsform des öffentlich-rechtlichen Rundfunks ist im Programmauftrag bereits in der Form festgeschrieben, dass er dazu aufgerufen ist, den Dialog der Kulturen voranzutreiben, Hintergründe von Konflikten aufzuzeigen und das friedliche Miteinander in der multikulturellen Gesellschaft zu fördern.[42] Aufgrund seiner Sonderstellung in der Medienlandschaft durch die Gebührenfinanzierung und den Programmauftrag, der die gesellschaftlichen Funktionen des öffentlich-rechtlich organisierten Rundfunks transparent macht, wurde und wird ihm heute die Aufgabe der gesellschaftliche Integration explizit zugewiesen (vgl. Jarren, Imhof & Blum 2000: 18).

Als gesellschaftliche und politische Rahmenbedingungen können festgehalten werden, dass das öffentlich-rechtliche Fernsehen im Zusammenleben von Mehrheiten und Minderheiten Konsenspotentiale vermitteln kann (vgl. Kretzschmar 2002). Ihm kommt eine zentrale Rolle bei der Vermittlung im Spannungsverhältnis von pluralistischen Ansichten und gemeinsamen Erfahrungen zu, die sich in Deutschland, aber auch in anderen europäischen Ländern, in der Organisationsstruktur des öffentlich-rechtlichen Rundfunk mit seiner Aufgabe der *Grundversorgung* widerspiegelt (vgl. Meckel 1994: 21).

Diese Untersuchung befasst sich gezielt mit den öffentlich-rechtlichen Fernsehsendern und ihrem Beitrag zur Akzeptanz von kultureller Vielfalt in der Einwanderergesellschaft, weil im Programmauftrag[43] die Integrationsfunktion als Zielvorgaben für die entsprechenden Sender verbindlich geregelt ist. Diesem Anspruch gegenüber steht die häufige Beanstandung der Integrationsleistung und mangelnde Aktivität durch die öffentlich-rechtlichen Fernsehsender (vgl.

---

[42] Vgl. Grußwort der Veranstalter der Konferenz Migration und Integration – Europas große Herausforderung. Welche Rolle spielen die Medien? In: Dokumentation (2006: 4).

[43] Vgl. 8. Rundfunkstaatsvertrag §11 Auftrag in Kraft seit dem 1. April 2005. In: Media Perspektiven I/2005.

d'Haenens & Koeman 2006: 238). Diese Studie nimmt den normativen Anspruch an die Integrationsleistung des öffentlich-rechtlichen Fernsehens konstruktiv auf, indem sie dazu beiträgt, Transparenz in diese Diskrepanz von *Soll-Zustand* und *Ist-Wert* zu bringen.

Nachdem die Bedingungen und Grundlagen des Normenkontexts erläutert wurden, wird im Folgenden der Strukturkontext des öffentlich-rechtlichen Fernsehens näher beleuchtet. Hier liegt das Hauptaugenmerk auf der öffentlich-rechtlichen Sendeanstalt als gesellschaftliche Institution, die auch mit Hilfe ihrer Personalstrukturen Integrationspotentiale entfalten kann.

4.2 Institutionelle und strukturelle Voraussetzungen

Damit das öffentlich-rechtliche Fernsehen seine Integrationspotentiale durch einen Beitrag zur Themensetzung und Diskursführung in der Öffentlichkeit entfalten kann, ist es notwendig, dass es im Rahmen eines umfassenden Rundfunkauftrags zur öffentlichen Meinungsbildung befähigt ist. Auf dieser rechtlichen Grundlage können die Rundfunkstaatsverträge in Deutschland so interpretiert werden, dass die öffentlich-rechtlichen Sender eine *Public Sphere* schaffen, in der alle relevanten Meinungen, Werte, Interessen und Perspektiven vertreten sind (vgl. Price 1995: 33).

Nur durch eine ausgewogene Berichterstattung und eine angemessene Darstellung der kulturell vielfältigen Gesellschaft kann das Fernsehen zur Information der breiten Bevölkerung und zur Stabilisierung des basisdemokratischen Gesellschaftssystems beitragen (vgl. Meckel 1994: 30). Um aktuelle Diskussionen und Entwicklungen hinsichtlich der Integrationspotentiale des öffentlich-rechtlichen Fernsehens besser einordnen zu können, hilft ein Blick auf die Geschichte des deutschen öffentlich-rechtlichen Rundfunks, die auch für heutige strukturelle Grundlagen noch relevant ist.

Die Hervorhebung der Integrationsfunktion des öffentlich-rechtlichen Rundfunks ist auf eine kontinuierliche Tradition zurück zu führen. Mit der Einführung des Mediums Fernsehen im Jahre 1928 wird der *Rundfunk für alle* als *Integrationsrundfunk* definiert. Wenn die Selbstbeschreibungen der Sendeanstalten diese Formel aufgreifen, so beziehen sie sich nicht auf wörtliche Formulierungen von Rundfunkverträgen, sondern die Integrationsfunktion wird dem Rundfunk im so genannten *Mehrwertsteuerurteil* vom 27. Juli 1971 zugeschrieben (vgl. Meckel 1994: 32). In besagtem Fernsehurteil heißt es: „Die Rundfunkanstalten stehen in öffentlicher Verantwortung, nehmen Aufgaben der öffentlichen Verwaltung wahr und erfüllen eine integrierende Funktion für das Staatsganze" (zit. n. Fuhr 1972: 260). Diese Interpretation hat das Gericht grundlegend auch in den folgenden Rundfunkurteilen beibehalten. Die wissenschaftliche Auseinandersetzung hat darauf basierend eine Bandbreite unterschiedlicher Definitions- und Interpretationsmöglichkeiten für die Integrationsfunktion entwickelt, die sich in ein übergeordnetes System von Medienfunktionen eingliedern.

So wird die Integrationsfunktion zum einen eingeordnet als die Herstellung von Öffentlichkeit durch Reduktion von Komplexität sowie die öffentliche Aufklärung durch Medien als so genannte *Sozialisationsagenten*. Zum anderen bezeichnen sie Definitionen als Forumsfunktion mit einer gezielten Berücksichtigung von gesellschaftlich vernachlässigten Interessen. Innerhalb dieser Interpretations- und Begriffsvariationen lässt sich ein weitgehender Konsens lediglich dahingehend feststellen, dass allgemein bei den Medienfunktionen zwischen General- und Spezialfunktionen unterschieden wird. Der Integrationsfunktion wird hierbei grundlegend die Rolle einer Generalfunktion zugeschrieben, die den anderen Funktionen übergeordnet ist und die für das Funktionieren des gesellschaftlichen Ganzen als besonders wichtig angesehen wird (vgl. Meckel 1994: 32).

Dem öffentlich-rechtlichen Rundfunk sind somit unabhängig von seiner konkreten Bezeichnung und Rechtsform besondere gesellschaftliche Funktionen übertragen worden. Die verantwortungsvolle Abbildung von kultureller und politischer Vielfalt zählt zu diesen übergeordneten und übergreifenden Aufgaben (vgl. Bullinger 1999: 13). Die Abbildung der gesellschaftlichen Vielfalt lässt sich dann in konkreteren Aufgaben typischerweise in vier Funktionen spezifizieren: Öffentlich-rechtliches Fernsehen soll zum gesellschaftlichen Zusammenhalt beitragen (Integrationsfunktion), alle Stimmen der Gesellschaft zu Wort kommen lassen (Forumsfunktion), auch (und nicht etwa ausschließlich) solche Sendungen von gesellschaftlichem Interesse bieten, die unter rein wirtschaftlichen Gesichtspunkten nicht angeboten würden (Komplementärfunktion), und darüber hinaus Qualitätsstandards setzen (Vorbildfunktion) (vgl. Bullinger 1999: 15).

Über die Praktikabilität dieser Aufteilung kann gestritten werden, denn die gesellschaftlichen Integrationspotentiale reichen über die in dieser Form definierte Integrationsfunktion deutlich hinaus. Steht die Umsetzung der geforderten medialen Integration von Menschen mit Zuwanderungsgeschichte im Zentrum des Interesses, werden alle hier einzeln aufgeführten Funktionen des öffentlich-rechtlichen Fernsehens relevant. Nur wenn Integrations-, Forums-, Komplementär- und Vorbildfunktion insgesamt in die Arbeit der Sender einfließen, können deren interkulturelle Integrationspotentiale für die breite Gesellschaft ausgeschöpft werden. Der Terminus *Integrationsfunktion*, wie er in der Geschichte des öffentlich-rechtlichen Rundfunks Verwendung fand, kann folglich nicht unreflektiert mit den heutigen medialen Integrationspotentialen für die kulturell vielfältige Gesellschaft gleichgesetzt werden.

Eine aktuelle Form der Selbstbeschreibung bezüglich der Integrationsfunktion findet sich in der jüngeren Geschichte der öffentlich-rechtlichen Fernsehsender. An der heutigen Bemühung um einen holistischen Ansatz der Integrations-funktion, der wesentlich umfassender ist als die kleinteilige Aufteilung in einzelne Unterfunktionen, wird deutlich, dass die Reflexion über die gezielte Nutzung der Integrationspotentiale vorangeschritten ist und sich nun auch in den Gesetzestex-ten niederschlägt. So heißt es beispielsweise in Paragraph 5 des ZDF-Staatsvertrags in der letzten novellierten Fassung von 2004 programmatisch:

> „Die Sendungen sollen (...) vor allem die Zusammengehörigkeit im vereinten Deutschland fördern sowie der gesamtgesellschaftlichen Integration in Frieden und Freiheit und der Ver-ständigung unter den Völkern dienen und auf ein diskriminierungsfreies Miteinander hinwir-ken."

Die Leistungen des öffentlich rechtlichen Rundfunks als gesellschaftlicher Integra-tionsfaktor werden in den Selbstbeschreibungen der Sender mit Nachdruck betont (vgl. Schneider 2008: 33). Eine nähere Auseinandersetzung mit diesem Anspruch ist erforderlich, da hier Zielvorgaben formuliert werden, deren Realisierungsmög-lichkeiten kaum durch genaue analytische Betrachtungen hinterfragt werden kön-nen. So ist die Integrationsfunktion der Öffentlich-Rechtlichen bis dato zuneh-mender Gegenstand kritischer Betrachtungen. Es gilt zu klären, wie der angeblich historisch überholte Integrationsauftrag des Rundfunks in der heutigen Zeit unter den Bedingungen der neuen Unübersichtlichkeit von Programmvermehrung und Publikumssegmentierung einzuschätzen ist und wie er erfüllt werden kann (vgl. Meckel 1994: 31).

Von Modernisierungen im Mediensystem und gesellschaftlichen Heterogenisierungsprozessen beeinflusst, steht die Frage im Raum, inwiefern In-tegration durch das öffentlich-rechtliche Fernsehen in einer zunehmend ausdiffe-renzierten Gesellschaft überhaupt noch zu leisten ist. Bei diesen Diskussionen entsteht eine Divergenz zwischen der normativen Zielsetzung der Sendeanstalten und ihrer praktischer Umsetzung. Zwar wächst mit steigender Segmentierung der Gesellschaft das Problem des Zusammenhalts, allerdings erhöht sich damit auch der Kommunikationsbedarf (vgl. Kapitel 2.4). Wie diese Integrationsleistungen vonseiten der Rundfunkanbieter zu erbringen sind, ohne dass sie geradezu gegen-läufige und dysfunktionale Effekte mit sich bringen, steht zunächst noch zur Dis-kussion (vgl. Meckel 1994: 32).

In der Theorie kann bestätigt werden, dass der öffentlich-rechtliche Rund-funk durchaus in der Lage ist, seinem Integrationsauftrag nachzukommen und der Fragmentierung der Gesellschaft entgegenzuwirken. Durch die mediale Vermitt-lung von gesellschaftlichen Prozessen trägt er den so genannten *öffentlichen Markt-platz* wieder näher an die Menschen heran. Dadurch könnten vermeintlich verloren gegangene, kollektiv verbindliche, gesellschaftliche und kulturelle Erfahrungswerte wieder etabliert werden. Durch die öffentlich-rechtlichen Sender entsteht ein ge-meinsames Forum, das die gesellschaftlichen Bezugspunkte deutlich macht und so dazu beiträgt, einen gemeinsamen Nenner an Basiswerten zu festigen, der die Grundlage für das friedliche soziale Zusammenleben formt (vgl. Council of Europe 2006: 22).

Vorraussetzungen für die medialen Integrationsleistungen finden sich auch in den rechtlichen Rahmenbedingungen Deutschlands wieder. Laut Artikel 5 GG Absatz 1 stehen „auch" den Migranten auf der verfassungsrechtlichen Ebene zunächst die Rechte der Meinungs-, Presse- und Informationsfreiheit zu, da diese Rechte als *Jedermann-Rechte* formuliert sind.[44] Die öffentlich-rechtlichen Rundfunkanstalten stehen somit in der Pflicht, auch dem Grundversorgungsanspruch der zugezogenen Bevölkerung und den ethnischen Minderheiten gerecht zu werden:

> „Traditionell, das heißt von seiner Gründungsidee her, ist der öffentlich-rechtliche Rundfunk auf Integration verpflichtet. Gemeint war damit, gesellschaftlichen Zusammenhalt herzustellen, alle gesellschaftlichen Schichten anzusprechen, deren Teilhabe am politischen Meinungs- und Willensbildungsprozess zu ermöglichen, auseinanderstrebende Tendenzen der Massengesellschaft zusammenzuführen, alle Bürger oder doch möglichst viele am Zeitgespräch der Gesellschaft zu beteiligen sowie Bürgersinn und Engagement für das demokratische Gemeinwesen zu motivieren." (Lilienthal 2009: 6)

Die Sender erfüllen dies im Wesentlichen durch die Informations- und Meinungsbildung über die Aufnahmegesellschaft. Dies erleichtert eine Identifikationsbildung der Zugewanderten mit der neuen Heimat und verbessert die Teilhabechance am gesellschaftlichen Alltag. Beide Funktionen und Prozesse sind eng miteinander verkoppelt, da die Identifikation mit der Gesellschaft davon abhängt, ob Zuwanderern die Grundprinzipien der Demokratie, in der sie leben, die universellen Menschenrechte sowie die Grundwerte des Landes erfolgreich vermittelt werden können (vgl. Greger & Otto 2000: 235).

Heute aber wird mit Blick auf die Bedeutung der Integrationsfunktion des öffentlich-rechtlichen Fernsehens in der modernen Einwanderungsgesellschaft vorrangig an Menschen mit Zuwanderungsgeschichte gedacht, die in Deutschland leben und die auch durch ihre Mediennutzung für das Gemeinwesen gewonnen werden sollen (vgl. Lilienthal 2009: 7). Um den Ansprüchen dieser medialen Integration gerecht zu werden, ist es notwendig, ethnische Minderheiten in der Personalstruktur der öffentlich-rechtlichen Sendeanstalten und innerhalb der Rundfunkräte zu berücksichtigen (vgl. Price 1995: 33). Genau hier werden Defizite gesehen:

---

[44] Vgl. Gesetzestext unter http://www.bundestag.de/parlament/funktion/gesetze/grundgesetz/gg_01 .html, Abruf am 14.09.2008.

„Given the lamentable lack of social diversity present in the staffing and management of many PSB institutions then it is likely that both special representation rights and aspects of polyethnic rights must necessarily be invoked in order to construct media institutions with the ability and legitimacy to address ethnically diverse audiences." (Husband 2000: 212f.)

Wie das Zitat verdeutlicht, wurden bereits vor zehn Jahren Bedenken geäußert, dass sich kulturelle Diversität letztendlich im Programmoutput nur dann niederschlagen und beim Rezipienten zuhause am Bildschirm ankommen kann, wenn unter den Verantwortlichen des Senders eine der Gesamtbevölkerungsstruktur entsprechende kulturelle Vielfalt erreicht ist (vgl. Ouaj 1999). Diese Erkenntnis erscheint zunächst profan, ist jedoch in Deutschland und Großbritannien zurzeit immer noch in der Phase der Implementierung.[45]

4.3 Prämissen für die inhaltliche Darstellung von kultureller Vielfalt

Die inhaltliche Ausrichtung des Programms kann nach dem Modell der medialen Integration auch zum interkulturellen Austausch innerhalb des Einwanderungslandes beitragen. Das öffentlich-rechtliche Fernsehen ist intern entsprechend für die Bereitstellung von publizistischen Programmen organisiert. Die redaktionellen Strukturen und Prozessabläufe sind ausgebaut und routiniert, so dass sie die Realisierung bestimmter redaktioneller Ziele ermöglichen.

In Hinblick auf die ganzheitliche Berücksichtigung aller Bürgerinteressen im Programm über alle Genres, Sendeplätze und Kanäle hinweg wird das öffentlich-rechtliche Fernsehen den Anforderungen einer medialen interkulturellen Begegnungsstätte am besten gerecht. Hier wird erneut argumentiert, dass als Garant der Akzeptanz von kultureller Vielfalt und medialer Integration in einer dualen Ordnung ausschließlich der öffentlich-rechtliche, niemals aber allein der private Rundfunk gelten kann. Nicht zuletzt aufgrund seiner privilegierten Finanzierungsbedingungen und seiner binnenpluralistischen Organisationsstruktur kann das öffentlich-rechtliche Fernsehen sein Gesamtprogramm theoretisch gezielter als die privaten Sender auf Zuwanderer ausrichten.

Auch erlauben es die Ansätze der Programmplanung im öffentlich-rechtlichen Fernsehen, die in der Gesellschaft bestehenden Meinungen in größtmöglicher Breite und Vollständigkeit wiederzugeben, auf Mehrheiten und auf wechselnde Minderheiten einzugehen und alle klassischen Bereiche der Information und Kommunikation – von den Nachrichten bis hin zur Unterhaltung – in unterschiedlichen Formaten aufzugreifen. Somit kann das öffentlich-rechtliche

---

[45] Vgl. Selbstauskünfte der öffentlich-rechtlichen Rundfunkanstalten bezüglich Zielsetzungen für *mehr kulturelle Vielfalt* unter den Mitarbeitern auf den entsprechenden Online-Auftritten oder in den entsprechenden Dokumenten, die im Literaturverzeichnis in Kapitel 12 dieser Arbeit aufgeführt sind.

Fernsehen im innergesellschaftlichen Diskurs neue Akzente setzen, ihn aufrechterhalten und dabei lokale, regionale, nationale und internationale Berichterstattung verknüpfen und Bezüge zu den Rezipienten herstellen. Dies wiederum begünstigt die Umsetzung von interkulturellen Integrationsbemühungen, da Integration stets das Lokale, das Nationale und das Internationale als drei Elemente beinhaltet und verbindet. So können Kommunikationsmöglichkeiten für die verschiedenen kulturellen Gruppen geschaffen und der öffentlichen Austausch zwischen allen Teilen der Gesellschaft gewährleistet werden (vgl. Jarren et al. 2001: 48). Das Fernsehen nimmt hierbei die Rolle als zentraler Vermittler ein:

> „Media are increasingly taking the role of the mediator of the triangular spatial context of diasporic belonging: in the locality, in the host country, in connection between the coutry of origin and the global diasporic community. Television is becoming a mediator." (Georgiou 2005: 47)

Das Fernsehangebot symbolisiert, wie sich die Gesellschaft definiert, wie ihre Mitglieder darin repräsentiert werden und wo sie sich im medialen Angebot mit ihren Lebenswelten wiederfinden. Aufgrund dieser weit reichenden Implikationen kann sich insbesondere das Massenmedium Fernsehen nicht lossagen von seiner Verantwortung, die es gegenüber der Unterstützung von Integrationsprozessen hat (vgl. Stolte 2004: 10). Wenn das öffentlich-rechtliche Fernsehen ein Bild von einer homogenen Gesellschaft zeichnet, in der Menschen mit Zuwanderungsgeschichte allenfalls eine marginale Rolle spielen, dann kann dies einerseits ein Hinweis dafür sein, dass sie auch im gesellschaftlichen Alltag bisher nicht als vollwertige Gesellschaftsmitglieder akzeptiert und integriert werden.

Wenn bestimmten Bevölkerungsgruppen der Weg in das Leitmedium langfristig verwehrt bleibt, kann dies andererseits auch als eine Verweigerung der Aufnahme von Zuwanderern in das gesellschaftliche Leben übersetzt werden. Das öffentlich-rechtliche Fernsehen kann durch eine unausgewogene Berichterstattung auch erst das Bild von einer Gesellschaft mit ethnischen Minderheiten als Randgruppen zeichnen, und so in der negativsten Ausprägung desintegrative Prozesse vorantreiben.

Als Konsequenz aus dieser Wechselwirkung steht die Feststellung, dass die adäquate Darstellung von Zuwanderern im öffentlich-rechtlichen Programm ein Schlüsselelement für die interkulturelle Integration in der Aufnahmegesellschaft ist (vgl. Kosnick 2000: 327). Integrationsprozesse sind auf die Etablierung von Dialog und mediale Partizipationsmöglichkeiten angewiesen. Daher fände sich die technische Basis für eine gelungene mediale Integration im öffentlich-rechtlichen Fernsehen und hier vor allem in den Vollprogrammen (vgl. Weßler 2002: 65). Es ist dabei vor allem der Gedanke der bürgerlichen Partizipation – des *Mitspracherechts* – in der

Programmgestaltung, der die interkulturellen Integrationsprozesse und den gesellschaftlichen Zusammenhalt voranbringt:

> „Es ist Aufgabe des öffentlich-rechtlichen Rundfunks, diese Perspektive anzubieten. Diese Perspektive mit einzunehmen, ist Sache jedes Zuschauers, der verstanden hat, dass er als Bürger seines Landes auch lebendiger und handelnder Teil seiner Gesellschaft ist." (Stolte 2004: 141)

Folglich kann sich jeder einzelne Bürger darüber definieren, dass er sich im Programm des öffentlich-rechtlichen Fernsehens wiederfindet. Nach dem Motto „Wir werden ausgestrahlt, also halten wir zusammen" (Stolte 2004: 141), hat die inhaltliche Darstellung von kultureller Vielfalt im Programm auch Einfluss auf die Wahrnehmung des Zuschauers auf sich selbst als aktiver Teil der Gesellschaft. Jeden Tag kreieren die Sender so eine kollektive Identität, die sich aus den verschiedenen Wahrnehmungen der im Fernsehen ausgestrahlten Menschen zusammensetzt und die ihre ethnische Spezifität in den Hintergrund rücken lässt (vgl. Gillespie 1995; Morley 1999). Wenn im Fernsehprogramm einige Bevölkerungsgruppen nicht ausreichend oder allumfassend repräsentiert werden, so hat dies zur Folge, dass ein Teil der Bevölkerung aus dem Prozess der gesellschaftlichen Identitätsbildung und damit auch aus der Gemeinschaft ausgeschlossen wird.

Aus dieser Feststellung heraus lassen sich eine Hauptaufgabe des öffentlich-rechtlichen Rundfunks und eine Zielvorgabe für die mediale Integration ableiten. Den unübersehbaren Tendenzen zum Individuellen und Privaten zum Trotz, muss das öffentlich-rechtliche Fernsehen das Allgemeine und das Öffentliche im Blick haben, wodurch es für die Gesellschaft zum wirkmächtigsten Massenmedium wird. Als solches ist es auch ein wichtiges Medium für Zuwanderer (vgl. Piga 2007: 221f.), wenn es Identifikationsmomente schafft:

> „The media reports on the world that is also inhabited by immigrants. They give meaning to it and many instances also contribute towards the construction of this world. The importance of the media to the emancipation of immigrant groups lies in these very functions. Making immigrants more visible in the media makes the immigrant environment more familiar. This applies especially to television. News readers, presenters, quizmasters and actors can radiate the same aura as successful sportsmen or people in show business. They offer possibilities for identification, act as role models and through their existence spread the reassuring message that social promotion is also possible for immigrants." (The Netherland Scientific Council for Government Policy (WRR) 2006: 195)

Zur Grundvoraussetzung für mediale Integration gehört im Bereich der inhaltlichen Darstellung von kultureller Vielfalt neben der Fokussierung auf Migrationsthemen vor allem die visuelle Präsenz von Menschen mit Zuwanderungsgeschichte auf dem Bildschirm. Inwieweit die Professionalisierung und Ausbildung der Führungskräfte, Mitarbeiter, Redakteure und Moderatoren sich bislang auf diesen Umstand eingestellt hat, zeigt das folgende Kapitel.

4.4 Professionalisierung und Sozialisation der Fernsehakteure

Zur Integration beizutragen und kulturelle Vielfalt abzubilden, sind seit jeher Leitsätze des Programmauftrags der öffentlich-rechtlichen Sender und finden sich laut Aussagen der Medienakteure auch in deren publizistischen Selbstverständnis wieder (vgl. Zambonini 2006: 259). Allerdings stellt sich die Frage, wie weit reichend und verbindlich Pressekodizes und Selbstverpflichtungen im journalistischen Alltag innerhalb der Medienhäuser tatsächlich wahrgenommen werden. Bei der Beobachtung von britischen Redakteuren wurde herausgefunden, dass die meisten Journalisten bei der Berichterstattung über Themen wie Migration, Integration und kulturelle Vielfalt auf ihren beruflichen *gesunden Menschenverstand* vertrauen, den sie sich durch vorangegangene redaktionelle Arbeit zu dem Thema sensibilisiert haben. Sie vertrauen darauf, dass sie ihr kulturelles Hintergrundwissen durch ihre investigative Arbeit kontinuierlich ausbauen (vgl. Statham 2002: 412).

Gezielte Schulungen und Trainingseinheiten zum Ausbau von interkultureller Kompetenz werden in den Redaktionen zwar allmählich angeboten, sie sind bislang aber weder verpflichtend noch werden sie von allen Beteiligten wahrgenommen. Mit welcher Selbstwahrnehmung Medienakteure aus Einwandererfamilien ihre Profession ausüben und wo sie ihren persönlichen Beitrag zur medialen Integration von Zuwanderern sehen, dazu gibt es bislang nur wenige Erkenntnisse (vgl. Kapitel 3.3.2). Daher geht es in dieser Studie auch darum, von den Betroffenen selbst, *aus erster Hand* zu erfahren, wie sie die medialen Integrationspotentiale der öffentlich-rechtlichen Sender einschätzen, wie sie ihren Erfahrungshorizont erweitern, wie sie ihr Wissen in die redaktionelle Arbeit einbringen und wie sie in ihrem beruflichen Alltag mit kultureller Vielfalt umgehen.

4.5 Zwischenfazit

Die Untersuchung der Integrationspotentiale des öffentlich-rechtlichen Fernsehens folgt der Idee, dass die Aufgabe der medialen Integration von den öffentlich-rechtlichen Sendern wahrgenommen werden kann. Schließlich sind diese auf die Abbildung politischer und sozialer Realität durch Gesetz und Programmauftrag normativ verpflichtet. Der öffentlich-rechtliche Rundfunk dient der Selbstbeobachtung der Gesellschaft und sollte allen Bürgern ein Hintergrundwissen liefern, das interkulturelle Kommunikation ermöglicht und begünstigt. In dieser Funktionsweise der öffentlich-rechtlichen Fernsehsender liegt ihr wesentlicher Beitrag zur Stabilisierung der Gesellschaft und zur Etablierung eines gewissen gesellschaftlichen Zusammenhalts. Darüber hinaus gehört es zu ihrer Aufgabe, den Prozess des raschen demografischen Wandels in der Einwanderungsgesellschaft zu reflektieren und ihn kommunikativ zu begleiten und mitzugestalten. Nur so können Kommunikationsmöglichkeiten für die verschiedenen kulturellen Gruppen geschaffen und der medial vermittelte öffentliche Austausch zwischen allen Teilen der Gesellschaft gewährleistet werden.

Um dem Ideal einer kulturell vielfältigen, demokratischen Gesellschaft näher zu kommen, sind ein dauerhafter Dialog und eine aktive Teilhabe der Zugewanderten am gesellschaftlichen Leben unabdingbar. Hier ist insbesondere das öffentlich-rechtliche Fernsehen gefordert, weil es mit seinem Programmangebot allen Gebührenzahlern ermöglichen soll, sich über andere Menschen zu informieren und sich mit fremden Kulturen und Ansichten vertraut zu machen. Durch den Programmauftrag festgeschrieben, haben öffentlich-rechtliche Sender die Verpflichtung, ihre Integrationspotentiale zielgerichtet für den gesellschaftlichen Zusammenhalt einzusetzen.

Als *Leitmedien* fällt ihnen diesbezüglich eine große gesellschaftliche Verantwortung im interkulturellen Integrationsprozess zu, der sie mit medialen Integrationsmaßnahmen sowohl in der Personalstruktur als auch in ihrem Programmangebot gerecht werden können: Einerseits sollten Menschen mit verschiedenen kulturellen Hintergründen bei den Sendern als Medienakteure vor und hinter der Kamera vertreten sein, damit Zuwanderer in den öffentlich-rechtlichen Häusern proportional zu ihrem Anteil an der Gesamtbevölkerung vorkommen. Andererseits soll das ausgestrahlte Programm einen Querschnitt durch die vielseitigen Facetten der multikulturellen Bevölkerung widerspiegeln, alle gesellschaftlich relevanten Meinungen aufgreifen und den interkulturellen Diskurs in der breiten Bevölkerung voranbringen.

Dieses Kapitel hat gezeigt, dass die Umsetzung von medialer Integration beim öffentlich-rechtlichen Fernsehen jeweils nur unter den individuellen gesellschaftlichen Rahmenbedingungen und strukturellen Voraussetzungen geschehen kann. Die hier beschriebenen normativen, strukturellen, funktionalen und rollenspezifischen Prämissen für die medialen Integrationspotentiale gelten prinzipiell für alle öffentlich-rechtlichen Mediensysteme. Jedoch spielen bei der Analyse von medialer Integration bei den öffentlich-rechtlichen Sendern in den beiden verschiedenen Untersuchungsländern jeweils auch die historischen und gesellschaftlichen Voraussetzungen, die politischen und ökonomischen Imperative sowie die konkreten Erwartungen an die öffentlich-rechtlichen Institutionen und Akteure eine entscheidende Rolle.

Als Konsequenz ergibt sich für diese Untersuchung, dass nach dieser generellen Betrachtung der Integrationspotentiale des öffentlich-rechtlichen Fernsehens im Normen-, Struktur-, Funktions- und Rollenkontext in den beiden folgenden Kapiteln die spezifischen Rahmenbedingungen der medialen Integration zunächst für Deutschland und im Anschluss für Großbritannien herausgearbeitet werden.

5. Grundlagen für die mediale Integration in Deutschland

In der Europäischen Union (EU) liegt die Verantwortung für Integrationspolitik bei den Mitgliedstaaten. Fragen bezüglich Asyl- und Immigrationsbestimmungen werden nicht explizit durch Kompetenzen in den EU-Institutionen abgedeckt, aber die EU-Länder kooperieren hinsichtlich des Austauschs von Informationen und Erfahrungen in diesem Bereich. Aus diesem Grund wurde eine Expertengruppe der Europäischen Kommission gebildet, die sich aus den Repräsentanten der nationalen Kontaktstellen für Integrationsbestimmungen zusammensetzt.

Im Jahr 2004 gab dieses Expertenkomitee erstmals das *Handbuch zur Integration* heraus, einen Report für die Europäische Kommission, der über bewährte Ansätze und Methoden (*Best Practices*) der Integrationspolitik aus ganz Europa informiert.[46] Im Juni 2007 wurde von den EU-Mitgliedstaaten eine verstärkte Kooperation der integrationspolitischen Entscheidungsprozesse unter dem Motto *Einheit in Verschiedenheit* beschlossen. Dieser Vorstoß für eine intensivere Zusammenarbeit ist auf eine langfristige Kooperation auf EU-Ebene zwischen den Mitgliedstaaten ausgerichtet, die das Ziel der erweiterten Integrationsbemühungen und des interkulturellen Dialogs verfolgt (vgl. BMI 2008: 64f.).

Zum Thema Migration und Integration besteht in Deutschland die Vorstellung, dass die langfristige Integration von Zuwanderern in die Aufnahmegesellschaft eine wichtige Grundvoraussetzung für die Friedenssicherung und das solidarische Zusammenleben in den europäischen Mitgliedstaaten darstellt. Integration in diesem Sinne bedeutet eine gesicherte Chancengerechtigkeit innerhalb der Gesellschaft, die allen Mitgliedern die freie Partizipation am gesellschaftlichen Zusammenleben ermöglicht. Dies kann durch die Akzeptanz der Aufnahmegesellschaft sowie durch individuelle Integrationsbestrebungen auf Seiten der Zugezogenen erreicht werden.

Integration kann nur dann erfolgversprechend sein, wenn allen Menschen mit Zuwanderungsgeschichte entsprechende Aus- und Weiterbildungswege offen stehen, wenn sie einen Zugang zum Arbeitsmarkt finden und die Basisregeln des gesellschaftlichen Zusammenlebens als solche von allen Beteiligten geachtet werden (vgl. BMI 2008: 64). Mittlerweile besteht Einigkeit darüber, dass Sprachkenntnisse eine unerlässliche Voraussetzung für eine berufliche und soziale Integration von Zugewanderten sind. Seit 2005 müssen Neu-Einwanderer aus Nicht-EU-

---

[46] Auf der Ministerkonferenz der Innenminister der EU zur Integrationspolitik am 10. November 2004 in Groningen, Niederlande, wurde die erste Auflage des *Europäischen Handbuchs zur Integration* vorgestellt. Vgl. Niessen & Schibel (2005).

Staaten in Deutschland aus diesem Grund Integrationskurse besuchen (vgl. HWWI 2007: 6). Dass diese Schritte symbolisch bereits für eine neue Haltung in der Integrationspolitik stehen, wird mit Blick auf die gesellschaftlichen und historischen Grundlagen des interkulturellen Integrationsgedankens in Deutschland deutlich.

5.1 Gesellschaftliche und historische Voraussetzungen

Auf europäischer Ebene ist in den vergangenen Jahren eine vermehrte Auseinandersetzung mit der Integrationsthematik zu beobachten. Auf der nationalen Ebene kann für einen Großteil der deutschen Vergangenheit eher von einer Vermeidung dieser Auseinandersetzung gesprochen werden:

> „For the last decades, political decision makers on all levels demonstrated only limited readiness to view immigration as a part of the social and economic reality. This tendency has been accompanied by disagreement on the necessity of immigration, how to structure immigration flows, and the extent societal integration should be facilitated." (Süssmuth & Weidenfeld 2005: XI)

Eine progressive Integrationspolitik, die als Produkt eine tolerante, pluralistische Gesellschaft aus kulturell vielfältigen Individuen ansteuert, wurde hierzulande nicht aktiv betrieben (vgl. Münz, Seifert & Ulrich 1999). Das muss sich nun dringend ändern, denn die Gestaltung von Migration und Integration ist die Basis für ein friedliches Zusammenleben in der multikulturellen Gesellschaft und „ein Testfall für Veränderungs- und Zukunftsfähigkeit in einem umfassenden Verständnis" (Süssmuth 2006: 221).

Die deutsche Politik hat zu lange gebraucht, diese Herausforderung anzunehmen und auch das Bewusstsein in der breiten Bevölkerung für Integrationsthemen wurde lange Zeit nicht gefördert. Über Jahrzehnte hinweg hieß die zentrale politische Botschaft an die Bevölkerung, dass Deutschland kein Einwanderungsland, sondern ein so genanntes *Rotationsland*[47] sei (vgl. Süssmuth 2006: 20). Die Verneinung Deutschlands als eine faktische multikulturelle Einwanderungsgesellschaft wird einem klaren Versäumnis der Bundespolitik zugerechnet:

> „Die deutschen Bundesregierungen, gleich welcher Couleur, haben diesen multikulturellen Traum (…) nie geträumt. Sie haben vielmehr in Sachen Zuwanderung und Integration lange

---

[47] Ein *Rotationsland* bedeutet, dass sich Zuwanderer nicht langfristig in diesem Land niederlassen, sondern es bereits nach kurzer Zeit wieder verlassen. Der Begriff steht im Gegensatz zu dem des *Einwanderungslandes*, das von Zuwanderern als fester Wohnsitz und langfristiger Lebensmittelpunkt gewählt wird.

entweder Alpträume gehabt oder überhaupt nicht geträumt und nur tief geschlafen." (Bade 2007: 33)

Doch die Fehler im Umgang mit der Integrationsthematik sind inzwischen erkannt, es ist eine Wende im Denken zu beobachten (vgl. Süssmuth 2006: 9), und eine politische Neuausrichtung ist eingeleitet (vgl. Tränhardt 2001: 45f.). Obwohl die von der Unabhängigen Kommission Zuwanderung 2001 zu dem Komplex Integration ausgesprochenen Empfehlungen erst im Jahr 2006 öffentlich breit thematisiert wurden und noch keineswegs bundesweit umgesetzt sind (vgl. Süssmuth 2006: 107), wird jetzt langsam an den Spätfolgen falscher Anwerbepolitik und unterlassener Integration gearbeitet (vgl. Süssmuth 2006: 221). Der politische und gesellschaftliche Richtungswechsel beinhaltet heute, dass sich Deutschland auf ein dauerhaftes Zusammenleben mit Menschen aus unterschiedlichen Kulturen einstellt.[48] So fordert Armin Laschet, der ehemalige Minister für Generationen, Familie, Frauen und Integration des Landes NRW:

> „Da wir die innere Einheit zwischen jenen von uns mit und jenen ohne Zuwanderungsgeschichte nicht in den Jahrzehnten vor der Wiedervereinigung geschafft haben, müssen wir sie heute als dritte deutsche Einheit nachholen." (Laschet 2009: 64)

Andere EU-Mitgliedstaaten haben ihre eigenen Erfahrungen, was die Migrations und Integrationspolitik angeht, die sich in jeweils nationalen Eigenheiten und Besonderheiten niederschlägt. So lassen sich bestimmte politische, wirtschaftliche, soziale und kulturelle Verhaltensweisen nie ohne historische Kenntnisse verstehen (vgl. Süssmuth 2006: 213). Eine Auseinandersetzung mit der konkreten Geschichte der Migration und Integration in Deutschland ist notwendig, um die Hintergründe für diese verpassten Integrationsbemühungen in der Vergangenheit sowie aktuelle

---

[48] Aufgrund der speziellen Historie Deutschlands als *Nazi-Deutschland*, sind die politische Führung sowie zivilgesellschaftliche Akteure hierzulande um eine besondere Sensibilität im Umgang mit Zuwanderung und der Integration von *ethnischen Minderheiten* bemüht. Auch wenn auf den *Nationalsozialismus* in dieser Studie nicht näher eingegangen wird, stellt sich die *Scientific Community* seit den 80er Jahren die Frage, inwieweit Erfahrungen und Geschehnisse des Zweiten Weltkriegs und *Nazi-Deutschlands* auch heute noch in Debatten über Zuwanderung und Integration mitschwingen. Auch Phänomene wie *Neonazismus*, Rechtsextremismus und Fremdenfeindlichkeit können nicht losgelöst von der deutschen Vergangenheit diskutiert werden. So gibt es Untersuchungen zu der Frage ob das Maß an Fremdenfeindlichkeit in der deutschen Bevölkerung höher als im benachbarten EU-Land Großbritannien ist (vgl. Silbermann & Hüsers 1995). In der wissenschaftlichen Literatur finden sich zudem verschiedene Ansätze zur Erklärung von Fremdenfeindlichkeit: der soziobiologische Erklärungsansatz (vgl. z. B. Balke 1993), der sozialpsychologische Erklärungsansatz (vgl. z. B. Maaz 1993) und der sozialisationstheoretische Erklärungsansatz (vgl. z. B. Bade 1994; Beck 1986; Falter 1994). Weitere Informationen und aktuelle Studien zu Rechtsextremismus und Fremdenfeindlichkeit werden von migrationinfo.de, einem Projekt des Netzwerks Migra-tion in Europa, der Bundeszentrale für politische Bildung und dem Hamburgischen WeltWirtschaftsInstituts, zusammengestellt. http://www.migration info .de /mub_artikel.php?Id=000605 , Abruf am 26.06.2009.

Entwicklungen in der deutschen Integrationspolitik besser nachvollziehen zu können. Dafür muss auch die föderale Struktur des Landes mitberücksichtigt werden. Viele der Kompetenzen, die zentrale Aspekte der Integrationspolitik betreffen, sind auf der Länderebene angesiedelt. Die integrationspolitischen Strategien der einzelnen Bundesländer unterscheiden sich teilweise, was sich wiederum auf der Bundesebene artikuliert, wenn gemeinsame Integrationsbeschlüsse entworfen werden sollen (vgl. Esser 2001).

In der europäischen Migrationsgeschichte allgemein lässt sich die Zeit nach dem Zweiten Weltkrieg zunächst schematisch in zwei Phasen einteilen: Die erste Phase war geprägt von einem großen Arbeitskräftebedarf der florierenden west- und nordeuropäischen Volkswirtschaften. Die zweite Phase begann mit der Wirtschaftskrise der siebziger Jahre, der so genannten Ölkrise, auf welche die meisten EG-Staaten mit einem Anwerberstopp reagierten. Seitdem fand Einwanderung nach Europa vor allem durch Familiennachzug und Asylanträge statt (vgl. Mesghena 2006).

Eine Besonderheit der deutschen Migrationsgeschichte liegt in der massiven Einwanderung von ethnischen Deutschen, die auf die Niederlage im Zweiten Weltkrieg erfolgt ist. Eine weitere Charakteristik der deutschen Migrationsgeschichte stellt die Tatsache dar, dass Einwanderung lange Zeit als ein vorübergehendes Phänomen interpretiert wurde. Von der Mehrheit der Deutschen wurden Migranten als Gastarbeiter auf Zeit angesehen, die vorübergehende Lücken auf dem Arbeitsmarkt schließen sollten. Es ist diese Politik der An- und Abwerbung von Gastarbeitern, die bis heute für einen großen Teil der Widersprüche der deutschen Migrationspolitik verantwortlich ist (vgl. Mahnig 1998: 46). Die Konstruktion eines gesellschaftlichen Staates wurde hierzulande an gemeinsamen kulturellen Hintergründen und einer gewissen Homogenitätsvorstellung abgeleitet:

> „The political and social integration of foreign immigrants into German society did not form a part of the guest worker model. After all, foreign workers were not supposed to remain in Germany. Clearly, the ideological roots of the policy on guest workers lie in the tradition of construing the nation as a community of common ethnicity." (Oberndorfer 2005: 12)

Die Gastarbeiter-Periode begann mit dem deutsch-italienischen Anwerbeabkommen von 1955. Erst die Einschätzung, dass der wirtschaftliche Nutzen der Gastarbeiter sinken könnte, führte schließlich zum Anwerberstopp im Jahr 1973. Die auf den Anwerberstopp folgende zweite Phase der deutschen Ausländerpolitik, die bis 1979 anhielt, stand im Zeichen der Konsolidierung der Ausländerbeschäftigung, womit vor allem die Reduktion der Zahl der Einwanderer gemeint war (vgl. Mahnig 1998: 47). Anfang der achtziger Jahre kam es zu einer starken Politisierung der Zuwanderungsfrage und zu einem „Wettlauf um Begrenzungspolitik" (Bade 2007). Dazu trug einerseits die Verdrängung der Tatsache bei, dass Deutschland de facto zum Einwanderungsland geworden war, aber auch das wachsende Unbehagen an der Konzeptlosigkeit in der so genannten Ausländerpolitik, die anhaltende Wirtschaftskrise sowie ein starker Anstieg der Zahl von Asylsuchenden (vgl. Mahnig 1998: 48). In jüngster Zeit besteht die dritte Phase des Migrationsstroms aus den neuen Gastarbeitern, die im Zuge der EU-Osterweiterung aufgrund von Abkommen mit verschiedenen osteuropäischen Ländern nach Deutschland gelangen.

Bis zu Beginn der 1990er Jahre, als die Zuwanderung von Asylbewerbern und Aussiedlern ihren Höhepunkt erreichte, wurde die Realität des Einwanderungslands Deutschlands weitgehend von politischer Seite als auch von der öffentlichen Meinung verdrängt. Diese Tatsache erschwerte und verhinderte lange eine offene Debatte und eine konstruktive Auseinandersetzung mit den Herausforderungen der Migrations- und Integrationspolitik. Erst seit den späten 1990er Jahren sind Einwanderung und Integration wichtige Themen in der Politik und Öffentlichkeit und ein pragmatischer Integrationsprozess ist seitdem zu beobachten. Auch haben rassistische Gewalttaten[49] die Integrationsfrage ins Zentrum der politischen Diskussionen und öffentlichen Debatten gerückt (vgl. Mahnig 1998: 49). Anhand Tabelle 1 wird deutlich, dass der im engsten Sinne legislative Wandel in sechs Innovationsschritten und den damit verbundenen bedeutenden Ereignissen in der neueren Integrationsgeschichte Deutschlands stattgefunden hat:

---

[49] Traurige Ereignisse waren beispielsweise der Brandanschlag von Solingen 1993 und die Hetzjagd in Mügeln 2007. Genaue Angaben und Statistiken liefert das Bundesministerium des Inneren unter http://www.bmi.bund.de, Abruf am 22.08.2008.

Jahr der Einführung	Name des Gesetzes	Verantwortliche Regierung	Inhalt des Gesetzes
1990	Reform des Ausländerrechts	CDU/FDP	Erleichterung der Einbürgerung
1993	Asylkompromiss	CDU/FDP	Einschränkung des politischen Asyls
2000	Reform des Staatsangehörigkeitsrechts	SPD/Grüne	*Ius sanguinis* (Vererbung der Staatsbürgerschaft) ersetzt durch *Ius soli* (Erwerb der Staatsangehörigkeit durch Geburt im Land)
2005	Zuwanderungsgesetz	CDU/SPD	Verbindung von Migrations- und Integrationsrecht in einem umfassenden Entwurf und Erklärung, dass gesellschaftliche Integration explizit zur staatlichen Aufgabe gehört
2006	Integrationsgipfel	CDU/SPD	Zusammenkommen von politischen Verantwortlichen, Migrationsverbänden und Medienvertretern; Konzentration auf die Fragen der Integrationspolitik
2007	Nationaler Integrationsplan	CDU/SPD	Zielsetzung und Festlegung konkreter Maßnahmen sowie Selbstverpflichtungen aller staatlichen und gesellschaftlichen Akteure für eine lösungsorientierte Integrationspolitik

Tabelle 1: Immigrations- und Staatsbürgerschaftsentscheidungen in Deutschland (eigene Darstellung nach Mahnig 1998)

Der erste Schritt ist um 1990 anzusiedeln. Hier gelang der Politik die Reform des Ausländerrechts unter dem ehemaligen Bundesinnenminister Wolfgang Schäuble, die eine Einbürgerung erleichterte und für lange in Deutschland lebende Ausländer sowie für die zweite Einwanderergeneration eine Anspruchseinbürgerung[50] ermöglichte. Im Jahre 1993 kam der Asylkompromiss zustande, der den Zugang zu politischem Asyl nachhaltig einschränkte.

Der zweite Schritt wurde im Jahr 2000 mit der Reform des Staatsangehörigkeitsrechts unter dem ehemaligen Bundesinnenminister Otto Schily getan. Durch diese Reform wurde das zwar vielfach novellierte, aber immer noch ethno-national geprägte *Ius sanguinis* (Vererbung der Staatsbürgerschaft) im Reichs- und Staatsan-

---

[50] Vgl. Staatsangehörigkeitsgesetz (StAG) § 10.

gehörigkeitsgesetz von 1913 durch ein bedingtes *Ius soli* (Erwerb der Staatsangehörigkeit durch Geburt im Land) ersetzt. Dieses neue Staatsangehörigkeitsgesetz trat im Januar 2000 in Kraft. Im selben Jahr wurde auch die Einführung der *Green Card* zur Anwerbung von Computerfachkräften beschlossen.

Der dritte Schritt fällt ins Jahr 2001, als eine unabhängige Integrationskommission den ersten offiziellen Report für das erste Einwanderungsgesetz in der Geschichte Deutschlands vorlegte. Diese Publikation erregte in der Politik wie auch in der öffentlichen Wahrnehmung großes Aufsehen.[51] Zu diesem Zeitpunkt hat sich erstmalig die breite Bevölkerung und Öffentlichkeit damit auseinandergesetzt, dass Deutschland ein Einwanderungsland ist und es auch in Zukunft sein wird (vgl. Bade & Münz 2000).

Der vierte Schritt ist durch das Ende des langwierigen Prozesses zur Verabschiedung des Zuwanderungsgesetzes markiert, das im Januar 2005 vollständig in Kraft trat (vgl. HWWI 2007: 1). Dieses wurde ebenfalls von Otto Schily initiiert. Es verband Migrations- und Integrationsrecht in einem großen Entwurf und erklärte gesellschaftliche Integration ausdrücklich zur staatlichen Aufgabe. Die Aufwertung des Themas wurde unterstützt durch das erste Integrationsministerium, das im Jahr 2005 in NRW gegründet wurde, und durch die Berufung einer Staatsministerin im Kanzleramt, also eine verbesserte Position der ehemaligen Ausländerbeauftragten. Den fünften Schritt bildete im Jahr 2006 der Integrationsgipfel von Bundeskanzlerin Angela Merkel, der zusammen mit der Beauftragten der Bundesregierung für Migration, Flüchtlinge und Integration, Staatsministerin Maria Böhmer, organisiert wurde, und der als Meilenstein in der deutschen Integrationsdebatte angesehen werden kann:

> „Der Integrationsgipfel am 14. Juli 2006 setzte ein wichtiges politisches Zeichen und vertrat eine klare Botschaft mit der Aufforderung zu einer gemeinsamen Bearbeitung der Probleme. Es ging um wechselseitiges Zuhören, um Erfahrungs- und Problemaustausch auf Augenhöhe. Das wichtigste Signal war: Die politischen Verantwortlichen stellen sich auf ein dauerhaftes Zusammenleben mit eingebürgerten Migranten und Ausländern. Sie wollen die Integration, kein Nebeneinander, sondern ein friedliches und produktives Miteinander. Es kommt jetzt entscheidend auf die Umsetzung dieser Ankündigung an." (Süssmuth 2006: 140f.)

Der Integrationsgipfel war das erste Zusammenkommen von allen gesellschaftlichen Akteuren aus Wirtschaft, Politik, Kirchen, Medien und Migrantenverbänden. Es wurde sich ganz auf die Fragen der Integrationspolitik konzentriert (vgl. Bade 2007: 51f.). Aus diesem Gipfeltreffen heraus ist im Jahr 2007 der Nationale Integrationsplan entstanden, der als sechster Innovationsschritt die Basis für erweiterte

---

[51] Zur Entwicklung der migrations- und integrationspolitischen Diskurse in Deutschland vgl. Bommes & Schiffauer (2006).

Integrationsmaßnahmen in allen gesellschaftlichen Bereichen bildet und als Ausgangslage für aktuelle politische Integrationsbeschlüsse dient.

5.2 Aktuelle medienpolitische Imperative

Am Anfang des 21. Jahrhunderts scheinen Politik, Wirtschaft und Teile der Gesellschaft die bundesdeutsche Realität und den Handlungsbedarf in Sachen Einwanderung und Integration nunmehr erkannt zu haben und zeigen Bemühungen um eine „nachholende Integrationspolitik" (Bade 2007). Es wurde akzeptiert, dass Deutschland ein Einwanderungsland ist und es besteht ein Konsens darüber, dass kulturelle Vielfalt das Leben in unserer Gesellschaft immer stärker kennzeichnen wird. Trotzdem werden die Konsequenzen aus dieser Erkenntnis bislang halbherzig und unzureichend gezogen (vgl. Süssmuth 2006: 203). Die Veränderungen in der Bevölkerungsstruktur sind eine große Herausforderung – nicht nur auf Seiten der Politik – und bergen Konflikte wie Chancen. Die Gesellschaft steht vor der Aufgabe, mit der zunehmenden kulturellen Heterogenität umzugehen und sich aufnahmefähig zu machen:

> „Wachsende Pluralität macht die Verständigung über gemeinsame Werte und Regeln nicht einfacher, aber umso dringlicher. Kulturelle Vielfalt in der Bundesrepublik ist gesellschaftliche Realität und Integration in gesellschaftlich komplexe Strukturen zu erleichtern, ist eine wichtige Herausforderung an die derzeitige Politik. Alle Gesellschaftsmitglieder sind auf eine gezielte „Politik der Einbürgerung" angewiesen, die auf gleichberechtigte und selbst bestimmte Bürger setzt, aber die auch Identifikationsangebote mit den pluralistischen und demokratischen Leitbildern und Werten unserer Gesellschaft macht." (Winkler 2008)

Anhand des Zitats zeigt sich, dass das Einwanderungsland Deutschland auch politisch gestaltet werden muss, insbesondere wenn kulturelle Vielfalt längst zur gesellschaftlichen Realität geworden ist. Denn nur ein modernes und weltoffenes Land, das seinen gesellschaftlichen Verpflichtungen aktiv nachkommt und den interkulturellen Austausch von Menschen und Ideen offensiv fördert, kann in Zeiten fortschreitender Globalisierung erfolgreich sein. Deutschland als Teil eines vereinigten Europas muss den Anforderungen einer modernen Nation gerecht werden (vgl. Mesghena 2006) und eine innovative Integrationspolitik wagen:

> „Integrationspolitik ist heutzutage wesentlich mehr als Ausländer- oder Minderheitenpolitik. Integrationspolitik in der modernen Einwanderungsgesellschaft ist Gesellschaftspolitik. Politische Handlungskonzepte müssen die Situation einer wachsenden Bevölkerung mit Migrationshintergrund stetig in allen Lebensbereichen mit berücksichtigen. Integrationsförderung muss als Querschnitts-aufgabe verstanden und verankert werden, denn sie betrifft alle Politik- und Lebensbereiche. Nach den vergangenen Jahrzehnten Einwanderung in den europäischen Mit-

gliedstaaten lautet die ‚conditio sine qua non' jeder Integrationspolitik, dass Einwanderer ein fester Teil dieser Gesellschaft darstellen und selbstverständlich dazu gehören. Die integrationspolitische Debatte der letzten Jahre hat gezeigt, dass es nicht mehr um das Ob, sondern um das Wie von Integration geht." (Winkler 2008)

Weil globale Migrationsbewegungen anhalten, werden wir in Zukunft zunehmend mit Menschen aus aller Welt in unseren Städten und Gemeinden zusammenleben. Zuwanderung lässt sich zwar steuern und begrenzen, aber nicht vermeiden, und Deutschland ist wirtschaftlich, wie die meisten entwickelten Länder, auf eine begrenzte Zahl von Zuwanderern angewiesen. Deshalb sind eine sachliche Debatte und von Vernunft geprägte Entscheidungen über die Gestaltung der derzeitigen und zukünftigen einwanderungs- und integrationspolitischen Schritte notwendig (vgl. Flam 2007). Der historische Paradigmenwechsel in der Zuwanderungsdebatte – nämlich von der Verleugnungspolitik *Deutschland ist kein Zuwanderungsland* hin zur Anerkennung der Realität *Deutschland ist ein Einwanderungsland* – hat immerhin den Weg dorthin geebnet (vgl. Mesghena 2006).

Spätestens mit der Reform des Staatsangehörigkeitsrechts im Jahr 2000 begann der Lernweg bezüglich des integrationspolitischen Umgangs mit kultureller Vielfalt. Dabei ging und geht es nach wie vor um die Beantwortung der Frage, ob und wie die soziale Koexistenz unterschiedlicher kultureller *Heimaten* zur konstitutiven Selbstbeschreibung einer gemeinsamen kulturellen *Heimat* in der Einwanderungsgesellschaft werden kann (vgl. Bade 2006: 40f.). Das aber setzt eine Einigung darüber voraus, welches, neben den kulturellen Unterschieden, die Gemeinsamkeiten sind, die als Grundlage für ein friedliches Zusammenleben dienen:

> „Wichtig ist für diesen Prozess, welches Leitbild wir vom Miteinander in unserer Gesellschaft haben. Insofern handelt es sich bei der Beantwortung dieser Frage zugleich um eine Selbstverständnisdebatte. Dabei ist zu klären, wie wir uns selbst verstehen, welche Werte und Normen uns wichtig sind, was wir von uns Deutschen im Umgang mit Migranten und was wir von den Zugewanderten im Zusammenleben mit den Deutschen erwarten. Es kann sich nicht um einen einseitigen Anpassungsprozess handeln, sondern um ein Aufeinanderzugehen von beiden Seiten." (Süssmuth 2006: 206f.)

Im Rahmen dieser gemeinsamen Konsensfindung sprechen Politiker heute nicht mehr ausschließlich von Integrationsmängeln bei der Zuwanderungsbevölkerung, sondern auch von Defiziten der Integrationspolitik in Deutschland und von historischen Versäumnissen in den gesellschaftlichen Bereichen der Problemakzeptanz und Gestaltungsbereitschaft. „Auf beiden Seiten haben wir ein Problem", bestätigt der nordrhein-westfälische Integrationsminister Armin Laschet. Die Politik habe „zu spät erkannt, dass wir de facto ein Einwanderungsland sind." Integration werde aber „das Top-Thema der nächsten Jahrzehnte" (Bade 2007: 50) bleiben und wenn sie nicht gelingt, dann sei der Zusammenhalt der gesamten Gesellschaft gefährdet.

119

Auch der ehemalige Bundespräsident Horst Köhler rügt pointiert, dass Deutschland „die Integration verschlafen habe", und Bundeskanzlerin Angela Merkel räumt Fehlentwicklungen in der Einwanderungsgesellschaft ein. „Wenn wir ehrlich sind, haben wir das Thema Integration in unserem Land zu lange auf die lange Bank geschoben", meint sie. Das habe dazu geführt, „dass sich auf der einen Seite die Menschen mit Migrationshintergrund zum Teil abgeschottet haben und auf der anderen Seite die gesamte Gesellschaft die Möglichkeiten und Fähigkeiten derer, die auf Dauer bei uns leben, nicht ausreichend nützen können".[52]

Die Veränderungen in der politischen Herangehensweisen an das Thema Integration signalisieren, dass sich die gesellschaftspolitischen Einschätzungen von Migration und Integration gewandelt haben (vgl. Bade 2007: 49). In der internationalen Forschung findet sich die Einschätzung, dass Deutschland in den vergangenen Jahren ähnliche integrationspolitische Entscheidungen wie etwa Großbritannien getroffen hat (vgl. Bade 2007: 22) und „dass sich die deutsche Integrationspolitik heute in viel weniger starkem Maße von derjenigen anderer europäischer Länder unterscheidet als gemeinhin behauptet" (Mahnig 2001: 160/181).

Das neue System einer konzeptorientierten Integrationspolitik, welches die Bundesregierung zurzeit anstrebt, kann laut Klaus J. Bade auf insgesamt drei Säulen gestellt werden, die er als präventative, begleitende und nachholende Integrationspolitik bezeichnet: Bei der ersten Säule kommt es darauf an, im Rahmen der Einwanderungsvorschriften stärker auf die beruflich-soziale Passfähigkeit und damit vor allem auf die Qualifikation der Zuwanderer zu achten. Dies wäre beispielsweise durch ein Punktesystem möglich, das sich auch in einem Einwanderungsland wie Australien bewährt hat.[53] Die zweite Säule steht sinnbildlich für eine konstant begleitende Integrationspolitik. Hier wird darauf geachtet, was vom Zuwanderungsgesetz für den Weg in und durch den Integrationsprozess selbst vorgesehen ist. Da Integrationspolitik nicht im Passiv funktionieren kann, soll die Regierung pragmatische Lösungswege parat halten, um Zuwanderern hierzulande Perspektiven aufzuzeigen. Die dritte Säule einer stabilen Integrationspolitik besteht aus dem Kerngedanken des „Fördern und Fordern" (vgl. Schäuble 2007: 15) und bezieht sich auf das notwendige Miteinander innerhalb der Bevölkerung, um gemeinsam die Integrationshürden zu meistern (vgl. Bade 2007: 22f.).

Die konzeptorientierte Integrationspolitik unterstreicht zudem, dass gesellschaftliche Integration kein Endzustand ist, sondern ein Prozess. In diesem Zusammenhang bringt Integration grundsätzlich Veränderungen auf Seiten der Auf-

---

[52] Vgl. *Merkel will Umdenken bei der Integration*, gefunden in der Märkischen Oderzeitung vom 6.5.2007.

[53] Beim Punktesystem werden für verschiedene Kriterien, wie Alter, Ausbildung und Englischkenntnisse, jeweils eine festgeschriebene Anzahl an Punkten vergeben. Je höher die Punktzahl, desto einfacher die Einwanderung.

nahmegesellschaft wie auf Seiten der Zuwandererbevölkerung (vgl. Bade 2006: 40f.). Um diese Umgestaltungen auf beiden Seiten herbeizuführen, bedarf es klarer politischer und rechtlicher Rahmenbedingungen und der richtigen Balance zwischen den Ansprüchen auf Integrationsbereitschaft der Menschen aus Einwandererfamilien und der Bereitschaft der Mehrheitsgesellschaft zum Erlernen des Umgangs mit kultureller Vielfalt.

Im politischen und öffentlichen Diskurs dominieren hierzu Formulierungen wie Integrationsförderung als *Gesellschaftsförderung* und Integration als *gesellschaftlicher Prozess* oder als *intergenerativer Kultur- und Sozialprozess*. Auch ist die Rede von einem, für die Einwanderungsgesellschaft nötigen, „neuen Gesellschaftsvertrag" (Bade 2007: 22). Diese Begrifflichkeiten verdeutlichen, dass Integration nicht zufällig oder von alleine geschieht, sondern Anpassungsleistungen der Menschen in den betroffenen Gesellschaften erfordert. Deswegen steht bei heutigen Konzepten auch die Eigenleistung der hier lebenden Menschen mit und ohne Zuwanderungsgeschichte im Vordergrund.[54]

Die Integrationspolitik der Bundesregierung basiert derzeit auf den Prinzipien, einerseits mehr Unterstützung für die Integration der Einwanderer zu leisten und andererseits die Vorgaben zu verschärfen. Auf Seiten der Zuwanderer ist beispielsweise das Erlernen der deutschen Sprache eine Grundvoraussetzung, die mit Eigeninitiative und staatlicher Hilfe erbracht werden soll. Auch sollen Grundrechte und Basiswerte der deutschen Gesellschaft bekannt sein und respektiert werden. Auf Seite der Aufnahmegesellschaft wird mehr Toleranz und der Abbau von Barrieren und Vorurteilen gefordert, um Zuwanderern die gleiche Behandlung zukommen zu lassen wie anderen Bundesbürgern (vgl. BMI 2008: 88).

Ziel einer modernen Integrationspolitik ist es, Migranten eine gleichberechtigte Teilhabe am gesellschaftlichen Leben zu ermöglichen. Darum ist Integration keine vom Staat allein zu bewältigende Aufgabe. Die Unterstützung von konkreten Integrationsangeboten ist auf gesellschaftliches Engagement und die Institutionen der Zivilgesellschaft angewiesen (vgl. Winkler 2008). Die notwendige Zusammenarbeit zwischen Bund, Ländern, Kommunen und der Zivilgesellschaft wird durch den Nationalen Integrationsplan gestärkt, der alle Beteiligten dazu verpflichtet, geeignete Maßnahmen für eine bessere Integration zu ergreifen und durchzuführen.[55]

Dennoch haben jüngste integrationspolitische Entscheidungen, wie die Streichung des Punktesystems von der Agenda und die Abschaffung des unabhängigen Sachverständigenrates für Zuwanderung und Integration, Deutschland hinter andere europäische Einwanderungsländer zurückgeworfen. In Großbritannien gibt

---

[54] Vgl. Bundeszentrale für politische Bildung, In: Polixea Portal: Blickpunkt Integrationspolitik. 12.07.2006.

[55] Vgl. Die Bundesregierung (2007) Nationaler Integrationsplan – Kurzfassung für die Presse.

es sowohl eine konzeptorientierte aktive Zuwanderungspolitik als auch eine unabhängige wissenschaftliche Integrationsberatung. Sie wurde inzwischen auch Teil der EU-Integrationsagenda vom 1. September 2005 (vgl. Süssmuth 2006: 171f.) und ist durch die in Deutschland verbreitete abhängige Ressortforschung mit fallweise ausgelagerten Expertisen und Forschungsaufträgen nicht zu ersetzen.

Die Migrations- und Integrationspolitik in Deutschland wird infolgedessen heute nicht von einer kontinuierlich begleitenden, hochrangigen und unabhängigen wissenschaftlichen Beratung unterstützt und steht ohne ein zentrales und flexibles Steuerinstrument da. Diese Entwicklungen sind besorgniserregend, insbesondere in einer Zeit, in der die Ab- und Auswanderung qualifizierter Kräfte zunimmt, die Zuwanderung solcher Kräfte nachlässt, die Wirtschaft über Fachkräftemangel klagt (vgl. Schultz 2006) und die allgemeine Bevölkerungsentwicklung in Deutschland in die degressive Phase der demografischen Entwicklung in absoluten Zahlen eingebogen ist[56] (vgl. Bade 2007: 59/65f.).

Integration ist kein schneller, einfacher oder sich linear vollziehender Prozess, und auch erfolgreiche Integrationspolitik braucht Zeit und unterliegt Rückschlägen (vgl. Süssmuth 2006: 173). Die klassischen Einwanderungsländer wie Großbritannien signalisieren den Zugewanderten, dass sie gebraucht werden und willkommen sind. Notwendig ist nicht allein die strukturelle Integration in den Arbeitsmarkt, sondern ein umfassendes soziales Integrationskonzept, zu dem Transparenz und Rechtsstaatlichkeit, aktive Antidiskriminierung, Zugang zu Bildung, Teilnahme an der Zivilgesellschaft und Repräsentanz der Menschen mit Zuwanderungsgeschichte, Festlegung der Rechte und Pflichten, genauso gehören wie ein ausgewogener öffentlicher Diskurs über Migration und Integration (vgl. Süssmuth 2006: 173).

Obwohl sich die Ansichten gegenüber Menschen aus Einwandererfamilien auf politischer Ebene langsam wandeln, ist es problematisch, dass es politisch wie gesellschaftlich in Deutschland an Wertschätzung der Zugewanderten fehlt. Laut Süssmuth erfahren sie „in aller Regel nicht, dass sie willkommen sind und gebraucht werden. Integrationswille von Seiten der Migranten ist an die Voraussetzung gebunden, dass ihre Anwesenheit im Aufnahmeland auf Akzeptanz und Zustimmung und nicht vorrangig auf Duldung und Desinteresse beruht" (Süssmuth 2006: 145). Umfragen bestätigen diese Aussage und zeigen, dass die Ansichten in der deutschen Bevölkerung häufig nicht zugunsten der Einwanderung ausfallen.

Laut einer im Jahr 2005 durchgeführten Studie des Soziologen Wilhelm Heitmeyer stimmen 61,1 Prozent der Befragten der Aussage zu, dass zu viele Ausländer in Deutschland leben. 36,1 Prozent waren der Meinung, dass bei knappen Arbeitsplätzen die in Deutschland lebenden Ausländer wieder in ihre Heimat zu-

---

[56] Vgl. Daten des Statistischen Bundesamtes 2007 unter www.destatis.de, Abruf am 30.11.2008.

rückgeschickt werden sollen. Zu ähnlichen Ergebnissen kommt auch eine kürzlich von der Forschungsgruppe Wahlen durchgeführte Untersuchung. Sie besagt, dass 54 Prozent der Deutschen durch hier lebende Ausländer eine *Gefahr der Überfremdung* sehen. Vor fünf Jahren traf diese Aussage nur auf 33 Prozent zu.[57] Integration vollzieht sich in erster Linie auf lokaler Ebene (vgl. Süssmuth 2006: 175) und der Schlüssel zur gelungenen Integration liegt im Abbau von Vorurteilen durch eine dynamische gesellschaftliche Debatte (vgl. Jarren 2000: 25). Nur im breiten Austausch über Gemeinsamkeiten können das wechselseitige Verständnis und die interkulturelle Kompetenz in der Gesellschaft erhöht werden (vgl. Global Commission 2006: 45-52/66-71). Da über kulturelle Gemeinsamkeiten und Unterschiede innerhalb der gesamten Bevölkerung kommuniziert werden muss, fällt das Augenmerk auf die Rolle der Massenmedien im Integrationsprozess.

Für das Funktionieren eines demokratischen Staates ist die Freiheit der Meinungsäußerung und der Berichterstattung essentiell. Die Massenmedien bietet allen Bevölkerungsmitgliedern die Möglichkeit, sich zu informieren, miteinander zu kommunizieren und sich in der deutschen Sprache zu schulen. Einen Schwerpunkt im Nationalen Integrationsplan der Bundesregierung bildet daher der Bereich Medien. Hier findet sich unter dem Thema *Integration durch Medien* die Erklärung, dass Medien die öffentliche Wahrnehmung von Zuwanderern und Aufnahmegesellschaft prägen und meinungsbildend in der Frage der Integration wirken. Ihnen kommt eine besondere Verantwortung zu, und sie sind dazu aufgefordert, einen entsprechenden Beitrag zur Integration von Zuwanderern in der deutschen Gesellschaft zu leisten (vgl. Presse- und Informationsamt der Bundesregierung 2007: 7).

Nach Aussagen von Staatsministerin Maria Böhmer ist darauf zu achten, dass die Themen Zuwanderung und Integration im Informationsangebot und im Unterhaltungsbereich nicht allein unter negativen Gesichtspunkten behandelt werden dürfen. Zudem müsste auch die Programmgestaltung stärker als in der Vergangenheit auf die Bedürfnisse von Menschen mit Zuwanderungsgeschichte zugeschnitten sein. Es müssten entsprechende Anreize geschaffen werden, damit Personen aus Einwandererfamilien verstärkt deutschsprachige Medien konsumieren. Um diese Zielvorgaben umzusetzen, sind verschiedene Medienakteure in der Arbeitsgruppe Medien, die im Rahmen des Integrationsgipfels der Bundesregierung 2006 ins Leben gerufen wurde, eine Reihe von Selbstverpflichtungen eingegangen.

Vereinbart wurde u. a., dass mediale Integration dem Bestreben folgt, Zugewanderte ebenso wie die Mehrheitsbevölkerung zu erreichen und miteinander ins Gespräch zu bringen. Es gab die Zusicherung, dass das langfristige Ziel der Personalpolitik, z. B. im Fernsehbereich sei, eine adäquate Zusammensetzung des Medienpersonals mit einer höheren Anzahl an Zuwanderern als Journalisten, Darsteller

---

[57] Vgl. Bundeszentrale für politische Bildung, In: Polixea Portal: Blickpunkt Integrationspolitik, vom 12.07.2006.

und Medienschaffende vor und hinter der Kamera zu erreichen. So müsse der Nachwuchs im Journalismus gezielt gefördert werden (vgl. Weinlein 2007) und der Themenkomplex *Integration und Migration* müsse sich zudem inhaltlich im gesamten Programmangebot wiederfinden.

Des Weiteren sind die Ministerpräsidenten der einzelnen Bundesländer der Auffassung, dass insbesondere dem öffentlich-rechtlichen Rundfunk diese zentrale Querschnittsaufgabe bei der Integration von Zuwanderern zugeschrieben werden muss. „Leider sitzen bei ARD und ZDF die Migranten eben nicht in der ersten Reihe" (Böhmer; zit. n. Weinlein 2007), bemängelt die Staatsministerin. In Folge werden die Erwartungen an die öffentlich-rechtlichen Sendeanstalten bezüglich des „Integrationsauftrags" (Presse- und Informationsamt der Bundesregierung 2008) präsentiert. Auch die derzeitigen Maßnahmen der medialen Integration bei den öffentlich-rechtlichen Sendern werden erläutert.

5.3 Erwartungen an ARD, WDR und ZDF

Der Programmauftrag der öffentlich-rechtlichen Rundfunksender hat sich erst über die Jahre in der laufenden Rechtsprechung des Bundesverfassungsgerichts herauskristallisiert.[58] Bis heute existiert keine eindeutige Begriffsdefinition, was zu Auseinandersetzungen innerhalb der Politik und Medienlandschaft darüber geführt hat, was der öffentlich-rechtliche Auftrag tatsächlich beinhaltet und was er nicht beinhaltet. Das Bundesverfassungsgericht hat in seiner Rechtsprechung dem öffentlich-rechtlichen Rundfunk die Aufgabe zugeschrieben, „eine Grundversorgung für alle zu gewährleisten" und „sicherzustellen, dass die Vielzahl der bestehenden Meinungen in möglichster Breite und Vollständigkeit Ausdruck findet und dass auf diese Weise umfassende Informationen angeboten werden", um so die „Meinungs- und politische Willenbildung zu fördern."[59]

Bis dato ist jedoch nicht juristisch verbindlich festgeschrieben worden, was genau mit der Grundversorgung gemeint ist. So kommt es, dass die verschiedenen öffentlich-rechtlichen Sender eigene Auffassungen von ihren Programmaufträgen entwickeln, die eine bisweilen marginal unterschiedliche Schwerpunktsetzung aufweisen. Die ARD äußerte sich in einer Konferenz der Gremienvorsitzenden am 27. November 2001[60] wie folgt zu ihrem Programmauftrag:

---

[58] Zur Geschichte des öffentlich-rechtlichen Rundfunks in Deutschland vgl. Diller (1996, 1997).
[59] Wortlaut aus dem *Niedersachsen-Urteil* von 1986.
[60] Vgl. http://www.wdr.de/unternehmen/rundfunkrat/_media/pdf/Funktionsauftrag%20Papier% 20 2001. pdf, Abruf am 17.06.2008.

124

„Diese vom Bundesverfassungsgericht aus dem ‚klassischen Auftrag' des öffentlich-rechtlichen Rundfunks entwickelten Aufgaben, pluralistische Meinungsbildung und kulturelle Vielfalt zu gewährleisten und eine umfassende, entwicklungsoffene Grundversorgung mit Programmen und Diensten sowie eine Teilhabe an gesellschaftlicher Kommunikation sicherzustellen, sind in den bestehenden Rechtsgrundlagen hinreichend beschrieben. Bewährt hat sich auch die damit verbundene Freiheit der Rundfunkanstalten, im Rahmen ihres Selbstverwaltungsrechts aufgrund professioneller Maßstäbe selbst zu entscheiden, wie sie ihren Auftrag erfüllen und welche Mittel sie dazu einsetzen."

Der Programmauftrag der öffentlich-rechtlichen Rundfunkanstalten enthält durch die Forderung nach pluralistischer Meinungsbildung und kultureller Vielfalt bereits indirekt einen Hinweis auf die Integrationspotentiale des Fernsehens, da „die öffentlich-rechtlichen Rundfunkanstalten unter anderem angehalten sind, in ihren Programmen allen Meinungsrichtungen Raum zu geben, das Gebot der Ausgewogenheit zu beachten, den Jugendschutz zu gewährleisten, eine sorgfältige und wahrheitsgemäße Berichterstattung zu bieten und eine gesellschaftliche Integrationsfunktion wahrzunehmen" (Schuler-Harms 2000: 150f.).

Doch öffentlich-rechtliches Fernsehen kann nur mittelbar und nicht in einer *einfachen Stimulus-Response-Relation* interkulturelle Integrationseffekte erzielen. Direkte Wirkungseffekte in der Bevölkerung sind empirisch schwer nachzuweisen. Inwieweit Aspekte des Modells der medialen Integration von den Sendeanstalten berücksichtigt werden, ist jedoch analysierbar. Dabei wird das Augenmerk zunächst auf die Anzahl von Menschen mit Zuwanderungsgeschichte in den Medienbetrieben gelegt, sowie die Abbildung politischer und gesellschaftlicher Diskurse um Integration in den Medieninhalten verfolgt. In diesen beiden Bereichen der öffentlich-rechtlichen Sender sind wichtige integrative Funktionen enthalten, die zum Abbau von Vorurteilen und sozialer Distanz beitragen können (vgl. Zambonini & Simon 2008: 120). Der Integrationsauftrag des ZDF ist im Programmauftrag im Sinne einer föderalen Integration ausgelegt:

„Mit der Verpflichtung, insbesondere ein umfassendes Bild der deutschen Wirklichkeit zu vermitteln und dabei die Zusammengehörigkeit im vereinten Deutschland zu fördern, wird der Auftrag zur gesamtnationalen Integration explizit gesetzlich verankert. (...) Der ZDF Staatsvertrag begründet die Verpflichtung, ‚das Geschehen in den einzelnen Ländern und die kulturelle Vielfalt Deutschlands angemessen im Programm darzustellen.'[61] (...) Der Föderalismus ist die Idee der Vielfalt in der Einheit. Das hiermit korrespondierende, den Bundesstaat als Einheit betonende Strukturprinzip, lässt sich umschreiben mit der Idee der Einheit in der Vielfalt." (Holznagel 1999: 39)

Es wird deutlich, dass die dem Programmauftrag zugrunde gelegte Konzeption von gesellschaftlicher Integration hier auch die Gewährleistung und die Förderung der interkulturellen Kommunikation innerhalb der kulturell heterogenen Gesellschaft

---

[61] Diese Aussage ist verankert in § 5 Absatz 2 ZDF StV.

mit einschließt. Der Integrationsauftrag[62] umfasst die Integration der unterschiedlichen in Deutschland lebenden gesellschaftlichen Gruppen zu einer in Frieden, Freiheit und Toleranz lebenden Gesellschaft. Innerhalb dieses so genannten *gesamtgesellschaftlichen Integrationsauftrags* sind wiederum unterschiedliche Differenzierungen auszumachen (vgl. Holznagel 1999: 39).

In Anerkennung der kulturellen Vielfalt innerhalb der Bevölkerung bietet das öffentlich-rechtliche Fernsehen die Gelegenheit zum gemeinsamen Austausch und fördert das Verständnis für die jeweils andere kulturelle Gruppe. So kann ein Beitrag zum Abbau von Vorurteilen geleistet werden, und Mehrheiten und Minderheiten können näher zusammenrücken (vgl. ZDF 2007: 6). Da das Fernsehen das reichweitenstärkste Medium ist, kann es seine integrativen Potentiale ausschöpfen und seinen Programmauftrag erfüllen, indem es Informationen über verschiedene kulturelle Gruppen bereitstellt. Insofern sind neben der Darstellung von Zuwanderern im öffentlich-rechtlichen Programm auch die potenzielle Erreichbarkeit der Zielgruppe durch attraktive Inhalte und relevante Themen die zentralen Voraussetzungen für die intendierten Integrationseffekte (vgl. Zambonini & Simon 2008: 121).

Auf der Konferenz der European Broadcasting Union (EBU) im Jahr 2006 in Essen wurden von den teilnehmenden Fernsehsendern Empfehlungen verabschiedet, die sich mit den Integrationspotentialen der öffentlich-rechtlichen Sender befassen. So heißt es in den Grundsatzpapieren erstens, dass kulturelle Vielfalt als positiver Wert und als kreative Herausforderung vermittelt und in die Leitsätze und interne Richtlinien der Rundfunkanstalten aufgenommen werden soll. Zweitens steht in der Erklärung, dass der gesellschaftliche Alltag von Menschen aus Einwandererfamilien in den Hauptprogrammen abgebildet werden muss. An dritter Stelle wird erwähnt, dass Medienakteure mit Zuwanderungsgeschichte nicht ausschließlich in migrationstypischen Zusammenhängen eingesetzt werden sollen, sondern je nach Qualifikation alle Rollen bekleiden können.[63]

Auf dieser Grundlage der allgemeinen Selbstverpflichtung wird im Folgenden speziell erläutert, was die ARD bezüglich der Integrationsbemühungen der Sender kommuniziert, wo die Vertreter der Landesrundfunkanstalten Integrationspotentiale in ihren Fernsehsendern sehen, und wie sie diese zurzeit und in der Zukunft nutzen möchten. Laut Selbstauskunft betrachten es die Landesrundfunkanstalten der ARD als eine ihrer wesentlichen Querschnittsaufgaben, die Realität der Einwanderungsgesellschaft in ihren Programmen, und hier vor allem in den massenattraktiven Angeboten, darzustellen (vgl. Media Perspektiven 2007). So versucht

---

[62] Der Integrationsauftrag findet sich verankert in § 5 Absatz 3 Satz 4 ZDF-StV.
[63] Vgl. Programmkonferenz Programm für alle! Die Einwanderungsgesellschaft in den Medien (2008: 13).

die ARD den Alltag der Menschen aus Einwandererfamilien als Teil der gesellschaftlichen Normalität abzubilden und vermittelt dabei die Chancen einer kulturell vielfältigen Gesellschaft, ohne Probleme und Risiken zu negieren. Bei künftigen Programmentwicklungs- und Personalentwicklungsstrategien hat die Widerspiegelung von kultureller Vielfalt in Deutschland höchste Priorität.

Weiter heißt es, dass das öffentlich-rechtliche Fernsehen in Deutschland nicht lediglich eine „Alltagshilfe auf Zeit" (Nötzold & Dilli 2009: 94) für Zugewanderte darstellen und Integration nicht allein als zielgruppenspezifische Aufgabe betrachtet werden soll, sondern dass der ethnische und kulturelle Wandel unserer Gesellschaft und damit des Fernsehpublikums nachhaltig reflektiert und in der Programmentwicklung Berücksichtigung finden muss. Im ARD-Positionspapier aus dem Jahr 2007 *Integration und kulturelle Vielfalt – Querschnittsaufgabe in der ARD* werden Strategien erwähnt, die einen zusätzlichen Beitrag zur Integration von Zuschauern mit Zuwanderungsgeschichte versprechen.

Folgendes Vorgehen gehört zu den erklärten Zielen: Menschen aus Einwandererfamilien sollen vermehrt in Redaktionen und Sendungen eingesetzt werden. Die interkulturelle Aus- und Fortbildung innerhalb des Rundfunks soll intensiviert werden, und es wird nach einer Verbesserung der Medienkompetenz bei Zuwanderern getrachtet. Des Weiteren soll die internationale Kooperation und der gegenseitige Erfahrungsaustausch zwischen den öffentlich-rechtlichen Sendern in Europa ausgebaut werden, und schließlich möchte die ARD die Partizipation in Aufsichtsgremien für Menschen mit Zuwanderungsgeschichte erleichtern (vgl. Media Perspektiven 2007: 473).

Diese oben aufgeführten Maßnahmen sind in ähnlichem Wortlaut in der Selbstverpflichtung enthalten, die die privaten und öffentlich-rechtlichen Medienanbieter 2007 im Nationalen Integrationsplan eingegangen sind (vgl. Zambonini & Simon 2008: 123). Auch hat die ARD in ihren Rundfunk- und Fernsehprogrammen das Thema *Integration* im Jahr 2007 in ihre Programmleitlinien aufgenommen. Darin wird u. a. die Verpflichtung unterstrichen, mit den Programmangeboten einen eigenen Beitrag zur Integration von Zuwanderern und Aussiedlern zu leisten und der Tendenz entgegenzuwirken, Zugewanderte überwiegend in Problemzusammenhängen darzustellen.[64]

Die größte öffentlich-rechtliche Landesrundfunkanstalt der ARD ist der WDR, der als einziger Fernsehsender einen eigenen Beauftragten für Integration und kulturelle Vielfalt in Vollzeit hat. Daher sollen neben den Integrationsstrategien von ARD und ZDF in dieser Studie auch die des WDR untersucht werden.[65]

---

[64] Vgl. Programmkonferenz Programm für alle! Die Einwanderungsgesellschaft in den Medien (2008: 12).

[65] In Kapitel 7.3 werden die Untersuchungsgegenstände und die spezielle Fallauswahl für diese Untersuchung noch genauer erläutert.

Gualtiero Zambonini, der diese Position zurzeit innehält, sieht die Integrationsoffensive des WDR als einen breiten dialogischen Prozess im Unternehmen angelegt, der sowohl direktions-, als auch hierarchieübergreifend verankert ist. Er fordert, dass der Wandel des Publikums in den Mittelpunkt der Programmgestaltung sowie der Personalrekrutierung und -entwicklung gerückt wird. Vor allem für die massenattraktiven Programme müssten mehr Journalisten mit Zuwanderungsgeschichte als redaktionelle Mitarbeiter gewonnen und gefördert werden, damit der Sender seine Integrationsfunktion erfülle. Zudem gehöre interkulturelle Kompetenz als fester Bestandteil in die Volontärsausbildung (vgl. Zambonini 2004: 8).

Laut dem Integrationsbeauftragten des WDR sollten Zuwanderer nicht nur als Experten in eigener Sache im Programm erscheinen. Vielmehr sei es wichtig, „dass sie vermehrt als selbstverständliche Akteure und Verantwortungsträger, als Experten und Diskussionsteilnehmer in Talkrunden und Unterhaltungsformaten auftreten – unabhängig von einem ausländerspezifischen Zusammenhang" (Zambonini & Simon 2008: 122). Es kann für die Bemühungen der ARD und des WDR hinsichtlich der Nutzung der Integrationspotentiale festgehalten werden, dass die Verantwortlichen der Sender in ihren Selbstauskünften auf theoretischer Ebene das Leitziel verfolgen, das Zusammenleben von Menschen unterschiedlicher Herkunft in allen Programmen des Senders als selbstverständliche Alltagswirklichkeit darzustellen und zu thematisieren (vgl. Zambonini & Simon 2008: 122).

Auch Markus Schächter, der Intendant des ZDF, hat sich in den Leitrichtlinien der Förderung von gesellschaftlichem Zusammenhalt und Integration verschrieben:

> „Das Massenmedium Fernsehen steht hier in der ersten Reihe. Wer etwas bewirken will, braucht ein großes Publikum. In einer Gesellschaft, die sich täglich noch immer weiter ausdifferenziert, ist Fernsehen die ideale Plattform für das notwendige Gespräch der Kulturen. Fernsehen kann und muss das Forum sein, auf dem die Vorzüge und Chancen des Miteinanders sichtbar werden, auf dem unterschiedliche Lebensentwürfe als Beitrag zum Ganzen erkennbar werden, ohne die Unterschiede zu verwischen." (Schächter 2007)

Um am Ziel einer heterogenen Gesellschaft festzuhalten, bei der trotz kultureller Vielfalt ein Gefühl von Zusammengehörigkeit unter den Bürgern entsteht, wird das öffentlich-rechtliche Fernsehen gebraucht, um sich an alle Gruppen der Gesellschaft zu wenden. Nur wenn sich alle angesprochen fühlen, ist das öffentlich-rechtliche Messenmedium in der Lage Brücken zu schlagen, damit die Gesellschaft nicht „in Mächtige und Machtlose, in Beschäftigte und Arbeitslose, in Reiche und Arme, in Junge und Alte, in unterschiedliche Kulturen" (ZDF 2008) zerfällt. Hier gehen die Verantwortlichen des ZDF davon aus, dass ihr öffentlich-rechtlicher Sender „auseinander strebende pluralistische Meinungen, Werthaltungen und

Strömungen zusammenführen kann, da es eine glaubwürdige plurale Verankerung in der Gesellschaft aufweist".[66]

Des Weiteren strebt das ZDF die Förderung von Akzeptanz und Toleranz von kultureller Vielfalt innerhalb der Bevölkerung durch seinen Programmoutput an. Hier wird die Position vertreten, dass das Fernsehen den Zuschauer zu einem tieferen Verständnis durch einen unvoreingenommenen Blick auf Gemeinsamkeiten und Differenzen zwischen den unterschiedlichen kulturellen Gruppen in Deutschland verhelfen kann. Im ZDF-Positionspapier *Die Darstellung von Migranten und Integration in den ZDF-Programmen: Status quo und Perspektiven* aus dem Jahr 2007 wird dieses Ziel programmatisch festgehalten. Dort heißt es, dass Integration und Migration in den Programmen in Zukunft noch stärkere Berücksichtigung erfahren sollen, indem die integrative Programmkonzeption weiter verfolgt wird. Der Anspruch besteht, dass die selbstverständliche Einbeziehung von Menschen mit Zuwanderungsgeschichte in den gesellschaftlichen Alltag an Beispielen im Programm in ihrer Normalität gezeigt wird:

> „Es ist Aufgabe des ZDF, die Integration und das friedliche Zusammenleben von Menschen verschiedener Herkunft auf der Grundlage der deutschen Verfassungsordnung und unter Achtung der jeweiligen kulturellen Eigenheiten herzustellen und zu fördern." (Schächter 2007)

In der aktuellen Selbstverpflichtungserklärung *Programmperspektiven 2009-2010* macht das ZDF auf Basis seines Programmauftrags konkrete Vorschläge wie diese Kommunikations- und Integrationsaufgabe umgesetzt werden soll. Hierbei wird erwähnt, dass der Sender die in den vergangenen Jahren verstärkte Thematisierung von Fragen der Integration und Migration mit Hilfe der ganzen Bandbreite der Fernsehgenre und Sendeplätze kontinuierlich fortführen möchte (vgl. Schächter 2008: 4). Damit stehen die Verantwortlichen vor der programm-strategischen Aufgabe, höchst unterschiedliche Themen und Haltungen so aufzugreifen, dass ethnische Minderheiten und die Mehrheitsgesellschaft gleichermaßen davon profitieren und miteinander ins Gespräch kommen können (vgl. ZDF 2007: 3). Die ZDF-Programme sollen hierbei die Debatten um Zuwanderung und damit verbundene Themen aufgreifen und Anstöße zur Selbstvergewisserung und zur Orientierung der Zuschauer geben (vgl. Schächter 2008: 8). Zu dieser Gesamtausrichtung des Programms im ZDF meint der Intendant:

> „Wir haben mit dem ZDF-Fernsehrat vereinbart, dass wir – nicht nur in diesem Jahr – noch stärker darauf achten werden, die Integration und das friedliche Zusammenleben von Menschen verschiedener Herkunft auf der Grundlage der deutschen Verfassungsordnung und unter Achtung der jeweiligen kulturellen Eigenheiten herzustellen und zu fördern. Die Medien haben

---

[66] Vgl. Dokument *Der Wert des ZDF für die Menschen in Deutschland* aus dem Jahr 2008, zu finden unter http://unternehmen.zdf.de/fileadmin/files/Download_Dokumente/DD_Das_ZDF/1.1.3_Der_Wert_des_ZDF_fuer_die_Menschen_in_Deutschland.pdf, Abruf am 13.04.2009.

auf diesem für den Lebensalltag in unserem Land wichtigen Gebiet eine besondere Aufgabe, aber auch alle Möglichkeiten, Menschen aus sehr unterschiedlichen Kulturen und Gesellschaften miteinander bekannt zu machen und ins Gespräch zu bringen." (Schächter 2007)

Markus Schächter beschreibt, dass das öffentlich-rechtliche Fernsehen seinen Beitrag zur medialen Integration nur dann leisten kann, wenn es die Bürger in Deutschland durch medial vermittelte Kommunikation miteinander ins Gespräch bringt und dabei die sich verändernden Lebenserfahrungen der zweiten oder dritten Zuwanderergeneration sowie ihrer Angehörigen aufgreift. Um dies umsetzen zu können, müssen Programmangebote einerseits mehrheitsfähig sein und andererseits Raum für vergleichsweise spezielle Themen lassen. Den heterogenen Zielgruppen- und Inhaltsanforderungen kann am ehesten entsprochen werden, wenn das öffentlich-rechtliche Fernsehen Integration als ein Querschnittsthema aller Programmangebote auffasst und es ganzheitlich im Programm aufgreift (vgl. ZDF 2007: 6).

Migration und Integration sollten konsequenterweise nicht allein und nicht in erster Linie in so genannten *Nischenprogrammen* behandelt werden. In Anerkennung der zugrunde liegenden Verschiedenheiten müsste der Austausch über kulturelle Unterschiede vielmehr selbstverständlicher Bestandteil des öffentlich-rechtlichen Fernsehprogramms in allen seinen Facetten werden. Dies sollte durch die Ausbildung von Redakteuren mit Zuwanderungsgeschichte sowie durch eine gezielte Fortbildung der Mitarbeiter und Führungskräfte in interkulturellen Themenfeldern begünstigt werden (vgl. Nationaler Integrationsplan, AG Medien, Arbeitsbericht 2007: 8f.).

In diesem Bereich hat sich die ARD – unter dem Motto *creating heroes* – vorgenommen, durch eine gezielte Personalpolitik Redakteure, Autoren, Moderatoren und Schauspieler ausländischer Herkunft zu fördern, die dann wiederum als positive Identifikationsfiguren an exponierter Stelle im Gesamtprogramm erscheinen sollen. Das ZDF möchte zeitgleich die im Rahmen einer Ausbildungsoffensive und bei einzelnen Personaleinstellungen begonnene verstärkte Berücksichtigung von Mitarbeitern aus Einwandererfamilien systematisch fortführen. Die ARD spricht sich für eine Förderung der interkulturellen Kompetenz durch praxisnahe Ausbildungsmodule aus und erhofft sich durch Fortbildungsmaßnahmen mit internationalen Experten einen Einblick in die *Best Practices* anderer europäischer Sendeanstalten zu erhalten. Auch das ZDF bestätigt, dass es sein internes Aus- und Fortbildungsangebot zum Thema Integration und Migration auszubauen anstrebt (vgl. Nationaler Integrationsplan, AG Medien, Arbeitsbericht 2007: 14f.).

5.4 Zwischenfazit

In Deutschland wurde die Priorität der Integrationsfrage bis Ende der 90er Jahre weder durch das politische System noch durch das soziale *Frühwarnsystem* Journalismus in seiner Brisanz und Relevanz erkannt. In den 50er bis 80er Jahren gingen die verschiedenen Bundesregierungen davon aus, dass viele der Gastarbeiter wieder in ihr Herkunftsland zurückkehren würden und bewerteten Deutschland nicht als Einwanderungsland. Trotz fehlender Konzepte und Verzögerungen im aktiven Integrationsprozess bei der Mehrheits- und Zuwandererbevölkerung, hält der deutsche Weg in die Einwanderungsgesellschaft einem Vergleich mit anderen europäischen Mitgliedstaaten stand.

Die integrationspolitischen Ansätze in Deutschland lassen sich seit 1990 unter den Schlagwörtern *Fördern und Fordern* subsumieren. Heutzutage nehmen führende Politiker öffentlich Stellung zu den in den Jahrzehnten zuvor vernachlässigten Bemühungen in der Integrationsarbeit. Deutschland wird als Einwanderungsland wahrgenommen und gesellschaftliches Engagement wird sowohl von Seiten der Zuwanderer als auch von der deutschen Mehrheitsbevölkerung gefordert. Es wird ein toleranter, pluralistischer Staat angestrebt, der sich den Herausforderungen einer kulturell vielfältigen Gesellschaft, aber auch deren Vorzügen bewusst ist.

Die erste Phase der Migrationspolitik vom Ende des Zweiten Weltkriegs bis 1990, in der eine Integration der Zuwanderer lediglich in Form von Assimilation aufgefasst wurde, scheint somit überwunden. Heute werden Strategien vor dem Hintergrund einer interkulturellen Integrationsdefinition diskutiert, die sich durch das beidseitige Annähern von ethnischen Minderheiten und deutscher Mehrheitsbevölkerung auszeichnet und auf Chancengerechtigkeit, gegenseitigem Interesse und Toleranz in der Gesellschaft beruht.

Um ein friedliches Zusammenleben von Menschen unterschiedlicher Kulturen zu gewährleisten, vertrauen Vertreter der Politik auf einen Mittelweg zwischen extremer Anpassung der Zuwanderer bei Aufgabe ihrer eigenen kulturellen Identität und Segregation durch Nicht-Anerkennung der hiesigen Rechte und Wertvorstellungen. Dabei wird nicht ausschließlich die strukturelle Integration der Migranten in den Arbeitsmarkt anvisiert, sondern darüber hinaus nach Maßnahmen der sozialen Integration gefragt. Das Verständnis von Integration basiert auf den Wechselbeziehungen zwischen den einheimischen und zugewanderten Gesellschaftsmitgliedern, die sich um einen Abbau existierender Vorurteile bemühen und neben ihren kulturellen Eigenheiten eine gemeinsame Wertebasis aufbauen und diskursiv weiterentwickeln.

Seit der Jahrtausendwende beziehen sich Politiker verstärkt auf die Unterstützung von verschiedenen gesellschaftlichen Institutionen, und explizit auch auf die Massenmedien, um die Herausforderungen der gesellschaftlichen Defragmentierung zu überwinden und auf eine langfristige gesellschaftliche Integration zuzusteuern. Der Nationale Integrationsplan fordert explizit, dass den öffentlich-rechtlichen Fernsehsendern hierbei die verantwortungsvolle Aufgabe zukommen soll, die kulturelle Vielfalt in der Gesellschaft abzubilden, Menschen aus unterschiedlichen Kulturen miteinander bekannt zu machen und sie ins Gespräch zu bringen. Für die Sender der ARD und für das ZDF ist die Ansprache von Menschen mit Zuwanderungsgeschichte zu einem wichtigen Aspekt des klassischen Programmauftrags geworden.

Dies zeigt sich auch anhand der Tatsache, dass der Bereich Medien im Nationalen Integrationsplan der Bundesregierung einen expliziten Posten einnimmt. Um der dort festgeschriebenen Vereinbarung zwischen der Politik, den Medien und der Gruppe der Zuwanderer nachzukommen und zu gewährleisten, dass mit Hilfe der medialen Integration alle gesellschaftlichen und kulturellen Gruppen in Deutschland miteinander in Kontakt kommen. Während sich in der Vergangenheit gezielte Programme für Gastarbeiter vorrangig nicht auf ein soziales Miteinander bezogen haben, besteht mittlerweile der Anspruch, dass *Mainstream-Programme* mit ihren Inhalten zu einem kontinuierlichen Dialog zwischen Zuwanderern und Aufnahmegesellschaft führen. Um dieses Ziel zu erreichen, streben die Rundfunkanstalten der ARD, darunter vor allem der WDR, und das ZDF Veränderungen in der Personalstruktur sowie in der Programmgestaltung an, die sie in Leitrichtlinien und Aktionsplänen verschriftlicht haben. Hierbei besteht die Herausforderung, die Heterogenität der Zielgruppe der Zuwanderer und der einheimischen Bevölkerung bei zugleich nationalkulturell bedingt unterschiedlichen inhaltlichen Präferenzen zu berücksichtigen.

Seit der Veröffentlichung der Arbeitsgruppe Medien des Nationalen Integrationsplans im Jahr 2007 werden beim deutschen öffentlich-rechtlichen Fernsehen folgende Herangehensweisen in der Umsetzung des Integrationsauftrags diskutiert: eine adäquate Präsenz von Zuwanderern im Medienpersonal *hinter und vor der Kamera*, eine gezielte Nachwuchsförderung und Akquise von jungen Talenten mit Zuwanderungsgeschichte, eine mögliche Quotenregelung bei der Neueinstellung von Mitarbeitern, eine verstärkte Mediennutzungs- und Medienwirkungsforschung zum Thema *Migranten und Medien,* eine bessere Zuschauerbindung und Erweiterung der Zielgruppe um Zuwanderer, die Vor- und Nachteile von speziellen Nischenprogrammen und Integrationssendungen, und Chancen der medialen Integration im Unterhaltungsfernsehen. Auch gibt es Überlegungen über die Etablierung von institutionellen Zuständigkeiten für kulturelle Vielfalt und Integration in den Sendeanstalten, damit ein *Monitoring* und eine Evaluation über die Fortschritte der Nutzung von Integrationspotentialen in Zukunft gewährleistet ist, so wie es im WDR bereits unter der Leitung des Integrationsbeauftragten durchgeführt wird.

Diese einzelnen Diskussionspunkte liefern bereits Hinweise auf mögliche Auswertungskategorien bei der Analyse der Rahmenbedingungen von medialen

Integrationsbemühungen bei ARD, WDR und ZDF in Deutschland, die im Laufe dieser Studie erfolgen wird. Zunächst befasst sich das folgende Kapitel jedoch analog zu diesem Teil mit den gesellschaftlichen und historischen Grundlagen, den (medien-)politischen Imperativen und den konkreten Anforderungen an die öffentlich-rechtlichen Fernsehsender in Großbritannien.

6. Grundlagen für die mediale Integration in Großbritannien

Veränderungen in der Integrationspolitik wurden seit dem Zweiten Weltkrieg in der britischen Gesellschaft kontrovers diskutiert. Dabei bleibt häufig unerwähnt, dass Einwanderung nach Großbritannien ein weitaus älteres Phänomen ist und ein Nebenprodukt der Ausdehnung des britischen Kolonialreichs war (vgl. Berg 2006: 250). Ein gutes Verhältnis zu den (ehemaligen) Kolonien war (und ist nach wie vor) notwendig und es bestehen intensive ökonomische, politische und kulturelle Beziehungen zwischen den Ländern des Commonwealth. Die koloniale Vergangenheit und die damit verbundenen Entwicklungen und Konsequenzen in der Migrations- und Integrationspolitik sind einer der Hauptunterschiede im Vergleich zu Deutschland (vgl. Kastendiek & Sturm 2006).

Da historische, politische und soziale Rahmenbedingungen Aufschluss über Prozesse und Entwicklungen im Feld der medialen Integration geben, helfen die Besonderheiten der britischen Migrationsgeschichte bei der Einordnung und Evaluation der heutigen Situation (vgl. Georgiou 2001: 3). Generell wird mit Blick auf die angelsächsische wissenschaftliche Auseinandersetzung mit dieser Thematik deutlich, dass es sich – zumindest was empirische Studien angeht – um ein unsystematisches Forschungsfeld handelt und dass theoretisch fundierte Untersuchungen die Ausnahme bilden. Allerdings besteht innerhalb der Arbeiten ein Konsens über eine Verbesserung der Repräsentanz von kulturellen Minderheiten in der massenmedialen Berichterstattung in den vergangenen Jahrzehnten (vgl. Statham 2002: 397).

Die folgenden Unterkapitel widmen sich schrittweise den entscheidenden gesellschaftlichen Voraussetzungen und politischen Maßnahmen, die sich seit dem Zweiten Weltkrieg bis zum Beginn des 21. Jahrhunderts in Großbritannien entwickelt haben. So können Konzepte der Integrationspolitik in der jüngsten Vergangenheit sowie aktuelle Entscheidungen besser nachvollzogen – und mit denen der deutschen Integrationspolitik in Relation gesetzt werden.

6.1 Gesellschaftliche und historische Voraussetzungen

In dem *klassischen* Einwanderungsland Großbritannien werden Migrations- und Integrationspolitik als Zentralbereiche der Gesellschaftspolitik aufgefasst (vgl. Bade 2007: 38). Seit dem Jahr 1945 verfolgt der britische Staat durchgehend eine Doppelstrategie in seiner Integrationspolitik. Er versucht einerseits, die Zuwanderung restriktiv zu regulieren und andererseits, durch integrationspolitische Maßnahmen ein problemloses Zusammenleben von Mehrheiten und kulturellen Minderheiten zu gewährleisten (vgl. Berg 2006: 258). Im Mittelpunkt der britischen Integrationspolitik stehen konsequenterweise die Bemühungen um harmonische interkulturelle Beziehungen. Da ist es nicht erstaunlich, dass Großbritannien seit Jahrzehnten sowohl innerhalb des eigenen Landes als auch international als der EU-Mitgliedstaat mit der höchsten Sensibilisierung auf Multikulturalismus- und Integrationsthemen gilt (vgl. Blommesteijn & Entzinger 1999; Husband, Beattie & Markelin 2000; Parekh 1997). Diese Feststellung bedeutet jedoch nicht automatisch, dass es in Großbritannien keinerlei Formen von Diskriminierung und Rassismus gibt und es dort nicht zu Ausgrenzung von Minderheiten kommt.

Um ein friedliches Zusammenleben aller Bürger zu unterstützen, beruht das britische Konzept eines kulturell heterogenen Staates auf zwei Komponenten: Erstens steht der Begriff *Multiculturalism* für die Anerkennung der gesellschaftlichen Realität des Landes als eine Gesellschaft, die aus vielen verschiedenen Kulturen besteht. Zweitens basiert er auf der weit verbreiteten Annahme, dass Multikulturalismus etwas Positives ist, das durchaus förderlich für das gesellschaftliche Miteinander sein kann (vgl. Hansen 2007: 6). Dabei liegt ihm das Prinzip zugrunde, dass *britisch werden* und sich in die britische Mehrheitsgesellschaft integrieren wollen nicht bedeutet, dass Menschen mit Zuwanderungsgeschichte ihre früheren kulturellen Bindungen und Praktiken komplett aufgeben müssen:

> „…Citizens are not only individuals but also members of particular religious, ethnic, cultural and regional communities, which are comparatively stable as well as open and fluid. Britain is both a community of citizens and a community of communities, both a liberal and a multicultural society, and needs to reconcile their sometimes conflicting requirements." (Parekh 2000)

Die Debatte über die Herausforderungen von Migration und Integration ist in der britischen Politik und Öffentlichkeit seit Jahren weit verbreitet. Auch schlagen sich die ideellen Vorstellungen einer kulturell vielfältigen Gesellschaft und einer um Integration bemühten Gesamtbevölkerung in der legislativen Struktur des Landes nieder. Das britische Modell der Toleranz und der gesellschaftlichen Miteinbeziehung von Menschen mit Zuwanderungsgeschichte unterscheidet sich in seinen Wurzeln von der ursprünglich auf *Ius sanguinis* ausgerichteten Integrationsinterpretation Deutschlands (vgl. Blommesteijn & Entzinger 1999).

Den Kern der Rahmenbedingungen zur Berücksichtigung von kultureller Vielfalt in der britischen Gesellschaft bildet die Antidiskriminierungsgesetzgebung. Das dazugehörige Gesetz, welches im Mittelpunkt der Integrationspolitik steht, ist im Zivilrecht verankert und wird von der Commission for Racial Equality (CRE) überwacht. All dies geschieht vor dem Hintergrund einer relativ offenen Staatsbürgerschaftspolitik (vgl. Hansen 2007: 6). In Großbritannien ist die Integrationsfrage, anders als in Deutschland, folglich weniger ein juristisches Problem. Es geht vielmehr darum, der Integration, die rechtlich und politisch schon stattgefunden hat, einen kulturellen oder symbolischen Inhalt zu geben (vgl. Mahnig 1998: 14). Um diesen Ansatz besser einordnen zu können, ist ein Blick auf die konkrete Geschichte der Migration und Integration notwendig und erleichtert das Verständnis aktueller politischer Entwicklungen.

Die britische Geschichte als Kolonialmacht brachte die meisten der heute in Großbritannien lebenden ethnischen Minderheiten in das Land. Es wird argumentiert, dass die schmerzhaften Erfahrungen der Kolonialzeit prägend für die kollektive Identitätsbildung der unterschiedlichen Migranten waren:

> „...This historical experience unified the different minorities, bringing them together in the face of exclusion and in strategies for becoming part of British society. In response to the colonial past of Britain with its dark moments of violence and domination over ‚colonial' subjects there emerged a discourse of respect towards minorities, which helped to shape the politics of migration and integration." (Hall 1992; zit. n. Husband, Beattie & Markelin 2000)

In der Vergangenheit wurde die Sorge geäußert, dass die englische Kultur eine gewisse Dominanz auf ethnische Minderheiten ausübt (vgl. Hall 1997), und dass institutioneller Rassismus in Großbritannien zu sozialem und kulturellem Ausschluss von Zuwanderern führt. Dennoch zeigt die britische Historie eine Reihe von politischen und gesellschaftlichen Versuchen und Initiativen, die darauf ausgerichtet waren, ethnische Minderheiten in nationale Projekte einzubinden und ihnen eine Stimme im öffentlichen Gesellschaftsdiskurs zu geben. Der offizielle Leitgedanke, der sich nach den Prinzipien der interkulturellen Integration richtet, spiegelt sich in der Gesetzgebung Großbritanniens wider, die religiöse und sprachliche Vielfalt nicht nur erlaubt, sondern auch schützt (vgl. Georgiou & Joo 2009: 61). In Tabelle 2 sind zentrale Gesetze Großbritanniens zusammengefasst, die die unterschiedlichen Phasen der Zuwanderungsgeschichte markieren.

Jahr der Ein-führung	Name des Gesetzes	Verantwortliche Regierung	Inhalt des Gesetzes
1905	Aliens Act	Conservatives	Verbot der Einreise von Armen, Kranken, Nichtsesshaften, Prostituierten
1914	Aliens Restriction Act	Liberals	Allgemeine Beschränkung von Zuwanderung und der Bewegungsfreiheit Fremder
1919	Aliens Act	Liberals	Bestrafung der Fremden für die Anstiftung zum Aufruhr und zu Arbeitskämpfen
1948	British Nationality Act	Labour	Britische Staatsbürgerschaft für Einwanderer aus dem Commonwealth: freie Einreise, freie Wahl von Arbeitsplatz und Wohnsitz
1962	Commonwealth Immigrants Act	Conservatives	Gutscheinsystem zur Regelung der Einwanderung: Kategorie A für Einwanderer mit Arbeitsverträgen; Kategorie B für Einwanderer mit bestimmter Ausbildung; Kategorie C für alle anderen (jährliche Obergrenze, 1965 wurde diese Kategorie von der Labour-Regierung abgeschafft)
1986	Commonwealth Immigrants Act	Labour	Patriality-Bestimmung: Freie Einwanderung nur noch für Menschen, die (oder deren Eltern) bereits britische Staatsbürgerschaft besitzen
1971	Immigration Act	Conservatives	Befristete Arbeitserlaubnisse für Einwanderer (für ein Jahr und einen bestimmten Arbeitsplatz, verlängerbar, Möglichkeit zur permanenten Aufenthaltserlaubnis nach vier Jahren)
1981	British Nationality Act	Conservatives	Drei Kategorien von Staatsbürgerschaft: British, British Overseas, British Dependent Territoires

Tabelle 2: Immigrations- und Staatsbürgerschaftsgesetze in Großbritannien (eigene Darstellung nach Hansen 2007)

Als Folge der großen Zahl von Zuwanderern, die aus den ehemaligen Kolonien kamen, entwickelte sich Großbritannien seit 1945 zu einem Einwanderungsland (vgl. Hansen 2007: 1). Die britische Migrationspolitik seit Ende des Zweiten Weltkrieges unterscheidet sich zu derjenigen in Deutschland in dreierlei Hinsicht: Erstens gab es in Großbritannien nie eine spezielle Politik der Rekrutierung von Arbeitskräften, da diese Nachfrage vor allem durch Iren und Migranten aus dem Commonwealth, die frei einwandern konnten, abgedeckt wurde. Die zweite Besonderheit ist die Politik der Einbürgerung, die sich aus der Immigration von Menschen aus den Ländern des Commonwealth erklärt.

Mit dem *British Nationality Act* aus dem Jahr 1948, unterschied die britische Regierung zunächst zwischen *British Subjects* (Bürger von Großbritannien und seinen Kolonien) und *Commonwealth Citizens* (Bürger der neuen unabhängigen Staaten, welche aber noch zum Commonwealth gehören). Personen beider Kategorien hatten das Recht auf freie Einreise, Aufenthalt in Großbritannien und verfügten über alle Grundrechte. Alle anderen Ausländer gehörten automatisch der Gruppe der *Aliens* an (wozu auch die Bürger europäischer Länder außer Irland gehörten). Diese Personen waren alle einer strengen Einreisekontrolle unterworfen (vgl. Mahnig 1998: 10).

Mit den sozialen Unruhen im Jahr 1958 verstärkte sich in Großbritannien die öffentliche Meinung, dass von der zunehmenden Einwanderung Gefahren für die britische Gesellschaft ausgehen könnten. Diese Vorkommnisse hatten einen starken Einfluss auf die spätere Integrationspolitik des Landes:

> „Race riots and growing racist and anti-immigration sentiments in the late 1950s precipitated two major developments, which to this day distinguish the British model from most continental European models of integration. First, while immigration policies increasingly aimed to curb non-white entry, a legal and institutional race equality regime began to emerge. Second, and leading on from that, integration policy ceased to be about assimilating newly arrived individuals into a homogenous society and instead turned to regulating the relations between distinct groups of people in a pluralist society." (Rudiger 2005: 16)

Trotz der Versuche, die sozialen Unruhen einzudämmen, kam es in den achtziger Jahren erneut zu Zwischenfällen, die die Integration von Zuwanderern als ein Problem des friedlichen Zusammenlebens innerhalb einer kulturell vielfältigen Gesellschaft erscheinen ließen. Die Sorge kam auf, dass Zuwanderung zur Bedrohung für den Zusammenhalt des Vereinigten Königreichs werden könnte. Diese Interpretation gipfelte in der Verabschiedung des *Commonwealth Immigrants Act* aus dem Jahr 1962, mit dem Großbritannien als erstes europäisches Land – und somit noch vor dem *Anwerberstopp* der meisten europäischen Staaten – eine restriktive Immigrationspolitik einführte.

Den Herausforderungen, die durch eine Zunahme an kultureller Heterogenität innerhalb der Bevölkerung entstanden, begegneten die politischen Verantwortlichen mit legislativen Bestrebungen, welche aufkeimende Konflikte entschärfen und Spannungen entgegenwirken sollten. Bereits in den sechziger Jahren wurde Integration in diesem Sinne von der britischen Labour-Regierung als gesamtgesellschaftliche Aufgabe eingestuft und weniger als von Zuwanderern allein zu erbringende Leistung (vgl. Berg 2006: 256). Der zentrale Bestandteil dieser integrationspolitischen Position ist die Bekämpfung der Rassendiskriminierung, welche mit der Verabschiedung des *Race Relations Act* im Jahr 1976, der Bildung des Race Relations Board (RRB) und der Commission for Racial Equality (CRE) begann und in den folgenden Jahrzehnten durch Reformen erweitert wurde (vgl. Mahnig 1998: 26). Tabelle 3 veranschaulicht die schrittweise Weiterentwicklung der so genannten *Race Relations-Gesetze*.

Jahr der Einführung	Name des Gesetzes	Verantwortliche Regierung	Inhalt des Gesetzes
1965	Race Relations Act	Labour	Verbot rassistischer Diskriminierung (Colour Bar) an öffentlichen Orten; Einrichtung eines Race Relations Board mit beratender und schlichtender Funktion
1968	Race Relations Act	Labour	Verbot rassistischer Diskriminierung auf dem Arbeits- und Wohnungsmarkt sowie bei Dienstleistungen; Einrichtung einer Community Relations Commission (beratende Funktion) und Stärkung des Race Relations Borad (berechtigt, auf Antrag Betroffener, Fälle von Diskriminierung vor Gericht zu bringen)
1976	Race Relations Act	Labour	Verbot rassistischer Diskriminierung im Bildungswesen, in der Werbung, in nicht-staatlichen Organisationen; Ausdehnung auf *indirekte Diskriminierung* (nicht intendierte Diskriminierung, z. B. die Vorgabe, Dienstuniformen zu tragen, die traditioneller Kleidungsvorschriften widersprechen); Zusammenführung von Community Relations Commission und Race Relations Board zur Commission for Racial Equality mit erweiterten Befugnissen (berechtigt, von sich aus Diskriminierungen zu ahnden und rechtsverbindliche Anordnungen zu treffen)
2000	Race Relations Amendment Act	Labour	Ausweitung der Befugnisse (berechtigt, polizeiliche Diskriminierung und *institutionellen Rassismus* zu ahnden)

Tabelle 3: Die Race Relations-Gesetzgebung in Großbritannien (eigene Darstellung nach Berg 2006)

Die CRE arbeitet unabhängig von der Regierung und widmet sich verschiedenen Projekten zur Unterstützung des interkulturellen Dialogs und der Toleranz von kultureller Vielfalt. Der *Race Relations Amendment Act* aus dem Jahr 2000 verpflichtet zudem alle öffentlichen Einrichtungen, sich durch ihre Praktiken für Chancengerechtigkeit innerhalb der Bevölkerung einzusetzen. Diese Richtlinien wurden umso leichter etabliert, als bis heute ein Parteien-übergreifender Konsens über eine restriktive Zulassungspolitik herrscht. Aufgrund dieser Meinungshomogenität wird das Thema Zuwanderung in Großbritannien auf politischer Ebene im Gegensatz zu anderen Ländern weniger kontrovers diskutiert. Dem gegenüber steht eine stark politisierte Debatte in der multikulturellen Bevölkerung um die Integrationsfrage, die von Diskussionen um *Race Relations*[67] bestimmt ist (vgl. Mahnig 1998: 11).

Hiermit hängt die dritte Besonderheit Großbritanniens zusammen, die sich am ehesten als Mischung aus Toleranz der kulturellen Vielfalt einerseits und der Forderung nach unbedingter Loyalität zur britischen Krone andererseits beschreiben lässt. Die Ansicht, dass es nicht zulässig sei, ethnischen Minderheiten die dominante Kultur einer Gesellschaft aufzuzwingen, ist in der britischen Bevölkerung weitgehend toleriert. Die Mehrheit der Gesellschaft ist der Meinung, dass alle Bevölkerungsmitglieder das Recht haben sollen, ihr Leben nach individuellen Vorstellungen zu leben, solange sie dabei die persönliche Freiheit ihrer Mitmenschen nicht beeinträchtigen. In gleichem Maße hat sich aber ein politischer Sinneswandel vollzogen, infolgedessen sichtbare Minderheiten (*visual ethnic minorities*) zunehmend aufgefordert werden, ihre Loyalität und Einsatzbereitschaft gegenüber der Krone zu demonstrieren (vgl. Hansen 2007: 6).

Diese Entwicklungsstränge werden insbesondere seit den späten 90er Jahren deutlich. Auf der einen Seite ist die Präsenz von nunmehr alteingesessenen kulturellen Minderheitengemeinden für weite Teile der britischen Bevölkerung zur Normalität geworden (vgl. Blommesteijn & Entzinger 1999). In Großbritannien wird kulturelle Vielfalt von der gesellschaftlichen Allgemeinheit geschätzt, oder zumindest als gegeben hingenommen:

> „The racial and ethnic mix of the British people, the ‚mongrel' character they have acquired over the centuries, and the diverse foreign influences that have shaped Britain's culture are all widely acknowledged without embarrassment and sometimes with pride." (Parekh 2008: 98)

So entstehen in Großbritannien keine kontroversen Diskussionen mehr über die Tatsache, dass Menschen in öffentlichen Funktionen verschiedene Hautfarben haben und teilweise auch religiöse Symbole am Körper tragen wie beispielsweise

---

[67] Der Begriff *Race Relations* wird in Großbritannien im Sinne einer sozialen Konstruktion wie *ethnische Gruppe* und nicht als biologische Kategorie benutzt. Deshalb hat er auch während des Zweiten Weltkriegs keine negative Konnotation angenommen und kann heutzutage sinngemäß mit *ethnischen Beziehungen* übersetzt werden (vgl. Mahnig 1998: 11).

muslimische Frauen ein Kopftuch. Es ist vor allem diese *Unaufgeregtheit*, die auf die Stärken des britischen Einwanderungsmodells gegenüber dem kontinentaleuropäischen Gastarbeitermodell verweist (vgl. Berg 2006: 268).

Auf der anderen Seite ergeben Meinungsumfragen, dass die britische Öffentlichkeit Einwanderung als eines der größten Probleme im Land einschätzt.[68] Die Gründe, weshalb Zuwanderung in Großbritannien als problematisch wahrgenommen wird, führen deren Gegner bereits seit Jahrzehnten an: Sie sehen in Migranten eine Konkurrenz um knappe Arbeitsplätze, Wohnungen und soziale Dienstleistungen. Darüber hinaus fürchten sich viele Gesellschaftsmitglieder davor, dass Migrationsbewegungen die derzeitigen Strukturen der Gesellschaft gegen ihren Willen verändern könnten. Zusätzlich zu diesen Vorbehalten werden neuerdings auch weitere vermeintliche Gründe für eine restriktive Einwanderungspolitik hervorgebracht. Zunächst untergrabe Immigration die gesellschaftliche Solidarität und somit den Sozialstaat. Additiv mangele es vielen Zuwanderern, aber vor allem auch ihren Kindern, an ausreichender Identifikation mit Großbritannien und den britischen Werten.

Neben diesen Bedenken in Teilen der Bevölkerung verfügt Großbritannien politisch jedoch über die weitestreichenden rechtlichen Rahmenbedingungen im Kampf gegen Diskriminierung aufgrund ethnischer Zugehörigkeit. Die Regierung, öffentliche Institutionen und die Medien treten auf offizieller und inoffizieller Ebene für Maßnahmen ein, die sicherstellen sollen, dass ethnische Minderheiten angemessen in der Öffentlichkeit repräsentiert werden (vgl. Hansen 2007: 1).

Des Weiteren fällt bei der Betrachtung der gesellschaftlichen Rahmenbedingungen in Großbritannien auf, dass die Integrationsdebatte nicht allein auf die soziale Eingliederung von Zuwanderern der ersten Generation beschränkt ist, sondern es zumeist um ethnische Minderheiten allgemein geht (vgl. Trebbe 2009: 12). Im angelsächsischen Sprachraum hat in der öffentlichen und medialen Debatte eine Erweiterung des Migrationsbegriffs auf andere kulturelle Gruppen stattgefunden, die durch die Bezeichnung *ethnische Minderheit* abgedeckt werden (vgl. Trebbe 2009: 23). In Folge dieser Erweiterung der Diskussion, geht es auch bei der Debatte um die mediale Integration häufig um eine weitergefasste Zielgruppe.

Während es in der öffentlichen Diskussion in Deutschland zurzeit fast ausschließlich um die Integration von Zuwanderern geht, ist dies in Großbritannien mittlerweile nur noch eine Facette der Diskussion um die Akzeptanz von gesellschaftlicher Vielfalt und dem Zugang aller sozialen Gruppen an einer demokratischen Teilhabe und Mitbestimmung des gesellschaftlichen Alltags. Das Streben nach einer angemessenen medialen Darstellung von Minderheiten schließt bei der

---

[68] Vgl. Ipsos MORI (2007) www.ipsos-mori.com/polls/2007/mpm07425.shtml, Abruf am 20.10.2009.

britischen Forderung nach Vielfalt – *Diversity* – auch *Alter, Behinderung, sexuelle Orientierung, soziale Schicht* und *ethnische Zugehörigkeit* mit ein. Dass die Frage nach der Zuwanderungsgeschichte mittlerweile nur noch einen Aspekt der Diskussion darstellt, erlaubt die Annahme, dass Zuwanderung und ein hohes Maß an kultureller Vielfalt in der britischen Gesellschaft – bei allen offenen Fragen und möglichen Problemstellungen – von der breiten Bevölkerung bereits als Normalität wahrgenommen und akzeptiert werden. Anhand der aktuellen (medien-)politischen Forderungen im Land wird die holistische Herangehensweise an das Thema sichtbar.

6.2 Aktuelle medienpolitische Imperative

Die Entwicklung zur kulturell pluralistischen Gesellschaft ist Teil der generellen politischen und sozioökonomischen Wandlungsprozesse in Großbritannien seit dem Zweiten Weltkrieg. Im Jahr 1997 trat Tony Blairs Labour-Regierung mit dem Plan an, während seiner Amtszeit Strategien für eine Weiterentwicklung der multikulturellen Gesellschaft zu entwickeln. Trotz mangelnder Eindeutigkeit einer Definition kam nach dem Wahlsieg der Labour-Partei der Begriff *Multiculturalism* in Mode. Kabinettsmitglieder verwendeten ihn regelmäßig, das Innenministerium organisierte Konferenzen rund um das Thema und Minister, die von Kanadareisen zurückkamen, berichteten voller Enthusiasmus über die dortige Zuwanderungs- und Multikulturalismuspolitik (vgl. Berg 2006: 266).

In diesem Zeitraum wurde eine Kommission unter der Leitung von Bhiku Parekh mit einer Bestandsaufnahme der aktuellen Situation in Großbritannien beauftragt. Die Arbeitsgruppe um den Politikwissenschafter sollte konkrete Empfehlungen aussprechen, die in ihrem Bericht unter dem Titel *The Future of Multi-Ethnic Britain* veröffentlicht wurden (vgl. The Runnymede Trust 2007). Besonders interessant ist dieser Report in Hinsicht auf die Rolle der Medien in der multikulturellen Gesellschaft, denn er spricht sich ausdrücklich für die Verantwortung der Medien bei der Bekämpfung von Rassismus und bei der Etablierung einer toleranten Gesellschaft aus:

„The cultural fabric of a society expresses ideas of who ‚we' are. To the extent that it is inclusive, it gives all people a sense of belonging and makes a strong stand against racism." (Parekh 1997: 18)

Seit der Jahrtausendwende wird der Begriff *Multiculturalism* nicht länger euphorisch gefeiert, sondern es hängt ihm eine eher negative Konnotation in der britischen Öffentlichkeit an. In großen Tageszeitungen werden Berichte und Leitartikel publiziert, welche die möglichen „Balkanisierungseffekte" des Multikulturalismus an den

143

Pranger stellen (vgl. Kapitel 2.2). Auch die Regierung hat ihren Fokus zurzeit auf weiterführende Konzepte der Integration in die britische Gesellschaft und Loyalität gegenüber dem Königreich gelegt (vgl. Hansen 2007: 5). Seit einigen Jahren wird wieder verstärkt eine Anpassung an britische Werte verlangt und Loyalitätsbekenntnisse seit Verabschiedung des *Nationality, Immigration and Asylum Act* aus dem Jahr 2002 nunmehr auch offiziell eingefordert. Der Erwerb der britischen Staatsbürgerschaft ist seitdem an das Ablegen eines Treueschwures zum britischen Staat geknüpft (vgl. Berg: 2006: 250).

Hier zeigt sich, dass Andersartigkeit in der britischen Gesellschaft durchaus als bedrohlich aufgefasst werden könnte, weil Konformität mit Loyalität gleichgesetzt wird, ohne dass deutlich wird, warum diese Gleichsetzung erfolgt. Staatsbürger müssen ihre Ergebenheit nicht unter Beweis stellen, so genannte *Ausländer* hingegen schon:

> „Es zeigt sich, dass der Beitritt zur Gemeinschaft dieser ‚Fremden' an bestimmte Anpassungsleistungen geknüpft ist, dass sie beitreten dürfen, wenn sie durch ihre Konformität ‚beweisen', dass sie loyal sind." (Imhof 2002)

Laut Gesetz erhalten alle Menschen, die in Großbritannien als Kinder von dauerhaften Bewohnern oder anerkannten Flüchtlingen geboren werden, bei der Geburt die britische Staatsbürgerschaft. Alle anderen können sich nach drei Jahren Ehe mit einem britischen Staatsbürger oder nach fünf Jahren legalem Aufenthalt in Großbritannien einbürgern lassen. Im Gegensatz zu Deutschland ist das Prinzip der doppelten Staatsbürgerschaft vollkommen akzeptiert (vgl. Hansen 2007: 9). Ähnlich wie in Deutschland wird in Großbritannien das Erlernen der Sprache als Grundvoraussetzung für Integrationsprozesse angesehen (vgl. Geddes 2003: 5).

Nach den Anschlägen vom 11. September 2001 in den Vereinigten Staaten von Amerika (USA) und denen in London am 7. Juli 2005 erlebte der Begriff *Integration* in Großbritannien eine Renaissance. Die derzeitige Debatte ist geprägt durch die Frage nach der Akzeptanz von Verschiedenheit bei gleichzeitiger Anerkennung von gemeinsamen Werten. Die britische Regierung setzt im Bereich Migration und Integration stärker denn je auf gemeinsame Anstrengungen sowohl von der Mehrheitsgesellschaft als auch von Zuwanderern. Während sich Angehörige kultureller Minderheiten verstärkt um ihre Eingliederung bemühen und sich an britische Wertvorstellungen anpassen sollen, ist es Aufgabe des Staates, einen geeigneten rechtlichen Rahmen zur Verfügung stellen, der dies ermöglicht (vgl. Berg 2006: 267; Cantle 2001).

So zeichnet sich die „neue Migrations- und Integrationspolitik" (Kymlicka 2007) durch ihre Mischung aus autoritären und fürsorglichen Elementen aus. Nur mit Hilfe beider Bestandteile verspricht sich der Staat eine erhöhte Akzeptanz von kultureller Vielfalt, die ein gesellschaftliches Gefüge nicht schwächt, sondern es weltoffener gestaltet. Vergleichbar mit dem Ansatz Deutschlands orientiert sich auch die britische Integrationspolitik an der Logik des *Fördern und Fordern* (vgl. Berg 2006: 267). Die Regierung strebt eine Balance zwischen homogenen gesellschaftlichen Wertmaßstäben und gesellschaftlicher Einheit bei gleichzeitiger liberaler Handhabung von kulturellen Eigenheiten an:

> „The recent emphasis of the United Kingdom on community cohesion also indicates a potential move towards a more interventionist stance. A communitarian vision of shared values appears alongside the liberal emphasis on rights on which Anglo-American equality regimes are based." (Rudiger 2005: 19)

In Großbritannien wird den Massenmedien bei der Etablierung dieses Mittelwegs eine elementare Rolle im Integrationsprozess zugeschrieben. So haben sich viele Medienunternehmen in den vergangenen Jahren gewissen Leitrichtlinien (*codes of practice*) unterstellt, um den Anforderungen der medialen Integration gerecht zu werden. Insbesondere die Commission for Racial Equality (CRE) hat sich im Bereich dieser Verhaltenscodizes verdient gemacht, und ihre Anstrengungen können bislang positiv bewertet werden (vgl. Statham 2002: 411). Dennoch finden sich gemischte Evaluationen der Bemühungen und es zeigen sich starke Unterschiede bei der Umsetzung dieser Selbstregularien innerhalb der einzelnen Medieninstitutionen (vgl. Statham 2002: 395). Dabei schneidet die BBC bei oberflächlicher Betrachtung besser ab als kommerzielle Fernsehsender:

> „It seems that public broadcasting (BBC) in general gives more coverage to ethnic relations and immigration issues than independent broadcasting. In part this may be due to the official obligation of all state bodies in Britain under the Race Relations Acts to promote equal opportunities, which indirectly affects the state broadcaster in its self-definition of its duties." (Statham 2002: 400)

In Großbritannien ist unter dem *Communications Act* im Jahr 2003 das Office of Communications (Ofcom) gegründet worden. Im Sinne des *Race Relations Act* ist Ofcom bei der Kommunikationsregulierung in all seinen Aktivitäten dazu verpflichtet gegen Diskriminierung vorzugehen und sich für gute Beziehungen zwischen unterschiedlichen kulturellen Gruppen stark zu machen (vgl. Ofcom 2005: 4f.). Dem öffentlich-rechtlichen Fernsehen wird in Großbritannien interkulturelle Integration als Aufgabe zugeschrieben (vgl. Aufderheide 1999). In den Richtlinien steht als eine der Hauptaufgaben des öffentlich-rechtlichen Fernsehens in Großbritannien verankert:

> „To support a tolerant and inclusive society, through programmes which reflect the lives of different people and communities within the UK, encourage a better understanding of different cultures and, on occasion, bring the nation together for shared experiences." (Ofcom 2005)

Ein besonderer Fokus der Arbeit von Ofcom wird dabei – wie in Teil 3 des *Communications Act* festgeschrieben – auch auf die Berücksichtigung der unterschiedlichen ethnischen Minderheiten in der Gesellschaft gelegt. Zusätzlich wird in Teil 27 des *Communications Act* auf Ofcoms Aufgabe verwiesen, das Trainingsangebot für Rundfunkmitarbeiter auszubauen und dabei besonders auf Chancengerechtigkeit innerhalb der unterschiedlichen soziokulturellen Gruppen zu achten:

> „In carrying through our duties we are determined to place diversity at the heart of Ofcom. For us, that includes issues relating to race and ethnicity, as well as gender, sexual orientation, disability, religion and belief and age." (Ofcom 2005: 2)

Es zeigt sich, dass medienpolitische Regulierungen in Großbritannien, in der Tradition der Antidiskriminierungspolitik begründet, die Förderung der Akzeptanz von ethnischen Minderheiten und interkulturellen Integration wiedergeben. Diese Zielvorgaben sind auch in den Aufgaben und Pflichten von Ofcom, der Medienaufsichtsbehörde, enthalten.

Vor diesem Hintergrund befasst sich das folgende Unterkapitel mit den Anforderungen, die an die öffentlich-rechtlichen Fernsehsender BBC und Channel 4 gerichtet sind. Erneut hilft hier ein Blick auf die Geschichte und die derzeitigen strukturellen Rahmenbedingungen der öffentlich-rechtlichen Sendeanstalten, um den Vergleich zwischen Deutschland und Großbritannien zu fundieren.

6.3 Erwartungen an BBC und Channel 4

Die BBC, die nach 1945 bei der Etablierung der deutschen öffentlich-rechtlichen Rundfunkanstalten in Vielem ein Vorbild war, ist eine *staatliche* Gesellschaft.[69] Sie beruht auf der rechtlichen Grundlage durch die Royal Charter, einem Regierungsakt von 1927 – dessen aktuelle Fassung aus dem Jahr 2006 stammt – und steht nominell unter voller Weisungsgewalt. Faktisch hat sie eine weitgehende Unabhängigkeit erlangt und ist für Wissenschaftler wie Medienpraktiker häufig „so etwas wie der Goldstandard des öffentlich-rechtlichen Rundfunks" (Sergeant 2008: 54). Trotz der stark angestiegenen Zahl an Fernsehsendern und digitalen Angeboten in Großbritannien, genießt die BBC in der britischen und internationalen Öffentlichkeit dank ihrer politischen Neutralität und eines qualitativ hochwertigen Programms einen besonderen Stellenwert (vgl. DCMS 2005).[70]

---

[69] Weitere Informationen zum dualen Rundfunksystem in Großbritannien bietet das *Internationale Handbuch Medien* (2009) des Hans-Bredow-Instituts für Medienforschung an der Universität Hamburg.
[70] Einen Einblick in die Thematik bieten auch Kaumanns, Siegenheim & Knoll (2007).

Die BBC wird durch einen Vorstand, das so genannte *Board of Governors*, reguliert und nach außen repräsentiert. Dessen Mitglieder werden durch das zuständige Ministerium ernannt und verstehen sich als Vertreter der öffentlichen Interessen. Daher werden sie von der Allgemeinheit nicht ausschließlich in ihrer Regulierungsfunktion gesehen, sondern sie gelten auch als Hüter der journalistischen Unabhängigkeit (vgl. Humphreys 2008: 323). Eine weitere Besonderheit der BBC ist, dass es der Sendeanstalt bis zum heutigen Tag nicht gestattet ist, Werbegelder oder finanzielle Beträge durch Sponsoring einzunehmen. Das Programm wird, abgesehen von Einnahmen aus dem Vertrieb wie z. B. von Programmrechten, komplett aus gesetzlich festgelegten Gebühren finanzieren. Somit vermindert sich der wirtschaftliche Druck, sich an Einschaltquoten zu orientieren, um durch eine Konzentration auf möglichst massenattraktive Sendungen die nötigen Werbeeinnahmen zu gewährleisten. Zudem wird der Druck des Marktes dadurch in Grenzen gehalten, „dass zusätzliche private Veranstalter auf terrestrischen Frequenzen, die als öffentliche Güter der Vergabe nach staatlichem Ermessen bedürfen, nur behutsam und mit immer noch erheblichen Auflagen für die Programmgestaltung zugelassen werden" (Bullinger 1999: 67).

Obwohl in Großbritannien alle terrestrischen Fernsehanstalten gewissen Verpflichtungen für die Gesellschaft nachkommen müssen, sind es die BBC und Channel 4, die als maßgebliche öffentlich-rechtliche Sender etabliert wurden und ihren Programmaufträgen unterliegen (vgl. Campion 2005:8). Da in diesen auch die Aufgabe zur Förderung der Akzeptanz von kultureller Vielfalt enthalten ist, wird sich im weiteren Verlauf dieser Untersuchung auf diese beiden konzentriert.[71] Ein kurzer Abriss der historischen Entwicklung der Programmaktivitäten der öffentlich-rechtlichen Fernsehsender in Großbritannien zeigt, dass die BBC und später auch Channel 4 im Bezug auf ihre Integrationsstrategien in der Vergangenheit verschiedene Prozesse durchlaufen haben. In Großbritannien haben sich die öffentlich-rechtlichen Fernsehanstalten bereits wesentlich früher als die öffentlich-rechtlichen Sender in Deutschland mit der Frage nach ihren medialen Integrationspotenzialen beschäftigt:

„It was not until the 1960s that programming for, in contrast to about black people was produced, though this was typically conceived as an educational service helping Asian immigrants to learn English and assimilate into British society. In the 1970s political struggles were waged for increased access to the television industry and improved representations outside of a narrow range of roles and negative treatments. In this period competing positions on the politics of ‚race' were played out through positions on the politics of ‚multiculturalism' and ‚anti-racism'. In the 1980s, with the advent of Channel Four, a burgeoning independent black workshop sector and continuing struggles for black representation both on and behind the screen, the volume and range of programming aimed at black audiences began to increase. In the

---

[71] Eine detaillierte Erklärung und Begründung, warum in dieser Studie die beiden Sendeanstalten BBC und Channel 4 als Untersuchungsgegenstände in Großbritannien dienen, folgt in Kapitel 7.3.

1990s, however, some of the gains of the 1980s now look under threat as a shift away from public service ideals to the marketplace has restricted both funding and access." (Cottle 1997: 4)

Diese Beschreibung verdeutlicht die Entwicklungsschritte der Bemühungen zur medialen Integration von Zuwanderern. Dem ist hinzuzufügen, dass die BBC im Jahr 1965 die *Immigrant Programmes Unit* (IPU) gründete. Sie produzierte gezielte Fernsehangebote für asiatische Einwanderer (vgl. Hundal 2009: 82). In den folgenden Jahrzehnten teilte sich die IPU in eine asiatische und eine afro-karibische Einheit auf, bevor diese dann in den 70er Jahren in das *Multicultural Programmes Department* überführt wurden, das in den frühen 80er Jahren geschlossen wurde. Von nun an waren alle Redaktionen für die gezielte Ansprache der *black communities* zuständig, lediglich die *Asian Programmes Unit* (APU) wurde als gesonderte Institution von der BBC beibehalten (vgl. Hundal 2009: 82).

Im Juni 2004 hat Mark Thompson die Funktion des Vorstandsdirektors der BBC übernommen. Er hatte damit u. a. die Aufgabe inne, die Verhandlungen für eine neue *Royal Charter* zu führen. Diese wurde am 19. September 2006 bestätigt und ist am 1. Januar 2007 für einen Zeitraum von zehn Jahren in Kraft getreten. Zur gleichen Zeit übernimmt der BBC Trust anstelle des BBC Board of Governors die Aufsicht über die britische Sendeanstalt. In der neuen *Royal Charta* wird unter sechs weiteren Punkten der Programmaufträge die Akzeptanz kultureller Vielfalt aufgeführt. Der Vorstandsdirektor der BBC, Mark Thompson, betrachtet die interkulturelle Integration als eine der Kernaufgaben des Senders:

> „The BBC is an important builder of social capital, seeking to increase social cohesion and tolerance by enabling the UK's many communities to talk to themselves and each other about what they hold in common and how they differ." (Thompson 2004)

Die Verantwortlichen der BBC sehen es als ihre Aufgabe an, die Nation, die Regionen und Kommunen Großbritanniens im Programm wiederzugeben, damit die unterschiedlichen Bevölkerungsmitglieder in die Lage versetzt werden, sich über Gemeinsamkeiten und Unterschiede auszutauschen. Interkulturelle Integration soll vorangetrieben werden und Toleranz soll durch ein tieferes gegenseitiges Verständnis innerhalb einer Gesellschaft aus heterogenen Kulturen aufgebaut werden.

Laut Selbstauskunft liegt das Hauptaugenmerk dabei auf den Möglichkeiten zur medialen Integration von ethnischen Minderheiten:

> „The BBC has a particular duty to represent and serve Britain's ethnic minorities. This is not just because we have a responsibility to meet the needs of all our licence payers, but because the BBC is one of the key institutions trough which all of us form a picture of the kind of society Britain is: whether it is inclusive or exclusive; whether it recognises and celebrates the value of cultural and ethnic diversity or falls back on old stereotypes and prejudice; whether it

strives to increase mutual understanding and equality of opportunity or is content to allow hostility and disadvantage to persist." (BBC 1995: 163)

Im Programmauftrag ist festgelegt, dass die BBC einerseits internationale Nachrichten und Informationen in der Welt verbreitet und einem globalen Publikum Einblicke in die britische Kultur anbietet und andererseits das nationale Publikum über internationale Geschehnisse unterrichtet. Neben den Leitlinien des BBC Programms hält die öffentlich-rechtliche Sendeanstalt weiterhin an ihrer Vision fest, die *kreativste Organisation in der Welt zu sein* und den *Zuschauer zu informieren, zu unterhalten und zu bilden*. Auf der Internetseite der Sendeanstalt wird des Weiteren postuliert, dass die Mitarbeiter sich gegenseitig respektieren, von ihren unterschiedlichen kulturellen Hintergründen und individuellen Fähigkeiten im Team profitieren, so dass jeder etwas zur Programmgestaltung beitragen kann. Diese heterogene und dennoch harmonische Mitarbeiterkultur wirkt sich im besten Fall positiv auf das Programmangebot aus, von dem die gesamte Breite an Zuschauern profitieren kann, denn es heißt in der Selbstverpflichtung des Senders: „diversity is a creative opportunity to engage the totality of the UK audience"[72].

Hieran knüpfen die aktuellen Entwicklungen im so genannte *BBC Agreement 2007* an, in dem gesondert auf die Integration von Menschen mit Zuwanderungsgeschichte eingegangen wird. Auch die geplanten Aktionen der BBC − *to tackle ethnic diversity* − für den Zeitraum 2009 bis 2010 sind schriftlich festgehalten. Die Einbindung von kultureller Vielfalt in die öffentlich-rechtliche Sendeanstalt soll demnach in allen Bereichen und Hierarchieebenen der BBC erfolgen. Im Einzelnen werden die Aktionspläne wie folgt aufgeführt: Zunächst entsteht im Bereich *Senior Management* ein *Mentoring-Programm* für Führungskräfte aus Einwandererfamilien sowie ein *Diversity-Trainingsprogramm* für bestehende Manager. Im Bereich der Medienproduktion wird der Cultural Diversity Network (CDN) *Diversity Pledge*[73] angewendet, welcher für eine kulturell vielfältige Zusammenstellung der Produktionsteams und -inhalte steht und diese anhand von Fragebögen überprüfen lässt.

Die BBC hat als größter Arbeitgeber in der Fernsehlandschaft Großbritanniens einen besonderen Auftrag, die kulturelle Vielfalt innerhalb der britischen Gesellschaft wiederzuspiegeln, und kann diesem Ziel durch eine entsprechende Personalpolitik näher kommen:

„The public broadcasting corporation BBC is by far the industry's largest employer and undertakes a special obligation to reflect the diversity of British society. One way to achieve this is by employing minorities, and since 1989 the BBC has been setting targets for the proportion of

---

[72] Auf der Internetseite der BBC können Programmaufträge, Leitrichtlinien und Selbstverpflichtungen unter http://www.bbc.co.uk eingesehen werden.

[73] Auf das Cultural Diversity Network (CDN) und seine Aktivitäten wird im Laufe der Arbeit noch genauer eingegangen. Weitere Informationen finden sich unter http://www.culturaldiversitynetwork .co.uk/.

staff that should come from ethnic minorities for each directorate. Initially the aim was to reach a target of 8% by the year 2000, which would reflect the projected composition of British minorities. At first, it appears that these attempts achieved some limited successes in increasing the numbers of ethnic minorities employed by the BBC, however the drastic reductions in the overall number of staff brought about by changes in the industry affected these initiatives." (Statham 2002: 414)

Trotz dieser quantitativen Zielsetzung des Senders gibt es keine direkte Quotenregelung für die Einstellung von ethnischen Minderheiten. Es scheint, als würde die BBC nur ungern Transparenz in die Datenlage zur Beschäftigung von Menschen mit kulturell verschiedenen Hintergründen geben. Neuere Erhebungen zeigen, dass immer noch wenige Führungskräfte in den Rundfunkunternehmen aus anderen Kulturkreisen stammen (vgl. Ouaj 1999). Hinzu kommt, dass auch die besten Leitrichtlinien für die Personalstruktur nichts bewirken, solange die Entwicklung nicht adäquat begleitet, evaluiert und verifiziert wird (vgl. Cottle 2000a: 103). Es wird sogar von einem Rückgang an Zuwanderern im Personal gesprochen:

„Though empirical data indicated the increased role of mediation for inter-cultural dialogue and understanding, it also reveals a grim picture about the representation of multicultural society in mainstream media. The Runnymede Trust report on multicultural Britain (2000) found that on a senior decision-making level in the BBC there were even fewer Black and Asians in 2000 than there were in 1990." (Georgiou 2005: 33)

Bezüglich der Repräsentation von kultureller Vielfalt im Programm der BBC lassen sich weitere Selbstverpflichtungen im Onlineauftritt der Sendeanstalt finden. Hier heißt es, dass die BBC darauf bedacht ist, die kulturellen Hintergründe der Einwohner Großbritanniens in ihrem Programmangebot bestmöglich wiederzugeben und mit ihrem Service etwas für alle gesellschaftlichen Gruppen und ethnischen Minderheiten in der Gesellschaft anzubieten:

„For many years, the BBC has been publicly committed to serve its ethnic minority audience properly, both through targeted programmes and services and through fair representation in mainstream radio and television output." (BBC 1995: 163)

Diese Selbstauskunft macht deutlich, dass die BBC als Vorbild in der Rundfunklandschaft gesehen werden möchte, durch deren Unterstützung ein gewisses Maß an Emanzipation der Zuwanderer innerhalb der Gesellschaft möglich wird. Dennoch werden auch in der Berichterstattung der BBC und insbesondere im Personalmanagement der Sendeanstalt gewisse Defizite beanstandet:

„The nature of the predominantly white, male, middle-class culture of the BBC is experienced as unproductive in terms of facilitating professional communication and understanding; this is not thought simply to derive from the social composition of senior decision-makers however, but is also traced to the rigid bureaucratic structures of the corporation." (Cottle 1995: 300f.)

Auf der einen Seite werden Programmvorschläge mit einem so genannten *Diversity Statement* versehen, das kenntlich machen soll, inwiefern dieses Programm oder diese Sendung den Anforderungen bezüglich der Förderung kultureller Vielfalt gerecht wird.[74] Auf der anderen Seite heißt es von betroffenen Medienproduzenten, dass starre institutionelle Personalstrukturen und bürokratischen Wege der öffentlich-rechtlichen Sendeanstalt innovative Herangehensweisen an die Integrationsthematik erschweren (vgl. Cottle 2000a: 103).

Zumindest auf dem Papier setzt sich die BBC für die Sichtbarkeit kultureller Vielfalt auf dem Bildschirm ein und verfolgt das Ziel eines regelmäßigen *Monitoring* sowie der Durchführung von Mediennutzungsstudien und Zuschaueranalysen. Im Bereich der Rekrutierung von Nachwuchskräften vertraut die öffentlich rechtliche Medienanstalt auf eine möglichst offene Personalakquise, die regelmäßig auf ihre Fairness überprüft werden soll und junge Talente mit Zuwanderungsgeschichte durch gezielte Programme auf Karrieremöglichkeiten bei der BBC aufmerksam macht. Schließlich sollen Trainingsmodule weiterentwickelt werden, damit kulturelle Vielfalt als Kernwert des Unternehmens von allen Angestellten vertreten wird.

Um sicherzustellen, dass der Programmauftrag erfüllt wird, hat der BBC Trust als Evaluations- und Kontrollgremium folgende Aufgaben: Er ist dafür zuständig, zu überprüfen, dass die BBC durch die Ausstrahlung eines ausgewogenen Programms das Bewusstsein für verschiedene Kulturen und alternative Ansichten fördert. Dies geschieht, indem das Leben von verschiedenen Menschen und kulturellen Gruppen in Großbritannien im Programm präsentiert wird. Um solch ein ausgewogenes, vielfältiges Programmangebot zu schaffen, müssen auch Ansichten von ethnischen Minderheiten zugelassen werden. Zu den Aufgaben des Trusts gehört, dafür zu sorgen, dass die BBC die britischen Einwohner auf internationale Geschehnisse aufmerksam macht und über andere Kulturen und Lebensumstände von Menschen im Ausland informiert.

Im Gegensatz zur BBC ist Channel 4 ein privater Sender, der sich auf gemeinnütziger Basis über Werbung und andere kommerzielle Wege finanziert, dabei aber einem öffentlichen Programmauftrag und der Regulierung durch Ofcom unterliegt. Durch diese einzigartige Position im Mediensystem, verfügt die Fernsehanstalt über eine gewisse Ungebundenheit in der Programmplanung und gestaltung, um innovative Formate auszuprobieren. Es heißt, dass die BBC dafür zu konservativ sei und rein kommerzielle Sender vieles nicht produzieren würden, da es wirt-

---

[74] Für nähere Informationen zu den Programmrichtlinien und dem *BBC Diversity Statement* vgl. *BBC Statements of Programme Policy 2008/2009*. http://www.bbc.co.uk/info/statements2008/pdf/BBC_SoPPs_200809.pdf, Abruf am 25.10.2009.

schaftlich nicht attraktiv genug ist (vgl. Next on Four 2008: 4). Vor diesem speziellen Hintergrund ist das Selbstverständnis des Senders zu verstehen:

> „Channel 4 will contribute to the democratic debate as the place where interrogative and free spirited minds can both enrich and challenge the assumptions of modern Britain, and connect to its past and future." (Channel 4. Statement of Programme Policy. 2003)

Channel 4 wurde im Jahr 1982 gegründet, und hatte von Sendebeginn an den speziellen Auftrag und die Kernkompetenz, ein Programm zu produzieren, das verschiedene Gruppen der britischen Gesellschaft und hauptsächlich jüngere Zuschauer und Menschen mit Zuwanderungsgeschichte erreicht (vgl. Next on Four 2008: 6). Dabei ist es die Zielvorgabe des Senders, in der britischen Gesellschaft als die Fernsehanstalt mit dem höchsten Engagement im Bereich kulturelle Vielfalt wahrgenommen zu werden. Unter dem Leitgedanken „Our duty is to reflect all members of society, including ethnic minorities, across all genres and parts of the schedule" (Next on Four 2008: 10), versucht der Sender die mediale Integration von ethnischen Minderheiten sowohl im Programm als auch innerhalb zuliefernder Produktionsfirmen sowie im eigenen Personalbereich aktiv voranzutreiben:

> „The Channel 4 licence is even more specific, requiring it to produce output that, as well as being innovative and distinctive, appeals to the tastes and interests of a culturally diverse society." (Campion 2005: 8)

In den Anfangsjahren gab es bei Channel 4 ein *Department for Multicultural Programmes*, das darauf spezialisiert war, „well-regarded programmes on blacks and Asians" (Hundal 2009: 82) zu produzieren. Im Jahr 2002 wurde dieses Department mit der Begründung geschlossen, dass speziell auf ethnische Minderheiten ausgerichtete Programme nicht mehr zeitgemäß seien und diese Themen und Gesichter nun in den breiten *Mainstream* mit einfließen sollten. Da dies nicht so reibungslos wie erhofft zu funktionieren schien, wurden im Jahr 2007 die Personalstellen *Head of Diversity* sowie *Diversity & Talent Manager* geschaffen, die sich bis heute dem Thema der medialen Integration von Menschen mit Zuwanderungsgeschichte annehmen (vgl. Hundal 2009: 82f.). In diesem Zuge sind neue Strategien entwickelt worden, mit denen Channel 4 die Repräsentanz kultureller Vielfalt auf dem Bildschirm in Zukunft erhöhen möchte. Die angestrebte Programmentstehung sind auch öffentlich im Internet einsehbar[75]:

---

[75] Vgl. Channel 4's Guide to improving on-screen Diversity, http://www.channel4.com/corporate/4producers/commissioning/documents/Guidetoimprovingonscreendiversityapril07.pdf, Abruf am 25.10.2009.

„On-screen, we will strengthen Channel 4's commitment to the portrayal of minority groups and the representation of different viewpoints, so that we reflect the full diversity of British society in our output. We will employ a dedicated multicultural commissioning editor with specific responsibilities for multicultural factual programmes in peak. We will also establish a ring-fenced fund to provide a further £2 million for multicultural programmes to play out at 9pm and 10pm." (Next on Four 2008: 10)

Um eine innovative Programmausstrahlung, die Großbritanniens multikulturelle Gesellschaft authentisch widerspiegelt, zu realisieren, ist es unumgänglich, dass Channel 4 auf einen Personalbestand aus Medienschaffenden mit kulturell unterschiedlichen Hintergründen zurückgreifen kann.[76] Im Bereich der Personalentwicklung und der Mitarbeiterfortbildung hat die Fernsehanstalt für die Zukunft Folgendes geplant:

„We will establish a series of targeted initiatives to improve employment levels from minority groups. We will extend our commitment to the Diversity Production Trainee Scheme through to 2012, double the number of diversity placements in the Commissioning Team (from 3 to 6) and roll out the diversity and disability placement schemes across Channel 4. And we will appoint a new Head of Diversity at senior executive level to lead our activities in this area across the entire organisation." (Next on Four 2008: 10)

Die oben im Detail beschriebenen aktuellen Anforderungen an die BBC und Channel 4 und die daraus resultierenden Strategieentwicklungen haben sich durch die Erfahrungen mit dem Thema mediale Integration von Zuwanderern in den vergangenen Jahrzehnten weiterentwickelt. In den 80er Jahren mahnten Studien, dass ethnische Minderheiten eindeutig unterrepräsentiert und mit negativen Konnotationen in den britischen Massenmedien versehen werden (vgl. Statham 2002: 396).

Obwohl der *Broadcasting Act* aus dem Jahr 1990 sich nicht explizit auf die Darstellung von kultureller Vielfalt im Programm bezieht, wurden in jüngerer Vergangenheit zu diesem Thema Studien von BBC und Channel 4 in Auftrag gegeben. Einem Report aus dem Jahr 1996 kann entnommen werden, dass ethnische Minderheiten in diesem Jahr häufiger dargestellt wurden als 1989 (vgl. Statham 2002: 413). Im Vergleich zu früheren Jahren wurde damals eine höhere Repräsentanz von kulturellen Minderheiten im britischen Fernsehen beobachtet (vgl. Cumberbatch 1996), und dieser Trend setzt sich bis heute fort (vgl. Campion 2009). Da es jedoch keine empirische Evidenz dafür gibt, ist es nach wissenschaftlichen Kriterien nicht möglich, die heutige Situation mit der in den vergangenen Jahrzehnten in Bezug zu setzen und signifikante Veränderungen und Entwicklungsschritte darzustellen. Jedoch kann festgehalten werden, dass in Großbritannien heute mit verschiedenen

---

[76] Vgl. Channel 4's Guide to improving off-screen Diversity, http://www.channel4.com/corporate/4 producers/resources/documents/OffScreenDiversity.pdf, Abruf am 25.10.2009.

Mitteln versucht wird, mehr kulturelle Vielfalt in den Medien abzubilden und so ein realistisches Bild von der Gesamtbevölkerungsstruktur nachzuzeichnen:

> „There is now much greater awareness amongst the mainstream broadcasters of the need to have more visible ethnic minority faces on screen." (Campion 2009: 73)

Beispielsweise haben BBC und Channel 4 eine so genannte *Diversity Database* mit Experten für ihre Berichterstattung angelegt, die Menschen mit Zuwanderungsgeschichte mit speziellen Fachgebieten enthält (vgl. Klute 2008: 10). Zudem lancierte die Commision for Racial Equality (CRE) im Jahr 1992 ihren so genannten *Race in the Media Award*, um eine stärkere informierte Berichterstattung über kulturelle Vielfalt zu unterstützen (vgl. Ross 1996: 148). Diese Herangehensweise, vorbildliche journalistische Arbeit auszuzeichnen, kann jedoch auch als Ritual mit symbolischen Wert und weniger als effektive Maßnahme zur Erhöhung der medialen Integration von ethnischen Minderheiten verstanden werden (vgl. Statham 2002: 416).

Die Rundfunkunternehmen in Großbritannien haben in den vergangenen Jahren auch gemeinsam die Initiative ergriffen, um erstens eine angemessene Anzahl an Mitarbeitern mit Zuwanderungsgeschichte in ihrem Personal vertreten (vgl. d'Haenens & Koeman 2006: 240), und zweitens eine angemessene Präsenz von kultureller Vielfalt in ihren Programmen zu haben. Aufgrund dieser Diskussionen entstand das Cultural Diversity Network (CDN), das im Jahr 2000 mit dem Ziel gegründet wurde, kulturelle Vielfalt innerhalb der Fernsehsender vor und hinter der Kamera zu verstärken. Dieser Zusammenschluss aus öffentlich-rechtlichen und privaten Rundfunkstationen sowie dem UK Film Council wurde gebildet, nachdem der Secretary of State des Departments of Culture, Media and Sport (DCMS) seine Bedenken über eine angemessene Repräsentanz von kulturellen Minderheiten im britischen Fernsehen vor und hinter der Kamera geäußert hatte. Auch wurde das CDN als eine Reaktion auf Analyseergebnisse von Carlton Television ins Leben gerufen, die belegen, dass etablierte Fernsehsender kulturelle Gruppen wie z. B. asiatische Zuschauer an die Konkurrenz in Form von aufkommenden Kabelprogrammen und Programmen über Satellit verlieren.

Als sich das CDN zu einer ersten Sitzung zusammenfand, wurde ein Manifest mit gemeinsamen Zielsetzungen unter dem Titel *Changing the Face of Television* entwickelt, das die Vision aufgreift: „To change the face of television so that it truly resonates with the audience."[77]. Dieser Aktionsplan bildet die Grundlage für eigene Ideen und Pläne zur Integration von kulturellen Minderheiten innerhalb der Fernsehsender, die sich seit Oktober 2000 in der Umsetzung befinden und auf dem

---

[77] Vgl. http://www.culturaldiversitynetwork.co.uk, Abruf am 30.10.2009.

Papier regelmäßig aktualisiert werden. Dabei gehört zur Zielvorgabe der Rundfunkanstalten, dass kulturelle Vielfalt innerhalb der Sender auf allen Ebenen gefördert werden soll. Hierfür sind Strategien entwickelt worden, interkulturelle Integration im Personal der Sender und in den Programmen unterstützen (vgl. The Council of Europe 2008).

CDN-Mitglieder wollen sich innerhalb der Initiative über Erfahrungswerte auszutauschen, Ressourcen teilen und über innovative Praxismodelle informieren.[78] Die Leitrichtlinien der Initiative umfassen folgende Punkte: Erstens die Verbesserung der beruflichen Perspektiven von Medienakteuren aus Einwandererfamilien inklusive höherer Managementpositionen innerhalb der Fernsehsender. Zweitens eine Modernisierung des Rekrutierungsprozesses und der Darstellung von kultureller Vielfalt im Hauptprogramm. Drittens der vermehrte Austausch innerhalb der Scientific Community. Viertens die realistische Abbildung des derzeitigen und zukünftigen Beschäftigungsverhältnisses von Medienakteuren mit Zuwanderungsgeschichte. Fünftens die Einigung auf professionelle Standards zur Messung und Aufbereitung der Daten über Beschäftigungsverhältnisse und Medieninhalte. Sechstens die Sensibilisierung der Verantwortlichen für mehr kulturelle Vielfalt im Medienpersonal in Produktion und Inhalten. Siebtens die Steigerung der Wahrnehmung von kultureller Vielfalt innerhalb der Medieninstitutionen durch Veranstaltungen und Workshops.

Anhand der historischen und politischen Rahmenbedingungen in Großbritannien, wird ersichtlich, dass die Voraussetzungen zur Durchsetzung dieser Maßnahmen im Vergleich mit anderen europäischen Mitgliedstaaten günstig sind:

> „As the British mainstream has for decades been sensitive (at least at the level of formal declarations) to issues of racism and minority exclusion, it has been easier to introduce measures for minorities' further inclusion and participation in this country's media system compared to other countries." (Georgiou & Joo 2009: 72)

Dennoch gibt es auch bei der BBC und Channel 4 in Großbritannien bis zum heutigen Tag kontroverse Diskussionen um mehr kulturelle Vielfalt in Personal und Programm und der konkreten Umsetzung von medialen Integrationsbemühungen.

6.4 Zwischenfazit

Migrations- und Integrationspolitik sind Zentralbereiche der Gesellschaftspolitik in dem *klassischen* Einwanderungsland Großbritannien. Seit dem Zweiten Weltkrieg verfolgt der britische Staat eine Doppelstrategie in seiner Integrationspolitik: Er versucht einerseits, Zuwanderung regulativ zu steuern (vgl. *Commonwealth Immigrants*

---

[78] Vgl. Ministry of Education, Culture and Science: *More Colour in the Media*, Veranstaltung am 27.5. 2002.

Act aus dem Jahr 1962 und nachfolgende Immigrations- und Staatsbürgerschaftsgesetze) und andererseits harmonische interkulturelle Beziehungen zu fördern, sowie die Antidiskriminierung von ethnischen Minderheiten legislativ und mit Hilfe der offiziellen Stellen wie der Commission for Racial Equality (CRE) einzudämmen.

Dabei unterscheidet sich die Migrations- und Integrationspolitik von Großbritannien mit seiner Kolonialgeschichte zu derjenigen in Deutschland in folgender Hinsicht: Erstens gab es in Großbritannien keine spezielle Politik der Rekrutierung von Arbeitskräften, da diese Nachfrage vor allem durch Einwanderer aus dem Commonwealth abgedeckt wurde. Zweitens ist die Politik der Einbürgerung eine Besonderheit, die sich aus der Immigration von Menschen aus den Ländern des Commonwealth erklärt. Drittens herrscht in der britischen Gesellschaft eine grundsätzliche Akzeptanz und Toleranz von kulturellen Eigenheiten. Dabei schlägt sich die koloniale Vergangenheit Großbritanniens auch auf die Gesetzgebung nieder, die religiöse und sprachliche Vielfalt nicht nur erlaubt, sondern auch schützt (vgl. *Race Relations-Gesetze*). Zudem wird von den Zuwanderern seit den späten 90er Jahren verstärkt eine unbedingte Loyalität zum britischen Staat gefordert.

Ähnlich wie in Deutschland verfolgt die britische Integrationspolitik heute die Vorstellung von interkultureller Integration von Zuwanderern durch die Maxime des *Fördern und Fordern*. Aufnahmegesellschaft wie Zugewanderte stehen in der Pflicht, sich im Dialog über gesellschaftliche Grundlagen des toleranten Zusammenlebens in Großbritannien zu verständigen und dabei die bestehende Gesetzgebung zu akzeptieren. Im öffentlichen Diskurs über die moderne Einwanderungsgesellschaft nehmen Debatten um Antidiskriminierung und Chancengerechtigkeit für ethnische Minderheiten und gesellschaftliche Randgruppen einen wesentlich höheren Stellenwert ein als in Deutschland.

Dem öffentlich-rechtlichen Fernsehen wird in Großbritannien eine prominente Rolle bei der Integration und bei der friedlichen Verständigung der Kulturen zugewiesen. Obwohl alle terrestrischen Fernsehanstalten gewissen Verpflichtungen für die britische Gesellschaft nachkommen müssen, sind es vor allem BBC und Channel 4, die als maßgebliche Sendeanstalten mit einer in ihren Programmaufträgen verankerten Integrationsfunktion im Fokus der Öffentlichkeit stehen. In Großbritannien hat sich die BBC bereits seit den 60er Jahren mit der Frage nach ihren medialen Integrationspotenzialen beschäftigt und Channel 4 wurde im Jahr 1982 speziell unter der Prämisse gegründet, dass der Sender interkulturelle Integrationsprozesse unterstützt und ein tieferes gegenseitiges Verständnis innerhalb einer Gesellschaft aus heterogenen Kulturen fördert. Bei der BBC gab es bis Ende der 60er Jahre und bei Channel 4 bis Ende der 90er Jahre spezifische Sendungen für die Zielgruppe der Zuwanderer. Mittlerweile sind diese so genannten *Diversity Pro-*

grammes und *Departments* abgeschafft, aber es wurden in beiden Sendeanstalten Beauftragte für kulturelle Vielfalt etabliert.

Im Jahr 2000 wurde von privaten und öffentlich-rechtlichen Fernsehsendern zudem das Cultural Diversity Network (CDN) mit dem Ziel gegründet, kulturelle Vielfalt innerhalb der Fernsehsender *vor und hinter der Kamera* zu verstärken. Anhand der Leitrichtlinien des Netzwerks wird deutlich, dass dem Thema *Cultural Diversity* im vergangenen Jahrzehnt eine besondere Aufmerksamkeit gewidmet wurde. Die Hauptanliegen der Verantwortlichen, die sich in veröffentlichten Aktionsplänen wieder finden, sind dieEinbindung von kultureller Vielfalt in die Programmplanung und die Integration von Medienakteuren aus Einwandererfamilien in die Personalstruktur.

Dafür gibt es verschiedene Initiativen in der britischen Rundfunklandschaft, die sich positiv auf die mediale Integration von ethnischen Minderheiten auswirken sollen. Diese sind erstens Maßnahmen, um eine ausgewogene Berichterstattung über Migrations- und Integrationsthemen zu gewährleisten, die auf eine adäquate Darstellung von Zuwanderern abzielen und die durch den Ausbau von redaktionellen Leitrichtlinien die stereotype Berichterstattung unterbinden wollen. Zweitens geht es um die Zielsetzung, dass sich eine erhöhte Anzahl an Zuwanderern in den verschiedenen Ebenen der Personalstruktur etabliert. Insgesamt wird mediale Integration von den öffentlich-rechtlichen Sendern als notwendiger Schritt im gesellschaftlichen Integrationsprozess verstanden, um im Sinne des Programmauftrags zu einer pluralistischen Gesellschaft beizutragen und den sozialen Zusammenhalt zu fördern.

Trotz dieser guten Vorsätze werden die Integrationspotentiale der britischen Fernsehsender nach Meinung der Betroffenen noch nicht ausreichend genutzt. Als Konsequenz werden zurzeit in der britischen Debatte um *Integration und Medien* folgende Maßnahmen zur Verbesserung der derzeitigen Situation angeführt: die Durchführung von Trainingsmodulen für Führungskräfte mit Zuwanderungsgeschichte im *Senior Management* der Medieninstitutionen, eine kulturell vielfältige Zusammensetzung von Redaktions- und Produktionsteams, Möglichkeiten der regelmäßigen Kontrolle und des *Monitoring* von Integrationsbemühungen sowie der gezielte Ausbau von Zuschauerbefragungen und Mediennutzungsstudien zum Thema Medienkonsum und soziale Integration. Diese Diskussionspunkte werden später im Kategoriensystem berücksichtigt, anhand dessen auch die Auswertung der Experteninterviews in Großbritannien erfolgt.

Nachdem die verschiedenen Kontexte des öffentlich-rechtlichen Fernsehens vorgestellt wurden, in denen sich Integrationspotentiale verorten lassen, und die Grundlagen für die mediale Integration in Deutschland und in Großbritannien beschrieben wurden, führt das folgende Kapitel in die forschungsleitenden Fragestellungen und ihre methodische Operationalisierung ein.

7. Forschungsfragen und Untersuchungsdesign

Die vorherigen Kapitel haben die theoretischen Grundlagen aufgezeigt sowie die Untersuchungsgegenstände näher beschrieben, die als Basis für den folgenden empirischen Teil dieser Studie fungieren. Um Transparenz in die Rahmenbedingungen der öffentlich-rechtlichen Fernsehsender bei den Bemühungen um mediale Integration in Deutschland und Großbritannien zu bringen, werden in diesem Kapitel die forschungsleitenden Fragestellungen der Untersuchung vorgestellt. Die relevanten Kerngedanken und Ansätze zum gesellschaftlichen Verständnis von interkultureller Integration sowie Theorien zum Verhältnis von Integration und Medien werden aufgegriffen und in konkrete Forschungsfragen überführt.

Zudem wird erläutert, welche methodischen Herangehensweisen ausgewählt wurden, um die Forschungsfragen methodisch zu operationalisieren und sie im Laufe der Auswertung systematisch beantworten zu können. Um die derzeitigen normativen, strukturellen, funktionalen und rollenspezifischen Rahmenbedingungen des öffentlich-rechtlichen Fernsehens für seinen Beitrag zur medialen Integration analysieren zu können, integriert diese Studie zwei methodische Ansätze: Erstens orientiert sie sich an der Methodik der komparativen Forschung, indem ein international konzipierter Bezugsrahmen im europäischen Raum gewählt und ein Zwei-Länder-Vergleich national geprägter Gesellschaften angelegt wurde.[79] Zweitens stützt sich die Untersuchung auf eine methodisch qualitative Herangehensweise.

Die Untersuchung hat zum Ziel, herauszufinden, inwieweit die öffentlich-rechtlichen Fernsehsender mit ihren strukturellen Begebenheiten und ihrem inhaltlichen Angebot zur medialen Integration von Zuwanderern in den europäischen Mitgliedstaaten Deutschland und Großbritannien beitragen (können). Des Weiteren interessiert, mit welchen Strategien die Verantwortlichen der entsprechenden Sendeanstalten versuchen, der im Programmauftrag festgeschriebenen Integrationsfunktion nachzukommen und konkrete Zielvorgaben umzusetzen. Hierbei wird ein ganzheitlicher Blick auf die öffentlich-rechtlichen Fernsehanbieter angestrebt, der neben der Programmstruktur auch die internen und externen Verständigungs- und Entscheidungsprozesse umfasst, und somit auch politische Imperative und gesellschaftliche Rahmenbedingungen berücksichtigt.

Dieser Studie haftet unweigerlich eine gewisse normative Ausrichtung an, denn das Konzept der interkulturellen Integration wie auch das Modell der media-

---

[79] Einen Überblick zur Kommunikationsforschung im Vergleich bietet Melischek, Seethaler & Wilke (2008).

len Integration umfasst stets Entwicklungspotentiale und angestrebte Ziele bis hin zum erwünschten Endzustand (vgl. Geißler & Pöttker 2006: 17; Sutter 2002: 122). Diesem Erkenntnisinteresse kann methodisch am besten mit einem explorativen Untersuchungsdesign in Form von qualitativen Befragungen mit den Akteuren der Fernsehsender sowie den Experten aus Medienforschung und Politik begegnet werden. Die folgenden Unterkapitel erläutern zunächst die einzelnen forschungsleitenden Fragestellungen, bevor dann schrittweise die methodischen Grundlagen und die Vorgehensweise der Studie erläutert werden.

7.1 Forschungsleitende Fragestellungen

Die übergeordnete forschungsleitende Fragestellung dieser Untersuchung lautet: *„Was sind die normativen, strukturellen, funktionalen und rollenspezifischen Rahmenbedingungen des öffentlich-rechtlichen Fernsehens für seinen Beitrag zur medialen Integration von Menschen mit Zuwanderungsgeschichte in Deutschland und in Großbritannien?"*

Bei dieser Fragestellung wird normativ auf den Abschlussbericht der Arbeitsgruppe Medien des Nationalen Integrationsgipfels zurückgegriffen, der die interkulturelle Integration als Aufgabe des öffentlich-rechtlichen Fernsehens unterstreicht. Auch basiert diese Fragestellung auf den Selbstverpflichtungserklärungen, mit denen sich die zu untersuchenden Sender zu ihrer Verantwortung bekennen, das Verständnis, den Zusammenhalt und den Dialog unter den vielfältigen Kulturen und gesellschaftlichen Gruppierungen in den Einwanderungsländern zu fördern. Die Auseinandersetzung mit dieser übergeordneten Fragestellung erfolgt theoriebezogen anhand des funktionalen *Kontextmodells des Journalismus* (vgl. Kapitel 3). Operationalisiert wird die Frage nach den Rahmenbedingungen des öffentlich-rechtlichen Fernsehens für dessen Beitrag zur medialen Integration, indem sich jeweils eine spezifische Fragestellung einer bestimmten Ebene des Systems Journalismus widmet.

Anhand der forschungsleitenden Fragestellung wird ersichtlich, dass das methodische Konzept der Studie einen Ländervergleich zwischen den beiden EU-Mitgliedstaaten Deutschland und Großbritannien beinhaltet. Internationale Vergleiche sind besonders im Forschungsfeld *Integration und Medien* von Nutzem:

> „Another point needed for further potential exploitation is systematic crossnational comparative research. Greater understanding of the peculiarities of the British case could be gained by comparing experiences with those of other countries. This is particularly important in the field of migration and ethnic relations where there are clearly very different conceptions of the topic in different countries, that arise from different forms of attributing citizenship, as well as different media and political traditions." (Statham 2002: 417f.)

Das komparative Vorgehen bietet sich für diese Studie aus verschiedenen Gründen an: Erstens besteht in Deutschland, im Vergleich zu Ländern aus dem angloamerikanischen Raum, noch ein großer Nachholbedarf bei Forschungen, die sich mit der Rolle der Medien in interkulturellen Integrationsprozessen befassen. Zweitens wurde im Jahr 2007 von den EU-Mitgliedstaaten auf politischer Ebene eine verstärkte Kooperation der integrationspolitischen Entscheidungsprozesse beschlossen, die das Ziel der erweiterten Integrationsbemühungen und des interkulturellen Dialogs verfolgt. Drittens erhoffen sich auch die öffentlich-rechtlichen Rundfunkanbieter eine enger vernetzte, internationale Kooperation und einen gegenseitigen Erfahrungsaustausch auf europäischer Ebene zwischen den öffentlich-rechtlichen Sendern (vgl. Kapitel 5.3 und 6.3). Viertens gibt es sowohl Unterschiede, als auch Gemeinsamkeiten in der Migrationsgeschichte und der Integrationspolitik der beiden zu vergleichenden EU Länder.

Des Weiteren wurde das duale Rundfunksystem in Deutschland nach dem Vorbild des Systems in Großbritannien angelegt, so dass sich die öffentlich-rechtlichen Sendeanstalten der beiden Länder auf operationaler Ebene für einen Vergleich eignen. Zudem bieten komparative Forschungsdesigns grundsätzlich einen Mehrwert für die wissenschaftliche Arbeit, da Daten besser abgeglichen werden können und die Evaluation der Ergebnisse über den nationalstaatlichen Horizont hinaus möglich ist, was wiederum zu einer Bereicherung der internationalen Wissenschaftlichen Gemeinschaft führt.[80]

Um die Forschungsfragen dieser Arbeit beantworten zu können, werden die öffentlich-rechtlichen Fernsehsender und ihre Akteure nicht *losgelöst* von ihrer Umgebung betrachtet, sondern die strukturelle Ebene wird mit der Akteursebene verbunden. Die Wahl dieser komplexen und interdisziplinären Vorgehensweise gründet sich auf kritische Äußerungen zu vergangenen Forschungsprojekten im Feld *Integration und Medien*, die theoretisch wie empirisch mit einem zu engem Fokus auf die Massenmedien gearbeitet haben, und bei ihren Analysen die gesellschaftlichen Rahmenbedingungen und strukturellen Voraussetzungen weitgehend ignoriert haben:

> „Much current research has been overly media-centric in its approach, and has tended to fall back on rather simplistic stimulus/ response models of cognition when referring to the impact of media coverage on either audiences or alternatively on the political domain. New innovative theoretical steps need to be taken which link up the media and political agendas, and the role of the public sphere, and then such advances should be backed up by empirical investigation." (Statham 2002: 417)

---

[80] Auf die Chancen und Herausforderungen des komparativen Untersuchungsdesigns wird in diesem Kapitel noch näher eingegangen.

Mit dieser Studie wird angestrebt, die diversen Einflüsse auf die öffentlich-rechtlichen Fernsehanstalten zu ermitteln, zu systematisieren, und so zu einem umfassenderen Verständnis für die Prozessabläufe der medialen Integration innerhalb der öffentlich-rechtlichen Sendeanstalten zu gelangen. Die konkrete Fragestellung zur Erfassung des Mediensystems und des Normenkontexts lautet: *„Welchen Einfluss haben politische, historische, rechtliche und marktwirtschaftliche Faktoren auf die medialen Integrationspotentiale der öffentlich-rechtlichen Fernsehsender?"*

Auf Ebene der Medieninstitutionen werden strukturelle Aspekte innerhalb der öffentlich-rechtlichen Fernsehsender wie redaktionelle Organisationsstrukturen, institutionelle Zuständigkeiten und interne Imperative erhoben. Speziell interessieren bei diesem Strukturkontext auch die Maßnahmen der Personalgewinnung und die professionellen Weiterbildung der Medienakteure. Folgende Forschungsfrage bezieht sich auf die Ebene der Medieninstitution: *„Wie manifestieren sich mediale Integrationspotentiale im strukturellen und personellen Aufbau bei den öffentlich-rechtlichen Fernsehsendern?"*

In Anlehnung an die Leitrichtlinien, die von der Arbeitsgruppe Medien für den Nationalen Integrationsplan entwickelten wurden, werden hier auch die Möglichkeiten und Erfordernisse einer Programmplanung analysiert, die kulturelle Vielfalt in den Sendungen abbildet, Chancen der multikulturellen Einwanderungsgesellschaft aufzeigt und Hintergründe und Lösungsansätze bei interkulturellen Konflikten bietet. An dieser Stelle werden die Medienaussagen und der Funktionskontext bei der Analyse der öffentlich-rechtlichen Sendeanstalten miteinbezogen. Dabei steht jedoch die inhaltlich konzeptionelle Arbeit der Programmentwicklung im Vordergrund. Der eigentliche Programmoutput wird hier nicht inhaltsanalytisch untersucht (vgl. Kapitel 3.3.3). Dem Funktionskontext der öffentlich-rechtlichen Fernsehsender widmet sich folgende Frage: *„Welche Maßnahmen zur medialen Förderung der interkulturellen Integration werden im Programmangebot der öffentlich-rechtlichen Fernsehsender umgesetzt?"*

Als vierter Kontext werden die Medienakteure bei den öffentlich-rechtlichen Sendern analysiert. Hier interessieren die unterschiedlichen Facetten ihrer individuellen Rollenwahrnehmung innerhalb der Bemühungen der Fernsehanstalten um mediale Integration. Hier interessieren die Erfahrungen der Medienakteure mit und ohne Zuwanderungsgeschichte als Experten in ihrem journalistischen Arbeitskontext und nicht als Privatpersonen.[81] Der Rollenkontext wird anhand folgender Fragestellung herausgearbeitet: *„Wie nehmen die einzelnen Akteure ihre individuelle Rolle innerhalb der öffentlich-rechtlichen Fernsehsender im Prozess der medialen Integration wahr?"*

---

[81] Über die methodische Vorgehensweise in Form von Experteninterviews wird in diesem Kapitel noch informiert.

In Folge wird die methodische Operationalisierung dieser Forschungsfragen schrittweise erläutert, indem die Besonderheiten des internationalen Vergleichs erklärt, die Untersuchungsgegenstände vorgestellt, die Auswahl der qualitativen Methodik in Form von Experteninterviews begründet und die Vorgehensweise bei der Auswertung beschrieben werden.

7.2 Der komparative Untersuchungsansatz

Im deutschsprachigen Raum führte die komparative Forschung lange Zeit nur ein „Schattendasein" (Kleinsteuber 2003: 78) und eine der Politikwissenschaft vergleichbare internationale Orientierung in der Kommunikationswissenschaft fehlte (vgl. Esser & Pfetsch 2003: 9). In den sozialwissenschaftlichen Disziplinen werden internationale Vergleiche einerseits als undurchführbar beschrieben, wenn es heißt: „societies and cultures are fundamentally non-comparable and certainly cannot be evaluated against each other" (Chisholm 1995: 22). Andererseits werden sie als notwendige Bereicherung des Forschungsstands angesehen (vgl. Livingston 2003: 3).

In der Kommunikationswissenschaft wird der international vergleichende Ansatz, der definiert werden kann als „a study that compares two or more nations with respect to some common activity" (Edelstein 1982: 14), mittlerweile geschätzt und häufig angewendet (vgl. Hanitzsch 2008: 253; Hanitzsch & Altmeppen 2007: 185f.). Aufgrund von Globalisierungsprozessen sowohl im Medienmarkt als auch in der sozialwissenschaftlichen Forschung scheinen internationale Untersuchungen stetig an Prominenz zu gewinnen. Der verstärkte Einsatz vergleichender Methodik ist unter anderem aber auch darauf zurückzuführen, dass dieser die differenzierte Beschreibung von Unterschieden und Gemeinsamkeiten ermöglicht und darüber hinaus auch bei der Suche nach deren Ursachen von entscheidender Bedeutung ist (vgl. Donsbach 2008: 274). So bringt die vergleichende Forschung diverse Zielvorgaben mit:

> „Aims include improving understanding of one's own country; improving understanding of other countries; testing a theory across diverse settings; examining transnational processes across different contexts; examining the local reception of imported cultural forms; building abstract universally applicable theory; challenging claims to universality; evaluating scope and value of certain phenomena; identifying marginalised cultural forms; improving international understanding; and learning from the policy initiatives of others." (Livingston 2003: 5)

Der internationale Vergleich, so wie er in dieser Studie angewendet wird, ist dabei der allgemeine Fall komparativer Studien, da hier die Merkmale des Systems als Ursachefaktoren angesehen werden. Als Merkmale des Systems gelten beispielsweise historische Rahmenbedingungen, das Rechtssystem, das soziale System oder die ökonomischen Charakteristiken eines Landes (vgl. Donsbach 2008: 274). Wenn von vergleichender Kommunikationsforschung die Rede ist, bezieht sich dies häufig auf eine Variante geopolitischer, internationaler Vergleiche, was bedeutet, dass Nationalstaaten miteinander verglichen werden.

In der internationalen *Scientific Community* wird mittlerweile kontrovers darüber diskutiert, ob Nationalstaaten heutzutage überhaupt noch als sinnvolle Einheit des Vergleichs gelten können (vgl. Livingston 2003: 6). Untersuchungen müssen in bestimmten Forschungskontexten stehen, damit sich der internationale Vergleich als Erkenntnisquelle anbietet:

> „…wo wir davon ausgehen können, dass Kommunikationsphänomene von Rahmenbedingungen geprägt sind, die mit den Grenzen von Nationalstaaten und nationalen Gesellschaften übereinstimmen. Die Besonderheiten nationaler Kommunikationsstrukturen und -kulturen ermöglichen in diesen Fällen ein tieferes Verständnis der untersuchten Kommunikationsphänomene als ein nicht-komparatives Vorgehen." (Weßler 2008: 219)

Ungeachtet des Fortschreitens der Globalisierungsprozesse, ist es für Untersuchungen mit den oben genannten Kriterien vertretbar, wenn der Nationalstaat weiterhin als Vergleichseinheit für unterschiedliche historische Begebenheiten, Kulturen und politische Milieus herangezogen wird. Für diese Untersuchung lässt sich hinzufügen, dass öffentlich-rechtliche Fernsehsender grundsätzlich immer noch über nationale Rahmenbedingungen definiert werden. Daher eignen sich Deutschland und Großbritannien als Untersuchungs- und Vergleichsgegenstände. Darüber hinaus bringen die Medienakteure ein hohes Eigeninteresse mit, von anderen öffentlich-rechtlichen Rundfunkanbietern zu erfahren, wie diese mit ähnlichen Herausforderungen und Problemstellungen umgehen (vgl. Livingston 2003: 7).

Interkulturelle Integration als Aufgabe der öffentlich-rechtlichen Fernsehsender lässt sich ohne die vergleichende Forschung mit der alleinigen Betrachtung eines EU-Landes nicht angemessen analysieren. Die Ausgestaltung der Integrationspolitik und der gesellschaftlichen Rahmenbedingungen des Mediensystems variieren zwischen den EU-Mitgliedstaaten. Das macht es notwendig und lehrreich, sie aus verschiedenen kulturellen Perspektiven zu betrachten (vgl. Graber 1993: 305). Ein weiterer Pluspunkt der vergleichenden Medienforschung ist die Tatsache, dass sie es ermöglicht, die eigenen Kommunikationsverhältnisse kritisch anhand anderer zu überprüfen und so zu Aussagen mit weiter reichendem Gültigkeitsanspruch zu gelangen (vgl. Esser & Pfetsch 2003: 9). Vergleichende Forschungsarbeiten sollten immer einen *doppelten Nutzen* erbringen:

> „Sie sollten nicht nur darauf abzielen, einen bestimmten Untersuchungsgegenstand zu beleuchten, sondern auch die unterschiedlichen Systeme, in denen er untersucht wird. Mit anderen

Worten: die reiferen komparativen Forschungsarbeiten werden ‚systemempfindlich' sein.“ (Gurevitch & Blumer 2003: 380)

Im Forschungsfeld *Integration und Medien* ist einerseits zu beachten, wie der nationale Kontext den Untersuchungsgegenstand prägt. Andererseits gilt es zu klären, welche Rückwirkungen der Untersuchungsgegenstand auf den systemischen und kulturellen Kontext hat. Daher folgt diese Studie der Forderung Hafez', dass sich international vergleichende Kommunikationsforschung nicht auf den Vergleich von Mediensystemen allein beschränken darf, sondern ihre Stellung im Kontext des jeweiligen Gesellschafts- und Kultursystems unter Kenntnis der Beziehungen zu anderen Systemen und Systemumwelten einkalkuliert werden muss (vgl. Hafez 2002; zit. n. Esser & Pfetsch 2003: 14f.).

Daher sind bei der methodischen Planung dieser Studie auch kritische Anmerkungen, dass internationale Untersuchungen zu *kontextlosen Ergebnissen* führen und methodischer und/oder theoretischer Universalismus kulturelle Ausprägungen unkenntlich macht (vgl. Livingston 2003: 10), reflektiert worden. Hier ermöglicht insbesondere die theoretische Bezugnahme auf die vier Ebenen, in denen Journalismus stattfindet und mediale Integrationspotentiale sichtbar werden können, dass der nationale Kontext während der Analyse nicht in Vergessenheit gerät und für beide Länder gleichwertig erarbeitet werden kann. So wird sichergestellt, dass der kontextuelle Rahmen „nach wie vor ein wichtiger Bezugspunkt für die Bedeutungskonstruktion mittels Medienkommunikation“ (Hepp 2009: 2) ist.

In der Konsequenz unterschiedet sich das hier konzipierte komparative Untersuchungsdesign von nicht-vergleichender Forschung in den folgenden Punkten: Es wird eine besondere Strategie zum Erkenntnisgewinn verfolgt, die erstens grenzüberschreitend vorgeht, sich zweitens um eine system- und kulturübergreifende Reichweite ihrer Erkenntnisse bemüht, und die drittens mögliche Unterschiede und Gemeinsamkeiten zwischen den Untersuchungsobjekten mit den entsprechenden Kontextbedingungen der sie umgebenden Systeme und Kulturen erklärt (vgl. Esser & Pfetsch 2003: 16). So kann der Vergleich als systematischer Schlüssel zur Entdeckung allgemeiner im Verhältnis zu besonderen Gesetzmäßigkeiten betrachtet werden. Hierbei wird der nationale Kontext in das Forschungsdesign mit einbezogen, wodurch die spezifische Identität der Kommunikation in den jeweiligen Systemausprägungen überhaupt erst bestimmbar wird (vgl. Esser 2003: 437).

In Anlehnung an die Klassifizierung von internationalen Studien von Kohn (1998), wird bei dem Modell der Nationalstaaten als Einheiten des Vergleichs (*nation as object of study*) wie folgt vorgegangen:

> „In this model, given the prior identification of a number of measurable dimensions along which nations vary, systematic relations are sought among these dimensions, each nation thereby serving as a unit or data source. An abstract, cross-national theory is sought and tested.

However, this theory also seeks to understand the diversity of different nation contexts, achieving this by representing the specificity of each country using a common conceptual language."
(Kohn 1998; zit. n. Livingston 2003: 14)

Da die Untersuchung diesem Modell entspricht, werden Nationen hier als unterschiedliche Kontexte behandelt, in denen das untersuchte Phänomen jeweils verschiedenen Einflüssen ausgesetzt ist. Hierbei liegt das Forschungsinteresse auch darauf, ob die in einem Land gewonnenen Einsichten über die Funktionsweise von öffentlich-rechtlichen Fernsehsendern auch unter anderen Systembedingungen ihre Gültigkeit behalten.

Zudem ist auch ein weiteres Modell von Kohn relevant für diese Untersuchung, das Nationalstaaten als Analyseeinheiten (*nation as unit of analysis*) einordnet. Hier greift der Ansatz, dass die beiden Länder Deutschland und Großbritannien ein ähnliches *Framework* aufzeigen, sich innerhalb dessen aber in gewissen Ausprägungen unterscheiden. Mit der Verbindung beider Modelle können die Integrationspotentiale der öffentlich-rechtlichen Fernsehsender und die zugrunde liegenden medienpolitischen Strategien theoretisch schrittweise verallgemeinert werden, wenn Replikatoren in den unterschiedlichen Ländern denselben stabilen Effekt zeigen. Sollten die Ergebnisse in den beiden Länderstudien maßgeblich von einander abweichen, dann können unterschiedliche nationale Kontexte umgekehrt auch als Erklärung für unterschiedliche Ausprägungen der abhängigen Variablen dienen (vgl. Esser 2003: 469f.).

Um dieses tiefere Verständnis der Kommunikationsphänomene bei den öffentlich-rechtlichen Fernsehsendern zu generieren, stellt diese Studie zwei EU-Mitgliedstaaten gegenüber. Dieser bilaterale Vergleich bildet bei den internationalen Vergleichen den Anfang (vgl. Schulz 2008: 22). Im Laufe der Forschungsentwicklung nahm die Komplexität des komparativen Vorgehens zu, d. h. dass auch multilaterale statt bilaterale Ländervergleiche, raumzeitliche Vergleiche und Mehrebenen-Vergleiche zwischen Ländern und zwischen Institutionen oder Prozessen innerhalb der Länder angestrebt werden (vgl. Schulz 2008: 22). Aus der Informationstheorie kann abgeleitet werden, dass der Erkenntnisgewinn größer ist, je komplexer das Forschungsdesign und je mehr Vergleichsmöglichkeiten es gibt (vgl. Schulz 2008: 24). Für die hiesige Analyse ist ein Zwei-Länder-Vergleich aus forschungsökonomischen Gründen am sinnvollsten (vgl. Kapitel 7.3).

Für die international vergleichende Forschung, die in diesem speziellen thematischen Feld einen hohen Erkenntnisgewinn verspricht, sind sowohl extrinsische wie intrinsische Motivationsgründe vorhanden. Die extrinsischen Antriebe liegen in folgenden Bereichen:

„…Vor allem zunehmende internationale und globale Aktivitäten der Medien, die eine entsprechende Orientierung der Medienforschung nach sich zogen, die Expansion und Diversifizierung der Kommunikations- und Medienwissenschaft, deren schiere Größe und Vielfalt eben auch mehr komparative Forschung hervorbrachte sowie schließlich Transfers aus der politikwissenschaftlichen Systemforschung mit ihrer schon längeren Tradition international vergleichender Untersuchungen." (Schulz 2008: 22f.)

Der extrinsische Antrieb besteht bei dieser Arbeit darin, dass die grundsätzliche theoretische Auseinandersetzung mit dem Konzept der medialen Integration interdisziplinär geschieht und Theorien aus der Politik- und Kommunikationswissenschaft einfließen, um daraus zunächst systematisch Integrationspotenziale für das öffentlich-rechtliche Fernsehen abzuleiten. Der intrinsische Antrieb, ein komparatives Untersuchungsdesign für diese Studie zu entwickeln, besteht darin, die Qualität der Untersuchung zu erhöhen, denn international vergleichende Forschung gilt als eine Maßnahme gegen naiven Universalismus.

Dieser bezeichnet das wissenschaftliche Fehlverhalten, wenn angenommen wird, dass die unter bestimmten und nächstliegenden Untersuchungsbedingungen festgestellten Ergebnisse universell gültig sind. Auch kann durch den international vergleichenden Ansatz die provinzielle Annahme vermieden werden, „dass eine im eigenen Land gefundene kommunikationswissenschaftliche Gesetzmäßigkeit auch in anderen Ländern gilt. International vergleichende Forschung hilft, Engstirnigkeit und Ethnozentrismus vorzubeugen" (Esser 2003: 437). Provinzialismus tritt ein, wenn Wissenschaftler dann davon ausgehen, dass es nicht notwendig ist, über die vertraute Umgebung hinauszuschauen (vgl. Schulz 2008: 23).

Durch die vergleichende Analyse wird hier konsequenterweise angestrebt, Provinzialismus vorzubeugen und die Geltung der empirischen Befunde und der Theorieanwendung zu testen, zu erweitern oder zu beschränken. Zudem wird sich mehr Gewissheit über die Verlässlichkeit und Gültigkeit der Befunde erhofft (vgl. Schulz 2008: 24). Der intrinsische Antrieb für diese Arbeit findet sich folglich auch darin wieder, dass durch das komplexe Design der beiden Länderstudien die Gefahr des Universalismus bei der Auswertung der Daten eingeschränkt wird. Die Befunde können durch das komparative Vorgehen zunächst länderspezifisch eingeordnet werden, bevor in einem nächsten Schritt eine mögliche allgemeine Gültigkeit aus einer erweiterten Perspektive heraus getestet werden kann.

Die Notwendigkeit des komparativen Vorgehens ist zudem inhaltlich begründet und ergibt sich aus der Thematik, denn wissenschaftliche Arbeiten zur Frage der Integration kranken häufig daran, dass mit einer unzureichenden „System-sensitivity" (Hofstede 1998) gearbeitet wird, d. h. dass nicht hinreichend berücksichtigt wird, wie unterschiedlich die gesellschaftlichen Voraussetzungen für Integration von Land zu Land sind:

„Comparison is not just a matter of discretely and descriptively comparing isolated bits and pieces of empirical phenomena situated in two or more locals. Rather, it reflects a concern to

167

understand how the systematic context may have shaped such phenomena." (Blumler, McLeod & Rosengren 1992: 7)

Eingedenk der Aussage des Zitats, das die Wichtigkeit der Berücksichtigung der Voraussetzungen beim vergleichenden Vorgehen unterstreicht, gilt für diese Untersuchung, dass allgemeine Aussagen über die Integrationspotentiale von öffentlich-rechtlichen Fernsehsendern und ihre Nutzung nur gewonnen werden können, wenn die jeweils beobachtbaren Strategien der medialen Integration im Zusammenhang mit den bestehenden politischen, gesellschaftlichen und kulturellen Rahmenbedingungen in Beziehung gesetzt werden.

Der Vergleich ermöglicht hier auch ein besseres Verständnis der eigenen Gesellschaft, indem die bekannten Strukturen und Routinen in Deutschland mit denen in Großbritannien kontrastiert werden. So werden nicht nur die Verhältnisse in einem anderen Land erhellt, sondern im Vergleich mit alternativen Lösungen in anderen Ländern erhält auch das eigene System klarere Konturen (vgl. Kleinsteuber 2003: 82). Durch den Blick auf Großbritannien mit seinem individuell ausgeprägten dualen Rundfunksystem, anderen Kulturen sowie Denk- und Handlungsalternativen in der Integrationspolitik, erscheinen die deutschen medienpolitischen Kommunikationsverhältnisse in neuem Licht und können kritisch am Beispiel des anderen EU-Mitgliedstaats überprüft werden (vgl. Esser 2003: 437f.).

Zudem bietet der bilaterale Vergleich die optimale Methodik für die wissenschaftliche Bearbeitung des Forschungsfeldes, da die Methode der vergleichenden Länderstudie dazu beiträgt, den Blick für andere Konstellationen und Möglichkeiten zu öffnen. Komparative Arbeiten untersuchen mehrere Fälle, um die Unterschiede zwischen den Fällen für die Aufklärung der Kausalmechanismen auszunutzen (vgl. Behnke, Baur & Behnke 2006). Der Vergleich ermöglicht in dieser Untersuchung einerseits, dass weitere Probleme und Fragen identifiziert werden können, die allgemein im Forschungsfeld Integration und Medien auftauchen. Andererseits werden spezifische Eigenheiten innerhalb der beiden EU-Staaten deutlich.

Das Erkenntnispotential des hier durchgeführten Ländervergleichs findet seine Basis in dieser Erfahrung von Handlungsalternativen, Problemlösungen oder Reformanregungen, die sich letztendlich auch positiv auf den Praxisbezug der Arbeit auswirken. Allein die Variation zwischen den Länder-Fallstudien macht es möglich, Zusammenhänge zwischen bestimmten Merkmalsausprägungen der Variablen zu ermitteln, um darauf aufbauend auf Wirkungsmechanismen und deren Geltungsbereiche schließen zu können (vgl. Gläser & Laudel 2006: 91). So können bestenfalls nationale Missstände und Kontroversen beigelegt werden, „indem der vergleichende Blick im Ausland Vorbilder findet, wo Länder in ähnlichen Problemlagen funktionsfähige Lösungen gefunden hatten, die sich auch in den eigenen Kontext übertragen lassen" (Esser 2003: 437f.).

Trotz der oben genannten überwiegenden Vorteile weist das methodisch komparative Vorgehen auch Grenzen und Problemstellungen auf, die hier nicht unerwähnt bleiben dürfen. Die Schwierigkeiten der vergleichenden Forschung liegen insbesondere in der Herausforderung, eine Vergleichbarkeit der Untersuchungsobjekte herzustellen und eine zum gewissen Grad vereinheitlichte Form der Analyse auf sie anzuwenden (vgl. Livingston 2003: 18). Daher sind standardisierte Methoden und begründete Annahmen wichtig, um Unterschiede und Gemeinsamkeiten herausarbeiten zu können. In dieser Studie ist zu beachten, dass die einzelnen, nationalen Rundfunksysteme in einem spezifischen, gesellschaftlichen Kontext stehen, aus dem sie sich historisch herausgebildet haben.

Der Vergleich der unterschiedlichen Institutionalisierung von öffentlich-rechtlichen Fernsehsendern und die vermeintliche Typologisierung von Maßnahmen der medialen Integration bergen die Gefahr, dass komplexe Entscheidungs- und Wirkungszusammenhänge vereinfacht oder gar übersehen werden. Auch kann das Problem auftreten, dass bestimmte Erscheinungsformen generalisiert und miteinander verglichen werden, während verkannt wird, dass sie vor dem Hintergrund höchst unterschiedlicher kultureller und historischer Entwicklungen gesehen werden müssen. Gerade, wenn es um den Vergleich von Integrationsmaßnahmen geht, ist bei verallgemeinernden Aussagen Vorsicht geboten:

> „Since integration strategy is closely linked to a nation's societal model, cross-national analysis or the measurement of success of different integration strategies becomes highly problematic. Nor is it realistic to prescribe a single integration strategy for all countries or for all types of migrants." (Gosh 2005: 4).

Angesicht dieser methodischen Herausforderungen gilt es, die Erkenntnisse der Länderstudien bei den Schlussfolgerungen besonders sorgfältig zu reflektieren und die speziellen nationalen Kontexte aus den einzelnen Länderstudien in der Diskussion der Ergebnisse zu berücksichtigen. Um valide Erkenntnisse zu erlangen, müssen angemessene Dimensionen des Vergleichs herausgearbeitet werden, und die Beziehungen zwischen ihnen müssen in den einzelnen Ländern offengelegt werden (vgl. Livingston 2003: 22). In diesem Rahmen spielen das Verhältnis und die Wechselwirkungen von Gesellschaft, Medienpolitik und öffentlich-rechtlichem System eine wichtige Rolle und werden daher in die Analyse mit einbezogen (vgl. Jarren et al. 2001: 17).

Da die Analyse der medialen Integrationspotentiale bei den öffentlich-rechtlichen Fernsehanstalten in dieser Untersuchung nicht getrennt von den gesellschaftlichen und institutionellen Rahmenbedingungen erfolgen kann, werden die Befunde in einem ersten Schritt kontextbezogen für Deutschland und Großbritannien präsentiert. Dies hat zur Folge, dass die Auswertung der Experteninterviews zunächst in Form von zwei getrennten Ergebniskapiteln für die jeweiligen Länder aufgeführt wird (vgl. Kapitel 8 und 9), bevor diese Befunde dann in einem zweiten

Schritt, im anschließenden Kapitel (vgl. Kapitel 10), variablenbezogen aus der Perspektive des Vergleichs diskutiert werden. Ein Nebeneffekt dieser Vorgehensweise ist, dass sich gewisse Redundanzen in der Ergebnispräsentation nicht vermeiden lassen. Dennoch ist diese Variante der Auswertung zu bevorzugen, da die Alternative einer ausschließlich variablenbezogenen Analyse die Gefahr des Verlusts von Kontextualität birgt, die hier eine essentielle Komponente der Ergebnisfindung und -evaluation darstellt.

Komparative Forschung ist zudem schwierig, da eine entsprechende Balance bei der Interpretation von Unterschieden und Gemeinsamkeiten hergestellt werden muss, die Banalitäten und Stereotypen vermeidet (vgl. Livingston 2003: 24). Auch die methodische Sorgfalt ist bei international vergleichenden Arbeiten anspruchsvoller als bei Studien, die sich auf einzelne Länder konzentrieren (vgl. Donsbach & Patterson 2003: 282). Daher hält sich die Erhebung und Auswertung dieser Studie sowohl eng an die grundsätzlichen Gütekriterien für empirische Forschung, als auch an die speziellen Qualitätskriterien des vergleichenden Ansatzes.

In der Konsequenz werden Systematik, Transparenz und die Nachvollziehbarkeit des Erkenntnisweges detailliert dargestellt, um eine methodische Kontrolle sowie kritische Reflexion des Forschungsprozesses bei jedem Schritt zu gewährleisten. Neben diesen grundsätzlichen Qualitätsansprüchen gelten darüber hinaus auch spezielle Gütekriterien wie Intersubjektivität, reflektierte Subjektivität und *Offenheit*, die sich anhand des spezifischen qualitativen Forschungsdesigns dieser Studie ergeben. Letzteres Kriterium lässt sich am besten als Validitätsmaß Reflexion der Fremdverstehensprozesse und Befremdung der eigenen Kultur übersetzen (vgl. Kruse 2008: 17).

7.3 Untersuchungsgegenstände und Fallauswahl

Es ist für gesellschaftliche Akteure unumgänglich, sich auszutauschen, um von den Erfahrungen anderer Mitgliedstaaten lernen und profitieren zu können (vgl. Schäuble 2007: 19). Insbesondere in der Integrationsforschung interessieren verschiedene Ansätze in verschiedenen Ländern, mit denen gesellschaftspolitischen Herausforderungen, entstanden durch Migrationsbewegungen und Integrationsprozessen, begegnet wird (vgl. Geddes 2003: 2). Hierbei werden zunächst die Gegebenheiten in den einzelnen Ländern dargestellt, bevor im Anschluss die variierenden Verhältnisse in den verschiedenen Ländern zur Grundlage des Vergleichs gemacht werden können (vgl. Kleinsteuber 2003: 93).

Als Untersuchungsgegenstände dieser Studie wurden Deutschland und Großbritannien als zwei der einwohnerstärksten EU-Länder ausgewählt und als nationalstaatliche Einheiten miteinander in Bezug gesetzt. Aufgrund ihres vergleichbaren dualen Rundfunksystems und der hervorgehobenen Verantwortung des öffentlich-rechtlichen Fernsehens durch dessen Programmauftrag werden für Deutschland als Fallauswahl die Arbeitsgemeinschaft der öffentlich-rechtlichen Rundfunkanstalten der Bundesrepublik Deutschland (ARD), die größte ARD-Anstalt der Westdeutsche Rundfunk (WDR) und das Zweite Deutsche Fernsehen (ZDF) untersucht. Für Großbritannien dienen die „Mutter des öffentlich-rechtlichen Fernsehens" (Grimberg 2007), die staatliche British Broadcasting Cooperation (BBC), sowie Channel 4 als Untersuchungselemente.

Diese spezifische Fallauswahl basiert auf folgenden Grundüberlegungen, die erklären, warum in dieser Untersuchung für Deutschland beispielsweise nicht die Hörfunksender *Funkhaus Europa* oder *Deutschlandradio* und die *Deutsche Welle* ausgewählt wurden und für Großbritannien nicht *BBC World*. In Hinblick auf die Erläuterungen der vorangegangenen Kapitel wurde deutlich, dass mediale Integration erstens auf eine hohe Mediennutzung von einer breiten Bevölkerungsschicht angewiesen ist. Diese ist beim Leitmedium Fernsehen gegeben und die Vollprogramme der ARD, des WDR und des ZDF erfüllen diese Voraussetzung, während Sendungen von *Funkhaus Europa* und *Deutschlandradio* als Hörfunkstationen prinzipiell weniger Menschen erreichen und lediglich auf bestimmte Zielgruppen ausgerichtet sind.[82] Auch das Programm der *Deutschen Welle*, *Arte* oder der britische Sender *BBC World* eignen sich für diese Untersuchung als Analyseobjekte nicht, da ihnen bereits per Definition ein hohes Maß an medialer Integration von kultureller Vielfalt attestiert wird, sie dabei jedoch erneut ein spezielles und kein breites Publikum ansprechen. Außerdem geht es hier um mediale Integrationseffekte für Deutschland und Großbritannien und nicht um potentielle Integrationsmaßnahmen für andere Länder.

Bei ARD und ZDF wird in der aktuellen medienpolitischen Debatte außerdem konkret beanstandet, dass sie ihre Integrationspotentiale nicht weit reichend genug nutzen und weiterentwickeln. Im Nationalen Integrationsplan wurden die Medienvertreter von ARD und ZDF daher nachdrücklich zu einem verstärkten Engagement im Bereich der medialen Integration aufgefordert. Es ist diese Diskrepanz zwischen der Verpflichtung der öffentlich-rechtlichen Sender, aufgrund ihrer Sonderstellung einen Beitrag zur Integration von Zuwanderern zu leisten, und der bis dato unzulänglichen Wahrnehmung des gesellschaftlichen Auftrags, der die

---

[82] Ein besonderer Fokus liegt auch daher auf dem öffentlich-rechtlichen Fernsehen, da im Jahr 2019 ca. 50 Prozent aller Gebührenzahler aus Zuwandererfamilien stammen (vgl. Meier-Braun 2009) und das öffentlich-rechtliches Fernsehen in der Mitte der Gesellschaft überdurchschnittlich akzeptiert ist (vgl. Sinus-Migranten-Milieu-Studie Beck & Perry 2007). Des Weiteren nutzen ca. 90 Prozent aller Menschen mit Zuwanderungsgeschichte in Deutschland regelmäßig das Fernsehen, wohingegen nur ca. 60 Prozent das Radioprogramm verfolgen – ein deutlich geringerer Wert als die ca. 80 Prozent der Mehrheitsgesellschaft.

171

öffentlich-rechtlichen Sendeanstalten von der ARD und das ZDF für die Untersuchung besonders interessant macht.

Da die ARD ein Verbund der öffentlich-rechtlichen Rundfunkanstalten in Deutschland ist und es aus forschungsökonomischen Gründen nicht möglich ist, alle Landesrundfunkanstalten wie Gemeinschaftsfernsehprogramme zu untersuchen, bezieht sich diese Untersuchung vorrangig auf die größte Sendeanstalt der ARD, den WDR. Diesen Sender exemplarisch für die ARD-Sendeanstalten zu analysieren, bietet sich aufgrund seiner verstärkten, und laut Selbstauskunft vorbildlichen Aktivitäten im Bereich der medialen Integration an. Als die größte und damit einflussreichste Sendeanstalt im ARD-Verbund, besteht ein Einfluss vom WDR auf die ARD sowohl auf struktureller Ebene (beispielsweise kann der journalistische Nachwuchs aus der Personalstruktur des WDR für das Hauptprogramm der ARD übernommen werden) als auch auf inhaltlicher Ebene (wenn Sendungen aus dem WDR-Programm auch im Hauptprogramm der ARD ausgestrahlt werden oder für dieses inhaltliche Impulse geben). Auch der Integrationsbeauftragte des WDR, Gualtiero Zamboni, steht auf nationalem und internationalem Parkett (z. B. während Tagungen und Kongressen der EBU oder anderen Veranstaltern) repräsentativ nicht allein für den WDR sondern auch für die ARD als Ansprechpartner für Fragen der Integration und kultureller Vielfalt beim öffentlich-rechtlichen Fernsehen in Deutschland zur Verfügung.[83]

So können anhand der Auswertung der Experteninterviews mit Gesprächspartnern des WDR auch allgemeine Informationen und Rückschlüsse zu medialen Integrationspotentialen und ihrer Nutzung bei der ARD insgesamt erlangt werden. Zudem bietet sich der WDR als Untersuchungsgegenstand auch aufgrund der geografischen Lage seines Sendegebiets an. Da die westlichen Landesteile, insbesondere das Ruhrgebiet und das Rheinland, zu einer der Hauptzielregionen ausländischer Arbeitsmigranten wurden (vgl. Sassen 2000: 69), hatte die Integrationsfunktion des Senders seit jeher einen hohen Stellenwert bei den Verantwortlichen.[84]

Ein weiterer Grund für die Analyse der beiden öffentlich-rechtlichen Sendeanstalten WDR und ZDF ist, dass ein höherer Erkenntnisgewinn dahingehend erwartet werden kann, wenn innerhalb eines Landes der Fernsehsender ZDF mit seiner Zentrale in Mainz mit der föderal aufgebauten Fernsehanstalt ARD verglichen wird. Auch sind bei ARD und ZDF sowie der BBC sowohl die überregionalen Programme als auch die regionalen Programme – in Deutschland auch durch

---

[83] Auf die Rolle des Integrationsbeauftragten wird im Kapitel 8.2.4 noch genauer eingegangen.

[84] Zudem ist Nordrhein-Westfalen (NRW) mit 18 Millionen Einwohnern das bevölkerungsreichste, wirtschaftsstärkste und am dichtesten besiedelte Bundesland, in dem jeder vierte Einwohner aus einer Einwandererfamilie stammt. Experten aus der Politik sind der Meinung, dass Konflikte, die Deutschland als Ganzes bewegen, in den Städten in NRW besonders deutlich werden (vgl. DIE ZEIT vom 4. März 2010).

den WDR – zum Teil mit Lokalberichterstattung, abgedeckt. Der britische Sender Channel 4 bedient keine speziellen Regionen, sondern macht ein Programm für das gesamte Vereinigte Königreich. Diese Sendeanstalt zu untersuchen ist vor allem vor dem Ansatz interessant, dass Channel 4 eigens mit dem speziellen Programmauftrag der medialen Integration und der Fokussierung auf ethnische Minderheiten in Großbritannien als Zuschauerzielgruppe geschaffen wurde (vgl. Kapitel 6.3). Channel 4 wird zwar kommerziell finanziert, kann aber aufgrund seines individuellen Mandats trotzdem zu den öffentlich-rechtlichen Sendern gezählt werden (vgl. Begriffsklärung *öffentlich-rechtliches Fernsehen* in Kapitel 1.3), so dass die funktionale Äquivalenz für den Vergleich mit den gebührenfinanzierten Sendeanstalten dennoch gegeben ist.

Mit der Betrachtung und Analyse von verschiedenen öffentlich rechtlichen Fernsehanstalten werden im besten Fall die Strukturen im Medienunternehmen ermittelt, die für die Nutzung der Integrationspotentiale bestmögliche Rahmenbedingungen schaffen. Die Komplexität des Vergleichs verspricht durch die spezifische Auswahl der zu untersuchenden öffentlich-rechtlichen Fernsehsender erneut eine Qualitätssteigerung durch vielseitige Vergleiche und eine höhere Evaluationsmöglichkeit der Untersuchungsergebnisse.[85]

Das Forschungsdesign konzentriert sich auf moderne westliche Demokratien in Europa, „da das Mediensystem in allen diesen Ländern eine ähnlich zentrale Vermittlungsfunktion erfüllt und die politischen Systeme mit ähnlichen makrostrukturellen Wandlungsprozessen z. B. in Bezug auf die Stellung von Medien und politischen Parteien unterworfen sind" (Pfetsch & Maurer 2008: 115). Um den speziellen Anforderungen des Forschungsinteresses zu entsprechen, bieten sich Deutschland und Großbritannien als langjährige Mitglieder der Europäischen Union für die Untersuchung an:

> „Sie verfügen über Gemeinsamkeiten in Form historischer Erfahrungen wie Reformation, Aufklärung und Wohlfahrtsstaat, die sich in ihrer politischen Kultur und ihrer sozioökonomischen Makrostruktur niederschlagen. Darüber hinaus handelt es sich bei diesen Ländern um funktional weit ausdifferenzierte, säkularisierte Massendemokratien mit einer gleichmäßigen Einbindung in Globalisierungsprozesse." (Pfetsch & Maurer 2008: 114f.)

Insbesondere mit Blick auf die migrations- und integrationspolitischen Debatten zeigt sich, dass bei unterschiedlicher Herkunft und Geschichte der Zuwanderung in den großen Mitgliedstaaten der Europäischen Union, die einzelnen Länder inzwischen vor ähnlichen Problemen stehen. Europa stellt einen gemeinsamen Raum

---

[85] In den Kapiteln 5 und 6 wurde bereits ausführlich auf die Rahmenbedingungen der medialen Integration in den beiden EU-Mitgliedstaaten eingegangen, und die Besonderheiten der öffentlich-rechtlichen Fernsehanstalten, die sie als Untersuchungsobjekte für diese Arbeit relevant machen, wurden für die einzelnen Sender vorgestellt.

der Migration und einen Kontinent dar, der wirtschaftlich und politisch zusammenwächst. Länder wie Deutschland und Großbritannien sind insbesondere seit dem Zweiten Weltkrieg mit Zuwanderung konfrontiert. Zwar gibt es innerhalb der Nationalstaaten deutliche Unterschiede, aber es liegen auch länderübergreifende Faktoren vor, die sich in allen Einwanderungsländern der EU zeigen (vgl. Geddes 2003: 24). Da die öffentlich-rechtlichen Fernsehsender in den meisten europäischen Ländern zukünftig von denselben Entwicklungen in ihrer Umwelt betroffen sind (vgl. Jarren et al. 2001: 17), bietet sich der methodische Vergleich von Deutschland und Großbritannien auch unter diesen Gesichtspunkten an.

Seit im Zuge der Globalisierung die internationale Vernetzung weiter voranschreitet und sich damit auch die gegenseitige Beeinflussung der Medienlandschaften verstärkt hat, interessiert sich die internationale *Scientific Community* dafür, welche Entwicklungen in den Medien und im Journalismus eher auf globale Prozesse zurückzuführen sind und welche eher kulturspezifisch auf ihre historischen und gesellschaftlichen Voraussetzungen basieren (vgl. Donsbach 2008: 271). Für diese Studie ist auch das Feld der Medienpolitik von Bedeutung, daher interessieren Wechselwirkungen zwischen integrations- und medienpolitischen Ansätzen bei den öffentlich-rechtlichen Sendern:

> „Mit den Strukturbedingungen des Mediensystems sind einerseits spezifische Erwartungshaltungen an den Medienorganisationen von Seiten der Politik sowie Einflussmechanismen und Einflusschancen der Politik auf die Medien verbunden. Die Strukturbedingungen des Mediensystems beeinflussen andererseits aber auch, wie sich Medienorganisationen in einem nationalen Mediensystem und in der Öffentlichkeit positionieren." (Pfetsch & Maurer 2008: 105f.)

Die Berücksichtigung der Sendeanstalten BBC und Channel 4 im Vergleich zu ARD, WDR und ZDF ergibt für eine Studie über das öffentlich-rechtliche Fernsehen insofern Sinn, als dass das britische Rundfunksystem und die Ausgestaltung seines *Public Service Broadcastings* seit jeher als vorbildlich gelten. Diese Auffassung ist auch nach den Veränderungen des britischen Rundfunksystems in den 90er Jahren stabil geblieben (vgl. Jarren et al. 2001: 64f.). Auch deshalb bietet sich Großbritannien mit seinem dualen Rundfunksystem eher als Vergleich mit Deutschland an, als dies bei anderen EU-Mitgliedstaaten wie z.B. Frankreich der Fall wäre. Ein Beispiel für einen bereits bestehenden Vergleich, bei dem zwei Systeme in strukturierter Form und gleichgewichtig dargestellt und darauf vergleichend analysiert wurden, findet sich bei Gellner (1990). In seiner Studie wurde ein Vergleich für die Rundfunksysteme von Großbritannien und Deutschland unter ordnungspolitischem Vorzeichen vorgelegt, wobei dem britischen dualen Modell teilweise Vorbildcharakter eingeräumt wurde (vgl. Kleinsteuber 2003: 92).

So lässt sich die These aufstellen, dass BBC und Channel 4 gegenüber den deutschen öffentlich-rechtlichen Rundfunkanstalten ARD, WDR und ZDF auch im Bereich der medialen Integration teilweise vorbildlich handeln könnten. Da es dies zu überprüfen gilt, ist der Vergleich zwischen den deutschen und dem britischen öffentlich-rechtlichen Fernsehen mit Blick auf die Performanz der entsprechenden öffentlich-rechtlichen Fernsehsender ausgerichtet. Die Analyse des EU-Mitgliedstaates Großbritannien, der in bestimmten Entwicklungen weiter vorangeschrittenen ist, wird als Bezugspunkt mit der Zielsetzung hinzugezogen, in Deutschland Innovationen beim öffentlich-rechtlichen Fernsehen voranzutreiben (vgl. Kleinsteuber 2003: 86).

Des Weiteren wurde der Vergleich absichtlich mit zwei EU-Staaten gewählt, damit eine intensive Tiefenanalyse mit einer möglichst umfassenden Berücksichtigung von Kontextvariablen möglich wird. So findet die Komplexität des Untersuchungsdesigns dahingehend Beachtung, dass die untersuchten Systeme und Kulturen als ganzheitliche Einheiten begriffen werden, die auf vier Analyseebenen nach Unterschieden und Gemeinsamkeiten untersucht werden. Bei diesem fallorientierten Ansatz behalten die Systeme und Kulturen ihre Identität, denn der Schwerpunkt liegt auf ihrer einzigartigen Komplexität (vgl. Kapitel 7.2).

Die Auswahl der Untersuchungsgegenstände und -fälle hat sich dabei auch an Donsbach und Patterson (2003) orientiert, die sich in ihrer Studie u. a. mit Deutschland und Großbritannien befasst haben. Sie begründeten ihre Länderauswahl damit, dass Journalismus in westlichen Demokratien vor dem Hintergrund ähnlicher politischer und kultureller Tradition ausgeübt wird, dass Journalisten unter ähnlichen rechtlichen, politischen, wirtschaftlichen und kulturellen Rahmenbedingungen arbeiten und dass sie sich einer gemeinsamen beruflichen Orientierung verpflichtet fühlen, die ihr konkretes Arbeitsverständnis prägt (vgl. Donsbach & Patterson 2003: 281f.).

Anhand ihrer Untersuchung wird deutlich, dass sich diese Gesellschaften trotz ähnlicher Verhältnisse, „in der Entwicklung und der Struktur ihrer politischen Systeme sowie ihrer Medienlandschaften teilweise grundlegend unterscheiden. Diese Differenzen dürften einen erheblichen Einfluss auf das berufliche Denken und Handeln von Journalisten in den verschiedenen Ländern besitzen" (Esser 2003: 467). Bei der Planung und Durchführung eines internationalen „horizontalen Vergleichsszenarios" (Kleinsteuber 2003: 81) gilt es zu beachten, dass die ausgewählten Länder zum Teil auch Unterschiede im Mediensystem aufweisen können, sich aber in Bezug auf konkrete Variablen möglichst gleichen sollten.

Eine solche Ähnlichkeit kann auch konstruiert werden, wenn räumlich und kulturell dicht beieinander liegende Länder verglichen werden, weil „benachbarte Territorien eine gemeinsame historische Erfahrung haben, die sie ähnlicher macht als andere" (Pfetsch & Maurer 2008: 114). Obwohl bei der genaueren Analyse von Deutschland und Großbritannien historische und politische Unterschiede auffällig werden, bildet die Grundlage zunächst ihre Gemeinsamkeiten, die sie funktional vergleichbar machen. Da das Mediensystem in beiden Ländern das Prinzip der dualen Rundfunkordnung beinhaltet, lassen sich konkrete, sich ähnelnde Variablen finden und die empirische Erhebung kann sich am Modell des Vergleichs von „similar cases" (Wirth & Kolb 2003: 106) orientieren.

Bei vergleichenden Untersuchungsdesigns ist neben einer methodisch funktionalen Länderauswahl auch die Herstellung von Äquivalenz von zentraler Bedeutung (vgl. Wirth & Kolb 2004), die bei der Operationalisierung dieser Untersuchung auf fünf Ebenen berücksichtigt wurde (vgl. Wirth & Kolb 2003: 104f.): Zunächst wurde Äquivalenz auf Ebene der Instrumente dadurch sichergestellt, dass auf Experteninterviews im Sinne von einheitlichen Befragungsmodi und Messmethoden zurückgegriffen wurde. Auf zweiter Ebene bezieht sie sich auf die Untersuchungseinheiten und die zu messenden Konstrukte, die in diesem Fall die Integrationspotentiale und ihre Nutzung bei den öffentlich-rechtlichen Sendern sind. Hier bedeutet Äquivalenz, dass die Untersuchungsobjekte in allen Ländern in „gleichwertigen funktionalen und kausalen Zusammenhängen eingebettet" (Wirth & Kolb 2004: 156) sind.

Des Weiteren bezieht sich Äquivalenz auf dritter Ebene auch auf die zu messenden Items. Hier wurde sichergestellt, dass die Fragestellungen in den Expertenleitfäden trotz der Übersetzung ins Englische vergleichbar sind. An vierter Stelle muss Äquivalenz auf Ebene der Populationen hergestellt werden. Dem wurde in dieser Studie dahingehend entsprochen, als eine einheitliche Definition von der Stichprobenziehung der Experten erarbeitet wurde. Als fünfte und letzte Ebene der Äquivalenz wird die Administration bei der Datenerhebung angesetzt. Hier wurde darauf geachtet, dass kulturelle und sprachliche Spezifika bei der Antwortbereitschaft und Unterschiede im Interviewverhalten vermerkt wurden und so reflektiert in die Auswertung miteinbezogen werden konnten (vgl. Kapitel 7.6).

Für die Transparenz und Validität der Studie ist es entscheidend, dass an dieser Stelle auch darauf hingewiesen wird, auf welche Ebenen des Untersuchungsgegenstandes sich der Vergleich bezieht (vgl. Kleinsteuber 2003: 81). Aufgrund der Tatsache, dass die öffentlich-rechtlichen Fernsehsender nicht als monolithische Akteure betrachtet werden, sondern ihre Strukturen wie Akteure mit Hilfe eines holistischen Ansatzes analysiert werden sollen, handelt es sich hier um einen vielschichtigen Vergleich, der sich hauptsächlich auf der Makro- und Mesoebene vollzieht. Der Bereich der Medienakteure, die Mikroebene, wird mit Blick auf den Rollenkontext auch berührt, schließlich können die einzelnen Medienakteure in ihrem Handeln auch einen Effekt auf die medialen Integrationsbemühungen der Fernsehsender haben.

Es handelt es sich bei dieser Studie um eine vergleichende Primäranalyse, weil eine eigene Datenerhebung durchgeführt wird (vgl. Donsbach & Patterson 2003; zit. n. Esser 2003: 459). Die Komplexität der Erhebung erhöht sich zudem dadurch, dass neben den Verantwortlichen der öffentlich-rechtlichen Fernsehsender auch Wissenschaftler und Politiker, die für Integrations- und Medienpolitik zuständig sind, befragt wurden. Bei qualitativen Erhebungen geht es um möglichst detailgetreue Fallerfassungen und adäquate Interpretationen, die eine Vertrautheit mit dem jeweiligen System- und Kulturkontexts des Mediensystems erfordern (vgl. Esser 2003: 462).

Daher liegt das Hauptaugenmerk bei der Querschnittanalyse der beiden EU-Staaten auf Deutschland, und der Vergleich ist mit der Perspektive aus Deutschland heraus angelegt, wobei Großbritannien als Bereicherung für den Erkenntnisgewinn und eine erhöhte Generalisierbarkeit sowie Verlässlichkeit und Gültigkeit der Befunde als gleichwertiges Pendant herangezogen wird. Dabei steht unüberwindbar das Verhältnis zwischen *dem Eigenen* und *dem Fremden* hinter den Analysen, „was unterstreicht, dass eine tragfähige vergleichende Forschung nur mit hoher multikultureller Sensibilität zu bewältigen ist" (Kleinsteuber 2003: 100). Das Hauptinteresse der Untersuchung liegt auf dem Erkenntnisgewinn für die Situation der öffentlich-rechtlichen Fernsehsender und die damit in Verbindung stehenden medienpolitischen Entwicklungen in Deutschland. Während der Durchführung der Experteninterviews in Großbritannien sind eine Dezentralisierung und eine Loslösung von deutschen Maßstäben und Auffassungen daher in hohem Maße schwierig – wenn nicht gar unmöglich. Dieser Tatsache wurde während des Forschungsverlaufs mit einer erhöhten Selbstreflexion Rechnung getragen.

7.4 Experteninterviews als Methode der Datenerhebung

In dieser Studie wurden als Untersuchungsinstrumente semi-strukturierte, qualitative Leitfadeninterviews verwendet, um Gespräche mit Akteuren in den öffentlich-rechtlichen Fernsehsendern aus unterschiedlichen Hierarchieebenen und Zuständigkeitsbereichen zu führen. Um die Expertenansichten der Vertreter der öffentlich-rechtlichen Fernsehsender um weitere Stellungnahmen zu komplementieren, wurden außerdem Experten aus Politik und Forschung herangezogen, die sich beruflich mit dem Themenfeld *Migration, Integration und Medien* beschäftigen.

Experteninterviews sind ein in der empirischen Sozialforschung häufig benutztes Instrument zur Datenerhebung (vgl. Bogner & Menz 2005: 37). Durch seine Funktion zur Exploration eines bislang dürftig fundierten und ungeordneten Forschungsbereichs ist das Experteninterview für die Beantwortung der hiesigen Forschungsfragen die geeignete Untersuchungsmethode (vgl. Kvale 2007: 1). Unbeeindruckt von seiner aktuellen Prominenz in der qualitativen Sozialforschung bedarf die Durchführung von Experteninterviews in methodischer Hinsicht stets einer erhöhten Reflexionsbereitschaft. Als wissenschaftliche Methode ist das Experteninterview nicht zu unterschätzen, denn es ist vergleichsweise komplex, anspruchsvoll und ressourcenintensiv:

„Experteninterviews sind nicht einfach ‚Informationsgespräche', in denen auf eine methodisch mehr oder weniger beliebige Weise Wissen und Meinungen erhoben werden; genauso wie andere Erhebungstechniken bedürfen sie der sorgfältigen Begründung und theoretischen Fundierung." (Bogner & Menz 2002: 16)

Bei der Anwendung von Experteninterviews kommt hinzu, dass es für die Vorbereitung, Durchführung und Auswertung keine universell anwendbare Methodik gibt. Vielmehr gilt es, bestehend auf den allgemeinen Grundlagen, für jede einzelne Studie eine individuelle Vorgehensweise zu entwickeln (vgl. Kohlschein 2006: 4). So ist es nicht verwunderlich, dass es unter den Empirikern in der internationalen wissenschaftlichen Gemeinschaft umstritten ist, ob das Experteninterview als eine eigenständige Methode gelten kann. Innerhalb des qualitativen Paradigmas ist das Experteninterview als eine selbstständige Erhebungsmethode keineswegs von allen anerkannt. Als Problematik dieser Interviewform wird oftmals dargestellt, dass es ein Methodenhybrid ist, welcher weder der Forschungswelt des strukturierten Ansatzes noch des offenen Ansatzes angehört (vgl. Bogner & Menz 2005a: 19).

Obwohl es an dieser Stelle aus forschungsökonomischem Anlass nicht sinnvoll erscheint, tiefer auf den so genannten *Methodenstreit* über die Zurechnung des Experteninterviews einzugehen, ist es doch notwendig, einige wesentliche Argumente kurz darzustellen, um die Methode als solche zu verstehen und als wissenschaftliches Instrument besser einschätzen zu können. Da in der qualitativen Forschung die Relevanz der untersuchten Subjekte für das Thema entscheidend ist (vgl. Flick 1999: 57) und da beim Experteninterview die inhaltliche Repräsentation zählt, kann es im Sinne Meuser und Nagels eher als ein Forschungsanliegen als eine eigenständige Methode darstellt werden (vgl. Kassner & Wassermann 2005: 108).

Dennoch ist es häufig auch Zielsetzung der qualitativen Forschung, letztendlich eine Verallgemeinerung der Ergebnisse zu generieren. So werden Experteninterviews durchgeführt, um Erkenntnisse zu gewinnen, die über den untersuchten Fall hinaus generalisierbar sind. Dieses Ziel wird angestrebt, indem die Auswahl so erfolgt, dass die Analyseergebnisse auch auf andere Fälle übertragbar, exemplarisch und in diesem Sinn generalisierbar sind. Das Besondere am Experteninterview ist weniger die methodische Form bei der Analysedurchführung, als vielmehr die Ausrichtung auf Experten als spezifische Zielgruppe der qualitativen Interviewführung. In der Debatte um die Abgrenzung des Experteninterviews als Methode läuft es stets auf die Frage hinaus, wer als Experte im methodologischen Sinne gelten kann.

Zentral ist dabei der Gedanke, dass die Person, die im Zuge der Untersuchung befragt wird, nicht als solche, sondern nur in ihrer Eigenschaft als Experte in ihrem organisatorisch-institutionellen Zusammenhang für die Analyse relevant ist (vgl. Meuser & Nagel 1991: 442f.). Im Unterschied zu anderen Formen des offenen Interviews bildet bei Experteninterviews weniger die Person als Individuum mit ihren Orientierungen und Einstellungen im Kontext ihres Lebenszusammenhangs eine Rolle. Bei Experteninterviews interessiert vielmehr ein organisatorischer oder institutioneller Zusammenhang, der mit dem Lebensalltag der darin agierenden Personen nicht identisch ist und in dem sie nur einen „Faktor" darstellen (vgl. Meuser & Nagel 2005: 72f.). Experten stehen „so dann nicht vor dem Hintergrund eines phänomenologisch-sinnverstehenden Ansatzes als ‚ganze Person' im Fokus des Forschungsinteresses. Vielmehr gelten sie als Repräsentanten für die Handlungs- und Sichtweisen einer bestimmten Expertengruppe" (Kruse 2008: 47).

Für die Fallauswahl ist diese Erkenntnis entscheidend, denn anhand des konstruktivistischen Expertenbegriffs, der in dieser Studie Verwendung findet, sind es verschiedene Mechanismen der Zuschreibung, die eine Person überhaupt erst zum anerkannten Experten machen. Für die Zuschreibung des Expertenstatus wurden hier zwei verschiedene Ansätze hinzugezogen: Erstens der methodisch-relationale Ansatz, der besagt, dass die forschungsleitenden Fragestellungen und Untersuchungsfragen in einem Projekt ausschlaggebend für die Wahl des Interviewpartners sind. Die Forschungsfragen und das methodische Design der Studie machen einen Befragten zum relevanten Experten. Zweitens war auch der sozial-repräsentationalen Ansatz für die Auswahl entscheidend, demzufolge derjenige ein Experte ist, wer in der Gesellschaft als Experte angesehen wird (vgl. Bogner & Menz 2005b: 41). Die in dieser Studie befragten Personen bekamen nach sozialer Konvention als Träger einer Funktionselite ein Mandat, das sie berechtigt, Wissenseinschätzungen für bestimmte gesellschaftliche Fragestellungen und Probleme als relevant und wichtig anzuerkennen.

Der methodisch-relationale und sozial-repräsentationale Ansatz stehen in einem engen und stabilen Verweisungszusammenhang zueinander. Bei der Auswahl der für diese Studie relevanten Experten wurde die Tatsache berücksichtigt, dass in der Forschungspraxis immer sowohl das spezifische Forschungsinteresse als auch die soziale Repräsentativität des Experten zusammen als Definitionsgrundlage für die gesuchten Experten fungieren (vgl. Bogner & Menz 2005b: 41). Folglich wurde jeweils individuell entschieden, wer im Rahmen dieser Untersuchung als Experte gilt.

Die befragten Personen wurden als Teil eines gesellschaftlich klar umrissenen Handlungsfeldes (vgl. Deeke 1995: 8f.) und anhand des konkreten Forschungsinteresses bestimmt. Für die Definition und Auswahl der Experten kamen Menschen in verantwortlichen Positionen und/oder mit besonderem Zugang zu Informationen in Frage (vgl. Kleres 2007: 282). So ergaben sich die Experten dieser Studie einerseits anhand des spezifischen Forschungsfokus auf dem öffentlich-rechtlichen Fernsehen und andererseits sind Interviewpartner auch durch ihre entsprechenden Berufsbezeichnungen in der Gesellschaft als Experten für ihre speziellen Aufgabenfelder ausgewählt worden. Diese Zuschreibung wurde methodisch reflektiert aus dem Forschungskontext heraus entwickelt und den Befragten der Expertenstatus auf Basis der spezifischen Fragestellung dieser Untersuchung verliehen.

Experteninterviews bieten sich als passende Untersuchungsmethode an, weil es zur Zielsetzung der Studie gehört, eine wissenschaftliche Erklärung für mediale Integrationsprozesse zu finden und gesellschaftliche Sachverhalte zur Rolle der öffentlich-rechtlichen Fernsehsender für die interkulturelle Integration zu rekonstruieren. Generell gilt in der sozialwissenschaftlichen Forschung, dass es sinnvoll ist, Befragungen mit Personen durchzuführen, wenn diese aufgrund ihrer Beteiligung Expertenwissen über diese Sachverhalte erworben haben (vgl. Meuser & Nagel 2005: 73). Als Interviewpartner dienten für dieses Forschungsvorhaben folglich Personen, die Verantwortung tragen für die Planung, die Durchführung oder die Evaluation der medialen und interkulturellen Integration von Zuwanderern. Dafür mussten sie über einen privilegierten Zugang zu Informationen über diese Personengruppen oder integrations- und medienpolitische Entscheidungsprozesse verfügen (vgl. Scholl 2003: 67).

Es wurden Experten ausgewählt, die ein besonderes Wissen über soziale Sachverhalte bezüglich der medialen Integrationspotentiale in Deutschland oder Großbritannien besitzen. Die hier durchgeführten Experteninterviews waren die passende Methode, um dieses Wissen erschließen zu können. Sie hatten in diesen Untersuchungen die Aufgabe, das besondere Wissen, der in die Situationen und Prozesse involvierten Menschen, für die wissenschaftliche Analyse zugänglich zu machen (vgl. Gläser & Grit 2006: 10f.).

In Anlehnung an Vogel (1995) und im Rückgriff auf die einschlägigen Arbeiten von Meuser und Nagel (2005) unterscheiden Bogner und Menz zwischen drei Hauptvarianten des Experteninterviews (vgl. Bogner & Menz 2005: 37f.), die für die Einordnung der hier verwendeten Form von Experteninterviews wichtig sind: Zunächst kann für Studien zur Exploration unbekannter Wissensbestände, Forschungsgegenstände und Forschungsfelder das explorative Experteninterview dienen. Hier liegt der Schwerpunkt auf der thematischen Sondierung und der Experte dient als Lieferant sachdienlicher Informationen und Fakten. Das Experteninterview dient somit als primäre Informationsquelle für die Studie. Eine zweite Form des Experteninterviews ist das systematisierende Experteninterview, das auf die Teilhabe an exklusivem Expertenwissen ausgelegt ist und darin dem explorativen Experteninterview ähnelt. Im Vordergrund der Befragung steht bei dieser Variante das aus der Praxis gewonnene, reflexiv verfügbare und spontan kommunizierbare Handlungs- und Erfahrungswissen.

Die dritte Form, das theoriegenerierende Experteninterview, ist methodisch-methodologisch von Meuser und Nagel begründet und entwickelt worden.

Es befasst sich vor allem mit der kommunikative Erschließung und analytischen Rekonstruktion der *subjektiven Dimension* des Expertenwissens. In diesem Fall dient der Experte nicht mehr ausschließlich als Katalysator des Forschungsprozesses oder zur Gewinnung sachdienlicher Information und Aufklärung, sondern subjektive Handlungsmaxime und implizite Entscheidungsroutinen sowie Wissensbestände der Experten, die sich aus einem bestimmten fachlichen Funktionsbereich heraus qualifizieren, bilden hier den Ausgangspunkt der Theoriebildung:

> „… Ausgehend von der Vergleichbarkeit der Expertenäußerungen, die methodisch im Leitfaden und empirisch durch die gemeinsame organisatorisch-institutionelle Anbindung der Experten gesichert ist, wird eine theoretisch gehaltvolle Konzeptualisierung von (impliziten) Wissensbeständen, Weltbildern und Routinen angestrebt, welche die Experten in ihrer Tätigkeit entwickeln und die konstitutiv sind für das Funktionieren von sozialen Systemen " (Bogner & Menz 2005: 38)

In Hinblick auf das spezifische Untersuchungsfeld und die spezielle Forschungsfragestellung konnte keiner dieser funktional zu unterscheidenden Formen von Experteninterviews allein für diese Studie zutreffend angewendet werden. Somit basiert die Datenerhebung auf einer individuellen Zusammensetzung aus allen drei Formen: Einerseits interessierten für die Ergebnisgenerierung sachdienliche Informationen und Fakten wie beim explorativen Experteninterview. Auch wurde das Handlungs- und Erfahrungswissen der Befragten wie beim systematisierenden Experteninterview erhoben. Des Weiteren interessierten bei dieser Untersuchung tiefgründige Erklärungen über Handlungsroutinen und subjektive Wertvorstellungen, so dass konsequenterweise für die Durchführung auch der Ansatz des theoriegenerienden Experteninterviews wichtig ist, da dieser weiterführende Erkenntnisse im Bereich der medialen Integrationspotentiale von öffentlich-rechtlichen Fernsehsendern verspricht.

Die Interviewführung bei der hier verwendeten Mischform des Experteninterviews war durch ein offenes und zurückhaltendes Verhalten charakterisiert und erfolgte leitfadenstrukturiert. Dem Experten wurde während der Befragung mit einer emergenten Kommunikationsführung als fachlich kompetenter Gesprächspartner entgegengetreten, und die Interviews wurden im Sinne von ermittelnden Interviews (vgl. Lamnek 2005: 332) im Rahmen des qualitativen Paradigmas durchgeführt. Der Informationsfluss war somit vom Experten auf den Interviewer gerichtet, der bestimmte Informationen erheben möchte. Da der Experte als Informationslieferant für spezielle Sachverhalte diente, ging es bei den hier durchgeführten Interviews um informatorische Befragungen (vgl. Koolwijk 1974), die auch eine deskriptive Erfassung von Tatsachen aus den Wissensbeständen des Befragten erlaubten.

Bei der anschließenden Analyse der Interviews ließen sich drei zentrale Dimensionen von Expertenwissen herausarbeiten, die verdeutlichen, inwieweit sich dieses vom Alltagswissen unterscheidet:

> „Der Experte verfügt über Technisches-, Prozess- und Deutungswissen, das sich auf sein spezifisches professionelles oder berufliches Handlungsfeld bezieht. Insofern besteht das Expertenwissen nicht allein aus systematisiertem, reflexiv zugänglichem Fach- oder Sonderwissen, sondern es weist zu großen Teilen den Charakter von Praxis- und Handlungswissen auf, in das verschiedene und durchaus disparate Handlungsmaximen und individuelle Entscheidungsregeln, kollektive Orientierungen und soziale Deutungsmuster einfließen. Das Wissen des Experten, seine Handlungsorientierungen, Relevanzen usw. weisen zudem – und das ist entscheidend – die Chance auf, in der Praxis in einem bestimmten organisationalen Funktionskontext hegemonial zu werden, d.h., der Experte besitzt die Möglichkeit zur (zumindest partiellen) Durchsetzung seiner Orientierungen. Indem das Wissen des Experten praxiswirksam wird, strukturiert es die Handlungsbedingungen anderer Akteure in seinem Aktionsfeld in relevanter Weise mit." (Bogner & Menz 2005: 46)

Zunächst konnte das technische Wissen klassifiziert werden, das sich auf die Herstellbarkeit und Verfügung über Operationen und Regelabläufe, und die fachspezifischen Anwendungsroutinen und bürokratischen Kompetenzen bezieht. Dieses technische Wissen ist noch am ehesten jener Wissensbereich, wo ein spezifischer und fachlicher Wissensvorsprung des Experten vorliegt. Hier unterscheidet es sich aufgrund der Systematik und inhaltlichen Spezifität vom Alltagswissen.

Das Prozesswissen ist eine weitere Dimension des Expertenwissens, das erhoben wurde. Es bezieht sich auf Informationen über Handlungsabläufe, Interaktionsroutinen und organisatorische Konstellationen. Auch ermöglicht es die Einsicht in vergangene oder aktuelle Ereignisse, in die der Experte aufgrund seiner praktischen Tätigkeit direkt involviert ist oder über die er aufgrund der Nähe zu seinem persönlichen Handlungsfeld zumindest genauere Kenntnisse besitzt. Im Gegensatz zum technischen Wissen hat dieses Prozesswissen weniger die Merkmale von Fachwissen im engeren Sinne, sondern ist praktisches Erfahrungswissen des Befragten aus seinem eigenen Handlungskontext.

Das theoriegenerierende Experteninterview basiert nicht allein auf der Erhebung von technischem Wissen und Prozesswissen, sondern hier zählt vordergründig das so genannte Deutungswissen. Als solches werden die subjektiven Relevanzen, Regeln, Sichtweisen und Interpretationen des Experten betitelt (vgl. Bogner & Menz 2005: 43). Das Expertenwissen als Deutungswissen unterscheidet sich von den beiden anderen Dimensionen insofern, als dass es erst durch die Datenerhebung und anhand der Auswertungsprinzipien als solches generiert wird und somit nicht unabhängig von der Datenanalyse existiert. In diesem Sinne kann das Expertenwissen immer als eine Abstraktions- und Systematisierungsleistung des

Forschers, eine „analytische Konstruktion" (Bogner & Menz 2005: 44), eingeordnet werden.

Die vorgenommene Differenzierung zwischen den drei Formen des Expertenwissens ist weniger ein Charakteristikum der Wissensbestände selbst, sondern primär auch eine Konstruktion des interpretierenden Sozialwissenschaftlers. So ist es kaum an der Äußerung selbst abzulesen, „ob eine Interviewaussage als technisches Wissen aufzufassen ist, das keiner weiteren Interpretation bedarf, als Prozesswissen, oder ob das Gesagte als Deutungswissen – d. h. als Ausdruck subjektiver Sinnkonstruktion des Befragten – zu gelten hat" (Bogner & Menz 2005: 44).

Diese Untersuchung hat sowohl das technische Wissen, das Prozesswissen als auch das Deutungswissen der befragten Experten erhoben. Insbesondere Letzteres war dabei interessant, weil es in besonderem Ausmaß praxiswirksam analysiert werden kann. Im Sinne des theoriegenerierenden Experteninterviews wurden Personen befragt, weil „ihre Handlungsorientierungen, ihr Wissen und ihre Einschätzungen die Handlungsbedingungen anderer Akteure in entscheidender Weise (mit-) strukturieren und damit das Expertenwissen die Dimension sozialer Relevanz aufweist" (Bogner & Menz 2005: 45). Somit war auch in der anschließenden Analyse nicht allein die Exklusivität des Wissens ausschlaggebend für die Expertenwahl, sondern auch seine Wirkmächtigkeit hat den Experten für das deutungswissensorientierte Interview relevant gemacht.

Zu der Anwendung von Experteninterviews in den beiden EU-Mitgliedstaaten ist abschließend zu erwähnen, dass die allgemeinen Gütekriterien empirischer Sozialforschung – Reliabilität, Objektivität und Validität – berücksichtigt worden sind. Diese drei Anforderungen an das empirische Arbeiten stehen in enger Relation zueinander und bestimmen sich gegenseitig. Auch wenn sie im Fall qualitativer Experteninterviews nur eingeschränkt gelten, wurden sie jedoch bei den bewussten Entscheidungsschritten im Laufe des Forschungsprozesses stets als Richtwert mit einbezogen. Reliabilität bedeutet die formale Genauigkeit der Untersuchung, die sicherstellt, dass die Studienergebnisse replizierbar sind und die Analyse für Außenstehende transparent nachzuvollziehen ist. Objektivität sollte hier dazu dienen, dass subjektive Verzerrungen durch die Forscherin weitestgehend vermieden und stets reflektiert werden.

Da der Forscher niemals neutral sein kann, sondern selbst „Teil einer situierten kulturellen Praxis der transkulturellen Medienforschung" (Winter 2005: 279) ist, wurde auch das Verhältnis des Experten zum Untersuchungsgegenstand reflektiert, damit dem erforderlichen Gütekriterium der Objektivität in der Analyse gerecht werden kann (vgl. Kleres 2007: 283). Auch wurde der Umstand berücksichtigt, dass die Auswahl der Personen durch die sozial definierte Verteilung von Expertenstatus beeinflusst wurde. Beispielsweise gelten die Integrationsbeauftragten der öffentlich-rechtlichen Fernsehsender sowie Minister für Integrationspolitik in der Öffentlichkeit per definitionem als Experten für dieses Feld. Auch Validität, die argumentative Belastbarkeit der Ergebnisse, wurde bei der Auswertung und Diskussion der Ergebnisse in Betracht gezogen.

7.5 Leitfaden und Kategoriensystem

Aufgrund des relationalen Expertenbegriffs, der Kontextualität der Forschungspraxis und des Kontinuum von Strukturierung gegenüber Offenheit gibt es kein „kodifiziertes Leitbild des Experteninterviews" (Bogner & Menz 2005b: 34). Dies führt dazu, dass je nach Forschungsanlage eine eigenständige, maßgeschneiderte Realisierung und Handhabung des Experteninterviews von Nöten ist. Experteninterviews werden häufig als Leitfadeninterviews durchgeführt und können „unterschiedlich stark vorstrukturiert, unterschiedlich offen geführt, verschieden aufbereitet, ausgewertet und interpretiert" (Bogner & Menz 2005b: 34) werden. Sie lassen sich den „Sonderformen der Befragung" (Scheuch 1967: 165f.) zurechnen. In dieser Untersuchung wird das Experteninterview als eine anwendungsbezogene Variante vom Leitfadeninterview verwendet und gilt als solche auch als eine besondere Form dessen (vgl. Mayer 2004: 37).

Um die Experteninterviews systematisch führen und im Nachhinein auswerten zu können (vgl. Flick 2002; Gläser & Laudel 2004: 41), wurden sie für beide Länderstudien als semi-strukturierte Leitfadeninterviews konzipiert. Da der Interviewte hier weniger als Person wie z. B. bei biographischen Interviews, sondern in seiner Funktion als Experte für bestimmte Handlungsfelder interessierte, bezogen sich die Interviews auf einen im Voraus klar definierten Wirklichkeitsausschnitt, der bei der qualitativen Interviewdurchführung im Zentrum des Interesses stand. Die teils offene Interviewführung ermöglichte es, zusätzlich zu den bereits im Leitfaden enthaltenen Themengebieten auch weitere relevante Informationen mit aufzunehmen, die sich im Laufe des Gesprächs ergaben.

Der Begriff des Leitfadeninterviews ist ein Oberbegriff für eine bestimmte Art und Weise der qualitativen Interviewführung. Diese wird in einem Leitfadeninterview mittels eines Gesprächsleitfadens so strukturiert, dass der Interviewverlauf einem bestimmten vorgegebenen Themenweg folgt (vgl. Kruse 2008: 48). Das Leitfadeninterview nimmt damit eine mittlere Position zwischen dem narrativen und dem standardisierten Interview ein (vgl. Scholl 2003: 66f.). Da es sich bei dieser Untersuchung um Fallstudien mit kleineren Stichproben handelt und die Vergleichbarkeit der Antworten, aber auch die Tiefenperspektive der einzelnen Befragten wichtig ist, ähneln die Anwendungsgebiete des Leitfadeninterviews teilweise eher dem narrativen als dem standardisierten Interview. Trotzdem bestand die Zielsetzung des Experteninterviews hier in der Generierung bereichsspezifischer

Aussagen und nicht in der Analyse von allgemeinen Regeln des sozialen Handelns wie beim narrativen Interview.

Im Experteninterview kommt dem Interviewleitfaden eine besondere Steuerungsfunktion zu (vgl. Flick 2002: 139ff.). Indem unwichtige Themen ausgeschlossen werden (vgl. Kleres 2007: 284), dient er dem Interviewer zur Orientierung und Fokussierung, da er die einzelnen Erhebungskomplexe ordnet und für die Auswertung bereits vorstrukturiert. Aufgrund des expertisenartigen Sinnverstehens und des speziellen Forschungsinteresses hat er beim Experteninterview eine noch stärker steuernde und strukturierende Funktion. Zentrale Aufgabe während der Gesprächsführung war es, den Befragten auf das interessierende Expertentum zu begrenzen und festzulegen (vgl. Flick 1999; Meuser & Nagel 1991).

Bei der Entwicklung des verwendeten Leitfadens galt, wie für andere qualitative Interviews auch, dass folgende Prinzipien eingehalten werden mussten (vgl. Gläser & Laudel 2004: 111f.) Zunächst wurde eine Reihe von (auch nicht antizipierten) Problemstellungen angesprochen. Somit deckt das Experteninterview erstens ein möglichst großes thematisches Spektrum (Reichweite) mit zweitens einer großen Zielgerichtetheit (Spezität) ab. Dritte Zielsetzung war es, während des Gesprächs die inhaltlichen Besonderheiten von Aussagen herauszuarbeiten. Viertens sollte der Befragte in die Lage versetzt werden, die affektiven, kognitiven und wertbezogenen Bedeutungen bestimmter Sachverhalte darzustellen (Tiefe). Schließlich wurde an fünfter Stelle auch der persönliche und soziale Kontext, in dem Äußerungen stehen, erfasst (vgl. Gläser & Laudel 2004: 127-38).

Um die Einhaltung dieser Prinzipien zu gewährleisten, wurde ein von Helfferich (2005) vorgeschlagenes und hier in drei Schritten modifiziertes Verfahren für die Erstellung dieses Leitfadens angewendet. In dem Verfahren wurden die Fragen zunächst gesammelt, dann auf ihre spätere Verwendbarkeit geprüft und schließlich anhand des Kategoriensystems nach inhaltlichen Aspekten klassifiziert (vgl. Helfferich 2005: 162f.).[86]

Die Kategorien, die im Leitfaden Verwendung fanden, sind deduktiv aus dem theoretischen Rahmen und den Forschungsfragen der Untersuchung abgeleitet. Sie gründen sich auf der Prämisse, dass die Kontexte des Gesellschafts- und Journalismussystems, innerhalb derer diese Untersuchung angesiedelt ist, vielschichtig sind. Da Normen, Strukturen, Funktionen und Rollen in einem Mediensystem bestimmen, was Journalismus ist, „der dann nach diesen Bedingungen und Regeln Wirklichkeitsentwürfe liefert" (Weischenberg 1998: 69), konnten die Integrationspotentiale der öffentlich-rechtlichen Fernsehsender in ihrer Komplexität am besten unter Bezug auf das *Kontextmodell* erfasst werden.

---

[86] Die jeweiligen Leitfäden für die Experteninterviews in den beiden Ländern sind im Anhang dieser Arbeit zu finden.

Im speziellen Design dieser Untersuchung bedeutet dies, dass die medialen Integrationspotentiale von öffentlich-rechtlichen Fernsehsendern und ihr Engagement hinsichtlich der Abbildung einer kulturell vielfältigen Gesellschaft von systemexternen wie -internen Faktoren beeinflusst sind. Da sich diese Einflussfaktoren wiederum in den vier Ebenen des Modells verorten lassen, sind die einzelnen Kontexte zu analysieren, die sich schematisch als Kreisformation um die Journalisten als Akteure der aktuellen Medienkommunikation darstellen (vgl. Kapitel 3.4).

Diese Ebenen fanden im empirischen Teil der Untersuchung als Kategoriensystem Verwendung, das wiederum als Grundlage für die Strukturierung des Leitfadeninterviews sowie für die anschließende qualitative Auswertung des transkribierten Materials verwendet wurde. Tabelle 4 zeigt das Kategoriensystem für die inhaltsanalytische Auswertung der Experteninterviews.

Normenkontext	Bedeutung des öffentlich-rechtlichen Fernsehens
(Normative Rahmenbedingungen des Mediensystems)	Abhängigkeit von Sozialstruktur und Wirtschaft
	Einfluss der Politik
	Vergleich von öffentlich-rechtlichen und privaten Sendeanstalten
	Medienforschung
Strukturkontext	Redaktions- und Personalstruktur
(Struktureller und personeller Aufbau der Medieninstitutionen)	Quotenregelung und Qualifikation
	Mitarbeiterakquise und Nachwuchsförderung
	Institutionelle Zuständigkeiten
	Struktureller Vergleich der Sendeanstalten
Funktionskontext	Spezifische Sendungen oder Querschnittsthematik
(Strategische Ausrichtung der Medieninhalte)	Normalität anstelle von „bad news"
	Informationsprogramme und Unterhaltungsangebote
	Visuelle Präsenz und Vorbilder
	Zielgruppe und Zuschauer
Rollenkontext	Zusatzkompetenz oder „Quotenmigrant"
(Rolle der Medienakteure)	Austausch innerhalb der Redaktionen
	Selbstwahrnehmung
	Außenwirkung

Tabelle 4: Kategoriensystem für die Auswertung der Experteninterviews

Die Aufteilung des komplexen Forschungsgegenstands in die vier Kontexte, die Journalismus jeweils definieren, ließ sich direkt auf die Bildung des Kategoriensystems für die Interviewleitfadenentwicklung übertragen. Zum Zwecke der Analyse konnten die einzelnen Aspekte des Forschungsgegenstandes isoliert, beschrieben und empirisch untersucht werden. Als Konsequenz für die wissenschaftliche Auseinandersetzung mit dem System des öffentlich-rechtlichen Fernsehjournalismus in dieser Studie ist das hohe Maß an Interdisziplinarität anzuführen, da sich die Analyse mit den normativen, strukturellen, funktionalen und rollenspezifischen Rahmenbedingungen befasst. Im Umkehrschluss bedeutete dies für die Durchführung der methodischen Datenerhebung, dass auch die Experteninterviews alle Ebenen ansprechen mussten, was eine konsequente Gesprächsführung erforderte. Daher mussten die Gesprächsleitfäden besonders sorgfältig anhand des theoretischen Wissenstands vorbereitet werden, und ihre Durchführung musste gut geplant sein und reflektiert ablaufen.

7.6 Wahl der Interviewpartner und Durchführung der Interviews

Die Auswahl und Definition von den befragten Personen bildet eine Besonderheit der Expertenbefragung und grenzt sie von allgemeinen Leitfadeninterviews ab. So wurden vor der eigentlichen Durchführung der Experteninterviews und während der Festlegung der Samplestruktur der Befragung gewisse Kriterien festgesetzt, nach denen die Stichprobe *absichtsvoll* und *begründet* gebildet wurde. Die spezielle Fragestellung dieser Untersuchung, theoretische Vorüberlegungen sowie die Vorgehensweisen anderer Studien wurden hier als Kriterien zur Bildung der Stichprobe herangezogen (vgl. Mayer 2004: 38). Zunächst interessiert erneut die Frage nach den eigentlichen Experten.

Wie bereits erläutert, gilt nach theoretischen Vorüberlegungen zur Auswahl von Interviewpartnern jemand dann als Experte, wenn er auf einem begrenzten Gebiet über ein klares und abrufbares Wissen verfügt, seine Ansichten sich auf sichere Behauptungen stützen und seine Urteile keine unverbindliche Annahmen sind (vgl. Meuser & Nagel 1997: 484). Experte zu sein hängt zudem immer vom jeweiligen Forschungsinteresse ab und kann anhand allgemeingültiger Zuordnungskriterien überprüft werden. Experte ist:

> „...wer in irgendeiner Weise Verantwortung trägt für den Entwurf, die Implementierung oder die Kontrolle einer Problemlösung oder wer über einen privilegierten Zugang zu Informationen über Personengruppen oder Entscheidungsprozesse verfügt." (Mayer 2004: 40)

Am Zitat wird deutlich, dass sich der Expertenstatus aus der Position oder der Funktion heraus ergibt, die potentielle Interviewpartner in den öffentlich-rechtlichen Sendeanstalten, in der Politik oder in der Medienforschung übernehmen. Bei der Stichprobenbildung für die Gesprächspartner der hier durchgeführten Experteninterviews wurde außerdem beachtet, dass Experten häufig nicht in der ersten Ebene einer Organisation zu finden sind, sondern in der zweiten oder dritten Ebene, da hier in der Regel Entscheidungen vorbereitet werden (vgl. Meuser &

Nagel 1991: 443). Hierin liegt begründet, dass die Intendanz der öffentlich-rechtlichen Sender nicht persönlich befragt wurde, weil sich diese ohnehin bereits öffentlich zu dem Themenfeld geäußert hat und sich ihre Ansichten und Leitvorgaben zur medialen Integration ohnehin in den verschriftlichten Selbstverpflichtungen der Sender finden lassen (vgl. Kapitel 5 und 6).

Da es bei der Analyse von Organisationsstrukturen sinnvoll erscheint, wenn die Verantwortlichen aus unterschiedlichen Hierarchieebenen und Abteilungen befragt werden (vgl. Mayer 2004: 40), wurden hier die jeweiligen Experten auf den entsprechenden Ebenen und in den verschiedenen Abteilungen ausgewählt. Zudem wurden im Hinblick auf eine tiefergehende Analyse, unterschiedliche Standpunkte berücksichtigt. Um eine möglichst umfassende Perspektive zu erlangen und auch potentielle kontroverse Haltungen aufzudecken, kommen die Gesprächspartner für diese Untersuchung sowohl aus strategischen Führungspositionen innerhalb der Sender, aus den Redaktionen und Gremien, als auch aus der Medienforschung. In der Konsequenz ergibt sich, dass die Gruppe der Experten zwar häufig einer Meinung sein kann und dieselben Standpunkte vertritt, jedoch ist sie grundsätzlich keine homogene Gruppe.[87]

Im Vorfeld der Stichprobenbildung ist die Auswahl der zu interviewenden Experten gezielt nach einer gründlichen Information über die Organisationsstrukturen, die Kompetenzverteilung und die Entwicklungsprozesse im jeweiligen Handlungsfeld erfolgt. Dafür waren entsprechende Vorarbeiten wie die theoretische Konzeptionalisierung, die Einbeziehung anderer Untersuchungen sowie die genaue Studie der Organigramme und Aufgabenbereiche in den öffentlich-rechtlichen Fernsehsendern und auf politischer Ebene notwendig. Das angesammelte Wissen darüber nahm stetig im Laufe des Forschungsprozesses und vor allem während der Phase der Interviewführung zu (vgl. Mayer 2004: 41; Meuser & Nagel 1997: 486), so dass es in der Phase der Datenerhebung in einigen Fällen auch zu *Schneeballeffekten*[88] bei der Expertenwahl kam, wenn weitere Personen von Interviewpartnern für ein Gespräch empfohlen wurden.

Als Experten für diese Untersuchung kamen erstens alle diejenigen Personen infrage, die in ihrer Funktion als Medienakteur bei einem der untersuchten öffentlich-rechtlichen Fernsehsender das Thema zu verantworten haben, als Medienakteur selbst über Zuwanderungsgeschichte verfügen und beim Fernsehen tätig sind, oder in den Aufsichtsgremien der öffentlich-rechtlichen Sender mit dem Thema zu tun haben. Zweitens wurden Politiker ausgewählt, die sich beruflich mit dem Thema *Integration, kulturelle Vielfalt und Medien* auseinandersetzen. An dritter

---

[87] Wenn Experten während der Interviews unterschiedliche Standpunkte zu Fragestellungen äußern, werden diese in den Auswertungen der Länderfallstudien (vgl. Kapitel 8 und 9) explizit deutlich gemacht.

[88] Als *Schneeballeffekt* wird die Herangehensweise bezeichnet, dass Experten andere Experten als potentielle Interviewpartner vorschlagen.

Stelle wurden auch zivilgesellschaftliche Akteure als Experten ausgewählt, die sich mit dem Thema *Integration und Fernsehen* beschäftigen. Während der Suche nach geeigneten Interviewpartnern hat sich gezeigt, wie herausgehoben und singulär diese einzelnen Experten in ihren Organisationskontexten sind. Es fällt auf, dass es nach den oben aufgezählten Kriterien der Expertenbestimmung für bestimmte Funktionen bei den öffentlich-rechtlichen Sendeanstalten häufig jeweils nur eine Person gibt, die in ihrer Funktion als Gesprächspartner für diese Studie in Frage kam. Diese Tatsache hatte letztendlich Auswirkungen auf den methodischen Umgang mit der Auswertung der Interviews. So wurden die Originalzitate der Interviewpartner bei der Verschriftlichung der Interviews sowohl anonymisiert als auch bei der darauf folgenden Auswertung und Diskussion der Befunde dekontextualisiert verwendet.[89]

Nachdem die für Interviews in Frage kommenden Experten mit Hilfe der Organigramme und der Internetauftritte der Sender recherchiert waren, wurden die Interviewanfragen per Email versendet. Da die Rücklaufquote der Antworten von Beginn an sehr hoch war, und sich die Mehrzahl der Personen – auf Grundlage der zugesicherten Anonymität – innerhalb kürzester Zeit für ein Interview bereiterklärt hatte, wurde lediglich bei einigen wenigen Personen per Telefon Rückfrage gehalten. Diese Herangehensweise wurden auch bei den Experten aus der Politik, der Medienforschung und den Behörden zur Rundfunkregulierung angewendet, die auf diesem Wege auch für Interviews gewonnen werden konnten.

Tabelle 5 zeigt alle 26 Interviewpartner aus Deutschland und Großbritannien mit ihren Arbeitsbereichen zum Zeitpunkt der Erhebung, die für diese Untersuchung befragt wurden. Um die Vergleichbarkeit der Länderstichproben zu erhöhen, wurde darauf geachtet, dass sich die Experten in ihren Funktionen zum Zeitpunkt der Befragung so weit wie möglich entsprachen. So konnten sie in der folgenden Tabelle gewissermaßen in *funktionale Paare* angeordnet werden.

---

[89] Die Gründe für diese methodische Herangehensweise werden im Folgenden noch näher erläutert und diskutiert.

JOURNALISTEN und MEDIENBEAUFTRAGTE	
Deutschland	**Großbritannien**
Dr. Thomas Bellut Programmdirektor Fernsehen (ZDF)	**Jana Bennett** Director of Vision (BBC)
Erkan Arikan Redakteur „ARD Aktuell" (WDR)	**Barnie Choudhury** News Correspondent (BBC)
Birand Bingül Redaktionsleiter „Cosmo TV" (WDR)	**Mary Fitzpatrick** Editorial Executive Diversity (BBC)
Dunja Hayali Co-Moderatorin „heute journal" (ZDF)	**Mishal Husain** Morning Presenter (BBC)
Mitri Sirin Moderator „heute" (ZDF)	**George Alagiah** Moderator „News at Six" (BBC)
Hülya Özkan Moderatorin „heute in Europa" (ZDF)	**Elonka Soros** Editor Diversity for English regions (BBC)
Taifun Keltek Vertreter für die Gruppe der Migranten im WDR-Rundfunkrat	**Alison Hastings** Chair Audience Council England (BBC)
Dr. Gualtiero Zambonini Integrationsbeauftragter (WDR)	**Ade Rawcliffe** Diversity and Talent Manager (Channel 4)
Erk Simon Medienforschung (WDR)	**Mukti Jane Campion** Independent Producer (BBC Radio 4), Guardian Research Fellow, Nuffield College

INTEGRATIONSPOLITISCHE und MEDIENPOLITISCHE AKTEURE	
Deutschland	**Großbritannien**
Prof. Dr. Norbert Schneider Direktor der Landesanstalt für Medien NRW	**Stephen Rosser** PSB Policy Branch (DCMS)
Ruprecht Polenz Vorsitzender des ZDF-Fernsehrates	**Steve Perkins** Head of Content Policy (Ofcom)
Dr. Michael Mangold Vorsitzender Bundesinitiative Integration und Fernsehen	**Milica Pesic** Executive Director of the Media Diversity Institute
Prof. Dr. Rita Süssmuth Mitglied der Global Commission on International Migration	
Armin Laschet Minister für Generationen, Familie, Frauen und Integration des Landes NRW	

Tabelle 5: Interviewpartner in Deutschland und in Großbritannien

Zusätzlich zu den 14 Experten, die sich in Deutschland für ein Interview bereit erklärt hatten, wurden noch drei weitere Personen angefragt, die einem Interview aus Zeitgründen letztendlich jedoch nicht zugestimmt haben. Auf Seite der Medienvertreter war dies bei der ARD der Programmdirektor Volker Herres. Auf Seite der Politik konnten zwei Staatsminister der Bundesregierung keinen Interviewtermin bereitstellen: Maria Böhmer, die Staatsministerin bei der Bundeskanzlerin und Beauftragte der Bundesregierung für Migration, Flüchtlinge und Integration und Stellvertretende Vorsitzende des ZDF-Fernsehrats sowie Bernd Neumann, Staatsminister bei der Bundeskanzlerin und Beauftragter der Bundesregierung für Kultur und Medien und Mitglied des Verwaltungsrats des ZDF als Vertreter des Bundes. In Großbritannien wurde zusätzlich zu den 12 oben genannten Interviewpartnern auch Oona King, Head of Diversity von Channel 4 angefragt. Sie konnte aufgrund terminlicher Engpässe leider für kein Gespräch zur Verfügung stehen.

Nachdem der Leitfaden mit verschiedenen Fragetypen entwickelt, die inhaltlichen Schwerpunkte anhand des Kategoriensystems ausgearbeitet waren, und die Experten sich zu einem Gespräch bereiterklärt hatten, standen vor der Durchführung der *Face-to-face-Interviews* noch Überlegungen zur optimalen Gesprächsführung an. Alle Interviews haben in Form eines persönlichen Gesprächs stattgefunden. Da speziell bei qualitativen Leitfadeninterviews das Interview eine „soziale

Situation" (Brosius & Koschel 2003: 150) darstellt, d. h. der situative Rahmen dieses Gesprächs und das Verhalten des Interviewers kann einen enormen Einfluss auf den Verlauf und den Ertrag der methodischen Befragung haben, wird im Folgenden – auch aus Gründen der Transparenz – kurz auf Reflexionen bezüglich der Intervieweffekte eingegangen.

Experteninterviews unterschieden sich mitunter aufgrund der Interviewdynamiken von anderen qualitativen Interviews. Hierbei können sechs verschiedene Dynamiken aufgeführt werden, die innerhalb des Experteninterviews vorkommen können, und über die es sich auch im Vorfeld des Interviews nachzudenken lohnt (vgl. Bogner & Menz 2002: 50-60). Zunächst kann der Interviewer als Co-Experte oder als Experte einer anderen Wissenskultur wahrgenommen werden. Auch kann dem Interviewer die Rolle des Laien zugeschrieben werden. Weitere Möglichkeiten sind, dass der Interviewer dem Experten entweder als uberlegene Autorität, als potentieller Kritiker oder als Komplize erscheint (vgl. Kleres 2007: 283).

Es ist auch bei den Expertengesprächen dieser Studie, vor und während der Interviewsituation darüber reflektiert worden, welche Interviewdynamik vorliegt, um die Kommunikationsstrategie gegenüber dem Experten zielführend anwenden zu können und gegebenenfalls anzupassen.[90] Abbildung 6 zeigt ein Phasenkonzept der Thematisierungsstruktur von Experteninterviews, das zur Reflexion der Rolle des Interviewers bei der Gesprächsführung in dieser Studie zur Hilfe genommen wurde.

---

[90] Überlegungen zur optimalen Interviewführung bietet auch Maindok (2003).

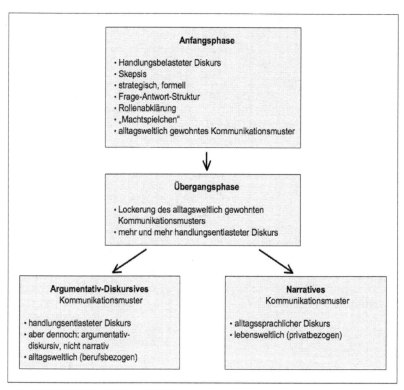

Abbildung 6: Ein Phasenkonzept zum Ablauf von Experteninterviews (Trinczek 2005: 216f.)

Hinsichtlich der Thematisierungsstruktur von Experteninterviews wurde die Tatsache berücksichtigt, dass Experteninterviews nicht nach dem klassischen Konzept des narrativen Interviews geführt werden können, da der Kommunikationsstil von Experten ein besonderer ist. Daher wurden potentielle Interaktionseffekte und Interviewdynamiken beachtet (vgl. Kruse 2008: 191), die situativen Umstände des Gesprächs berücksichtigt und jeweils am Schluss des Gesprächs am Ende des Leitfadens notiert. Die allgemeine Zielsetzung war dabei, den Gesprächspartner weder in eine verhörähnliche noch in eine künstlich non-direktive Kommunikationssituation zu versetzen. Um gelungene Experteninterviews zu erzielen und diese im Nachhinein präzise auswerten zu können, galt es, dem Interviewten eine ihm vertraute Kommunikationssituation zu ermöglichen und mit ihm ein *quasi-normales Gespräch* zu führen (vgl. Pfadenhauer 2005: 118).

Bei der Gesprächsführung wurden linguistische Aspekte berücksichtigt. Die Ausrucksweise von Experten kann folgende Charakteristiken aufweisen: Sie ist argumentativ-diskursiv sowie thematisch fokussiert und Experten gebrauchen Fachbegriffe. Sie verwenden indexikale Redeweisen und verfügen über eine hohe Sprachökonomie (vgl. Pfadenhauer 2005: 118f.). Bei den befragten Experten handelte es sich hier „um gut ausgebildete und statusbewusste Personen, die es gewohnt sind, sich darzustellen, mit Fragesituationen umzugehen und komplexe Zusammenhänge darzulegen" (Abels & Behrens 2005: 175).

Diese Faktoren wurden bei den Überlegungen zur Gesprächsführung vor den Interviewterminen berücksichtigt und das so genannte *Schlüsselprinzip* wurde in den Gesprächen angewendet, um den wissenschaftlichen Standards des qualitativen Leitfadeninterviews zu entsprechen. Dieses besagt, „dass der Forscher den Zugang zu bedeutungsstrukturierten Daten im Allgemeinen nur gewinnt, wenn er eine Kommunikationsbeziehung mit dem Forschungssubjekt eingeht und dabei das kommunikative Regelsystem des Forschungssubjekts in Geltung lässt" (Hoffman-Riem 1980: 346f.). Um diesem Anspruch gerecht zu werden, wurden relativ direkte Fragen hinsichtlich eines spezifischen Themas formuliert, über das die Deutungsmuster und Sinnverständnisse aus der Perspektive von Experten untersucht werden sollten (vgl. Kruse 2008: 47). Auch wurde dem Befragten von Seiten des Interviewers signalisiert, dass er mit der Thematik vertraut ist.

Da der Leitfaden diese Kriterien berücksichtigt (vgl. Mayer 2004: 37), wurde die leitfadenorientierte Gesprächsführung sowohl dem thematisch begrenzten Interesse des Forschers an dem Experten als auch dem Expertenstatus des Gegenübers gerecht (vgl. Meuser & Nagel 2005: 77). Zudem wurde die thematische Vergleichbarkeit der verschiedenen Interviews durch die enge Orientierung am Leitfaden während der Befragung gesichert (vgl. Kruse 2008: 198). Hierbei wurden bei den Gesprächspartnern, deren Berufsalltag sich nicht innerhalb der öffentlich-rechtlichen Fernsehsender abspielt, die speziellen Fragen nach Bedingungen innerhalb der Sendeanstalten weggelassen oder in einer verallgemeinerten Form gestellt.

Um die Effizienz der Durchführung bei den Experteninterviews zu erhöhen, wurden die Fragen in ihrer Formulierung generell offen, neutral, klar und einfach gehalten (vgl. Kleres 2007: 284f.). Außerdem kamen in den Leitfadeninterviews diverse Fragetypen vor (vgl. Scholl 2003: 68): Zu Beginn wurde als Einleitungsfrage eine *Eisbrecherfrage* zur Gesprächsauflockerung gestellt, die dem Interviewten einen behutsamen Einstieg in das Interview ermöglichte. Dann folgten die einzelnen Interviewabschnitte mit einer Mischung aus offenen und geschlossenen Fragen. Hier halfen gegebenenfalls auch Nachfragen, den Gesprächsfluss aufrecht zu erhalten und oberflächliche Anmerkungen zu vertiefen. Am Ende des Leitfadens wurde eine Frage aufgenommen, die dem Experten die Möglichkeit gab, eigene Schwerpunkte zu setzen, Gesagtes hervorzuheben oder den Interviewverlauf zu kommentieren.

Um sicherzustellen, dass die abgefragten Kategorien innerhalb des Leitfadens die Forschungsfragen erschöpfend abdecken sowie keine Redundanzen auftreten und dass alle Fragen des Leitfadens für den Gesprächspartner verständlich sind, wurden vor dem eigentlichen Beginn der Befragungsphase mit den Experten die Brauchbarkeit des Leitfadens überprüft, indem ein Pretest (vgl. Brosius & Koschel 2003: 156) eingerichtet wurde. Währenddessen wurden zwei so genannte Probeinterviews mit *echten Befragten*, in diesem Fall mit zwei deutschen Politikern, durchgeführt. So wurde ein besserer zeitlicher Überblick bezüglich des Umfangs der Interviews und der anschließenden Transkription erlangt. Während der Phase des Pretest wurden die anderen Experten kontaktiert, um konkrete Interviewtermine auszumachen.

Im Anschluss an diesen Pretest konnte der Interviewleitfaden anhand der Erfahrungswerte noch marginal optimiert werden: Obwohl alle Fragen gut verständlich waren, wurden die Formulierungen der Fragen noch etwas verkürzt. Auch wurde an den eigentlichen Leitfaden eine kurze Sequenz zur Abfrage von Begrifflichkeitsdefinitionen (*Integration, kulturell vielfältige Gesellschaft* und *mediale Integration*) angehängt, damit bei der anschließenden Auswertung keine Antwortverzerrungen aufgrund von unterschiedlichen Definitions- und Interpretationsauslegungen auftreten (vgl. Kapitel 2 und 3) und die Vergleichbarkeit der Expertenaussagen gesichert bleibt, wenn diese Aspekte abgefragt und diskutiert werden. Da die Expertenbefragungen zunächst in Deutschland und erst danach in Großbritannien durchgeführt wurden, konnte eine gewisse Routine in der Anwendung dieser qualitativen Datenerhebungsmethode während der Befragung der deutschen Interviewpartner entwickelt werden, und so auf einen weiteren Pretest in Großbritannien verzichtet werden.

7.7 Qualitative Inhaltsanalyse als Methode der Datenauswertung

Genauso wenig wie es für die Durchführung von Experteninterviews keine universell gültige Methode gibt, musste auch die inhaltliche Auswertung der qualitativen Befragungen anhand allgemeiner Gütekriterien auf diese spezielle Untersuchung maßgeschneidert werden (vgl. Atteslander 2000: 204). Dabei stand zu Beginn der Auswertung die Übertragung der Gesprächsaufnahme in eine schriftliche Form, um im Anschluss eine Inhaltsanalyse durchführen zu können. Die kompletten Tonbandaufnahmen der Interviews, die im Schnitt zwischen 45 und 60 Minuten dauerten, wurden im Wortlaut eins zu eins übernommen und anschließend lediglich längere Pausen und Versprecher *geglättet*.[91]

Danach wurden diese Rohtexte in Form von transkribierten Interviews bei der Auswertung der Experteninterviews mittels qualitativer Inhaltsanalyse schrittweise abstrahiert und kategorisiert (vgl. Scholl 2003: 68). Das übergeordnete Ziel dieser Inhaltsanalyse war, spezifische Charakteristika der Interviews systematisch und objektiv zu identifizieren, um dann das Rohmaterial der Befragung in Form einer wissenschaftlichen Datenanalyse weiterbearbeiten zu können (vgl. Brenner 1985: 117).

Dabei ist eine qualitative Inhaltsanalyse kein Standardinstrument, sondern „sie muss an den konkreten Gegenstand, das Material angepasst sein und auf die spezifische Fragestellung hin konstruiert werden" (Mayring 2003: 43). Bei der Inhaltsanalyse von qualitativen Interviews sind vor allem die zwei Elemente Strukturierung und Zusammenfassung des Materials entscheidend. Bei der Auswertung der Experteninterviews wurde die Strukturierung so modifiziert, dass sie auch eine Zusammenfassung der Kernaussagen umfasst (vgl. Mayring 2003: 59f.). Um die Auswertung nachvollziehbar und überprüfbar zu machen, war das Ziel der inhaltlichen Strukturierung, relevante Aussagen zu bestimmten inhaltlichen Bereichen zu extrahieren, sie dann den vorab bestimmten Kategorien zuzuordnen und sie schließlich zusammenzufassen. Anders als bei der einzelfallinteressierten Interpretation orientierte sich die Auswertung der hier durchgeführten Experteninterviews an thematischen Einheiten, an inhaltlich zusammengehörigen, über die Texte verstreuten Passagen – nicht an der Sequenzialität von Äußerungen in den Interviews.

Der Leitfaden diente als Orientierung bei der Kategorisierung der transkribierten Textabschnitte, da er die interessierenden Themen aus dem Horizont möglicher Gesprächsthemen der Experten herausschneidet und das Interview auf diese Themen fokussiert (vgl. Meuser & Nagel 2005: 81f.). Die qualitative Inhaltsanalyse wurde dadurch erleichtert, dass der Leitfaden bereits die thematischen Schwerpunkte der Analyse markiert und die Fragen als Vorformulierungen der relevanten Kategorien dienen konnten, die in die Auswertung – meist modifiziert – aufgenommen wurden (vgl. Meuser & Nagel 1991: 453f; Schmidt 2000: 449f.). Generell ist bei der qualitativen Inhaltsanalyse jede der folgenden Stufen notwendig und revidierbar, so dass der Auswertungsprozess iterativ und rekursiv gehandhabt werden konnte (vgl. Scholl 2003: 70f.). Abbildung 7 verdeutlicht die Vorgehensweise, an der sich die inhaltsanalytische Auswertung orientiert hat.

---

[91] Zu Richtlinien der Transkription und Datenaufbereitung bieten Bohnsack (2007) und Mayring (2002a, b) einen Überblick.

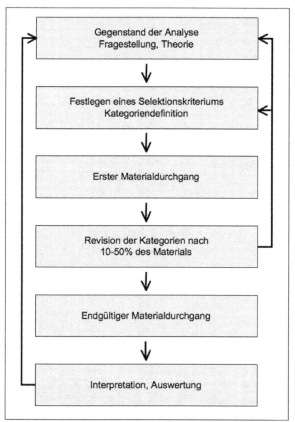

Abbildung 7: Das Ablaufmodell der qualitativen Inhaltsanalyse (eigene Darstellung nach Mayring 2003)

Die eher pragmatisch gehaltenen Auswertungsschritte lassen sich sechs groben Phasen zuordnen (vgl. Lamnek 2005: 402): Nach der Transkription wurden in der ersten Phase des Materialdurchgangs die Kernaussagen extrahiert und die Antworten den Leitfragen zugeordnet. Nach dieser Sortierung wurden zweitens die Antworten der Befragten paraphrasiert, indem der proportionale Gehalt der Aussagen extrahiert wurde, ohne diese Inhalte voreilig zu klassifizieren und Überschriften zu formulieren. Als dritte Phase des Auswertungsprozesses folgte die Zuordnung zum Kategoriensystem, das nach dem ersten Durchgang optimiert wurde. Dies bedeutet, dass die paraphrasierten Inhalte nach den Auswertungskategorien konzeptionalisiert, klassifiziert und systematisiert wurden.

Daraufhin folgten viertens der endgültige Materialdurchgang und die Einzelanalyse, in der jedes Interview nach allen Kategorien durchsucht wurde und relevante Aussagen anhand der Kategoriensysteme zusammengefasst wurden. Als fünfte Phase schloss sich die Interpretation an, in der die Auswertung dokumentiert wurde. Hier wurden die entwickelten Kategorisierungen theoretisch so generalisiert, dass sie an jedem Einzelfall überprüft werden konnten (vgl. Scholl 2003: 70f.). Abschließend folgte eine Kontrollphase, in der das transkribierte Ursprungsmaterial, die Kategorienbildung und die Analyseergebnisse miteinander in Bezug gesetzt wurden, um eventuelle Unstimmigkeiten ausschließen zu können.

Durch diese schrittweise Auswertung wurde die intersubjektive Nachvollziehbarkeit der Auswertung ermöglicht. Mit Blick auf die Qualitätskriterien empirischer Forschung fordern einige Wissenschaftler bei der Auswertung von Experteninterviews zusätzlich, dass trotz der Konzentration auf den Expertenstatus des Interviewten die Interaktionsprozesse während des Gesprächs nicht außer Acht gelassen werden:

> „Wenn die Erhebungsdaten nicht als Ausdruck eines abstrakten, allgemeinen ‚Expertenwissens', sondern auch als Variable der Interaktion verstanden werden sollen; wenn die Äußerungen der Befragten als Äußerungen gegenüber einer mit konkreten Kompetenzen und Interessen vorgestellten Person konzeptualisiert werden – und somit als Äußerungen, die andere gewesen wären, hätten sie sich andere Vorstellungen vom Interviewer gemacht –, dann muss dies auch im Auswertungsprozess berücksichtigt werden." (Bogner & Menz 2005b: 61)

Es wird betont, dass Elemente der Interaktionsanalyse und der Konversationsanalyse in die Auswertung von Experteninterviews mit aufgenommen werden müssen (vgl. Kruse 2008: 195). Um diesem Anspruch gerecht zu werden, wurden im Vorfeld sowie während des Gesprächs die Interviewdynamiken reflektiert und bei der Transkription der digitalen Sprachaufnahmen außerdem die Rahmenbedingungen des Interviews sowie Interaktionen mit dem Gesprächspartner notiert (vgl. Kapitel 7.6). So wurden mögliche Störfaktoren festgehalten, und bei der Auswertung konnte sowohl die inhaltliche als auch die zwischenmenschliche Ebene erfasst werden.

Ein weiterer wichtiger Punkt, der hier angesprochen werden sollte, ist die Frage, in welcher Form die Expertenaussagen in der Auswertung letztendlich präsentiert werden. Bereits während der Gewinnung der Interviewpartner und der Phase der Datenerhebung wurde sich dafür entschieden, die Experteninterviews als kontextfreies Textmaterial zu verwenden. Diese Entscheidung, die Gespräche aus dem Kontext losgelöst inhaltsanalytisch auszuwerten, gründet sich sowohl auf methodische als auch auf pragmatische Gründe:

Erstens gehört es nicht zur Zielsetzung dieser Studie, gewisse Funktionen im Sender zu evaluieren und Personen in ihren Handlungsräumen zu bewerten, sondern es werden zunächst allgemeine Integrationspotentiale und Herangehensweisen ihrer Nutzung bei den öffentlich-rechtlichen Fernsehsendern innerhalb der vier Kontexte gesucht, gesammelt und miteinander verglichen. Dabei werden die Möglichkeiten der Sendeanstalten, zur interkulturellen Integration beizutragen, mit Hilfe der Expertenaussagen aus verschiedenen Hierarchieebenen und verschiedenen Positionen innerhalb der öffentlich-rechtlichen Sender ausgeleuchtet. Folglich liegt der relevante und interessante Aspekt auf den Aussagen, die Experten zur medialen Integrationsleistung des öffentlich-rechtlichen Fernsehens getroffen haben. Nicht von Bedeutung für die intersubjektive Nachvollziehbarkeit dieser Studie ist dabei, welcher Experte in welcher Funktion zu welcher Aussage gelangt ist. So bietet es sich an, die Interviews als Textmaterial zu benutzen, um dieses für die Analyse ergänzend zu bereits schriftlich vorliegendem Material in Form von publizierten Leitrichtlinien und Selbstverpflichtungen zu verwenden.

Zweitens ergab sich für diese Untersuchung anhand der Definition des Experten nur eine begrenzte Menge an Personen, die für ein Gespräch die nötigen Voraussetzungen erfüllten (vgl. Kapitel 7.4 und 7.6). Diese Experten haben den Interviews unter der Voraussetzung zugestimmt, dass ihre Antworten anonym blieben. Da bei den ausgewählten Interviewpartnern die Person mit ihrer Funktion zusammenfällt, und es in vielen Fällen nur diese eine Funktion und Position in dem entsprechenden strukturellen Umfeld gibt, ließen sich die Personen bei Angabe ihrer Funktion und ihrem Arbeitsbereich auch trotz anonymisierter Zitate zu leicht wieder erkennen.

Würden den Zitaten zwar keine Namen zugeordnet, aber der entsprechende organisatorische Kontext genannt, wäre es möglich aufgrund der begrenzten Anzahl an Experten auf den entsprechenden Positionen in den entsprechenden Funktionen, von den Aussagen auf die jeweiligen Personen zu schließen. Die Konsequenz wäre, dass Anonymität nicht länger gewährleistet wäre. Daher wird in den folgenden Ergebniskapiteln und in der Diskussion der Befunde auf jegliche Kennzeichnung der Zitate verzichtet. Ansonsten wären weitaus weniger Interviews zustande gekommen, was wiederum dieser Qualität der Untersuchung stark beeinträchtigt hätte.[92]

---

[92] Eine weitere Konsequenz ist, dass auch dem Anhang dieser Arbeit keine transkribierten Interviews zu entnehmen sind, da auch am Verlauf eines Gesprächs die Person des Experten deutlich wird. Jedoch sind die kompletten Interviews von der Verfasserin dieser Studie archiviert und können bei Bedarf angefragt werden.

7.8 Zwischenfazit

In dieser Studie ist die Frage nach den normativen, strukturellen, funktionalen und rollenspezifischen Rahmenbedingungen des öffentlich-rechtlichen Fernsehens für seinen Beitrag zur medialen Integration von Menschen mit Zuwanderungsgeschichte in Deutschland und in Großbritannien forschungsleitend.

Dabei interessiert auf normativer Ebene inwieweit politische, historische, rechtliche und marktwirtschaftliche Faktoren einen Einfluss auf die medialen Integrationspotentiale der öffentlich-rechtlichen Fernsehsender haben. Auch gilt es, herauszufinden, wie sich mediale Integrationspotentiale im strukturellen und personellen Aufbau bei den öffentlich-rechtlichen Fernsehsendern manifestieren. Auf Ebene des Funktionskontexts wird analysiert, welche Maßnahmen zur medialen Förderung der interkulturellen Integration im Programmangebot der öffentlich-rechtlichen Fernsehsender umgesetzt werden. Hinsichtlich des Rollenkontexts wird der Forschungsfrage nachgegangen, wie die einzelnen Medienakteure ihren individuellen Beitrag innerhalb der öffentlich-rechtlichen Fernsehsender im Prozess der medialen Integration wahrnehmen.

Um diese Forschungsfragen zu beantworten, vergleicht die Arbeit in einer empirischen Fallstudie die medialen Integrationsmaßnahmen in Deutschland mit ARD, WDR und ZDF und in Großbritannien mit BBC und Channel 4 als öffentlich-rechtlichen Fernsehanstalten.

Die Auswahl der zu vergleichenden Länder, Untersuchungsgegenstände und Experten für die Befragung gründet sich auf folgende Überlegungen: Deutschland und Großbritannien bieten sich als zwei der einwohnerstärksten EU-Mitgliedstaaten aufgrund ihrer Migrationsgeschichte und Erfahrungen mit dem Thema *Integration* (vgl. Kapitel 5 und 6) für einen Vergleich an. Hinzu kommt, dass das duale Rundfunksystem Deutschlands nach dem Vorbild Großbritanniens etabliert worden ist und der BBC bis heute ein Vorbildcharakter als öffentlich-rechtliche Sendeanstalt – auch was die medialen Integrationsbemühungen angeht – eingeräumt wird.

So wird für Deutschland die ARD als Pendant zur BBC in Großbritannien untersucht, wobei hier insbesondere der WDR fokussiert wird, da von ihm als größter ARD-Sendeanstalt ein struktureller und inhaltlicher Einfluss auf die gesamte ARD ausgeht und er zudem als *Vorzeige-Sendanstalt* bezüglich der Integration von Menschen mit Zuwanderungsgeschichte gilt. Mit dem ZDF kommt die zweite deutsche öffentlich-rechtliche Sendeanstalt hinzu, die über keine Regionalisierung im Sinne von spezifischen Programmfenstern verfügt und den Einblick in die Integrationspotentiale des öffentlich-rechtlichen Fernsehens in Deutschland komplettiert. In Großbritannien wird neben der BBC auch Channel 4 untersucht, da dieser Sender speziell mit dem Mandat der medialen Integration von ethnischen Minderheiten im Jahr 1982 gegründet wurde.

Die Auswahl der Experten für die Interviewdurchführung ergibt sich aus ihrem speziellen Funktions- und Arbeitskontext. So wurden anhand der Organigramme und Personalstrukturen des Senders diejenigen Personen ausgemacht, die mit Aufgaben der medialen Integration von Zuwanderern und der Akzeptanz von kultureller Vielfalt in der Senderstruktur sowie im Programm betraut sind oder die selbst über Zuwanderungsgeschichte verfügen und bei den verschiedenen öffentlich-rechtlichen Fernsehsendern als Medienakteure angestellt sind.

Zur Vervollständigung der Perspektive auf das Thema *interkulturelle Integration als Aufgabe des öffentlich-rechtlichen Fernsehens* wurden auch medien- oder integrationspolitische Akteure sowie Wissenschaftler als Experten in den beiden Ländern hinzugezogen. Durch diese verschiedenen Zugänge und Blickwinkel der Gesprächspartner auf das Thema können im Anschluss an die Interviews Aussagen über die Rolle des öffentlich-rechtlichen Fernsehens bei der interkulturellen Integration und über die vorherrschenden Rahmenbedingungen der medialen Integration getroffen werden – auch wenn diese lediglich über eine eingeschränkte Repräsentativität verfügen.

Insbesondere der öffentlich-rechtliche Rundfunk ist aufgrund seines Programmauftrags gefordert, den Dialog der Kulturen voranzutreiben und das friedliche Miteinander zu fördern. Da der internationale Austausch, die interkulturelle Zusammenarbeit und das damit verbundene Lernen von europäischen Nachbarn nicht nur bereichernd, sondern auch unerlässlich sind, bildet der Ländervergleich von Deutschland und Großbritannien eine tragende Komponente der Untersuchung. Anhand der theoriefundierten und empiriegeleiteten Studie werden sowohl länderspezifische als auch länderübergreifende Strategien der öffentlich-rechtlichen Fernsehsender in Bezug auf ihre medialen Integrationsbemühungen erhoben. Zusätzlich werden die spezifischen Leitrichtlinien der medienpolitischen Instanzen im Hinblick auf ein von den Massenmedien unterstütztes kulturell vielfältiges Zusammenleben in den zwei EU-Mitgliedstaaten nachgezeichnet.

Die qualitative Vorgehensweise findet sich in dieser Studie in Form von leitfadengestützten Experteninterviews wieder. So ist es möglich, die Ergebnisse aus verschiedenen Blickwinkeln zu bertrachten, auf die historischen Bedingungen der einzelnen Sender einzugehen und die derzeitigen Maßnahmen hinsichtlich der Nutzung ihrer Integrationspotentiale auszuwerten. Auch werden die persönlichen Einschätzungen der Gesprächspartner zur medialen Integrationsleistung der Sender und abschließend ihre zukünftigen Ideen und Konzepte zur Umsetzung der medialen Integration evaluiert. Das gesammelte Audiomaterial der Leitfadeninterviews wurde zunächst transkribiert, bevor die eigentliche Auswertung in Form einer qualitativen Inhaltsanalyse durchgeführt wurde.

Die Ergebnisfindung orientiert sich dabei an dem zuvor ausgearbeiteten Kategoriensystem (vgl. Kapitel 7.5), das den Normen-, Struktur-, Funktions- und

Rollenkontext des öffentlich-rechtlichen Fernsehjournalismus mit einschließt. Innerhalb dieser vier Ebenen wurden anhand des theoretischen Vorwissens und mit Hilfe des vorliegenden empirischen Datenmaterials jeweils Unterkategorien entwickelt, die zur Beantwortung der forschungsleitenden Fragestellungen dienen. Die Auswertungsergebnisse finden sich in den folgenden Kapiteln.

8. Auswertung der Experteninterviews in Deutschland

Um die forschungsleitende Fragestellung nach den derzeitigen normativen, strukturellen, funktionalen und rollenspezifischen Rahmenbedingungen des öffentlich-
rechtlichen Fernsehens für die mediale Integration von Zuwanderern in Deutschland beantworten zu können, wurden mit Hilfe der qualitativen Inhaltsanalyse
insgesamt 14 Interviews mit Redakteuren, Moderatoren und Verantwortlichen der
öffentlich-rechtlichen Fernsehsender sowie mit Politikern und Medienakteuren aus
der Zivilgesellschaft ausgewertet. In die Ergebnisse der Befragungen in Deutschland fließen Erkenntnisse die ARD, den WDR und das ZDF betreffend zusammen. Wenn die deutschen Interviewpartner bezüglich der Fragestellungen unterschiedlicher Ansicht waren und es innerhalb ihrer Antworten zu deutlichen Differenzen kam, werden diese Punkte in der Auswertung einzeln thematisiert.

Die Auswertung erfolgte anhand eines Kategoriensystems (vgl. Tabelle 4,
Kapitel 7.5) durch eine funktionale Differenzierung der Rahmenbedingungen des
Journalismus, die es ermöglicht, verschiedene Bereiche von der Strukturebene bis
hin zur Akteursebene schrittweise zu beleuchten. Hierbei wurde *von außen nach innen*
vorgegangen, wobei zunächst die gesellschaftlichen Einflüsse des Mediensystems,
dann die strukturellen Bedingungen innerhalb der einzelnen öffentlich-rechtlichen
Medienunternehmen, gefolgt von der strategischen Ausrichtung der Medienangebote und den Rollen der Medienakteure erfasst wurden. Jede dieser vier Ebenen
gliedert sich wiederum in diverse Unterkategorien, die sowohl deduktiv anhand des
theoretischen Vorwissens als auch induktiv aus dem zu analysierenden Material
gebildet wurden.

8.1 Normative Rahmenbedingungen des Mediensystems

In diesem Abschnitt werden die Antworten der deutschen Experten auf die Forschungsfrage präsentiert, die auf die Analyse der Ebene des Mediensystems und
des Normenkontexts abzielt. *„Welchen Einfluss haben politische, historische, rechtliche und
marktwirtschaftliche Faktoren auf die medialen Integrationspotentiale der öffentlich-rechtlichen
Fernsehsender?"*

8.1.1 Bedeutung des öffentlich-rechtlichen Fernsehens

Bei der Analyse der Expertenaussagen zum Normenkontext der öffentlich-rechtlichen Sender fällt zunächst auf, dass alle Interviewpartner die Grundsatzfrage nach der Bedeutung des öffentlich-rechtlichen Fernsehens im Integrationsprozess stellen und darüber reflektieren, ob die Sender prinzipiell zur Integration beitragen können. Die Befragten sind sich einig, dass von der Politik häufig die Allmacht der Medien betont wird. Diese Annahme relativiert sich, wenn es um die Rolle der Medien bei der interkulturellen Integration von Zuwanderern in der Einwanderungsgesellschaft geht. So begründet ein Medienakteur:

> „Ich denke, man muss erst einmal die Allmacht der Medien ein bisschen relativieren. Es wird sehr prominent auch von politischer Seite gesagt, dass die Medien zur Integration beitragen können. Das ist ja auch richtig, die Medien können da einen Beitrag leisten, aber das natürlich nicht an erster Stelle. Die Medien sind im ganzen Integrationsprozess nur eine Variable, und es gibt noch viele andere wie z. B. die Bildungsdiskussion. Von daher können die Medien nicht per se alle Integrationsprobleme lösen, aber sie können sicherlich ganz gut dazu beitragen."

Dem fügt ein Interviewpartner hinzu, dass die öffentlich-rechtlichen Fernsehsender als Leitmedien bei der öffentlichen Meinungsbildung ihre Integrationspotentiale nutzen können, indem sie auf ihre Informations- und Vermittlungsfunktion setzen:

> „Neben der Politik haben die Massenmedien für mich die Funktion der öffentlichen Aufklärung und des Leaderships. Es geht nicht darum, Probleme zu verdrängen und nicht beim Namen zu nennen, aber es geht darum, immer auch Beispiele zu bringen, wie wir sie lösen können. Da die Menschen in hohem Maße medial geprägt sind, gilt, dass Medien auch einen hohen Stellenwert haben in der Beurteilung und der Einschätzung der Menschen mit Zuwanderungsgeschichte und der Integrationsmöglichkeiten. In dem Maße wie ich mit Best Practice oder Beispielen zeige, dass Veränderung möglich ist, wird deutlich, dass Integration nicht nur eine Forderung, sondern eine Praxis ist."

Als Beispiel für die Integrationsleistung des öffentlich-rechtlichen Fernsehens haben die Befragten die Jahre nach der deutschen Wiedervereinigung angeführt, als die Sendeanstalten der ARD und das ZDF den Auftrag hatten, beim Zusammenführen der beiden ehemals getrennten Teile der heutigen Bundesrepublik Deutschland durch mediale Berichterstattung mitzuwirken. Nach Expertenmeinung kann den öffentlich-rechtlichen Sendern heutzutage die interkulturelle Integration als Aufgabe zugeschrieben werden. Dennoch stehen die Befragten den Integrationsleistungen des öffentlich-rechtlichen Fernsehens insofern kritisch gegenüber, als dass sie direkte Effekte beim Medienkonsumenten, bei den Zuwanderern, als fraglich einstufen.

Sie bezweifeln, dass das öffentlich-rechtliche Fernsehen Hilfestellungen für schlecht integrierte Menschen bieten kann, sind sich jedoch einig, dass das Fernsehen ein Signal für die Akzeptanz von kultureller Vielfalt in der Einwanderungsgesellschaft setzen kann. Die Analyse der Interviews hebt jedoch die Bedeutung der politischen Rahmenbedingungen in den Vordergrund. So beschreibt ein Akteur die Rolle der Medien im Integrationsprozess als komplementär zur Arbeit der Politik:

> „Die Medien sind im Integrationsprozess von zentraler Bedeutung, aber man kann von den Medien nicht erwarten, dass sie das leisten, was die Politik nicht leistet. Sondern hier geht es um Kooperation zwischen den Akteuren mit unterschiedlicher Aufgabenstellung. Medien haben die Verantwortung, den wirklichen Tatbestand aufzuzeigen. Wenn es immer wieder heißt, die Türken wollen sich nicht integrieren, dann ist es auch die Aufgabe der Medien, all diejenigen Studien und Beispiele in die Öffentlichkeit zu bringen, die eine ganz andere Sprache sprechen. Das heißt, sie tragen dazu bei, der Wirklichkeit ins Auge zu schauen und zu entdecken, wo wir die größten Probleme haben und welche Lösungsoptionen es gibt."

Die Analyse der deutschen Experteninterviews zeigt, dass es beim öffentlich-rechtlichen Fernsehen in Deutschland auch Akteure gibt, die interkulturelle Integration nicht als zentrale Aufgabe der öffentlich-rechtlichen Sendeanstalten einordnen. Sie sehen Integrationsbemühungen im Verantwortungsbereich der Politik angesiedelt und relativieren die Bedeutung des Integrationsauftrags. Dazu meint ein Medienakteur:

> „Häufig wird noch gesagt von Seiten der öffentlich-rechtlichen Sender und Programmplaner, dass Integration nicht zu ihrer Aufgabe gehört, dass dieser Bereich allein Aufgabe der Politik ist. Der Reflex vieler Leute in der Geschäftsleitung des öffentlich-rechtlichen Fernsehens ist, dass Integration Thema der Politik ist: der Kommunalpolitik und der Bundespolitik. Sie selbst sehen sich als unabhängige Medien, die damit nichts zu tun haben. Was oft fehlt, ist das Herunterbrechen des Integrationsgedankens in die Medienwelt und was es für diese bedeutet. Für uns bedeutet das, dass wir nicht nur mit einem gesellschaftlichen Wandel zu tun haben, sondern mit einem Publikumswandel. Diesen Publikumswandel müssen wir begreifen und verstehen, um ein Programm zu machen, das aufgreift, was sich in der Gesellschaft und im Publikum verändert und um diese Prozesse zu spiegeln. Wenn wir das nicht machen, sind wir nicht mehr lebensfähig. Das ist also nicht eine Frage des Gustos, sondern eine Frage der Existenz. Hier ist die Fähigkeit der Entwicklung des Unternehmens gefragt. Wenn das öffentlich-rechtliche Fernsehen an den Menschen mit Zuwanderungsgeschichte in der Bevölkerung vorbei sendet, dann haben sie ganz klar ein Berechtigungsproblem."

Einstimmig vertreten die Befragten die Meinung, dass gesellschaftliche Veränderungsprozesse Zeit brauchen und Integration nur langfristig über Generationen hinweg funktionieren kann. Daher ist es auch für die medienpolitische Arbeit entscheidend, dass der Fokus auf langfristigen und zukunftsweisenden Konzepten zur Integrationsförderung liegt. Die Befragten sehen die Rolle des öffentlich-rechtlichen Fernsehens im zeitintensiven Integrationsprozess als inhaltlicher Impulsgeber. Fernsehen kann die interkulturelle Integration zwar beeinflussen, jedoch bleiben die Effekte überschaubar. Von vielen deutschen Experten wird die eigentliche Integrationsleistung am stärksten im Bildungsbereich verortet. Ihrer Meinung nach können die Politik und das Fernsehen lediglich die Rahmenbedingungen für Integrationsprozesse im Einwanderungsland beeinflussen.

Ferner ergaben die Experteninterviews, dass die historische Integrationsphilosophie heute nicht mehr in dem Maße greift und in dem Sinne wirksam ist, wie es nach theoretischer Auffassung möglich wäre. Als Grund wird die Segmentierung der Gesellschaft in verschiedene Milieus angesprochen, die der Integration entgegen wirkt. So wird die Tendenz des Einflusses der öffentlich-rechtlichen Fernsehsender als *Sinnstifter* und *Lebenshelfer* auf das gesellschaftliche Gefüge als abnehmend eingeschätzt.

Auch wenn einige der deutschen Befragten die Bedeutung des öffentlich-rechtlichen Fernsehens innerhalb des Integrationsprozesses als überhöht einschätzen, stimmen sie darin überein, dass es dennoch einen Beitrag zur Integration von Menschen aus Einwandererfamilien und zur Akzeptanz von kultureller Vielfalt in der Gesellschaft leisten kann. Sie sehen das Integrationspotential des öffentlich-rechtlichen Fernsehens durch seine hohe Reichweite vor allem in der Symbolpolitik und der Informationsvermittlung begründet. So erläutert ein Experte:

> „Das öffentlich-rechtliche Fernsehen kann in breitem Sinne zur Integration beitragen, denn es hat einen sehr großen Anteil an der Wissensvermittlung. Das, was wir über andere und natürlich auch über uns selbst wissen, wird zum großen Teil über das Fernsehen vermittelt. Dieses Alltagswissen bedeutet hier nichts anderes, als dass wir auch das Bild, was wir vom anderen haben, wesentlich über das Fernsehen generieren."

An dieser Stelle verbindet sich die empirische Datenauswertung der Experteninterviews mit dem hier zugrunde gelegten theoretischen Konzept der medialen Integration. Laut Experten gibt es folgende Voraussetzungen, die für die Integrationspotentiale der Sender von Bedeutung sind und die den Grundlagen des Modells der medialen Integration entsprechen: Erstens müssen die Medienangebote der öffentlich-rechtlichen Fernsehsender von Zuwanderern und Mehrheitsgesellschaft genutzt werden. Zweitens müssen Zuwanderer in den Medien präsent sein, was durch eine entsprechende Personalrekrutierung und durch Sendeformate gewährleistet werden kann. Ein Medienakteur beschreibt diese Anforderungen:

> „Die deutsche Gesellschaft hat sich verändert und verändert sich weiter, nicht zuletzt aufgrund der demografischen Entwicklung der Zuwandererfamilien und der einheimischen Familien. Eine öffentlich-rechtliche Fernsehanstalt hat die Aufgabe, über diesen Prozess kontinuierlich zu berichten, also sich erst einmal damit zu beschäftigen, was passiert. Und das in geeigneter Weise in den Formaten des Programms, in Nachrichtensendungen, Reportagen, Dokumentationen unterzubringen. Das Ganze von einem Grundansatz her, der auf ein möglichst gutes Miteinander in unserer Gesellschaft abzielt. Was natürlich nicht heißt, dass nicht auch kritisch und über

Fehlentwicklungen berichtet werden kann, ganz im Gegenteil. Was aber zum Beispiel eine Berichterstattung oder eine Sendung ausschließt, die quasi bewusst Gruppen gegeneinander ausspielt. Damit das glaubwürdig und erfolgreich geschehen kann, ist es einmal erforderlich, dass an der Gestaltung dieser Programme auch Menschen mitwirken, die diese Erfahrungen selber gemacht haben und machen. Und zweitens, dass das Fernsehen mit seinem über den Bildschirm laufenden Bild zeigt, dass es mitten in dieser Gesellschaft steht und auch an dem Wandel Teil hat."

Der im Zitat beschriebene medienpolitische Integrationsansatz wurde für die Anstalten der ARD und das ZDF aufbauend auf dem Bericht der Arbeitsgruppe Medien für den Nationalen Integrationsplan entwickelt und in Form einer festen Verankerung dieser Ziele in den Programmleitlinien festgeschrieben. Die Analyse der Experteninterviews belegt, dass das Thema Integration mittlerweile innerhalb ihrer öffentlich-rechtlichen Medienhäuser einen höheren Stellenwert eingenommen hat. Außerdem bestätigen die Experten durch ihre Teilnahme an bundesweiten und internationalen Tagungen, dass diesem Thema in der medienpolitischen Öffentlichkeit seit dem Integrationsgipfel im Jahr 2006 mehr Beachtung geschenkt wird.

Obwohl interkulturelle Integration als Aufgabe der öffentlich-rechtlichen Sender in den vergangenen Jahren stärker von den betroffenen Akteuren wahrgenommen wird, bleiben nach Meinung einzelner Experten Potentiale noch ungenutzt. Sie sehen interkulturelle Integration nicht allein als Aufgabe des öffentlich-rechtlichen Fernsehens, sondern auch als dessen feste Verpflichtung an. Aufgrund ihrer speziellen Gebührenfinanzierung stehen die Sendeanstalten von ARD und das ZDF laut Programmauftrag in der Verantwortung, zur Akzeptanz von kultureller Vielfalt in der Gesellschaft beizutragen. So erläutert ein Akteur:

„Öffentlich-rechtliches Fernsehen sollte nicht nur zum Integrationsprozess beitragen, sondern es ist verpflichtet, dazu beizutragen. Aus folgendem Grund: Gebühren zahlen alle, Migranten und die Mehrheitsgesellschaft. Aber die Interessen der Migranten sind nur sehr gering vertreten. Sie zahlen doppelt, dreifach, zehnfach mehr Gebühren, als etwas für sie getan wird. Das ist eine Tradition und die zu knacken, ist schwierig. Das Problem ist, dass wir einen gesamten Perspektivwechsel in allen Strukturen brauchen. Keine öffentlich-rechtliche Anstalt hat bisher richtig wahrgenommen, dass sich die Gesellschaft extrem verändert. Homogenität ist nicht mehr anzutreffen, es ist alles absolut heterogen."

Hier zeigen sich die Bedenken, dass die Interessen von Zuwanderern bei den öffentlich-rechtlichen Sendern bislang nur ungenügend vertreten sind, und dass sie das duale Rundfunksystem finanziell mittragen, ohne dass ihnen eine entsprechende Leistung entgegengebracht wird.

8.1.2 Abhängigkeit von Sozialstruktur und Wirtschaft

Der zweite Aspekt, der in Hinblick auf den Normenkontext von den deutschen Befragten betont wurde, ist die Tatsache, dass die Bedingungen für die Integrationsleistungen der öffentlich-rechtlichen Fernsehsender in Deutschland stets in Abhängigkeit zur aktuellen Sozialstruktur der Region und des Bundeslandes betrachtet werden müssen. Die Auswertung der Interviews bestätigt, dass integrationspolitische Konzepte immer auch eine nationale Frage und in Deutschland aufgrund des föderalen Systems auch Landesfrage sind. Da jede Nation ihre eigene Geschichte, ihre eigene Kultur im Umgang mit Migration und Integration und auch einen individuellen gesetzlichen Rahmen hat, können Integrationsmaßnahmen nicht ohne eine fundierte Reflexion der gesellschaftlichen Voraussetzungen auf andere Mediensysteme übertragen werden.

Hier bestätigen insbesondere die Akteure beim WDR, dass die soziokulturelle Zusammensetzung der Bevölkerung von Nordrhein-Westfalen (NRW) entscheidend für die Konzeption des Rundfunkangebots ist. So sind durch die kulturell durchmischte Demografie in NRW insbesondere die Regionalprogramme ständig mit dem Thema Migration und Integration konfrontiert. Die Interviewpartner vermuten, dass die rund vier Millionen Menschen aus fast allen Nationen, die in NRW ihr Zuhause gefunden haben, die Programmplanung beim WDR beeinflussen, da alle Menschen mit Zuwanderungsgeschichte für sie auch als potentielle Zuschauer gelten.

Ein weiterer Punkt, der in allen Interviews in Deutschland angesprochen wurde, ist die Einschätzung, dass die Gesamtgesellschaft durch Globalisierungsprozesse kulturell heterogener geworden ist. Sowohl auf der regionalen als auch auf der nationalen Ebene in Deutschland erkennen die Experten bei der Politik und in der Bevölkerung einen mentalen Wechsel beim Thema Integration. Die Mehrheit ist der Ansicht, dass die Menschen langsam beginnen, die multikulturelle Gesellschaft als gegeben zu akzeptieren. Es heißt, der Paradigmenwechsel in der Politik sei erreicht und in der Konsequenz beginnt sich das Bewusstsein der Medienakteure und der Zuschauer für kulturelle Vielfalt zu verändern. Die Experten beobachten, dass innerhalb der Mediennutzer die Bereitschaft zunimmt, über andere Länder etwas zu erfahren, so dass der Schwerpunkt in der Berichterstattung mittlerweile nicht mehr ausschließlich auf die Geschehnisse in Deutschland gelegt wird. Aufgrund der Veränderungen in der Bevölkerungsstruktur scheint sich in den vergangenen Jahren ein stärkeres kulturelles Interesse bei den Zuschauern entwickelt zu haben.

Einige der Befragten befürchten, dass sich das öffentlich-rechtliche Fernsehen in Deutschland nicht schnell genug auf die soziokulturellen Veränderungen in der Gesellschaftsstruktur einstellt. Erste Anzeichen hierfür sehen sie in der alternden Zuschauerzielgruppe der Sendeanstalten. Diesbezüglich warnt ein Medienvertreter vor einer zu großen Statik und einer zu geringen Anpassungsdynamik bei den öffentlich-rechtlichen Fernsehsendern, die auch eine zu langsame Reaktion auf die kulturell heterogene Gruppe der Zuschauer erklärt:

> „Ich fürchte, dass das öffentlich-rechtliche Fernsehen sich in Deutschland allgemein nur sehr langsam verändern wird. (...) Das ist die traurige Entwicklung. Die medientechnische und die gesellschaftspolitische Entwicklung werden schneller sein als das Anpassungsvermögen der öffentlich-rechtlichen Sender. (...) Sie werden wohl überholt werden vom Gang der Zeit. Das ist etwas, was für mich als Verlaufsform deutlich wird. Und unter dieser zu geringen Dynamik fällt auch das Thema Migration und Integration.“

Ein weiterer Aspekt, der bei den Ergebnissen der Experteninterviews eher eine untergeordnete Rolle spielt, bezieht sich auf die wirtschaftliche Lage, die einen Einfluss auf die Integrationsleistung des öffentlich-rechtlichen Fernsehens haben könnte. Hier lautet eine Expertenmeinung:

> „Sicher stehen marktwirtschaftliche Interessen im Weg, weil bisher die Ressourcen für ein Programm ausgegeben werden, in dem Menschen mit Zuwanderungsgeschichte unterrepräsentiert bzw. negativ dargestellt werden. Das Geld wird also in die gewohnte Richtung ausgegeben und daher leidet die mediale Integration.“

Andere Experten sind skeptisch, dass sich marktwirtschaftliche Zwänge hinderlich auf die Integrationsfunktion auswirken. Sie sehen das Problem eher in der journalistischen Arbeitsweise durch die Orientierung an Nachrichtenwerten begründet. Daher, dass Negativität ein dominierender Nachrichtenfaktor in allen Bereichen der Berichterstattung ist, spielen die Selektionsmechanismen auch im Themenfeld *Migration und Integration* eine Rolle. Durch das *Nullsummenspiel der Programmplanung* haben Themen wie *Ehrenmord* oder *Zwangsehe* im Hauptprogramm bessere Chancen und bestimmte Trends in der Berichterstattung werden eher befördert als andere. Es ist die Logik des Journalismus, die es erschwert, positive Beispiele für Integration im *Mainstream* zu senden.[93]

Aufgrund der speziellen Finanzierungsregelung der öffentlich-rechtlichen Sender kann kein eindeutiger Bezug zwischen ökonomischen Imperativen und den medialen Integrationsleistungen hergestellt werden. Für die öffentlich-rechtlichen Sender wirkt sich der wirtschaftliche Aspekt bislang weder eindeutig negativ noch positiv auf den Beitrag zur Integration und zur Abbildung kultureller Vielfalt aus. Jedoch wird nach Expertenmeinung der wirtschaftliche Aspekt bei den privaten Fernsehsendern in Zukunft an Einfluss gewinnen, sobald die Werbeindustrie die Gruppe der Zuwanderer für sich entdeckt. Alsbald kann die mediale Integration

---

[93] Auf diesen Aspekt wird im Kapitel 8.3.2 noch näher eingegangen.

bei kommerziellen Sendern dann über den wirtschaftlichen Anreiz – den so genannten *Business Case for Diversity* – vorangetrieben werden.

8.1.3 Einfluss der Politik

Bei der Analyse der gesellschaftlichen Rahmenbedingungen auf die medialen Integrationsbemühungen der öffentlich-rechtlichen Fernsehsender in Deutschland fällt der Einfluss der Politik ins Gewicht. Die Auswertung der Experteninterviews anhand dieses Kriteriums hat ergeben, dass sich integrationspolitische Entscheidungsprozesse auch auf die Sender auswirken. Laut der Mehrheit der Experten kommt diese Dynamik seit dem ersten Integrationsgipfel der Bundesregierung zum Tragen:

> „Die Politik hat schon gewisse Impulse gegeben. Der Nationale Integrationsplan war ein deutlicher Impuls auch bezogen auf die Medien mit der AG. (…) Nachdem der Integrationskanal abgelehnt wurde, fragte der Ministerpräsident, was denn dann gemacht würde. Dort wurde dann Druck auf den Intendanten ausgeübt. Und dann entstand diese Position, die wir letztendlich auch im Nationalen Integrationsplan entwickelt haben. Diese Entwicklungen auf Landes- und auf Bundesebene waren unabhängig voneinander, aber gleichzeitig. Diese Gleichzeitigkeit ist aber nicht zufällig. Das Thema hat einen höheren Rang in seiner Bedeutung eingenommen und die politische Diskussion hat dabei sicherlich eine Rolle gespielt."

Aufgrund der rechtlichen Trennung zwischen Staats- und Mediensystem kann die Politik pro forma jedoch keine konkreten Forderungen an die Medien stellen und keine Leistungen von Seiten der Massenmedien einfordern, da diese in ihrer Berichterstattung und Programmgestaltung von politischen Idealvorstellungen weitgehend unabhängig sind. Dies gilt theoretisch auch für die Berichterstattung über Sachverhalte und Problemstellungen im Zusammenhang mit Migration und Integration (vgl. Nationaler Integrationsplan, AG Medien, Abschlussbericht 2007: 7).

Doch im Bereich Integration und Medien scheint diese Grenze in der Praxis bisweilen aufgehoben. Da die Medien sich grundsätzlich zu ihrer Verantwortung im Prozess der interkulturellen Integration von Zuwanderern bekennen, saßen Politiker und Medienakteure bei der Entwicklung des Nationalen Integrationsplans gemeinsam in Arbeitsgruppen. Daher ist es besonders interessant, auf Ebene des Normenkontexts und der gesellschaftlichen Rahmenbedingungen die Vermittlungswege zwischen der Politik und dem öffentlich-rechtlichen Fernsehen in diesem Bereich nachzuvollziehen (vgl. Jarren & Donges 2002: 142).

Hier gilt es anzumerken, dass die Beziehung zwischen dem politischen System und den Medien zu komplex ist, als dass die Politik einen uni-direktionalen

Einfluss auf die öffentlich-rechtlichen Sendeanstalten haben könnte.[94] Auch eingedenk der Unabhängigkeit des öffentlich-rechtlichen Systems, das anhand rechtlicher Bestimmungen staatsfern organisiert ist, verbietet sich eine vereinfachte Wirkungsannahme. So zeigt die Auswertung der Expertengespräche, dass in Integrationsfragen zwar ein gewisser „Druck", aber kein direkter politischer Einfluss auf die
öffentlich-rechtlichen Sender ausgeübt wird. Da die Politik ihnen gegenüber nicht
weisungsbefugt ist, bleibt der Effekt überschaubar. Dennoch bestätigen die Experten der öffentlich-rechtlichen Fernsehsender eine gewisse Erwartungshaltung der
Politik hinsichtlich ihres Beitrags zur interkulturellen Integration. Die Anfragen der
Politik werden von den Verantwortlichen der Sender als Anregung zum erweiterten
Dialog über die zukünftige Auslegungsweise der Integrationsfunktion im Programmauftrag gedeutet. Hierzu meint ein Verantwortlicher:

> „Natürlich sind wir nicht Befehlsempfänger der Regierung. Aber diese politische Gesamtdis-
> kussion um Integration hat immerhin den Anlass geliefert, dass wir uns fragen, wo stehen wir
> eigentlich, sind wir weit genug gegangen oder müssen wir uns beeilen. Es war also eher ein po-
> sitiver Impuls, den wir natürlich nicht als Befehl aufgefasst haben."

In Deutschland sind der Einfluss von politischen Entwicklungen und ein gewisser
Druck der Politik auf die öffentlich-rechtlichen Sender und ihre Verantwortlichen
laut Expertenmeinung im Themenfeld *Migration und Integration* merklich gewesen.
Ein Akteur erinnert sich, dass die mediale Integration von Zuwanderern bei den
Sendern lange Zeit gar nicht thematisiert wurde:

> „Die öffentlich-rechtlichen Fernsehsender haben jahrzehntelang geschlafen. Das muss man
> wirklich so drastisch sagen. Und nur durch den Druck der Politik ist es dazu gekommen, dass
> das Thema auf die Agenda kam. Also, diese Normalität, dass die Gesellschaft aus so vielen
> Menschen unterschiedlichster Herkunft besteht. Diese Gruppen müssen ja auch irgendwo im
> Fernsehen wahrgenommen werden. Das hat die Öffentlich-Rechtlichen früher überhaupt nicht
> interessiert."

Die Analyse zeigt, dass die öffentlich-rechtlichen Sendeanstalten insbesondere auf
den ersten Integrationsgipfel im Jahr 2006 reagiert haben, da sie von der Politik der
damaligen Großen Koalition spätestens zu diesem Zeitpunkt dazu aufgefordert
wurden, über ihre Integrationspotentiale zu reflektieren und einen Zukunftsplan
aufzustellen. Hierzu meint ein Beobachter:

> „Der Verdienst der gegenwärtigen Regierung ist, dass sie zum ersten Mal die Leute alle an ei-
> nen Tisch geholt hat, und die hinsichtlich der Veränderung trägen Fernsehsender ARD und
> ZDF dazu genötigt hat, einmal Bilanz zu ziehen. Erstmal Bilanz zu ziehen, was sie überhaupt
> getan haben, um die Migranten in Deutschland einzubinden, und dann einen Plan aufzustellen,

---

[94] Das Beziehungsgeflecht zwischen Medien und Politik wird von Donges & Jarren (2002) erläutert.

was sie denn weiterhin zu tun gedenken. Dadurch kam natürlich auch insgesamt in den Sendeanstalten Bewegung auf."

Die Ergebnisse zeigen, dass im Rahmen der integrationspolitischen Maßnahmen in Deutschland insbesondere der Nationale Integrationsplan und die Aktivitäten der Arbeitsgruppe Medien den öffentlich-rechtlichen Sendern einen deutlichen Impuls gegeben haben, so dass das Thema eine größere Bedeutung bekam und innerhalb der Sender Innovationen angeregt wurden. Das Bewusstsein, dass Integration und Integrationspolitik wichtig sind, ist innerhalb der Bevölkerung und somit auch innerhalb der öffentlich-rechtlichen Sender gestiegen, indem die Politik es zu einem wichtigen Thema gemacht hat.[95] So schlussfolgert ein Experte:

> „Integrationspolitische Entscheidungen haben absolut einen Einfluss. Die öffentlich-rechtlichen Fernsehsender haben darauf reagiert und zwar mit einer Vehemenz, die ich mir so nicht vorgestellt hatte. Also, das kam wie ein ganz spätes, aber intensives Erwachen."

Fest steht, dass die Sender von der Politik für die Thematik sensibilisiert worden sind, obwohl sie theoretisch unabhängig von politischen Idealvorstellungen ihre Personal- und Programmplanung durchführen. Doch seit dem Integrationsgipfel wird die Nutzung der Integrationspotentiale des öffentlich-rechtlichen Fernsehens verstärkt von politischen Akteuren erwartet. Alle Befragten sind sich einig, dass die Politik einen Einfluss auf die Wahrnehmung der Thematik hatte und durch ihr Handeln das Thema *Migration und Integration* innerhalb der Gesellschaft auf eine höhere Agenda gebracht, sowie zeitgleich der Thematik eine gewisse Prominenz innerhalb der Sender verliehen hat. Im umgekehrten Fall erwähnen die Interviewpartner auch Einflüsse der Fernsehberichterstattung auf die Politik, wenn das öffentlich-rechtliche Fernsehen mit seiner Berichterstattung Akzente in der integrationspolitischen Agenda setzt. So führen Großereignisse wie der Integrationsgipfel oder die Islamkonferenz zu einer verstärkten Berichterstattung, und durch diese ergeben sich wiederum Rückwirkungen für die politisch Handelnden.[96]

---

[95] Die Ausnahme bilden die Befragten des WDR, die zwar mit den anderen Experten darüber übereinstimmen, dass die Politik einen Einfluss auf die öffentlich-rechtlichen Sender geltend gemacht hat, aber betonen, dass es beim WDR schon vor dem ersten Integrationsgipfel der Bundesregierung Programme für Menschen mit Zuwanderungsgeschichte im Fernsehen gab. Bereits in der Vergangenheit sei der WDR seiner Integrationsfunktion aktiv nachgegangen, da es seit dem Jahr 2003 einen Integrationsbeauftragten gibt, Funkhaus Europa seit 1999 existiert, und auch der Civis Medienpreis erstmalig im Jahr 1993 unter Zuständigkeit der Sendeanstalt ins Leben gerufen wurde. Auf diese verschiedenen Strategien der medialen Integration wird im Laufe des Kapitels noch näher eingegangen.
[96] An dieser Stelle knüpft die Empirie an theoretische Grundlagen zur Wechselwirkung der Agenda-Setting-Prozesse zwischen den beiden Systemen an. Über die Agenda-Setting-Theorie informiert Rössler (1997).

Die Impulsgebung von Seiten der Politik ist laut Expertenansicht fruchtbar gewesen, da die Verantwortlichen der öffentlich-rechtlichen Sender durch den medienpolitischen Dialog zur Schlussfolgerung kamen, dass Integration und kulturelle Vielfalt Themen seien, mit denen sie sich in Zukunft stärker auseinandersetzen müssen. Im Zuge der Diskussionen um mediale Integrationspotentiale der Sender sind beispielsweise neue Akteure aus Einwandererfamilien beim öffentlich-rechtlichen Fernsehen eingestellt worden. Ein Interviewpartner beschreibt, wie die Integrationsfunktion in den Mittelpunkt des Interesses gerückt ist:

> „Wir haben ein politisches Umfeld, das uns als Rundfunkanstalt auch fordert. Und so entsteht die verstärkte Notwendigkeit der Integrationsfunktion. Von einem sozialpolitischen oder medienpolitischen Spannungsfeld, von Kräften, die sich da bewegen."

Diese medienpolitischen Spannungsfelder entstehen vor allem in den Verwaltungs- und Aufsichtsgremien. So haben Experten beispielsweise auf den Verwaltungsrat des ZDF verwiesen, in dessen Runde die Integrationsbeauftragte der Bundesregierung Mitglied ist. Durch ihre unmittelbare Nähe zum Intendanten entstehen laut Expertenmeinung Ideen für die mediale Integration von Zuwanderern im Programm. Da sich Diskussionen in den Aufsichtsgremien auch auf die Programmkonzeption auswirken, kann von einem mittelbaren Einfluss der Politik auf die mediale Integration bei den Sendern gesprochen werden.

Seitdem die Politik das Thema als ein wichtiges gesellschaftspolitisches Thema der Zukunft auf die Agenda gesetzt hat, wird der Handlungsbedarf, den die Politik gefordert hat, von den Sendern wahrgenommen und schrittweise an der Umsetzung der medialen Integration gearbeitet. Die Experten vom öffentlich-rechtlichen Fernsehen geben zu, dass die Integrationsfunktion vernachlässigt worden ist und jahrzehntelange Versäumnisse nicht schnell aufgeholt werden können. Sie sind jedoch davon überzeugt, dass die Tendenz hin zu einem verstärkten Engagement im Bereich der medialen Integration von Zuwanderern positiv ist, und dass sie auf dem besten Weg seien, Normalität beim Thema Integration von Menschen mit Zuwanderungsgeschichte zu fördern.

Trotz der positiven Grundstimmung bewerten die Medienakteure die Reaktionen der eigenen Sendeanstalten als verspätet. Es wird angeführt, dass den Sendern einerseits bewusst geworden ist, dass sie umdenken und für die Gesellschaft ein Zeichen setzen müssen, andererseits wird von einigen Experten die konkrete Umsetzung der medienpolitischen Erwartungen bezüglich der Integration von Zuwandern bei den öffentlich-rechtlichen Sendern noch als defizitär bewertet. So stellt ein Befragter den Widerspruch wie folgt dar:

> „Der Integrationsgipfel hat deshalb bereits eine positive Bedeutung, weil innerhalb der Sendeanstalten nun ein ganz anderes Klima herrscht für das Thema. Das ist die eine Botschaft, die

eine Bilanz. Die andere Botschaft ist, dass, praktisch und konkret auf das Handeln bezogen, noch nicht viel passiert ist."

Zum Zeitpunkt der Interviewdurchführung im Jahr 2009 kam bereits die Meinung auf, dass die erste große Welle der Integration in Deutschland vorbei sei. Die Experten bestätigten, dass im Rahmen des Nationalen Integrationsplans und den damit verbundenen Selbstverpflichtungen der öffentlich-rechtlichen Sender in den vergangenen Jahren in unterschiedlichen Umfängen etwas unternommen worden ist. Dennoch ziehen sie die Bilanz, dass praktisch bislang nicht alles umgesetzt wurde, was von der Arbeitsgruppe Medien an Leitrichtlinien vorgegeben wurde, und das Thema nun wieder abkühle. Auch zeigt die Analyse, dass die Mehrzahl der integrations- sowie medienpolitischen Veranstaltungen über Integrationsprozesse mittlerweile lediglich als unverbindliche Diskussionsrunden wahrgenommen werden, die im schlimmsten Fall die Frustration auf Seiten der Migrantenverbände noch erhöhen.

Das Fazit zum Einfluss der Politik auf die öffentlich-rechtlichen Sender und die damit verbundenen interkulturellen Integrationsleistungen für die Einwanderungsgesellschaft besteht insgesamt aus einer gemischten Bilanz, wobei die Tendenz gerade für die Maßnahmen der medialen Integration innerhalb der Sendeanstalten als positiv bewertet wird.

8.1.4 Vergleich von öffentlich-rechtlichen und privaten Sendeanstalten

Bei der Auswertung der Einflüsse des Mediensystems auf die medialen Integrationspotentiale wurde auch eine Kategorie zum Vergleich zwischen den in Deutschland untersuchten öffentlich-rechtlichen Sendern ARD, WDR und ZDF einerseits und den kommerziellen Anbietern andererseits angelegt. Die Auswertung der Interviews zu dieser Kategorie basiert nicht allein auf der Meinung der Verantwortlichen der öffentlich-rechtlichen Sendeanstalten, da hier auch externe Experten befragt wurden. Dennoch beeinflusst die Perspektive der Medienakteure von ARD, WDR und ZDF die hiesigen Befunde in einem hohen Maß, da diese Experten proportional den größten Anteil der deutschen Befragten stellen.

Die Interviewpartner haben hier angeführt, dass eine Medienunternehmen-übergreifende Einsicht über die inhaltliche Wichtigkeit des Themas notwendig ist. Dennoch zeigt die Analyse, dass die Experten insbesondere die öffentlich-rechtlichen Fernsehsender als gesellschaftliche Institutionen und nicht allein wirtschaftlich ausgerichtete Unternehmen dazu aufgefordert sehen, zur Integration und Akzeptanz von kultureller Vielfalt beizutragen. Ein Medienakteur sieht die öffentlich-rechtlichen Fernsehsender im Bereich der medialen Integration von Zuwanderern im Gegensatz zu den privaten Sendern als aktiver an:

> „In der Substanz sehe ich keinen Privatsender uns in den nächsten Jahren überholen. In der Ernsthaftigkeit der Auseinandersetzung mit den Inhalten sehe ich auch keinen uns überholen. Und ich finde es auch schade und problematisch, dass die anderen Sender das nicht machen."

Die Experten betonen den speziellen Auftrag des öffentlich-rechtlichen Fernsehens und die damit verbundene Verantwortung im Ausgleich für die Rundfunkgebühren, den gesellschaftlichen und sozialen Wandel zu begleiten und als ein Medium zu wirken, das zur interkulturellen Integration und zum gesellschaftlichen Zusammenhalt beiträgt. Die Verpflichtung zur medialen Integration liegt daher stärker bei den öffentlich-rechtlichen Anstalten, während die privaten Sender nicht in diesem Maße dazu aufgefordert werden können, obwohl auch sie kulturelle Vielfalt in ihrem Programm repräsentieren. Ein Interviewpartner meint:

> „Ich sehe bei den öffentlich-rechtlichen Sendern eine größere Verpflichtung das Integrationspotential zu nutzen. Wobei die kommerziellen Sender von Anfang an sehr viele Moderatoren mit Migrationshintergund auf dem Schirm hatten. Die waren teilweise sogar schneller dabei. So ein Apparat wie eine öffentlich-rechtliche Anstalt bewegt sich manchmal nicht schnell genug, das haben wir jetzt aber nachgeholt."

Laut Expertenmeinung lief der Prozess der medialen Integration bei den privaten Sendeanstalten bislang selbstverständlicher ab als beim öffentlich-rechtlichen Fernsehen. Während die ARD-Sendeanstalten und das ZDF die Thematik Migration und Integration zu spät erkannt haben und dadurch insbesondere interessante fiktionale Stoffe lange ignoriert haben, präsentierten die privaten Fernsehsender bereits wesentlich früher ein Programm für die breite Bevölkerung. Durch die Integration von Moderatoren und Darstellern mit Zuwanderungsgeschichte in bekannten Sendungen haben sich Zuwanderer in diesen Medieninhalten wieder erkannt und wurden langfristig an das Programm der Privaten gebunden. Daher fordert ein Medienakteur für die öffentlich-rechtlichen Sender:

> „Wichtig ist, dass sich das öffentlich-rechtliche Fernsehen zunächst bewusst darüber wird, wer ihre Zuschauer sind. Wenn das mal klar ist, und vielen öffentlich-rechtlichen Sendern ist es mittlerweile klar, dann versuchen sie ihr Programm dementsprechend anzugleichen."

Die größten Hindernisse in diesem Prozess sehen senderinterne wie -externe Experten im starren Apparat der öffentlich-rechtlichen Sender. Bürokratische Strukturen und langwierige Abstimmungsprozesse innerhalb der Landesfunkhäuser erschweren flexible Reaktionen auf gesellschaftliche Entwicklungen. Die privatwirtschaftlich organisierten Fernsehsender gehen offensiver und schneller mit Veränderungen innerhalb ihrer Zielgruppe um. Möglicherweise wurde die medial integrierende Programmgestaltung bei den privaten Sendern auch durch den Einkauf von einer Vielzahl an fiktionalen Unterhaltungsangeboten aus dem englischsprachigen Ausland erleichtert, so dass die Abbildung von kultureller Vielfalt eher in Form eines ökonomischen Prozesses als durch eine besondere Reflexion ihrer gesellschaftlichen Bedeutung abgelaufen ist.

In der Popularität dieser Unterhaltungsformate sehen die Verantwortlichen das Problem begründet, dass die öffentlich-rechtlichen Sender von Zuwanderern weniger genutzt werden als die private Konkurrenz. Dieser Aspekt leitet zur folgenden Kategorie der Medienforschung über, die den Medienakteuren ein besseres Verständnis über die Mediennutzungsmotive von Menschen aus Einwandererfamilien bietet.

8.1.5 Medienforschung

Die letzte Kategorie der Auswertung des Normenkontexts bezieht sich auf die Medienforschung, die innerhalb der öffentlich-rechtlichen Fernsehsender auch für die Entwicklung von Integrationsmaßnahmen auf Programmebene entscheidend ist. Viele deutsche Experten erwähnten den Zuschauer als *das unbekannte Medium*, das eine zielgerichtete Programmplanung im Sinne der medialen Integrationsbemühungen erschwert. Einige der Befragten betonten, dass sie die Zuwanderer in Deutschland heutzutage als politisch sehr interessiert wahrnehmen und diese daher als potenzielles Publikum der öffentlich-rechtlichen Sender gelten.

Eine Möglichkeit zur Messung der Einschaltquoten von Zuschauern mit Zuwanderungsgeschichte bietet die quantitative Medienforschung. Jedoch werden so genannte *Nicht-EU-Ausländer* in bis dato durchgeführten quantitativen Einschaltquotenerhebungen noch nicht in der Panelbildung der untersuchten Haushalte abgebildet. Gewisse Bevölkerungsgruppen werden somit bis heute nicht in den Erhebungen repräsentiert. Alle Experten stimmen in der Notwendigkeit überein, dass dieser Missstand aufgehoben werden muss und unterstreichen die Wichtigkeit in der statistischen Abbildung des Fernsehnutzungsverhaltens von zugewanderten wie einheimischen Gebührenzahlern in Deutschland. Dazu meint ein Akteur:

> „Die Quotenerhebung zur Mediennutzung von Zuwanderern ist ganz wichtig, weil Zahlen die Dinge sind, worauf Chefs hören. Es gibt ja auch Leute, die fordern, dass türkischstämmige Deutsche und Ausländer, die hier schon zehn Jahre leben, an den politischen Wahlen teilnehmen dürfen, weil man ihnen dann ein Stück politische Verantwortung geben würde. Und nichts anderes wünsche ich mir für die Fernsehquotenerhebung auch, weil Fernsehen dann vielleicht ganz schnell ganz anders werden würde. Das ist glasklar."

Die Auswertung zeigt, dass auch die Quotenerhebung für einzelne Sendungen innerhalb der öffentlich-rechtlichen Fernsehsender in Deutschland eine entscheidende Rolle spielt. Aufgrund des öffentlich-rechtlichen Programmauftrags müssten im Prinzip alle Bürger in die statistische Erhebung der Einschaltquoten aufgenommen werden, und theoretisch müsste der Anteil an Zuwanderern in Deutschland paritätisch auf die Zuschauergesamtheit übertragen werden. Diesen Anforderungen zum Trotz zeigt die Analyse der Interviews, dass einige Experten es aufgrund der empirischen Durchführung als schwer überwindbare Hürde einschätzen, die Standardinstrumente der Einschaltquoten-Messung um *Nicht-EU-Haushalte* zu erweitern. Andere Interviewpartner sehen in den methodischen Schwierigkeiten eine Ausrede bei den Verantwortlichen und sind der Meinung, dass die Sendeanstalten das Unterfangen allein aus Kostengründen scheuen. Das Thema wird vermutlich erst mit höherer Priorität behandelt werden, wenn Menschen aus Einwandererfamilien eine bedeutendere Größe in der Zuschauerzielgruppe darstellen. Ein Gesprächspartner begründet die Notwendigkeit einer umfassenderen quantitativen Erhebung:

> „Die Verbindung von empirischer Sozialforschung und Fernsehen ist in Deutschland immer noch der Schlüssel für die Programmentwicklung. Daher ist es natürlich enorm wichtig, dass alle Bürger darin vorkommen, denn wenn Migranten dort nicht vorkommen, dann ergeben sich dadurch auch keine Konsequenzen. Das war in der Vergangenheit mit Sicherheit so, dass gewisse Bevölkerungsgruppen nicht repräsentiert waren. Wenn die Sender wüssten, dass an ihrer Abendquote zum Beispiel die muslimische Bevölkerung einen überproportional hohen Anteil ausmacht, dann würde sich das sofort auswirken. Wenn festgestellt wird, dass jemand, der beträchtliche Zahlen darstellt, durch das Rost gefallen ist, dann wird das sofort geändert. Da bin ich ganz sicher."

Die Analyse der Gespräche bestätigt, dass die Diskussion um die Erweiterung der Quotenerhebung auf medienpolitischer wie senderinterner Ebene stattfindet. Da es insbesondere für die privaten Fernsehsender ökonomisch unsinnig ist, eine wachsende Bevölkerungsgruppe in der Quotenerhebung auszusparen, kann es vermutlich in den folgenden Jahren dazu kommen, dass die Erweiterung der Panels vorangetrieben und Menschen mit Zuwanderungsgeschichte dort repräsentiert werden. Folglich könnte sich hier ein marktwirtschaftlicher Einfluss positiv auf die Grundlagen für mediale Integration bei den Sendern auswirken.

Neben den verfügbaren quantitativen Quotenerhebungen zeigen Analysen, dass sich die interne Medienforschung bei den öffentlich-rechtlichen Sendern bereits mit einer weiteren Aufschlüsselung der Fernsehquoten beschäftigt und sich eigenständig an Messungen der Einschaltquoten bei Zuwanderern versucht. Dennoch muss bei der Programmentwicklung häufig auf lückenhafte Datenerhebungen zurückgegriffen werden, da auch die Einschaltquote nur annäherungsweise Auskunft darüber gibt, was der Zuschauer tatsächlich im Programm sehen möchte. Aus diesem Informationsdefizit heraus nehmen qualitative Untersuchungen der

Mediennutzung und Studien zur Medienwirkung intern einen hohen Stellenwert ein, um Überschneidungen in den Programminteressen zwischen der deutsche Mehrheitsgesellschaft und Zuwanderern zu finden. Hier interessiert beispielsweise, welche Macharten von fiktionalen Unterhaltungsserien für beide Gruppen interessant und ansprechend sind.

Ein weiteres Ergebnis der deutschen Experteninterviews ist, dass Inhaltsanalysen des Programms für die Beteiligten nach wie vor eine wichtige Voraussetzung darstellen, um das vergangene Programmangebot zu evaluieren sowie eine empirisch gestützte Programmplanung für die Zukunft zu ermöglichen. Als letzter Punkt wurden von den Befragten auch regionale, nationale und internationale Konferenzen als wichtige Meilensteine genannt, bei denen sich Journalisten mit Wissenschaftern über ihre Erfahrungen im Umgang mit medialer Integration und der Darbietung von kultureller Vielfalt im Programm der öffentlich-rechtlichen Fernsehsender austauschen können.

8.2 Struktureller und personeller Aufbau der Medieninstitutionen

Um die zweite Forschungsfrage beantworten zu können, wurden die öffentlich-rechtlichen Fernsehsender ARD, WDR und ZDF hinsichtlich ihres Strukturkontexts als Medieninstitutionen analysiert. Dies geschah im Hinblick auf folgende Forschungsfrage: *„Wie manifestieren sich mediale Integrationspotentiale im strukturellen und personellen Aufbau bei den öffentlich-rechtlichen Fernsehsendern?"*

8.2.1 Redaktions- und Personalstruktur

Der erste Aspekt in der Auswertung des Strukturkontexts ist das mögliche Vorhandensein von speziellen Redaktionen, die sich gezielt mit Themen rund um kulturelle Vielfalt und interkulturelle Integrationsprozesse beschäftigen. Beim ZDF als Einkanalsender[97] gibt es weder diese speziellen Redaktionen noch regelmäßig vorkommende Formate, die auf festen Sendeplätzen allein diesem Thema verschrieben sind. Bislang gibt es auch keine Angebote für die interkulturelle Weiterbildung der Mitarbeiter. Allerdings werden je nach Thema Hintergrundgespräche geführt, und die Redakteure können eine Expertendatenbank nutzen.

Innerhalb der ARD bietet der WDR mit seiner *Cosmo TV-Redaktion* ein wöchentliches Integrationsmagazin an, das über das Zusammenleben von Zuwande-

---

[97] ZDFneo wir hier nicht betrachtet, da der Zugang zum Programm bislang nur digital möglich ist, und die Zielgruppe somit eingeschränkt ist.

rern und Einheimischen in Deutschland berichtet. Ursprünglich ist die Sendung als Nischenprogramm entstanden, doch mittlerweile versteht sich das Redaktionsteam auch als Kompetenzzentrum. Intern gilt die Redaktion neben der Hörfunkredaktion *Funkhaus Europa* als feste Institution beim WDR und hat sich trotz weniger Festangestellter als Fachredaktion etabliert. Die Analyse der Expertengespräche hat ergeben, dass diese Redaktion im Laufe der Zeit als Rekrutierungsfeld für Programmmitarbeiter für andere WDR- und ARD-Redaktionen dient, da die Einstellungspolitik zumeist über die Nachbesetzung von vorhandenen Planstellen vonstatten geht. Für Nachwuchskräfte mit Zuwanderungsgeschichte bietet die redaktionelle Mitarbeit bei *Cosmo TV* daher laut Experten des Senders einen guten Einstieg für die weitere journalistische Laufbahn in den Hauptredaktionen des WDR und führt im besten Fall langfristig zu einer Festanstellung bei der ARD.

Ein weiteres Ergebnis bei der Auswertung der strukturellen Rahmenbedingungen ist, dass es innerhalb der Personalstruktur bei den öffentlich-rechtlichen Sendeanstalten auch heute noch zu wenig Medienakteure aus Einwandererfamilien vor und hinter der Kamera gibt. In den Experteninterviews wurde deutlich, dass noch mehr Menschen aus Einwanderungsfamilien auf dem Bildschirm erscheinen müssen, um die Akzeptanz von Zuwanderern in der Mehrheitsgesellschaft zu fördern. Es herrscht ein Grundkonsens bei den Medienakteuren der Sendeanstalten der ARD und beim ZDF mit der Zielsetzung, dass es Normalität sein muss, wenn Zuwanderer als Moderatoren vor der Kamera durch das Programm führen oder hinter der Kamera in den Redaktionen mitwirken. Dazu meint ein Redakteur:

> „Fakt ist jedenfalls, dass es zu wenige Journalisten mit einer Einwanderungsbiographie gibt. (…) Und wenn ich es etwas spitz formulieren darf: Es gibt im öffentlich-rechtlichen Fernsehen einfach noch zu wenig Türken. Wichtig ist vor allem, und das ist auch, was die türkische Community seit Jahren fordert, dass in einem repräsentativen Programm jemand aus der Community dann auch kommt. Jemand, der türkische Wurzeln hat, auch mal eine wichtige Nachrichtensendung moderiert. Um einfach auch den 2,5 Millionen Türken hier zu zeigen, wir wissen, wer ihr seid, und wir wissen, dass ihr auch GEZ-Gebühren zahlt und wir wissen, dass ihr uns auch mitfinanziert."

Auch wenn sich in den vergangenen Jahren die Zahl an Journalisten mit unterschiedlichen kulturellen Hintergründen bei den Sendern verstärkt hat, zeigt sich, dass es drei Jahre nach dem ersten Integrationsgipfel der Bundesregierung und der Einberufung der AG Medien noch keine weit reichenden Veränderungen in den Personalstrukturen bei den öffentlich-rechtlichen Sendern gegeben hat. Es sind einige Neueinstellungen von Journalisten aus Einwandererfamilien erfolgt und eine Verbesserung kann dahingehend festgestellt werden, dass heutzutage mehr Menschen mit Zuwanderungsgeschichte vor der Kamera stehen als dies vor zehn Jahren der Fall war. Dennoch sind die Sendeanstalten von einer proportionalen Angleichung der Mitarbeiterstruktur an die kulturell heterogene Bevölkerungsstruktur in Deutschland weit entfernt.

Da es im Prozess der öffentlichen Meinungsbildung über den medialen Einfluss auf das Gesellschaftsbild der Zuschauer wichtig ist, dass das Fernsehen visuell Menschen mit kulturell anderen Wurzeln abbildet, wird von den Experten gefordert, dass Moderatoren mit Zuwanderungsgeschichte in Schlüsselpositionen vor der Kamera stehen. Die Meinung wird vertreten, dass über die Einstellung von Moderatoren Identifikation innerhalb der Zielgruppe gestiftet werden können. Um dieses Integrationspotential zu nutzen, müssen Menschen mit Zuwanderungsgeschichte in prominenten Sendungen der Fernsehanstalt vorkommen. Diese Forderung wird von den Befragten unter der Maxime „Raus aus den Nischen – rein in den Mainstream" auf den Punkt gebracht.

Einige deutsche Experten warnen jedoch davor, dass die Wirkungen und Effekte dieser Visualisierungsstrategie auf das Publikum leicht überschätzt werden. Die interne Medienforschung der öffentlich-rechtlichen Fernsehanstalten hat gezeigt, dass der Effekt jeweils abhängig von den einzelnen Personen als Rollenvorbild ist. Im Sinne des Modells der medialen Integration hat ein Moderator als Identifikationsfigur zwar theoretisch das Potential, Vorurteile zu mindern, jedoch erlaubt diese Feststellung in der Praxis keine weiteren Rückschlüsse auf die tatsächlichen Wirkungen des Medienangebots auf die Zuschauer. Ein Medienakteur bestätigt diese Skepsis:

> „Also ob das einen Effekt hat, das kommt natürlich sehr auf die einzelnen Personen an. Wenn sie so etwas wie ein Sympathie erzeugendes Moment aufbauen, dann ist es sicher für den ein oder anderen aus dem Publikum vielleicht hilfreich, um Vorurteile zu mindern. Aber das wird sehr darauf ankommen, von welcher Härte das Vorurteil ist. Gegen ein hartes Vorurteil kommt man mit diesen Spielereien nicht an, neben dem Symbolwert, den solche personellen Besetzungen haben. Von manchen wird das bestimmt positiv bewertet werden, von manchen wird es bestimmt, wenn überhaupt, nur aus dem Augenwinkel wahrgenommen. Aber es werden sich viele auch darüber aufregen, da bin ich ganz sicher."

Der Forschungsstand zur Mediennutzung von Zuwanderern in Deutschland hat gezeigt, dass im Angebot der öffentlich-rechtlichen Sender insbesondere die Nachrichtensparte von den Zuschauern gefragt ist. Folglich bieten sich Informationssendungen für die Umsetzung der medialen Integrationsbemühungen der Fernsehsender an, und die adäquate Personalbesetzung *vor der Kamera* ist in diesem Bereich besonders wichtig. Neben der Repräsentanz von kultureller Vielfalt durch die Moderatoren belegt die Auswertung der Interviews, dass auch eine Durchmischung des ausschließlich redaktionell arbeitenden Personals *hinter der Kamera* ein wichtiger Aspekt der medialen Integrationsstrategie der Sender ist. Damit glaubwürdig über Entwicklungen in der Gesellschaft berichtet werden kann, ist es erforderlich, dass an der Gestaltung der Programme auch Menschen mitwirken, die selber einen Zuwanderungshintergrund haben.

Die Experten der öffentlich-rechtlichen Fernsehanstalten in Deutschland sind sich einig, dass die Zusammensetzung der Redaktionsteams essentiell für die Umsetzung ihrer Integrationsfunktion ist. Sie sind der Ansicht, dass die zusätzliche Vielfalt an Wissen und kulturellen Perspektiven in den Redaktionen sich auf ein qualitativ besseres Programm auswirkt, da alle Redakteure an interkultureller Kompetenz dazu gewinnen und sich in Zukunft vermehrt an Themen der Einwanderungsgesellschaft herantrauen. Wenn sich der individuelle Erfahrungshorizont der Mitarbeiter erweitert, dann wirkt sich das auf die Programminhalte aus, die wiederum einen Einfluss auf die Rezipientenwahrnehmung haben. So kann auf diese Weise kulturellen Missverständnissen vorgebeugt werden. Ein Interviewpartner verdeutlicht diesen Standpunkt:

„Dieses zu sehr reflektierte und nicht ungezwungene Handeln ist auch immer die große Angst, mit einem Thema umzugehen, bei dem man nichts falsch machen will. Das ist auch die Seele der deutschen Nachkriegszeit, die hier ein wenig mitbebt. Die ungern mit Minderheiten umgeht. Die Leute trauen sich nicht an das Thema. Es wird aber besser, wenn die Leute mit Zuwanderungsgeschichte reinkommen, denn die haben einen ganz anderen Zugang. Die besten Judenwitze machen die Juden selbst und die besten Türkenwitze die Türken. Also das ist für mich der Schlüssel. Wenn die Redaktionsteams sich durchmischen und öffnen, dann kommt dieser Komplex langsam weg, aber das dauert noch. In 10, 20 Jahren wird es Normalität."

Neben der geforderten Durchmischung der Redaktionsteams ist ein weiteres Auswertungsergebnis, dass Medienakteure aus Einwandererfamilien bislang auf Entscheidungsebene unterrepräsentiert sind. Da das Konzept der medialen Integration darauf gründet, dass kulturelle Vielfalt sich in allen Instanzen und auf allen Hierarchieebenen quer durch das Medienunternehmen durchsetzt, liegen Integrationspotentiale der öffentlich-rechtlichen Sender im Strukturkontext brach. Dazu meint ein Experte:

„Es müsste in den Schaltstellen noch mehr Menschen geben, die Migrationshintergrund haben und die wissen, was mit der Basis los ist und die vor allem den Puls der Basis fühlen. Das finde ich entscheidend. Und die haben wir leider nicht. Nennen sie mir einen Redaktionsleiter oder einen Programmdirektor beim Fernsehen, der einen Migrationshintergrund hat und Kind der Gastarbeiter in zweiter oder dritter Generation ist. Da gibt es keinen."

Ohne entsprechende Zuständigkeiten auf Ebene der Programmentwicklung und inhaltlichen Planung ist eine Mitbestimmung bei der inhaltlichen Nutzung der medialen Integrationspotentiale in den Sendern zurzeit nicht gesichert. Zudem fordern einige Befragte, dass die interkulturelle Kompetenz der Führungskräfte geschult wird – wie dies bereits beim WDR praktiziert wird.

Die Auswertung zeigt, dass bei den öffentlich-rechtlichen Fernsehsendern die personalpolitischen Prioritäten in Zukunft auf der Gewinnung von Medienakteuren mit Zuwanderungsgeschichte liegen. Das erklärte Ziel ist, sich als Sendeanstalt so positionieren, dass in der Innen- wie Außenwahrnehmung die Verschiedenartigkeit der Mitarbeiter als Bereicherung verstanden, und als fester Bestandteil der Unternehmenskultur integriert wird. Hinsichtlich dieser Zielvorgaben zeigt die Analyse der Expertengespräche jedoch, dass die legitimatorische Funktion der Personalfrage nach innen und außen beim Sender nicht unterschätzt werden sollte und sich zudem der konjunkturbedingte Abbau bei Volontariats- und Ausbildungsplätzen negativ auf die erhoffte mediale Integration von Nachwuchskräften aus Einwandererfamilien in der Personalstruktur auswirken kann.

8.2.2 Quotenregelung und Qualifikation

Die zweite Kategorie bei der Analyse der medialen Integrationspotentiale im strukturellen Aufbau bei den öffentlich-rechtlichen Fernsehsendern in Deutschland bildet die Diskussion um eine eventuelle Quotenregelung für die Einstellung von Medienakteuren mit Zuwanderungsgeschichte. In der Argumentation um die Gewinnung von Nachwuchskräften steht der Quotenregelung die berufliche Qualifikation als alleiniges Auswahlkriterium gegenüber.

Die Auswertung zeigt, dass Menschen aus Einwandererfamilien bislang bei Personalfragen nicht ausreichend berücksichtigt worden sind. Mittlerweile sind Personalentscheider auf diese Problematik aufmerksam geworden, so dass Redakteure mit Zuwanderungsgeschichte bei gleicher Qualifikation zum Teil aktiv von den Sendern gesucht werden. Nach Aussagen einiger Experten gibt es jedoch zu wenig befähigte Personen, die neben ihrer journalistischen Leistung auch über interkulturelle Erfahrung verfügen. Eine festgelegte Quotenregelung einzuführen wäre insofern schwierig, als dass sich laut Experten nicht für jedes Format und für jeden Sender gleichermaßen qualifizierte Personen mit Zuwanderungsgeschichte finden lassen. Die Interviewpartner halten eine Quoteneinführung für den falschen Weg, um die Anzahl an Mitarbeitern aus Einwandererfamilien in den Redaktionen zu erhöhen.

Sie plädieren einstimmig dafür, dass die Qualität der Arbeit und die Kompetenzen eines Bewerbers die alleinigen Gründe für eine Einstellung oder eine Beförderung sein müssen. Bisher gibt es weder bei den ARD-Fernsehanstalten noch beim ZDF eine Orientierung anhand von festgeschriebenen Quoten. Dazu meint ein Experte:

„Ich halte die Quote hier für kontraproduktiv. Ich sage es mal ganz spitz: Jeder Türke, der irgendwo in der Redaktion sitzt, würde sich als Quotentürke fühlen und auch als solcher wahrgenommen werden. Also mit einer staatlichen Vorgabe hier ranzugehen, halte ich letzten Endes für schädlich. Man würde auch das kaputt machen, was an Verdiensten hier bereits erworben wurde. Die Anerkennung, die bereits da ist, würde gemindert werden."

Die Gespräche haben ergeben, dass es für die betroffenen Bewerber besser ist, nicht anhand spezieller statistischer Vorgaben und ausschließlich aufgrund ihrer Herkunft gefördert zu werden. Wenn die Personalakquise zum Erfüllen der Quote eine Art positiv gemeinte Diskriminierung darstellt, dann könnten Quotenregelungen auch zu Unmut innerhalb der Redaktionen führen, weil sich Kollegen ohne Zuwanderungsgeschichte übergangen fühlen. Die Experten sehen es folglich als hinderlich für eine gelungene Zusammenarbeit in den Redaktionen an, wenn Mitarbeitern ihre Migrationsbiographie vorgehalten wird – sei es im Positiven oder im Negativen. Ein Medienakteur betont, dass Migrationserfahrung als Zusatzkompetenz lediglich neben der journalistischen Leistung wertgeschätzt werden sollte:

„Man darf jetzt nicht auf Teufel komm raus, siehe Integrationsgipfel, siehe Nationaler Integrationsplan, jetzt unbedingt, jetzt zwangsläufig den Ausländer vor die Kamera packen, vors Mikro zerren oder wie auch immer. Es muss aus Eigeninitiative, aus Eigenantrieb kommen. Man muss sehen, der ist gut, und deswegen holt man ihn."

Trotz der breiten Ablehnung der Quotenregelung für die Personalstruktur bei den öffentlich-rechtlichen Fernsehsendern besteht die Gefahr, dass ohne eine konkrete Zielvereinbarung der Unterschied zwischen der kulturell heterogenen gesellschaftlichen Gesamtstruktur und der größtenteils kulturell homogenen Personalstruktur der Sender bestehen bleibt. Die Analyse zeigt, dass sich in der Vergangenheit wenig – und wenn überhaupt nur sehr schleppend – am personellen Aufbau bei den öffentlich-rechtlichen Fernsehsendern verändert hat. Einige der deutschen Befragten kritisieren, dass abgesehen von einigen so genannten *Alibi-Personen*, die in den letzen Jahren eingestellt wurden, viele Bewerber unter dem Vorwand abgelehnt werden, dass sie die nötige Qualifikation nicht mitbringen.

Ein realistischer Lösungsweg und Kompromiss zwischen der Quotenregelung und dem kompletten Verzicht auf spezielle Maßnahmen bietet sich im Festschreiben von internen Mindestmarken. Diese gelten, ohne dass eine generelle Einführung der Quote bei der Einstellung von Personal angesetzt wird. Beim WDR läuft die Einstellung der Mitarbeiter beispielsweise über eine festgelegte quantitative Zielsetzung, die mehr Mitarbeiter aus Einwandererfamilien entsprechend dem Bevölkerungsanteil fördert. Diese Vorgehensweise wird von einem Experten begrüßt:

„Die Diskrepanz zwischen der gesellschaftlichen Gesamtstruktur und der Personalstruktur der öffentlich-rechtlichen Sender ist sehr groß. Ich bin aber nicht für eine generelle Quote bei der

Einstellung von Personal. Aber wenn wir diese Diskrepanz überwinden wollen und uns der gesellschaftlichen Entwicklung anpassen, dann bin ich für eine Mindestquote. Wenn wir in der Gesellschaft knapp 20 Prozent Menschen mit Zuwanderungsgeschichte haben, dann kann ich nicht auch 20 Prozent fordern, aber zum Beispiel müsste die Quote dann mindestens 10 Prozent sein. Ideal wären natürlich 20 Prozent, aber das ist schwierig. Deshalb wäre eine Mindestanzahl ein Ansatz, den man vertreten kann. Sonst bewegt sich gar nichts."

Die Auswertung zeigt, dass quantitative Ziele hilfreich bei der Einstellung von Medienakteuren mit Zuwanderungsgeschichte sein können, da diese die Führungsebene verpflichten. Ein Akteur beim öffentlich-rechtlichen Fernsehen in Deutschland führt diesen Gedanken weiter aus:

„Es läuft nicht über eine Quote, aber über quantitative Ziele. Wir haben auch in unser Umsetzungspapier als Integrationsziel geschrieben, dass wir entsprechend des Bevölkerungsanteils mehr Mitarbeiter mit Zuwanderungsgeschichte wollen. Diese quantitativen Ziele sind keine Quoten. Bei der Quote muss man bei jeder Stellenbesetzung immer schauen, ob die Kriterien stimmen. Wohingegen ein Ziel die Führungsebene verpflichtet. Das Führungspersonal muss diese Ziele im Kopf haben. Und auch, dass es Nachfragen gibt und Controlling. Man braucht Instrumente des Controllings. ‚Was hast du gemacht, wo stehst du, was hat dich daran gehindert, zu erreichen, was du dir vorgenommen hattest?' Das ist das Instrumentarium, was längerfristig wirkt. Unternehmenskultur, Geschäftsleitung, Position der Gremien, politisches Umfeld, strukturelle Maßnahmen müssen zusammen wirken."

Quantitative Zielsetzungen sollten aus Perspektive aller deutschen Interviewpartner in Hinblick auf die verschiedenen Schlüsselpositionen in allen Bereichen und auf allen Hierarchieebenen des Medienunternehmens festgelegt werden, um Menschen mit Zuwanderungsgeschichte in der gesamten Personalstruktur angemessen zu berücksichtigen.

8.2.3 Mitarbeiterakquise und Nachwuchsförderung

In engem Zusammenhang mit der Frage nach Evaluationsmöglichkeiten einer chancengerechten Personaleinstellung stehen die Mitarbeiterakquise und die gezielte Nachwuchsförderung bei den öffentlich-rechtlichen Fernsehsendern. In den Experteninterviews tauchte die Erklärung auf, dass eine gezielte Suche nach qualifizierten Mitarbeitern mit Zuwanderungsgeschichte schwierig sei, weil bei gut ausgebildeten Nachwuchskräften bestimmter Nationalitäten der Beruf weniger hoch angesehen sei als andere Karriereoptionen. Dennoch zeigt die Analyse der Gespräche, dass innerhalb der vergangenen Jahre die Anzahl an geeigneten Nachwuchsjournalisten angestiegen ist.

Um ihren Zielvorgaben nach mehr kultureller Vielfalt in der Personalstruktur nachzukommen, zählt es nach Ansicht der Interviewpartner zur Aufgabe der

Sender, in einem ersten Schritt diese jungen Menschen für das öffentlich-rechtliche Fernsehen zu gewinnen und in einem zweiten Schritt weiter auszubilden. Neue Rekrutierungsinitiativen sind gefordert beispielsweise in Form von Ausschreibungen, die bei der türkischen Redaktion von Funkhaus Europa zur erfolgreichen Neueinstellung von Nachwuchsredakteuren aus Einwandererfamilien geführt haben. Nach Meinung der deutschen Experten ist ein progressiver Ansatz der Personalpolitik gefragt:

> „Es ist Aufgabe der Sender, auf potentielle Nachwuchsjournalisten mit Migrationshintergrund zuzugehen. (...) Man muss sie aufspüren. Man muss ihnen die Möglichkeit geben, sich auch hier bei den öffentlich-rechtlichen Fernsehanstalten zu bewerben und sich selber zu präsentieren. Und dann sagen, wenn ihr Interesse habt, wirklich journalistisch zu arbeiten, dann meldet euch bei uns, dann werden wir versuchen, dass groß angelegt umzusetzen. Das sollte auf jeden Fall ein Ansatz sein. In diesem Bereich wird noch zu wenig getan."

Trotz dieses Entwicklungspotentials in der Personalleitung der Sender zeigt sich in der Auswertung der Interviews bereits ein deutlicher Unterschied zwischen der Nachwuchsakquise und -förderung bei den öffentlich-rechtlichen Sendern heute und den Aktivitäten der vergangenen Jahrzehnte. Früher, als generell weniger über internationale Themen und andere Länder berichtet wurde, wurde eine kulturell andere Herkunft nicht als Zusatzkompetenz angesehen. Aktuell hat sich das theoretische Verständnis der medialen Integration von Zuwanderern als Mediengestalter insofern bereits in der Praxis durchgesetzt, als dass Journalisten aus Einwandererfamilien gefördert werden, da mittlerweile erkannt worden ist, dass die Redaktionen von ihrem Hintergrund profitieren. Ein Medienakteur unterstreicht, dass dieser Wandel im Denken der Personalverantwortlichen an die Nachwuchskräfte kommuniziert werden muss:

> „Das öffentlich-rechtliche Fernsehen fördert Integration, wenn es um junge Journalisten mit Migrationshintergrund wirbt. Das sind diejenigen, die vielleicht vorher gar nicht so die Idee hatten, dass sie interessant sein könnten für das Öffentlich-Rechtliche. Die meisten gehen eher davon aus, dass die privaten Fernsehsender ein unkompliziertes Verhältnis zu den Migranten haben und denken, dass sie dort bessere Chancen haben. Sie wagten es bisher gar nicht, zu den Öffentlich-Rechtlichen zu gehen. Sie werden jetzt dazu ermutigt, das zu tun."

Es gibt es beim WDR das konkrete Unternehmensziel, mehr Mitarbeiter mit Zuwanderungsgeschichte zu beschäftigen. Die Zahl an Neueinstellungen wird jährlich in einem so genannten *Integrationsbericht* schriftlich festgehalten, so dass die Statistiken als Referenzrahmen zur Evaluation der Zielsetzung dienen können. Die Analyse zeigt, dass die WDR-Nachwuchsförderung einen Schwerpunkt auf die Berücksichtigung der kulturellen Vielfalt in der Gesellschaft legt.[98] Diese Herangehensweise liegt laut Expertenansicht auch in der Bevölkerungsstruktur in Nordrhein-Westfalen mit einem hohen Anteil an Menschen aus Einwandererfamilien begründet (vgl. Kapitel 8.1.2). Mit dem Programm *WDR-Grenzenlos*, einer Talentwerkstatt für junge Journalisten mit Zuwanderungsgeschichte, versucht der Sender, Nachwuchstalente kennen zu lernen. Die über die Initiative vergebenen Hospitanzen bieten vielen Teilnehmern einen Einstieg in den WDR, da rund 80 Prozent im Anschluss an das Programm weiter als Freie Mitarbeiter für die öffentlich-rechtliche Fernsehanstalt arbeiten oder einen Ausbildungsplatz als Volontär antreten.

Die Auswertung der Interviews mit deutschen Experten zeigt auch, dass es im Bereich der Mitarbeiterakquise und Nachwuchsförderung notwendig ist, früh auf Menschen aus Einwandererfamilien zuzugehen und das Interesse am Journalismus bereits in jungen Jahren zu wecken. Sobald sich im Auswahlprozess geeignete qualifizierte Bewerber finden, sollten Nachwuchstalente mit Zuwanderungsgeschichte bei der Volontärsausbildung besonders berücksichtigt werden. Vor allem Führungskräfte stehen nach Meinung der Gesprächspartner in der Verantwortung, zu erkennen, bei wem spezielle Potentiale vorliegen und wie diese gezielt gefördert werden können. Um diesen Prozess zu unterstützen, müssen die quantifizierbaren Ziele von der Unternehmensführung klar definiert werden.

Auch der Bereich der Aus- und Fortbildung ist von besonderer Bedeutung und bei der Durchführung medialer Integrationsmaßnahmen entscheidend. Die Auswertung hat ergeben, dass das Bewusstsein über die Notwendigkeit einer kulturell vielfältigen Mitarbeiterstruktur in einigen Sendeanstalten erst langsam zunimmt. Da weder die Geschäftsführung noch die Personalabteilung für die operative Umsetzung der Personalpolitik verantwortlich sind, sollten laut Mehrheit der Experten insbesondere mittlere Führungskräfte wie Redaktionsleiter und Programmbereichsleiter für die Bedeutung des Themas z. B. in Führungskräfteschulung sensibilisiert werden.

---

[98] Nach Angaben des Senders sind im Jahr 2009 unter den Neueinstellungen über zehn Prozent an Mitarbeitern mit Zuwanderungsgeschichte, was eine deutliche Verbesserung im Vergleich zu den Vorjahren darstellt. Anhand dieser Statistiken ist jedoch nicht eindeutig nachvollziehbar, in welchen Bereichen des Senders diese Neueinstellungen erfolgt sind. Ein Aufwärtstrend ist auch bei der Vergabe der Volontärsplätze zu beobachten; bei den letzten Jahrgängen lag die Anzahl bei 30-40 Prozent.

8.2.4 Institutionelle Zuständigkeiten

Als ein vierter Aspekt interessieren bei der Auswertung des strukturellen und personellen Aufbaus der Medieninstitutionen die für mediale Integration institutionellen Zuständigkeiten bei den öffentlich-rechtlichen Fernsehsendern. Zunächst fällt auf, dass es im Zusammenschluss der ARD jeweils einen so genannten *Integrationsbeauftragten* beim WDR und beim SWR gibt. Die Gesprächsauswertung ergibt, dass die Position eines Integrationsbeauftragten von den Experten des WDR als sinnvoll bewertet wird, damit innerhalb der Sendeanstalt noch stärker auf das Thema hingewiesen und hingearbeitet wird.

Das ZDF hat bislang darauf verzichtet, eine einzelne Person gezielt mit dieser Aufgabe zu betrauen und eine solche Stelle zu schaffen. Hier wird argumentiert, dass die Zielsetzung für mehr kulturelle Vielfalt von allen Angestellten mitgetragen wird, so dass Menschen mit Zuwanderungsgeschichte bereits angemessen in Personalentscheidungen und in der Programmbesetzung berücksichtigt werden. Die Befragten befürchten, dass die Einführung eines gesonderten Integrationsbeauftragten die Gefahr einer Verdrängung der Zuständigkeit birgt. Möglicherweise könnte diese Kompetenzunsicherheit mit einer Stellenbeschreibung des Integrationsbeauftragten zusammenfallen, die keine Entscheidungsbefugnis erhält. Dann läge der alleinige Wert des Integrationsbeauftragten in der verbesserten Außendarstellung des Unternehmens. Ein Medienakteur erläutert diese kritische Betrachtung:

> „Ich habe das Gefühl, dass der Integrationsbeauftragte nicht wirklich Macht und Einfluss hat, so dass er Maßnahmen durchsetzen kann. Er ist auch ein Mitarbeiter des Intendanten und wenn der nicht wirklich will oder kann, dann passiert nicht viel. Aber es ist immer noch besser als gar nichts. Das möchte ich ausdrücklich unterstreichen. Doch die Gefahr ist da, dass wir einen Integrationsbeauftragten haben, zu dem alles hin delegiert und dadurch aus dem eigenen Einfluss- und Verantwortungsbereich ferngehalten wird."

Auf der anderen Seite verweist die Auswertung der Expertengespräche in Deutschland auf die Bereicherung des Medienunternehmens durch einen Integrationsbeauftragten, der stets präsent ist und sich ausschließlich um die Förderung von kultureller Vielfalt kümmert, ohne die Intendanz aus ihrer Verantwortung zu entlassen. Auch wird deutlich, dass bei der Idealvorstellung eines Integrationsbeauftragten immer die Voraussetzungen innerhalb der öffentlich-rechtlichen Fernsehanstalt beachtet werden müssen, durch die eine solche Position entsteht und geprägt wird. Ein gewisses Interesse für das Themenfeld ist im Kreis der Verantwortlichen des Senders notwendig, damit es zur Implementierung einer solchen Funktion kommt. Hierzu meint ein Gesprächspartner:

> „Die lebendige Aktivität hier schöpfte sich aus verschiedenen Quellen. Zunächst die Unternehmenskultur, die an diesem Punkt auch sehr tief, sensibel und auch sehr konkret war. (...) Zweitens das politische Umfeld, Landesumfeld und später das gesamtpolitische Umfeld. Und

Unternehmenskultur ist nicht nur Geschäftsleitung, Unternehmenskultur ist auch das Programm und natürlich die Mitarbeiter."

Der Blick auf die Rahmenbedingungen lässt Rückschlüsse darauf zu, warum die Institutionalisierung eines Integrationsbeauftragten bei anderen öffentlich-rechtlichen Fernsehanstalten nicht stattgefunden hat (vgl. Kapitel 5.3). So zeigt die Auswertung, dass der Integrationsbeauftragte des WDR in seiner professionellen Funktion auch für die ARD zuständig ist. Der Integrationsbeauftragte des SWR hält eine andere Position inne, da er in seiner Funktion zwar auch beim Intendanten angesiedelt ist, jedoch hauptamtlich seiner Tätigkeit als Redaktionsleiter im Hörfunk nachgeht. Folglich sind seine Kapazitäten begrenzt, und der Integrationsbeauftragte beim WDR ist mit diesem breiten Spektrum an Aufgaben einzigartig in der deutschen öffentlich-rechtlichen Rundfunklandschaft.

In der Diskussion um die Funktion des Integrationsbeauftragten wurde von vielen Befragten auf die Wichtigkeit des Intendanten bei Bemühungen um mediale Integration verwiesen. Einen Beitrag zur Integration und zur Akzeptanz kultureller Vielfalt zu leisten, ist ein ständiges Thema des Intendanten, sowohl, was das Programm angeht, als auch bei der Frage nach dem Personal auf dem Bildschirm und in den Redaktionen. Hier zeigt sich parallel zur institutionalisierten Zuständigkeit des Integrationsbeauftragten, dass der persönliche Einsatz der einzelnen Medienakteure auf Führungsebene einen merklichen Einfluss auf die medialen Integrationsmaßnahmen in der jeweiligen öffentlich-rechtlichen Fernsehanstalt haben kann.

Diese Erkenntnis zeigt, dass Integrationspotentiale und ihre Nutzung innerhalb des öffentlich-rechtlichen Fernsehens zu einem hohen Grad von den handelnden Akteuren abhängen, und davon, wie viel Bedeutung diese der Thematik zuschreiben. Das Beispiel des WDR macht deutlich, dass hier auch die Einflüsse auf Ebene des Mediensystems eine Rolle spielen, da die Zuwanderungsthematik früh im Bundesland NRW erkannt wurde. Die integrationspolitischen Leitvorgaben haben sich wiederum auf die Aufgeschlossenheit der verantwortlichen Führungspersonen der Landesrundfunkanstalt gegenüber der Thematik ausgewirkt.

Eine weitere Ergebniskategorie im strukturellen Aufbau der öffentlich-rechtlichen Fernsehanstalten bilden die Aufsichtsgremien, also der Rundfunk- und Fernsehrat. Nach Meinung der deutschen Experten wird in den Räten das Medienangebot auch unter dem Aspekt der Integrationsfunktion der Sender diskutiert, wenn durch das Instrument der Selbstverpflichtung das Programm alle zwei Jahre entsprechend evaluiert wird. In diesem Prozess ist die Thematik als ein zu entwickelnder und zu prüfender Bestandteil dabei, wenn anhand von Vorlagen Bilanz gezogen wird. So kann auch rückwirkend über Sendeformate diskutiert werden, die speziell unter dem Blickwinkel der medialen Integration entwickelt wurden.

Hier wird deutlich, dass der Kontrollmechanismus bei der medialen Integration entscheidend ist. Da Selbstverpflichtungen ohne Kontrollorgan häufig nicht effizient sind, müssen Integrationsbemühungen auf irgendeine Weise evaluierbar gemacht werden. Wichtig ist ein regelmäßiges *Integrationsmonitoring* und Überprüfen der Selbstverpflichtungen, am besten von einer unabhängigen Instanz. Gefordert wird, dass sich die öffentlich-rechtlichen Fernsehsender einer Überprüfung, beispielsweise in Form des jährlichen *WDR-Integrationsberichts*, stellen.

Die Experten erläutern in den Interviews, dass die Zusammensetzung in den Gremien und die Zusammenarbeit mit den Gremien für die Integrationsleistung der öffentlich-rechtlichen Fernsehsender entscheidend sind. An dieser Stelle kann das Versäumnis festgestellt werden, dass es im ZDF-Fernsehrat keinen Vertreter der Gruppe der Migranten gibt, da dieser laut dem geltenden Staatsvertrag für die Zusammensetzung des Fernsehrats nicht eingeplant ist. Das bedeutet, dass der steigende Anteil an Menschen aus Einwandererfamilien in der deutschen Gesamtbevölkerung als gesellschaftliche Gruppierung im ZDF-Fernsehrat nicht repräsentiert ist. Streng genommen ist dadurch in diesem Bereich keine strukturelle Voraussetzung für die Prinzipien der medialen Integration gegeben, so dass Menschen mit Zuwanderungsgeschichte ihre Interessen in den Gremien geltend machen können. Ein Experte drückt seine Empörung darüber aus:

> „Es ist absolut unverschämt, dass es im ZDF-Fernsehrat keinen Vertreter der Gruppe der Migranten gibt. Das bedeutet, dass sie die Entwicklung der letzten 40 Jahre komplett ignorieren. Das ist nicht nur, weil Migranten das ZDF auch mit ihren Gebühren mitfinanzieren, nicht in Ordnung."

Auch in der Zusammensetzung des 27-köpfigen Rundfunkrats des WDR findet sich nur ein Vertreter der Gruppe der Migranten, obwohl diese in NRW knapp 30 Prozent der Bevölkerung ausmachen. Für einen einzelnen Repräsentanten für die Gruppe der Migranten ist es eine schwierige Aufgabe, auf die Situation der Zuwanderer und auf die gesellschaftliche Entwicklung allgemein im Rundfunkrat aufmerksam zu machen. Der alleinigen Repräsentanz einer immer größer werdenden Gruppe der Zuwanderer und ihrer Kinder steht ein sehr begrenzter Einfluss im Fernsehrat entgegen. Diese strukturelle Unzulänglichkeit im Bereich der institutionellen Zuständigkeiten bei den öffentlich-rechtlichen Sendern schwächt das Gesamtkonzept der medialen Integrationsleistungen der Sender insofern, als die Einbindung von Interessen der Zuwanderer in Programmentscheidungen fast gänzlich unterbunden wird.

8.2.5 Struktureller Vergleich von ARD, WDR und ZDF

Da es in struktureller Hinsicht bei den öffentlich-rechtlichen Fernsehanstalten der ARD und beim ZDF im Aufbau und in der Organisation Unterschiede gibt (vgl. Kapitel 5.3), werden an dieser Stelle auch die in den Experteninterviews genannten Unterschiede und Gemeinsamkeiten bei den Ansätzen zur medialen Integration herausgestellt. Die Ergebnisse sind jeweils vor dem Hintergrund zu bewerten, dass in fast allen Fällen die deutschen Experten *ihre* Sendeanstalt im Vergleich zu anderen öffentlich-rechtlichen Häusern als vorbildlich im Bereich der medialen Integration einschätzen. Insofern sind diese Erkenntnisse rein subjektiv anhand der jeweiligen Expertenaussagen gebildet worden und lassen sich nicht anhand wissenschaftlicher Gütekriterien nachprüfen. Trotzdem lassen sich daraus generelle Trends und spezifische organisatorische Integrationsmaßnahmen der untersuchten Sendeanstalten ableiten.

Zunächst haben die Experteninterviews gezeigt, dass sich alle Beteiligten der öffentlich-rechtlichen Sender in den vergangenen Jahren stärker mit ihren Integrationspotentialen auseinandergesetzt und dabei individuelle Herangehensweisen entwickelt haben. Ein Akteur beschreibt diesen Prozess:

> „Wichtig ist zu wissen, dass es nach diesem Bericht für den Nationalen Integrationsplan noch eine Umsetzung gegeben hat bei der ARD – und ich glaube auch beim ZDF – in Form einer festen Verankerung dieser Ziele in den Programmleitlinien. Und diese Leitlinien haben eine gewisse Brisanz, denn sie sind auch von den Gremien verabschiedet und somit eine Art Selbstverpflichtung für das Programm. Das heißt, das Ziel ist erkannt bei allen öffentlich-rechtlichen Sendern, nur die Umsetzung ist ganz unterschiedlich, was die Geschwindigkeit angeht und auch wenn Kohärenz angestrebt wird."

Laut Selbstauskunft sieht sich das ZDF offensiver in der Nutzung der Integrationspotentiale und fortschrittlicher als die ARD und *Das Erste* im Bezug auf die Konzeption der Programminhalte. *Das Zweite* sei im Fiktionalen und im Online-Bereich, zum Beispiel mit dem *Forum am Freitag* im Internet, aktiver. Die Mitarbeiter des ZDF sind zudem der Ansicht, dass *ihr* Sender mehr Menschen mit Zuwanderungsgeschichte als Moderatoren für Hauptnachrichtensendungen beschäftigt. Während Moderatoren aus Einwandererfamilien bei der ARD vor allem auf nächtlichen Sendeplätzen vorkommen, hat das ZDF den Mangel an Zuwanderern auf dem Bildschirm auch während der *Primetime* in den vergangenen drei Jahren ausgeglichen.

Von Seiten des WDR wird das Vorgehen des ZDF in Form von Visualisierung kultureller Vielfalt im Programm als eine *simple Strategie* bewertet, um sich in der Außenwahrnehmung als fortschrittlich im Bereich der medialen Integration zu positionieren. Obwohl die Experten anmerken, dass diese strategische Herangehensweise nicht zwangsläufig zu einer substantiellen Zunahme von kultureller Vielfalt im Programm führt, wird den Verantwortlichen des ZDF ein grundsätzliches Bewusstsein für die Thematik attestiert. Im Gegensatz zur ARD mit den dritten Programmen hat das ZDF als Einkanalsender weniger Möglichkeiten zum Auffächern des Programms. Auch wenn beide großen deutschen Sendeanstalten das Thema Zuwanderung, Integration und kulturelle Vielfalt als Querschnittsthema in den Hauptprogrammen unterbringen wollen, bietet sich der ARD durch die Regionalsender zusätzlich die Möglichkeit, auch spezifische Sendungen für die Zielgruppe der Zuwanderer anzubieten (vgl. Kapitel 8.3.1).

Die dezentrale Organisationsstruktur bei der ARD führt jedoch zu einer unterschiedlichen Bewusstseinslage bezüglich der Bemühungen um mediale Integration in den einzelnen Landesanstalten. Nach Ansicht der Experten sei die ARD von ihrer Struktur gegenüber der Konkurrenz im Nachteil, da sich viele Sendehäuser absprechen und koordinieren müssen. Da die Umgebung wie auch die Unternehmensgeschichte und Unternehmenskultur des öffentlich-rechtlichen Fernsehens entscheidend für den Umgang mit medialer Integration sind, gibt es in den unterschiedlichen Sendern jeweils unterschiedliche Erfahrungswerte oder eine andere Struktureinbindung, die wiederum einen Effekt auf die medialen Integrationsbemühungen hat. Hier zeigt sich, dass *Das Erste* und *Das Zweite* stärker auf die Massenattraktivität der Programme ausgerichtet sind als das bei *Den Dritten* der Fall ist, die der Integrationsthematik in der Regionalberichterstattung mehr Raum bieten.

Die Selbstwahrnehmung der WDR-Mitarbeiter spricht den Verantwortlichen und Mitarbeitern im *eigenen* Sender eine ernsthafte Überzeugung bei der inhaltlichen Ausrichtung des Programms zu. Mit der Sendung *Cosmo TV* und mit Funkhaus Europa habe man eine bessere Struktur, da diese Redaktionen als Anlaufstelle von der gesamten ARD genutzt werden können und sie für Journalisten mit Zuwanderungsgeschichte als eine Art *Sprungbrett* in andere Redaktionen fungieren. Der WDR wird aus den eigenen Reihen als Ausnahmesender im Bereich der medialen Integration wahrgenommen, und die Experten verweisen darauf, dass nicht alle Anstalten der ARD ihre medialen Integrationspotentiale mit dieser Intensität verfolgen. Laut Selbstwahrnehmung wirken beim WDR Unternehmenskultur, Geschäftsleitung, Gremien und das politische Umfeld zusammen und erlauben, dass strukturelle Maßnahmen im Medienunternehmen einen unterstützenden Rahmen für den erwünschten inhaltlichen Beitrag zur interkulturellen Integration bilden. Bewährte Modelle in eine andere ARD-Landesanstalt zu übertragen, funktioniere aufgrund dieser individuellen Rahmenbedingungen nur schwer.

8.3 Strategische Ausrichtung der Medieninhalte

Bei der Erhebung des Funktionskontexts des öffentlich-rechtlichen Fernsehens in Deutschland standen die Programmplanung und die journalistischen Angebote der Sender im Fokus. Die Forschungsfrage, anhand derer die funktionalen Rahmenbedingungen für den Beitrag zur medialen Integration von Menschen mit Zuwanderungsgeschichte erhoben wurden, lautet: *„Welche Maßnahmen zur medialen Förderung der interkulturellen Integration werden im Programmangebot der öffentlich-rechtlichen Fernsehsender umgesetzt?"* Um die Maßnahmen zur medialen Integration von Zuwanderern im derzeitigen Programm der öffentlich-rechtlichen Sendeanstalten zu analysieren, wurden die Expertenaussagen erneut in verschiedenen Kategorien ausgewertet.

8.3.1 Spezifische Sendungen oder Querschnittsthematik

Die erste Kategorie bezieht sich auf die Frage, ob die öffentlich-rechtlichen Fernsehanstalten in Deutschland spezifische Sendungen anbieten, um die Thematik Integration zu behandeln und kulturelle Vielfalt darzustellen, oder ob diese als Querschnittsthema in das gesamte Programm einfließen. Hierbei dreht sich die Diskussion um die Berechtigung von Nischenprogrammen gegenüber einer festen Verankerung der Thematik im Hauptprogramm. Dazu meint ein Experte:

> „Ich denke, prinzipiell sind Themenschwerpunkte nicht schlecht, da die Wirkung und die Aufmerksamkeit in der Gesellschaft ganz gut sind. Auf der anderen Seite kann auch alles sehr schnell zu viel werden und man sollte das in der Programmgestaltung nicht überstrapazieren, weil das sonst wieder ins Gegenteil umschlagen kann. Migranten wollen nicht ständig nur das Thema Migration und Integration als Label vor die Nase gehalten bekommen. Die Strategie, die Themen als normal im Mainstream-Programm zu installieren, das scheint mir daher der erfolgreichste Weg zu sein, um vernünftig zu wirken."

Innerhalb der Sendeanstalten, aber auch in Abgrenzung zu anderen öffentlich-rechtlichen Fernsehsendern wird die Herangehensweise der strategischen Programmplanung zur inhaltlichen Umsetzung von medialer Integration unter den Medienakteuren kontrovers diskutiert. Während *im Ersten* und *im Zweiten* selten spezielle Sendungen für die Zielgruppe der Zuwanderer angeboten werden, spricht sich das Votum beim WDR klar für die Etablierung von speziellen Sendungen wie *Cosmo TV* auf regelmäßigen, festen Sendeplätzen aus. Mit diesem Nischenprogramm nimmt der WDR eine Vorreiterrolle in der deutschen Medienlandschaft ein. Die Verantwortlichen verfolgen das Ziel, dass das so genannte interkulturelle Europamagazin im Idealfall nicht nur einen Sendeplatz im Nachmittagsprogramm hat, sondern es mit seiner Thematik auf andere Sendungen im Hauptprogramm ab-

strahlt und einen Mehrwert für den WDR und die ARD liefert. So fließen bei-
spielsweise Reportagen aus *Cosmo TV* in das Hauptprogramm des WDR ein, die
Redaktionen innerhalb der Sendeanstalt tauschen sich aus, und Mitarbeiter der
Cosmo TV-Redaktion können Hilfestellungen bei interkulturellen Fragen für andere
Programmformate leisten.

Die Redaktion sieht ihr spezielles Sendeangebot als ein Zeichen an die
Mehrheitsgesellschaft, dass der WDR einerseits die kulturelle Vielfalt in der breiten
Bevölkerung als solche wahrnimmt und andererseits, dass Zuwanderer als aktiver
Teil der deutschen Bevölkerung aufgefasst werden. Es wird sich dafür ausgesprochen, dass spezifische Sendungen ein notwendiger Bestandteil im festen Programm
sind, damit sich die Gruppe der Zuwanderer im Fernsehen angemessen repräsentiert fühlt. So heißt es bei einem Experten:

> „Für mich als Journalist ist klar, dass von ARD und ZDF immer noch zu wenige Programme
> für Migranten angeboten werden. Viele haben sich aus dem ARD-Verbund dann raus gehalten,
> weil sie keinen muttersprachlichen Hörfunk mehr haben wollten, und gesagt, es sei positive
> Diskriminierung, wenn wir noch mehr Ausländerprogramme hätten. Ich halte davon nichts.
> Man muss auf jeden Fall der Minderheitsgesellschaft demonstrieren und ihnen zeigen, wir se-
> hen euch, wir wissen, wer ihr seid und wir wollen auch versuchen, Programm mit euch zu ma-
> chen."

Eine andere Meinung wird von den Programmverantwortlichen des ZDF vertreten, die sich gegen spezielle Formate aussprechen. Sie fordern ein Umdenken bei
der medialen Integration von Zuwanderern in den Programminhalten, das sich
zugunsten des kompletten Spektrums der Medieninhalte auswirken soll. Denn
obwohl Themenschwerpunkte über Migration und Integration in Form von spezifischen Sendungen zumeist auf eine gute Resonanz beim Publikum stoßen, zeigen
sie durch ihre Sonderstellung auch, dass die Thematik noch nicht als Normalität
behandelt wird. Ein Medienakteur erläutert diesen Gedanken:

> „Ich denke, dass es überhaupt nicht sinnvoll ist, einzelne Sendungen gezielt mit der Thematik
> Migration und Integration zu produzieren, da solche Formate kontraproduktiv sind. Mit sol-
> chen Nischenprogrammen erreicht man die Menschen mit Migrationshintergrund nicht und es
> schadet der Integration, da dort schon wieder etwas Spezielles angeboten wird, was das Thema
> nicht als Normalität behandelt, sondern als etwas Exotisches. Genau das schafft eine Trennung
> und keine Normalität. Das halte ich für den ganz falschen Weg. Beim Fernsehen ist es viel
> wichtiger, dass diese Themen im gesamten Programm vorkommen und kulturelle Vielfalt über-
> all als selbstverständlich dazu gehört."

Hier entsteht ein Bezug auf die gesellschaftliche Funktion des öffentlich-
rechtlichen Fernsehens, bei der das Massenmedium als Spiegelbild der Einwanderungsgesellschaft fungiert und daher kulturelle Heterogenität, wie sie in der multikulturellen Realität Deutschlands vorkommt, durch die journalistischen Beobach-
tungen im Programm aufgreift und an die Rezipienten in Form von Medienange-

boten zurückgibt. Die Auswertung zeigt, dass sich das Verständnis von interkultureller Integration als gemeinsame Anstrengung und Lernen voneinander auch in der Programmgestaltung bei den öffentlich-rechtlichen Sendern dahingehend bei allen deutschen öffentlich-rechtlichen Sendern etabliert hat, indem auf ein interessantes Programm für Einheimische und Zuwanderer hingearbeitet wird, das beide Gruppen anspricht.

Begünstigt wird die Programmausrichtung auf eine breite Zielgruppe durch Forschungsergebnisse, denen zufolge Unterschiede in der Mediennutzung marginal sind. Wenn eine Gruppe von Menschen mit und ohne Zuwanderungsgeschichte mit ähnlichem Alter und Bildungsniveau untersucht wird, zeigen sich ähnliche Fernsehpräferenzen, was vor allem auf die demografische Entwicklung in Deutschland und weniger auf kulturelle Hintergründe zurückzuführen ist. So wird gefordert, dass sich Zuwanderer wie Einheimische im Fernsehprogramm wiederfinden. Dabei werden zur Förderung der medialen Integration Sendungen benötigt, die Kulturbrüche mit Blick auf die Verbindungen und Gemeinsamkeiten der Bürger thematisieren. Die Analyse zeigt, dass dabei insbesondere die Personalisierungsstrategie als ein Instrument dient, mit dem mediale Integration vorangebracht werden kann.

Des Weiteren ergibt die Auswertung der Gespräche mit deutschen Interviewpartnern, dass kulturelle Vielfalt als Querschnittsthematik im Hauptprogramm mit potentiell hohen Einschaltquoten die Gefahr birgt, dass die Thematik von prominenteren Themen mit höherem Nachrichtenwert verdrängt wird. Daher können bei den öffentlich-rechtlichen Sendern auch spezielle Sendungen, die auf eine kleinere Zielgruppe ausgerichtet sind und geringere Einschaltquoten erwarten lassen, durchaus ihre Berechtigung haben. Ein Experte erläutert diesen Standpunkt:

> „Wenn man ein Nischenprogramm anbietet, muss man sich einerseits natürlich vorhalten lassen, dass das wirklich nur einen gewissen Teil der Bevölkerung anspricht. Auf der anderen Seite ist es auch ein Totschlagargument, dass man diese Themen in alle Redaktionen tragen muss, weil sie dann einfach nicht mehr diese Gewichtung haben. Dann zählen andere Aufmacher, dann gibt es irgendwie eine andere Mischung."

Unter allen befragten Experten besteht die Grundüberzeugung, dass eine spezielle Integrationssendung lediglich von den Personen angenommen wird, die sich ohnehin für das Thema interessieren und darauf sensibilisiert sind. Im Umkehrschluss werden die Sendungen von den Zuschauern, die im Sinne des Abbaus von gesellschaftlichen Vorurteilen durch mediale Integration eigentlich erreichen werden sollen, häufig nicht wahrgenommen. Diese Tatsache spricht erneut für eine natürliche Berücksichtigung von Menschen mit Zuwanderungsgeschichte und die Darstellung von kultureller Vielfalt quer durch das Programm und quer durch alle Genres. Dazu meint ein Medienakteur:

„Sie können natürlich einen Migrationstag oder eine Integrationswoche ausrufen. Das ist alles ehrenwert und hat aber eher eine legitimatorische Funktion nach innen oder an bestimmte politische Zielgruppen. (...) Meine persönliche Meinung tendiert eher in die integrierte Sendung in einem Programm, in dem das Thema so integriert ist, dass es nicht eine ungebührliche Prominenz bekommt, nur weil es das bestimmte Thema ist. Ich glaube auch, dass dies für alle Vermittlungsstrategien der interessantere Ansatz ist. Aber er ist der schwierigere."

Die Analyse zeigt, dass Hauptprogramme und Hauptnachrichten aufgrund des *dispersen Publikums* den interkulturellen Integrationsgedanken besser aufgreifen als Nischenprogramme. Es wird eine Anwendung der medialen Integrationsstrategie nach dem Motto *raus aus den Nischen* gefordert, so dass keine weiteren Spezialprogramme entwickelt werden müssen, sondern das Thema in die reichweitenstarken Programme integriert wird. Dieses Konzept, das von den deutschen Experten häufig mit dem englischen Begriff des *Mainstreaming Diversity* bezeichnet wird, sieht vor, dass Menschen mit Zuwanderungsgeschichte als *normale* Mitbürger im Hauptprogramm auftauchen. Die Themen rund um die kulturelle Vielfalt in der Einwanderungsgesellschaft müssen in allen Programmen, Formaten und Facetten so repräsentiert werden, wie sie in der Gesellschaft selber auftauchen. Die Realität einer multikulturellen Gesellschaft ist die entscheidende Bezugsgröße, die Thematiken, Schwerpunkte, Fokussierungen und Nicht-Wahrnehmen im öffentlich-rechtlichen Fernsehprogramm beeinflussen sollte.

Folglich plädiert die Mehrheit der Experten dafür, dass die Themen rund um Migration und Integration in die reguläre Berichterstattung einfließen, um die Lebenswirklichkeit der Zugewanderten wie die Lebensgewohnheiten der Einheimischen den Zuschauern näher zu bringen. Um eine möglichst hohe Anzahl an Zuschauern zu erreichen, müssen Inhalte angeboten werden, die in den Vollprogrammen von ARD, WDR und ZDF an entsprechender Stelle gesendet werden können. Der Anspruch interkultureller Integration als Aufgabe der öffentlich-rechtlichen Sender beinhaltet, dass die Thematik nicht allein auf unattraktiven Sendeplätzen ausgestrahlt wird, sondern genauso auch in der *Primetime* Berücksichtigung finden sollte.

Die Auswertung hat ergeben, dass es einzelnen Sendern teilweise gelungen ist, die Prominenz des Themenkomplexes nach diesen Zielvorgaben in den Hauptprogrammen zu erhöhen und den Sendungsumfang des Themas zu vergrößern. Vor allem Regionalprogramme haben laut Experten eine entscheidende Bedeutung im Prozess der medialen Integration, da die Lokalberichterstattung von Menschen mit Zuwanderungsgeschichte gut angenommen wird. So bildet der WDR nach eigenen Aussagen die vielfältigen Facetten der multikulturellen Gesellschaft verstärkt in seinen Regionalsendungen ab. Da die ARD mit mehr Programmen im Gegensatz zum ZDF auch regional senden kann, sehen die Verantwortlichen für die Programmkonzeption hier einen Mittelweg, bei dem kulturelle Vielfalt in Formaten des Hauptprogramms wie auch in gezielten Spartenprogrammen der dritten Kanäle berücksichtigt werden kann.

Zusätzlich zu den Hauptsendungen können theoretisch auch spezifische Programmangebote erstellt werden, die sich mit den Lebensumständen der Einwandererfamilien auseinandersetzen, sich mit ihren Problemen beschäftigen und dadurch auch die Wahrnehmung der einheimischen Zuschauer im Hinblick auf Zuwanderung beeinflussen oder verändern können. Mit Blick auf *Cosmo TV*, der Integrationssendung des WDR, zeigt sich in der Praxis jedoch, dass spezifische Sendungen, die Zuwanderer und Einheimische gemeinsam bedienen sollten, rein quantitativ von den Zuschauern nur unterdurchschnittlich wahrgenommen werden. Somit können diese Formate theoretisch zwar Hilfestellungen für Zugewanderte leisten, durch den Mangel an Zuschauern der Mehrheitsgesellschaft wird das Ziel eines massenmedial vermittelten Dialogs von kulturellen Mehrheiten und Minderheiten jedoch verfehlt und dem Integrationsauftrag nur unzulänglich nachgekommen.

8.3.2 Normalität anstelle von bad news

Neben der Etablierung von kultureller Vielfalt als ständiger Facette des Hauptprogramms verfolgen die Experten der öffentlich-rechtlichen Sender in Deutschland eine Strategie von medialer Integration im Fernsehprogramm, die sich an gelungenen Beispielen ausrichtet. Hierzu meint ein Akteur:

> „Wir müssen mehr dahin gehen und den Zuschauern zeigen wie gelungene Integration aussieht. Wir haben immer noch das Denken, wir zeigen euch, wo es hakt, wo es schief läuft, wo es nicht passt, wo die Probleme sind, was eigentlich passieren müsste. Es gibt aber genügend Beispiele von gelungener Integration. (…) Wir haben den Auftrag, diese einfach noch viel mehr zu verbreiten. Aber ohne den erhobenen Zeigefinger und ‚Achtung, hier kommt ein Beispiel für gelungene Integration', sondern wir haben den Auftrag, es hinzukriegen, dass es ein Beitrag ist wie jeder andere, der nicht mehr aus dem Rahmen fällt."

Die Auswertung belegt, dass die Schwierigkeit für Massenmedien, Integration als Normalität abzubilden, in der Funktionsweise des Systems Journalismus begründet liegt, innerhalb dessen die Nachrichtenselektion anhand von spezifischen Nachrichtenfaktoren erfolgt.[99] Bei der Auseinandersetzung mit Nachrichtenwerten wird deutlich, dass die multikulturelle Gesellschaft im Programm als Normalität abzubilden schwierig ist, weil es nach Regeln des Journalistischen nicht berichtenswert ist, Normalität abzubilden.

---

[99] Einen Überblick über die Nachrichtenwert-Forschung bietet Kepplinger (1998).

Es ist typisch für die systemeigenen Abläufe der Massenmedien, dass sie für ihre Berichterstattung stets nach Auffälligkeiten in der Gesellschaft suchen, mit dem Resultat, dass Normalität in den Programmen vernachlässigt wird und die Medienberichterstattung ein *verzerrtes* Gesellschaftsbild zeichnet. Das öffentlich-rechtliche Fernsehen zeigt trotz seines Programmauftrags, die gesellschaftlichen Prozesse möglichst objektiv wiederzuspiegeln, gewissermaßen eine konstruierte Realität. Dasselbe gilt auch für die Berichterstattung über Zuwanderer und Integrationsthemen, denn *gelungene* Integration zeigt sich in ihrer Unauffälligkeit. Ein Experte beschreibt die Herausforderung einer Programmausrichtung auf positive Beispiele:

> „Das Normale, das fällt uns nicht auf, aber gerade das muss man eher zeigen. Dem Zuschauer fallen immer nur Ehrenmorde, Familientragödien, Zwangsheiraten und solche Sachen auf. Aber den normalen Migranten, den will man gar nicht sehen, oder den kann man gar nicht sehen, weil er einfach unauffällig ist, denn er gehört zur Mittelschicht in Deutschland. Das müsste man noch viel mehr transportieren und präsentieren. Ich glaube, das ist wichtig."

Diesem Dilemma kann nur entgegengewirkt werden, wenn innerhalb der Logik des Mediensystems dennoch das Bewusstsein dafür geschärft wird, dass die komplette Bandbreite des gesellschaftlichen Lebens in den Medien wiedergegeben wird und Menschen mit Zuwanderungsgeschichte als Selbstverständlichkeit in das Programm der öffentlich-rechtlichen Sender integriert werden. Diese Normalität des Einwanderungslandes muss laut Expertenmeinung auch von den öffentlich-rechtlichen Kanälen transportiert und präsentiert werden, um der Mehrheitsgesellschaft zu vermitteln, dass Deutschland zur Heimat für zugewanderte Migranten geworden ist.

Das Konzept der medialen Integration verlangt, dass Veränderungen in der Gesellschaft in geeigneter Weise im Programm untergebracht werden und dass dies vor einem Grundsatz geschieht, der auf ein gutes Miteinander in der Gesellschaft abzielt. Über seine Programminhalte muss das Fernsehen zeigen, dass es mitten in der Gesellschaft steht und am gesellschaftlichen Wandel Teil hat, so dass auch die Mehrheitsgesellschaft für ein tolerantes Zusammenleben mobilisiert werden kann. Diesem Anspruch stehen wissenschaftliche Studienergebnisse gegenüber, die zeigen, dass in der medialen Präsenz bislang häufig negative Ereignisse im Zusammenhang mit Zuwanderern und ethnischen Minderheiten im Vordergrund stehen. Ein Experte erläutert das Problem:

> „Man stellt immer negative Merkmale der Migranten in den Vordergrund. Dadurch wird ein Bild vermittelt, dass diese Menschen insgesamt eine Gefahr für die Gesellschaft darstellen. Das ist nicht konstruktiv. Man kann kritische Dinge bestimmt auch anmerken, aber im Prozentsatz sollten mehr Programme für das friedliche und gleichberechtigte Zusammenleben stehen. Der Ansatz muss sein, die Gemeinsamkeiten mehr zu betonen als die Differenzen. Für die Medien ist das eine typische Sache, und die Mitarbeiter wissen von dem Thema ganz wenig und infor-

mieren sich nicht ausreichend. Und deswegen werden immer wieder Themen gesendet, die mehr schaden, als dass sie Vorteile bringen für das gemeinsame Zusammenleben. Die Differenzen werden immer wieder herausgestellt und die Vorurteile werden gefestigt. Anstatt dass erst einmal die Gemeinsamkeiten herausgearbeitet werden und dann über die Differenzen gesprochen wird."

Alle Interviewpartner sind sich einig, dass im Sinne einer gelungenen medialen Integration von Zuwanderern im Programm eine Berichterstattung kategorisch ausgeschlossen werden muss, die bewusst gesellschaftliche Gruppen gegeneinander ausspielt. Dabei darf über Fehlentwicklungen berichtet werden, aber es sollten mehr Beispiele für das friedliche, gleichberechtigte Zusammenleben gesendet werden. *Cosmo TV* versucht dies beispielsweise umzusetzen, indem sich das Augenmerk der Redakteure nicht ausschließlich auf Bereiche richtet, wo Integration nicht funktioniert, sondern auch darauf, wo interkulturelles Zusammenleben zustande kommt, welche Gründe es dafür gibt, welche Auswirkungen es hat und welche Schlussfolgerungen daraus hervorgehen. Ein Medienakteur beschreibt diesen Ansatz:

> „Ich halte gar nichts von speziellen Sendungen gezielt für Migranten. Ich glaube, das schadet auch dem Ziel der Integration. Ich glaube viel eher an die natürliche und normale Berücksichtigung, also einfach übliche Berücksichtigung dieser Milieus, dieser Gesellschaftsgruppierungen. Dass einfach Themen aus diesem Bereich aufgegriffen werden, dass Probleme auch mal in unterhaltenden Sendungen thematisiert werden. Das halte ich für den richtigen Weg."

Die deutschen Experten sehen die Notwendigkeit für eine Verlagerung des Fokus der Berichterstattung beim öffentlich-rechtlichen Fernsehen, die dazu beiträgt, dass über alltägliche Themen der Einwanderungsgesellschaft genauso berichtet wird wie über Problemstellungen. Das Bewusstsein für die interkulturelle Integration als Aufgabe der Sender hat sich in den Jahren nach dem ersten Integrationsgipfel der Bundesregierung verändert, doch es wird auch auf die Gefahr hingewiesen, dass das Thema durch eine oberflächliche und kosmetische Umgestaltung der Sendeformate vorschnell an Relevanz verliert.

Die Analyse belegt, dass stereotypische und negative Berichterstattung häufig darauf zurückzuführen ist, dass redaktionelle Mitarbeiter über kein umfassendes soziokulturelles Hintergrundwissen verfügen. Hier zeigt sich die enge Verzahnung von der Forderung nach mehr Redakteuren mit Zuwanderungsgeschiche und einer verpflichtenden interkulturellen Schulung des Personals der Sendeanstalten. Diese Maßnahmen wirken einer unausgereiften Berichterstattung über Migration und Integration entgegen und begünstigen eine Neuausrichtung der Programminhalte, die eine natürliche Berücksichtigung von kultureller Vielfalt in der Nachrichtensparte sowie im Fiktionalen zulässt.

Die deutschen Experten betonen, dass die Informationssparte der öffentlich-rechtlichen Sender in Deutschland bei den Zuschauern aus Einwandererfamilien besonders geschätzt wird. In der Nachrichtensparte werden die öffentlich-rechtlichen Sender von Zuwanderern wahrgenommen und genutzt, zudem wird ihnen in dieser klassischen Sparte eine hohe Kompetenz und Glaubwürdigkeit attestiert (vgl. ARD/ZDF 2007). Aus diesem Grund verfügen die öffentlich-rechtlichen Sender vor allem im Informationsbereich über Integrationspotentiale. Eine bewährte Strategie bei den Sendern der ARD ist beispielsweise, in den Regionalnachrichten Themen zu behandeln, die speziell für Menschen aus Einwandererfamilien relevant sind. Zudem gilt, dass sich die politische Berichterstattung dem Themenkomplex *Zuwanderung und Integration* widmen muss. Die Analyse zeigt, dass die Verantwortlichen in der Informationssparte auf Diskussionen innerhalb der Redaktionen setzen, um im gemeinsamen Austausch zu ermitteln, welche Themen gezeigt werden, und wie Zuwanderungsgeschichte darstellt wird.

Was den Bereich der Unterhaltungsangebote angeht, sind sich die Experten der öffentlich-rechtlichen Fernsehsender darüber einig, dass ihre Sender in dieser Sparte bislang schlecht aufgestellt sind. Sie schreiben die niedrigen Einschaltquoten jedoch teilweise auch einem Bildungs- und Generationsproblem zu und weniger der Tatsache, dass sie die spezifische Zielgruppe der Zuwanderer nicht erreichen. Dennoch sind die enttäuschenden Quoten kontraproduktiv für den Integrationsauftrag, da gerade im Fiktionalen Geschichten über Migration und Integration thematisch und visuell besonders effektiv kommuniziert und transportiert werden können. In der Unterhaltungsparte könnten Zugewanderte wie Einheimische durch Programme erreicht werden, die nah an ihrer Lebenswirklichkeit anknüpfen und Chancen der Einwanderungsgesellschaft und des kulturell vielfältigen Zusammenlebens aufzeigen. Ein einziger Experte führt an, dass die Gründe für ein vermeintlich *unpolitisches* Unterhaltungsfernsehen, das die Thematik *Migration und Integration* unzulänglich aufgreift, auch in der Kulturgeschichte Deutschlands zu suchen sind:

> „Da geht es nämlich in die Untiefen der deutschen Kulturgeschichte, wir haben ein ganz anderes Verständnis von Kultur- und Unterhaltung als die Briten. Also im gesamten angelsächsischen Raum ist die Verknüpfung zwischen Kultur, Bildung und Unterhaltung eine andere als bei uns. Bei uns gibt es traditionell eine ziemlich aseptische Trennung zwischen dem, was unterhält, Spaß macht, Laune macht, und dem, was ernst ist, was Kultur ist, was Bildung ist. Seit Kant, seit Humboldt. Es gibt auch immer Gegenströme, aber durchgesetzt hat sich das eher strenge, protestantische Konzept, dass Bildung etwas zu tun hat mit Pflicht, mit Strenge, mit Härte, mit Disziplin. Und das ist auch sicher in Teilen sogar richtig, aber Lernen und Bildung ist wesentlich umfassender und insofern hat man den ganzen Unterhaltungsbereich gar nicht als Bestandteil dieses Kulturraums wahrgenommen. Das Deutungsthema Kultur ist ein anderes und hinzukommt, wir haben natürlich auch eine deutsche Geschichte und die beinhaltet einen

unheimlichen Missbrauch des Unterhaltungsfernsehens in der Nazizeit. Der hat dazu geführt, dass man in der Nachkriegszeit eben keine Unterhaltungsfilme haben wollte, die politisch propagandistisch aufgebaut sind. Aber man hat in der Nachkriegszeit, auch am Vorbild der britischen Medien, einen Demokratisierungsauftrag gehabt. Man wollte keinen politikfreien Sender haben, keine politikfreie Sendung, sondern man wollte eine demokratisierende Kraft haben. Aber das wurde dann immer mehr überlagert, von dem was wir in der Adenauerzeit als Unterhaltungsfernsehen kennen gelernt haben und was im Prinzip bis heute trägt. Nämlich eine Unterhaltung, die in Deutschland erst einmal getrennt ist von inhaltlichen Fragestellungen. Und das ist verheerend."

Innerhalb der Programmentwicklung- und Planung der deutschen öffentlich-rechtlichen Sendeanstalten gelten bei den Befragten fiktionale Programme wie Fernsehfilme und Unterhaltungsshows als eine gute Integrationsstrategie mit dem Potential auf einen entsprechenden interkulturell integrierenden Effekt innerhalb der Zielgruppe. Im Fiktionalen besteht der Anspruch, Integration nicht immer als Problematik zu thematisieren, sondern Kulturvermittlung auch auf unterhaltende Weise entstehen zu lassen. Die Experten betrachten es als Versäumnis, dass Unterhaltungsfernsehen mit fiktionalen Inhalten in Deutschland noch nicht häufig genug mit integrationspolitischen Themen zusammengebracht wird. Ein Experte erinnert sich an die ersten Versuche:

> „Als angefangen wurde, Menschen mit Zuwanderungsgeschichte im fiktionalen Programm darzustellen, durfte dies niemanden irritieren. Man wollte vermeintlich unpolitisch sein, und daher wurde auf Stereotype zurückgegriffen. So kamen viele Menschen jahrzehntelang überhaupt nicht im Fernsehen vor oder nur in kriminalisierten Rollen. Heute sind wir ein Stück weiter."

Um diese Entwicklung voranzubringen, unterstreicht die Auswertung der Gespräche, dass sich die Rechtsstellung von Autoren für Unterhaltungsangebote in Deutschland ändern muss, damit es attraktiver für Drehbuchschreiber wird, neue Ideen und Konzepte zu verwirklichen und mit integrationspolitisch relevanten Inhalten der gängigen Stereotypenbildung in Form von beispielsweise krimineller Stigmatisierung entgegenzuwirken. Dafür müsste jedoch das Mitspracherecht von Seiten der Sender minimiert und der kulturelle Beitrag des Autors als Werk akzeptiert werden. Ein banal erscheinendes und doch legitimes Beispiel, wie mediale Integration im Bereich Fernsehfilm umgesetzt werden kann, ist der türkischstämmige Kommissar in der ARD-Krimiserie *Tatort*. Hierzu meint ein Medienakteur:

> „Früher war der Mörder ein Türke, heute ist der Türke ein Kommissar. Das zeigt, da hat sich viel verändert und verschoben. Es gibt quasi eine explizite, eine die Botschaft vor sich hertragende Art von Programm. (…) Die Personalisierung ist ja ohnehin eines der Hauptinstrumente in dem Zusammenhang."

Die Auswertung zeigt, dass es eine erfolgreiche Vorgehensweise zur medialen Förderung interkultureller Integration ist, Probleme der Einwanderungsgesellschaft auch in unterhaltenden Sendungen zu thematisieren, ohne dabei in Klischees zu verfallen. Dass diese Strategie nicht immer gelingt, zeigt nach Expertenmeinung die mehrfach ausgezeichnete Fernsehserie *Türkisch für Anfänger*, die nach wie vor mit Stereotypen arbeitet. Auch gehen die Meinungen der Experten auseinander, ob große Fernsehproduktionen wie *Zeit der Wünsche* oder *Wut*, die sich mit kultureller Vielfalt beschäftigen, in der integrationspolitischen Diskussion die richtigen Akzente setzen und die Mehrheitsbevölkerung tatsächlich mit der Lebenssituation der Zuwanderer vertraut machen können.

Anhand der Experteninterviews wird deutlich, dass bis zum heutigen Tag keiner der öffentlich-rechtlichen Sender einen *Königsweg* – so es diesen überhaupt gibt – bei der medialen Integration durch Unterhaltungsformate gefunden hat. Auch bleibt das Problem bestehen, dass die Unterhaltungsangebote des öffentlich-rechtlichen Fernsehens von Menschen aus Einwandererfamilien schlecht angenommen werden. Einerseits greifen Zuwanderer laut der Gesprächspartner häufig auf muttersprachliche Sendungen über Satellit zurück und andererseits werden die Programminhalte der öffentlich-rechtlichen Fernsehsender von jungen Menschen generell häufig abgelehnt, und sind somit auch für die im Durchschnitt jüngeren Zuwanderer von geringem Interesse.

Obwohl die privaten Sender nach Meinung der Befragten teilweise nicht ausreichend reflektiert mit kultureller Vielfalt und Integrationsthemen in der Berichterstattung umgehen, haben sie durch ihren *ungezwungeneren Umgang* mit der Thematik viele Autoren angezogen. Dadurch haben die öffentlich-rechtlichen Sendeanstalten Konkurrenz bei der Suche nach guten Autoren bekommen, die sich mit der Thematik auskennen und auf erwünschtem Niveau arbeiten. Die Meinung der Experten stimmt dahingehend überein, dass das öffentlich-rechtliche Fernsehen in Zukunft Wege finden muss, um fiktionale Programme für Menschen mit Zuwanderungsgeschichte attraktiver zu gestalten.

8.3.4 Visuelle Präsenz und Vorbilder

Die Tatsache, dass mediale Integration über Visualisierung in den Medieninhalten implementiert werden kann, wurde bereits erwähnt und wird an dieser Stelle erneut aufgegriffen und näher analysiert. Um eine gewisse Vorbildfunktion für die Zuschauer zu schaffen, fordern die deutschen Interviewpartner, dass Zuwanderer nicht nur als Experten in Integrationsfragen auf dem Bildschirm auftauchen sollten, sondern im Gesamtprogramm als Moderatoren und Darsteller. Dabei dürften keine *Vorzeigeveranstaltung* mit Themen aus dem Integrationsfeld inszeniert werden, weil die Zuschauer dies als nicht authentisch empfinden könnten. Folglich muss die Präsenz von kultureller Vielfalt im Programm stärker werden und Menschen mit Zuwanderungsgeschichte müssen in gewöhnlichen Kontexten, wie beispielsweise bei Straßenumfragen zu alltäglichen Themen, vorkommen.

Die Experten betonen, dass in den vergangenen Jahrzehnten gewisse Leitbilder gefehlt haben und es im öffentlich-rechtlichen Fernsehprogramm in Deutschland insbesondere für türkische Jugendliche zu wenige Vorbilder gegeben hat. Hier zeigt sich ein Bezug zu Resultaten der Medienforschung, die herausgestellt haben, dass vor allem türkische Männer sich vom öffentlich-rechtlichen Fernsehprogramm nicht angesprochen fühlen. Die Aufgabe der Sender besteht jetzt darin, diese Versäumnisse nachzuholen, um Identifikation bei den gewünschten Zielgruppen stiften zu können und sie langfristig an das Medium zu binden.

In der Medienpraxis zeigt sich hier die enge Beziehung der einzelnen Komponenten des theoretischen Modells der medialen Integration. Der Bereich der Medieninhalte ist mit dem Medienpersonal verbunden, da eine kulturell heterogene Redaktionsstruktur auch Vorbilder durch Moderatoren mit Zuwanderungsgeschichte im Programm schafft. Während diese vor der Kamera eine gewisse Symbolik für die Normalität der Einwanderungsgesellschaft innehaben, bildet die kulturell heterogene Redaktion hinter der Kamera die Basis für ein umfassendes und integrierendes Programmangebot. Ein Experte verdeutlicht diese Erkenntnis:

> „Die Rollenvorbilder, die vor der Kamera stehen, sind ganz wichtig, auch als Identifikationsfigur, als Sympathieträger und als Zeichen einer gewissen Normalität, für die sie eintreten. Aber die Schlüsselfrage ist, wie sich die Redaktionsteams dahinter zusammensetzen. In der Tat ist beides wichtig."

Auch bestätigt die Analyse der Interviews mit den deutschen Medienvertretern das theoretische Konzept der medialen Integration insofern, als dass die visuelle Repräsentanz von Zuwanderern im medialen Angebot der öffentlich-rechtlichen Sender aus integrationspolitischer Sicht eine doppelte Funktion hat: Einerseits ist es für alle Bürger der Einwanderungsgesellschaft wichtig, dass sie im Fernsehen gespiegelt bekommen wie sich ihr Lebensumfeld verändert und weiterentwickelt. Andererseits hat visuelle Repräsentanz auch speziell für die Gruppe der Menschen mit Zuwanderungsgeschichte eine Bedeutung, da sie sich in Vorbildern wieder erkennen und sich dadurch auch in ihrer neuen gesellschaftlichen Umgebung akzeptiert fühlen.

Die Auswertung der deutschen Experteninterviews macht deutlich, dass innerhalb der öffentlich-rechtlichen Sender ein stärkeres Bewusstsein dafür geschaffen werden sollte, wer das Zielpublikum ist, um die Integrationspotentiale im Bereich der Medienangebote besser nutzen zu können. Laut Programmauftrag und den neueren Selbstbestimmungen der Arbeitsgruppe Medien im Rahmen des Nationalen Integrationsplans gehört es zu den Aufgaben der Sendeanstalten von ARD und dem ZDF, Menschen aus Einwandererfamilien als Zuschauer gezielt anzusprechen und für ihr Programm zu gewinnen.

Um ihre Einschaltquoten bei Einheimischen und Zuwanderern gleichermaßen zu erhöhen, muss in Zukunft ein breiteres Angebot für eine größere Zielgruppe bereitgestellt werden. Nach einstimmiger Meinung der Interviewpartner müssen sich die Sender den Medienbedürfnissen der Menschen mit Zuwanderungsgeschichte annehmen, weil diese eine zunehmend große Gruppe der Bevölkerung darstellen. Die Vertreter der Medienforschung mahnen zudem, die demografische und gesellschaftliche Entwicklung nicht zu unterschätzen, da sonst in Zukunft am Publikumsinteresse vorbei gesendet wird, was heute teilweise anhand der niedrigen Einschaltquoten bereits deutlich wird. Ein Experte erläutert diese Sorge:

> „Die haben die Medienforschung, die sagt, passt auf die demografische Entwicklung auf, sonst sendet ihr in zehn Jahren komplett am Publikum vorbei. Oder zum Teil auch jetzt schon. Die jungen Menschen sind heutzutage multikulturell, aber sie finden im Programm nicht statt. Und wenn, dann nur unter dem veralteten Blickwinkel der 70er, 80er Jahre, als es um Gastarbeiter ging. Trotz aller Bekundungen beginnt dieser mentale Wechsel, dass die Leute auf die Gesellschaft mit anderen Augen gucken, erst jetzt. Übrigens auch in der Politik. Aber der Paradigmenwechsel ist jetzt da. Das Bewusstsein ist zum Teil da."

Um eine konstante Bindung der Zuschauer an die öffentlich-rechtlichen Sender zu etablieren, sollten sich nach Ansicht der Interviewpartner die Verantwortlichen stets fragen, ob sie erstens ein passendes Programm anbieten und ob sich zweitens auch alle in Deutschland lebenden Menschen inhaltlich wiederfinden können. Es handelt sich bei dieser Herausforderung nicht allein um die Auswirkungen des gesellschaftlichen Wandels durch Migrationsbewegungen, sondern auch um einen Publikumswandel im Allgemeinen. Dieser muss in der Programmentwicklung begriffen, verstanden und als Chance genutzt werden. Nur dann kann das öffentlich-rechtliche Fernsehen Inhalte anbieten, die aufgreifen, was sich in der deutschen Gesellschaft und im Kreise des Publikums verändert. Experten des WDR erläutern ihren Anspruch, ein Programm für alle zu senden und dabei die Zuschauer aus Einwandererfamilien in ihrer Lebenswirklichkeit *abzuholen*. Dafür eigenen sich beispielsweise kulturelle Programmsparten und Sendungen, die von Zugewanderten ständig moderiert werden, weil hier erwiesenermaßen der Anteil an Zuschauern mit Zuwanderungsgeschichte höher ist.

8.4 Rolle der Medienakteure

Als abschließende Analyseebene wurde der Rollenkontext bei den öffentlich-rechtlichen Fernsehsendern in Deutschland ausgewertet. Hier interessiert, wo die einzelnen Medienakteure ihren Einfluss auf die medialen Integrationsleistungen der Sender verorten. Dazu lautete die Forschungsfrage: *„Wie nehmen die einzelnen Akteure ihre individuelle Rolle innerhalb der öffentlich-rechtlichen Fernsehsender im Prozess der medialen Integration wahr?"* In der Auswertung wurde deutlich, dass sich der Rollenkontext in diesem Forschungsfeld eng am Strukturkontext der öffentlich-rechtlichen Sender orientiert und sich die Kategorien der Ergebnisfindung daher zum Teil überschneiden.

8.4.1 Zusatzkompetenz oder Quotenmigrant

Die Auswertung ergab in einer ersten Kategorie, dass eine Migrationsbiografie bei den Medienakteuren im öffentlich-rechtlichen Fernsehen in Deutschland mittlerweile als Zusatzkompetenz aufgefasst wird. Die Experten bestätigen, dass ihre interkulturelle Kompetenz und ihr Wissen über eine weitere Kultur von den Kollegen und Vorgesetzten geschätzt wird. Zwar stehen nach wie vor bei der Bewerbung wie auch im journalistischen Alltagsgeschäft die Qualifikation und die Qualität der Arbeit an erster Stelle, doch seit einigen Jahren wird die Migrationsbiografie als ein Wissensvorsprung angesehen (vgl. Kapitel 8.2.2). Ein Medienakteur unterstreicht dieses Ergebnis:

> „Auch wenn ich immer sage, ich bin hier eingestellt worden, weil es um die Qualität geht, es war auch ein Punkt, dass ich Migrationshintergund habe, das ist überhaupt nicht von der Hand zu weisen. Das ist aber auch in Ordnung, solange die Qualifikation auch eine Rolle spielt."

Alle Experten sind der Ansicht, dass in den vergangenen Jahren innerhalb der Medienbranche das Bewusstsein zugenommen hat, dass diese Zusatzkompetenz in den Redaktionen notwendig ist und im journalistischen Berufsalltag für die Berichterstattung hilfreich sein kann. Durch die Tatsache, dass sich einige Redakteure in zwei Kulturen auskennen, können beispielsweise Themen behandelt werden, die sonst möglicherweise nicht angeboten werden würden. Zudem hat die Auswertung der Interviews gezeigt, dass Redakteure mit Zuwanderungsgeschichte auch als

Experten für Migrations- und Integrationsthemen für andere Sendungen angefragt werden.

Obwohl kulturelle Vielfalt von den Befragten in Deutschland als Zusatz-kompetenz bewertet wird, zeigt die Analyse, dass die Betroffenen ihre Position innerhalb der öffentlich-rechtlichen Sender nicht ausschließlich mit einem so genannten *Migrantenticket* erworben haben, erwerben wollen oder halten könnten. Im Berufsalltag stehen die Qualität des Arbeitens und das professionelle Handwerk im Vordergrund, so dass diese Faktoren stets das Fundament für Personalentscheidungen bilden (vgl. Kapitel 8.2.3). Trotz des Ausbleibens einer festgeschriebenen Quote zeigt die Analyse der Interviews, dass sich betroffene Medienakteure während des Bewerbungsprozesses sowie beim Antritt der neuen Stelle zunächst schon ein wenig als so genannter *Quotenmigrant* gefühlt haben. Nach Expertenaussage legt sich diese Wahrnehmung jedoch im journalistischen Alltagsgeschäft schnell.

Die Diskussionen um eine höhere Anzahl an Medienakteuren mit Zuwanderungsgeschichte fallen in Deutschland häufig mit Vorstößen um erweiterte Selbstverpflichtungen zusammen. Hier belegt die Auswertung, dass es unter den Medienakteuren keinen expliziten Wunsch nach neuen Leitrichtlinien gibt. Selbstverpflichtungen werden von den Experten häufig als *Papiertiger* beschrieben und die Sinnhaftigkeit weiterer Zielsetzungen im Feld der medialen Integration wird bezweifelt. Journalisten, so wird argumentiert, sollten per Berufswahl weltoffen sein und keine Diskriminierungen begehen, da sie bei den öffentlich-rechtlichen Fernsehanstalten ansonsten zu Unrecht eine Stelle belegen würden und generell ihren Beruf verfehlt hätten. Neben dem Verabschieden von Richtlinien müsse bei der Thematik auf den Verstand der Medienakteure und ihre Bildung gesetzt werden, so dass sowohl in der Personalpolitik als auch in der Programmausrichtung das Thema Integration und kulturelle Vielfalt in Zukunft eine natürliche Berücksichtigung erfahren könne.

8.4.2 Austausch innerhalb der Redaktionen

Bei der Auswertung des Rollenverständnisses widmet sich eine weitere Kategorie dem redaktionsinternen wie -übergreifenden Austausch der Medienakteure innerhalb der öffentlich-rechtlichen Fernsehanstalten. Es zeigt sich, dass Erfahrungen von Menschen mit Zuwanderungsgeschichte in die redaktionelle Arbeit einfließen und in den Redaktionen ein Dialog mit den Kollegen besteht, der zu einem sensibilisierten Umgang mit der Thematik Integration und kulturelle Vielfalt führt. Die Person aus einer Einwandererfamilie wird von ihren Kollegen als jemand wahrgenommen, der über eine andere Perspektive verfügt, daher konsultieren sie ihn in kulturellen Fragen. Ein Experte erinnert sich:

„In der Vergangenheit sind meine Kollegen immer zu mir gekommen, wenn ich ihnen weiterhelfen konnte. Das fängt an bei der Aussprache von beispielsweise arabischen oder türkischen Namen. Da konnte ich helfen und da wird schon von dem Wissen profitiert. Zum Beispiel wissen die Deutschen immer noch nicht wie man das Z im Türkischen richtig ausspricht. Das ist so ein Klassiker. Und Politiker oder Personen mit Migrationshintergrund, die in der Öffentlichkeit stehen, die wollen doch auch richtig ausgesprochen werden. Das sind immer solche Sachen. Was das anbelangt, werde ich schon konsultiert und auch vielleicht, wenn es darum geht, Dinge einzuordnen, die im Nahen Osten oder der Region passieren. Da bin ich auf jeden Fall immer zu Rate gezogen worden."

Die Analyse der Interviews mit deutschen Experten zeigt jedoch auch, dass die Potentiale einer kulturell heterogenen Mitarbeiterstruktur bislang nur basal ausgeschöpft werden und der Austausch der Redakteure über Themen der Einwanderungsgesellschaft bislang in keinem institutionalisierten Rahmen stattfindet. Die entsprechenden Experten bemerken, dass sie bei den ARD-Fernsehanstalten wie auch beim ZDF noch zu selten konsultiert werden und dass sie ihr zusätzliches Wissen über eine andere Kultur noch umfassender in der journalistischen Arbeit einbringen könnten. Beispielsweise sei der Austausch innerhalb der Redaktionen sowie redaktionsübergreifend bei der *Deutschen Welle* (DW) intensiver.

Dennoch belegen die Gespräche eine klare Tendenz hin zu einem verstärkten interkulturellen Dialog innerhalb der öffentlich-rechtlichen Sendeanstalten. Bei der Berichterstattung über gewisse Kulturen werden Redakteure mit Zuwanderungsgeschichte zu Rate gezogen, so dass bei der Themenselektion und der Einschätzung von Situationen von ihrem Wissen profitiert wird. Die Experten sind der Ansicht, dass es sinnvoll wäre, wenn gesamte Redaktionen unabhängig von einzelnen Medienakteuren als professionelle Fachstellen wahrgenommen werden würden. Ihre Vision ist, dass mit einer steigenden Anzahl an Redakteuren aus Einwandererfamilien in den öffentlich-rechtlichen Fernsehsendern, ihr Fachwissen und ihre interkulturelle Kompetenz verstärkt und flächendeckender genutzt werden.

Die Ergebnisse machen deutlich, dass der Dialog über andere Kulturen und die Sensibilität bei der Thematik Migration und Integration von den Medienakteuren zunehmend geschätzt wird, da sich die Redakteure ihrer Verantwortung bei der Vermittlung dieser Themen bewusst werden.

8.4.3 Selbstwahrnehmung

Dieser Aspekt der Auswertung bezieht sich auf die subjektive Wahrnehmung der Medienakteure in Deutschland. Hier wurde bei den verschiedenen Interviewpartnern die Wahrnehmung der eigenen Funktion innerhalb der Fernsehanstalt ermittelt. Für die Medienakteure mit Zuwanderungsgeschichte kann festgehalten werden, dass sie zumeist in Deutschland geboren und groß geworden sind. Aufgrund der Migrationserfahrungen ihrer Eltern und Großeltern bringen sie das Wissen über eine andere Kultur mit. Ein Medienakteur beschreibt seine Erfahrungen beim öffentlich-rechtlichen Fernsehen:

> „Als ich mich beworben habe und mein Volontariat gemacht habe, da war ich die einzige mit Migrationshintergrund. (…) Jetzt werden Menschen mit Migrationshintergrund regelrecht gefördert, und man versucht von ihrem Background zu profitieren. Das heißt natürlich auch, dass wenn du in einer Redaktion bist wie in der Außenpolitik, kannst du dieses Wissen über das Land deiner Eltern mit einbringen, weil du mit zwei Kulturen aufgewachsen bist. Du kannst über gewisse Dinge berichtigen, weil du einen Wissensvorsprung hast. Das hilft natürlich sehr. (…) Vor 20 Jahren war das gar nicht der Fall. Da war man sehr konzentriert auf Deutschland, auf sich selbst und hat sich im Grunde gar nicht darum gekümmert, was für Leute hier leben, was sie für Wurzeln haben, ob man von ihrem Wissen profitieren kann."

Die Mehrheit der Experten schätzt die heutigen Bemühungen um mediale Integration bei den öffentlich-rechtlichen Sendeanstalten als ambitioniert ein und bekräftigt, dass sich die Verantwortlichen von ARD, WDR und ZDF für die Nutzung der Integrationspotentiale einsetzen. Erneut wird hier deutlich, dass das Engagement und die Bemühungen im Bereich der medialen Integration zu einem hohen Grad von der jeweiligen personellen Besetzung der Führungspositionen abhängen (vgl. Kapitel 8.2.4). Die Gesprächspartner betonten, dass die Thematik von allen Entscheidungsträgern verinnerlicht werden muss. Sie sehen eine Chance in der demografischen Entwicklung und deren langfristigen Einfluss auf die Personalstruktur. Ihrer Ansicht nach wird sich das Thema in Zukunft noch stärker durchsetzen, wenn die Verantwortlichen jünger und interkulturell aufgeschlossener werden.

8.4.4 Außenwirkung

Was die Außenwirkung der Medienakteure auf das Publikum angeht, zeigen die Auswertungen der Interviews, dass die Zuschauer den Journalisten eine Vorbildfunktion zuschreiben. Ein betroffener Experte erläutert diesen Effekt:

> „Man wird in so eine Vorbildfunktion gedrängt, und das ist dann im positiven Sinne die Last, die auf meinen Schultern liegt, und die trage ich aber auch gerne. Ich weiß, was ich da für eine Verantwortung habe, man ist Vorbild, man spielt eine Rolle in der psychologischen Struktur vieler junger, angehender Journalisten. Ich weiß gar nicht, wie oft mir das passiert ist, dass die wirklich zu mir gekommen sind und gesagt haben, endlich mal jemand, der es geschafft hat. Jetzt glaube ich auch, dass das wirklich möglich ist und dass das nicht irgendwelche leere Versprechungen sind von den Sendern und von der Regierung."

Insbesondere die Moderatoren erleben ihre eigene journalistische Tätigkeit als eine hohe Motivation für junge Menschen mit Zuwanderungsgeschichte. Die Außenwirkung und der Symbolcharakter werden von ihnen als wichtig eingeschätzt, wenn sie auf dem Bildschirm erscheinen. So erhoffen sie sich, dass sie einerseits junge Nachwuchsjournalisten motivieren können, sich auch bei den öffentlich-rechtlichen Sendern zu bewerben und dass sie andererseits durch ihre Tätigkeit auch ein Zeichen für die Akzeptanz von kultureller Vielfalt in der Einwanderungsgesellschaft setzen können.

An dieser Stelle belegen die Auswertungen der Experteninterviews die Thesen zur Bedeutung von visuellen Vorbildern auf dem Bildschirm im Modell der medialen Integration. Die Vielzahl an positiven Zuschauerzuschriften unterstreichen, dass Medienakteure in ihrer professionellen Rolle einen Effekt auf die öffentliche Meinungsbildung haben können. Ein Moderator beschreibt seine Erfahrungen:

> „Ich stand der Sache ehrlich gesagt immer etwas skeptisch gegenüber, als dass sich da irgendwelche Effekte durch meine Präsenz auf dem Bildschirm einstellen würden. Ich dachte, gut, dann werde ich jetzt halt eingestellt, aber wird dadurch irgendwas erreicht? Was denn? Und ja, tatsächlich, ich habe mehrere Emails bekommen von jungen Leuten, die geschrieben haben: Sie sind unser großes Vorbild. Insofern kann ich sagen, dass wenn diese Politik der visuellen Repräsentanz im Haus weiterverfolgt wird, passiert bestimmt etwas. Zumindest löst das Effekte aus und Impulse, dass Leute sich vielleicht motiviert fühlen, mehr zu machen oder beim Fernsehen einzusteigen. Auf der anderen Seite erhöht es natürlich auch die Akzeptanz von Migranten in der Mehrheitsgesellschaft."

Heutzutage ist anhand der Zuschauerreaktionen auf die Präsenz von Menschen mit Zuwanderungsgeschichte vor der Kamera erkennbar, dass kulturelle Vielfalt langsam als Normalität in den öffentlich-rechtlichen Programmen wahrgenommen wird. Ein Medienakteur erinnert an vergangene Zeiten:

> „Die Abneigung der ‚Ur-Deutschen-Zuschauer' hat nachgelassen in den letzten Jahren. Es gab früher durchaus auch heftige Reaktionen, wenn Migranten auf dem Schirm waren, das darf man nicht vergessen. Vor 15-20 Jahren sah das noch ganz anders aus als heute. Irgendwie beruhigend, aber trotzdem zeigt es, dass es nach wie vor auch Vorbehalte gibt, die sich aber immer weniger äußern. Ich würde das auch auf einen natürlicheren Umgang mit Migration im Programm zurückführen. Und das ist eigentlich ein Ansporn für uns alle, noch mehr zu tun."

So vertrauen alle Experten darauf, dass mit einer ansteigenden Zahl an Mitarbeitern aus Einwandererfamilien in Zukunft eine gewisse Selbstverständlichkeit in der Wahrnehmung der öffentlich-rechtlichen Fernsehzuschauer eintritt und sich damit bestenfalls auch eine vermeintlich vorurteilsgeprägte Einstellung gegenüber Zuwanderer bei der Mehrheitsbevölkerung ändert.

8.5 Zwischenfazit

Die Auswertung der Experteninterviews in Deutschland erfolgt im normativen, strukturellen, funktionalen und rollenspezifischen Kontext des öffentlich-rechtlichen Fernsehens.

Die Analyse der erhobenen Daten zeigt, dass die deutschen Experten den öffentlich-rechtlichen Sendern einstimmig eine wichtige Rolle und Verantwortung im interkulturellen Dialog und im gesellschaftlichen Integrationsprozess zuschreiben. Dabei sehen sie im Normenkontext des Mediensystems einen großen Einfluss auf die Integrationsstrategien des öffentlich-rechtlichen Fernsehens. Ihrer Ansicht nach sind es vor allem politische Faktoren, die einen Effekt sowohl auf die interkulturellen Integrationsprozesse in der Bevölkerung allgemein als auch auf die medialen Integrationspotentiale bei den öffentlich-rechtlichen Sendeanstalten im Speziellen haben können. Die deutschen Experten heben hervor, dass durch den Integrationsgipfel im Jahr 2006 und die anschließenden integrationspolitischen Maßnahmen, die im Nationalen Integrationsplan zusammengefasst sind, deutliche Impulse bei den Fernsehanstalten spürbar wurden, die das Thema kulturelle Vielfalt auf die Agenda der Medienakteure gesetzt haben. So wurde von der Politik eine verstärkte Diskussion über die Integrationsfunktion des Rundfunks entfacht und in der Arbeitsgruppe Medien sogleich auch Zielvorgaben für die Anwendung entwickelt.

Laut Expertenmeinung bestimmen historische und rechtliche Faktoren indirekt die medialen Integrationsbemühungen der Sender, da sie sich als Rahmenbedingungen verankert in den Programmaufträgen wiederfinden. Am Beispiel des WDR wurde deutlich, dass auch die soziokulturelle Struktur des Bundeslandes NRW einen Effekt auf die medialen Integrationsbemühungen hat, da sich die größte ARD-Sendeanstalt schon seit den 1980er Jahren auf die Zielgruppe der Zuwanderer eingestellt hat, die in NRW rund 30 Prozent der Gesamtbevölkerung des Bundeslands ausmacht. Die Auswertung der Interviews ergibt, dass marktwirtschaftliche Faktoren zurzeit noch einen minimalen Einfluss auf die Integrationspotentiale der öffentlich-rechtlichen Medienanstalten in Deutschland haben. In Zukunft werden sie nach Ansicht der Gesprächspartner vorrangig für die private Konkurrenz eine Rolle spielen, da Menschen aus Einwandererfamilien einen wachsenden Bevölkerungs- und Zuschauerquotenanteil ausmachen und für die Werbeindustrie von Interesse sind. Die deutschen Experten sehen hier vor allem Chancen in der Medienforschung, von der sie sich weiterführende Erkenntnisse über die Mediennutzungsinteressen der zugewanderten Bevölkerung in Deutschland versprechen.

Die Auswertung der Expertenaussagen zum strukturellen und personellen Aufbau der Medieninstitutionen stellt ein Kernstück der Datenanalyse auf Basis des theoretischen Modells der medialen Integration dar. Alle Gesprächspartner bestätigen die These, dass die Redaktions- und Personalstruktur bei den öffentlich-rechtlichen Sendeanstalten in Deutschland zurzeit noch nicht ausreichend die demografische Zusammensetzung der Einwanderungsgesellschaft widerspiegelt. Die Expertenmeinung unterstreicht daher die Wichtigkeit des Rekrutierungsprozesses sowie der Aus- und Weiterbildung von journalistischen Nachwuchstalenten aus Einwandererfamilien, die essentiell für die Nutzung der medialen Integrationspotentiale der öffentlich-rechtlichen Fernsehsender sind. Laut Expertenmeinung sind die deutschen Sender noch zu inaktiv, wenn es darum geht, auf die Gruppe der Zuwanderer zuzugehen und ihnen zu signalisieren, dass ARD und ZDF Interesse an journalistischem Nachwuchs aus Einwandererfamilien haben. Bislang sehen einige unter den Befragten lediglich den WDR mit seiner Recrutinginitiative *WDR-Grenzenlos* als vorbildlich bei der Mitarbeiterakquise von Zuwanderern an.

Die Interviewten machten deutlich, dass Menschen mit Zuwanderungsgeschichte als Redakteure und Moderatoren für die Hauptprogramme erwünscht sind und an Schnittstellen in der Programmentwicklung gebraucht werden, damit bei der Konzeption von Sendungen die Interessen der Zuwanderer berücksichtigt werden. Dabei wird von den Experten eine Quotenregelung bei der Einstellung und Beförderung von Menschen mit Zuwanderungsgeschichte einstimmig abgelehnt, weil sie die Qualifikation der entsprechenden Personen als Hauptkriterium des Bewerbungsprozesses zurückstellen könnte. Einige deutsche Medienakteure befürchten jedoch, dass es ohne eine Quotenregelung oder zumindest eine quantitative Zielsetzung nicht möglich ist, Fortschritte oder Rückschritte in der Personalstruktur zu evaluieren.

Die deutschen Interviewpartner bewerten es als essentiell, dass sich Medienakteure mit Zuwanderungsgeschichte als Führungskräfte innerhalb der öffentlich-rechtlichen Fernsehsender und als feste Mitglieder der Gremien etablieren, damit die Themen *Integration und kulturelle Vielfalt* in Zukunft selbstverständlich auf allen Ebenen der Unternehmen behandelt werden. Auch sollten sich die Sendeanstalten so positionieren, dass sie in ihrer Innen- wie Außenwahrnehmung die Verschiedenartigkeit der Mitarbeiter als Bereicherung verstehen und Zuwanderer sich als fester Bestandteil der Unternehmenskultur integriert wissen.

Dabei kann es nach Ansicht einiger Experten hilfreich sein, wenn innerhalb der öffentlich-rechtlichen Fernsehsender institutionelle Zuständigkeiten geschaffen werden. Die Gespräche mit Experten des WDR, der als einzige Sendeanstalt der ARD einen vollzeitbeschäftigten Integrationsbeauftragten hat, unterstreichen die Vorteile eines Verantwortlichen, der auf Führungsebene in Fragen der medialen Integration eng mit dem Intendanten und allen weiteren Instanzen innerhalb des Medienunternehmens zusammenarbeitet. Auch führen nach Meinung einiger deutschen Befragten die föderalen Strukturen der ARD zu Abstimmungsschwierigkeiten zwischen den einzelnen Sendeanstalten und bürokratische Abläufe innerhalb der ARD und des ZDF erschweren insgesamt die schnelle und zielführende Implementierung von medialen Integrationsstrategien.

Die Analyse des Funktionskontexts, in dem sich die strategische Ausrichtung der Medieninhalte beim öffentlich-rechtlichen Fernsehen abspielt, stellt einen weiteren Kernbereich der Auswertung dar. Hier wird deutlich, dass mediale Integration prinzipiell von den deutschen Experten als eine Querschnittsaufgabe und nicht länger als zielgruppenorientierte Aufgabe bewertet wird, wie das in den 60er, 70er und 80er Jahren der Fall war. Die Befragten bestätigen einen Paradigmenwechsel in der strategischen Ausrichtung der Medieninhalte, der darauf abzielt, dass das Thema *Migration und Integration* in allen Programmen und Sparten als *Normalität* behandelt werden soll. Sie machen Nachrichtenselektionskriterien auch dafür verantwortlich, dass überwiegend Problemfelder des interkulturellen Zusammenlebens in Deutschland vom Fernsehen thematisiert werden. Damit sich bei den Zuschauern keine stereotypischen Klischees verfestigen, sind sich die Experten einig, dass diesen *bad news* auch positive Integrationsbeispiele in der Berichterstattung entgegengesetzt werden sollten.

Die Analyse zeigt, dass sich spezielle Nischenprogramme vor allem für die Regionalsender und als additive Angebote zum Hauptprogramm anbieten. Die Interviewpartner des ZDF bewerten spezielle Programmangebote für Menschen mit Zuwanderungsgeschichte eher als gesellschaftlich desintegrierend und geben an, kulturelle Vielfalt verstärkt in die *Mainstream-Programmen* einfließen zu lassen. Außerdem sehen alle deutschen Gesprächspartner mediale Integrationspotentiale in den fiktionalen Sendungen, die auf unterhaltende Weise mit Stigmatisierung und Vorurteilen brechen können, und die sie in Zukunft stärker nutzen wollen. In den Medieninhalten vertrauen die deutschen Experten auf die Vorbildfunktion von Medienakteuren aus Einwandererfamilien *vor der Kamera* – auch um ihr Publikum über potentielle Identifikationseffekte zu vergrößern. Insbesondere beim WDR und ZDF arbeiten Moderatoren mit Zuwanderungsgeschichte in Schlüsselpositionen. Die Sender verfolgen durch diese visuelle Präsenz auch die Zielsetzung ihren Zuschauern Aufgeschlossenheit gegenüber kultureller Vielfalt zu signalisieren.

Die Analyse des Rollenkontexts befasst sich mit den Medienakteuren und ihrem individuellen Einfluss auf die medialen Integrationspotentiale des öffentlich-rechtlichen Fernsehens. Die Erkenntnisse dieser Ebene knüpfen an vielen Stellen an die Ergebnisfindung des Strukturkontexts an und erganzen diesen um weitere Befunde. Nach Ansicht der Experten sehen Medienakteure aus Einwandererfamilien in ihren Erfahrungen mit einer anderen Kultur eine zusätzliche Qualifikation, die sich als nützlich im journalistischen Alltag erweisen kann. So berichten die deutschen Experten, dass sie ihren Kollegen beispielsweise Hilfestellungen bei Fragen zu Themen der Migration und Integration aber auch bei der Bewertung vom auslandspolitischen Geschehen geben können.

Sie vertreten gemeinsam die Position, dass sich die Qualität in der journalistischen Berichterstattung verbessert, je heterogener und durchmischter die Redaktionsteams werden und je stärker der interkulturelle Austausch in der senderinternen Kommunikation zunimmt. Auch berichten die Akteure *auf dem Bildschirm* von positiven Zuschauerzuschriften, die sie in ihrer Selbstwahrnehmung als *Role model* bestätigen und sie zuweilen in ihrer *Vorbildfunktion* auch ein wenig als *Quotenmigrant* fühlen lassen.

9. Auswertung der Experteninterviews in Großbritannien

Um die forschungsleitende Fragestellung nach den derzeitigen normativen, strukturellen, funktionalen und rollenspezifischen Rahmenbedingungen des öffentlich-
rechtlichen Fernsehens für die mediale Integration von Zuwanderern in Großbritannien beantworten zu können, wurden mit Hilfe der qualitativen Inhaltsanalyse
insgesamt 12 Interviews mit Redakteuren, Moderatoren und Verantwortlichen der
öffentlich-rechtlichen Fernsehsender sowie mit Politikern und zivilgesellschaftlichen Akteuren ausgewertet. In die Ergebnisse der Befragungen in Großbritannien
fließen Erkenntnisse bezüglich der BBC und Channel 4 zusammen. Die Auswertung erfolgte analog zu der Vorgehensweise für Deutschland (vgl. Kapitel 8) anhand des Kategoriensystems. Auch in diesem Kapitel werden dabei unterschiedliche Ansichten sowie Übereinstimmungen in den Ansichten der Experten deutlich
gemacht.

9.1 Normative Rahmenbedingungen des Mediensystems

In diesem Abschnitt werden die Antworten der britischen Interviewpartner auf die
Forschungsfrage präsentiert, die auf die Analyse der Ebene der Mediensysteme und
den Normenkontext in Großbritannien abzielt: *„Welchen Einfluss haben politische,
historische, rechtliche und marktwirtschaftliche Faktoren auf die medialen Integrationspotentiale
der öffentlich-rechtlichen Fernsehsender?"*

9.1.1 Bedeutung des öffentlich-rechtlichen Fernsehens

Bei der Analyse der Expertenaussagen zu den Einflüssen auf Ebene des Mediensystems wird deutlich, dass alle Interviewpartner in Großbritannien das öffentlich-
rechtliche Fernsehen als Leitmedium einordnen und ihm aufgrund seiner Sonderstellung in der Medienlandschaft eine wichtige Rolle für die interkulturellen Integrationsprozesse zuschreiben. So betont der Vorsitzenden der Equalities and Human Rights Commission: „Television plays a major role in reflecting Britain's diversity whilst at the same time bringing us together" (Phillips 2009). Obwohl die
Darstellung von Menschen mit Zuwanderungsgeschichte auch heute noch nicht
überall optimal von den öffentlich-rechtlichen Sendern umgesetzt wird, hat sich die
Situation nach Ansicht der Interviewpartner in den vergangenen 20 Jahren verbes-

sert. Ein Medienakteur betont den Servicegedanken der BBC, für alle Bürger ein Programm anzubieten, das den gesellschaftlichen Zusammenhalt fördert:

> „All parts of society have a stake in the BBC as a Public Broadcaster. So I think we owe it to our viewers, to the public, to integrate, to educate, to inform and to entertain. And that is the founding thought of the BBC anyway if you look at our mission statement. If you take that down to the grassroots, we serve the community and Public Service Broadcasting (PSB) have definitely a role to play in the sense of social inclusion and in trying to make society a better place."

Laut des Programmauftrags, der die Rolle der öffentlich-rechtlichen Fernsehanstalten als Vermittler in der britischen Gesellschaft unterstreicht, ist es erforderlich, dass ein Programm konzipiert wird, das potentiell für alle Gebührenzahler interessant ist und dadurch zum gesellschaftlichen Dialog beitragen kann. Die medienpolitischen Experten sehen ein großes Potential in den öffentlich-rechtlichen Fernsehanstalten, wenn es um den Beitrag der Sender zur Akzeptanz von kultureller Vielfalt in der Einwanderergesellschaft geht. Dazu meint ein Akteur:

> „The government very firmly believes that PSB can make a contribution and it is one of the principles of the policy for PSB. It plays a very important role in public life, in bringing desperate parts of the nation together, in allowing one community to talk to another. So it is very fundamental."

Die Auswertung zeigt, dass die Expertenaussagen die theoretischen Annahmen des Konzepts der medialen Integration widerspiegeln. So bestätigen alle britischen Interviewpartner die These, dass die Zuschauer durch die Rezeption der Fernsehsendungen mehr über Menschen mit Zuwanderungsgeschichte erfahren können, und dass dadurch ein medial vermittelter Diskurs über andere Kulturen entsteht. Das öffentlich-rechtliche Fernsehen nimmt die Position eines interkulturellen Moderators ein, und kann so dazu beitragen, stereotype Vorstellungen über ethnische Minderheiten in der Mehrheitsgesellschaft abzubauen. So kann ein besserer Zugang zwischen den unterschiedlichen kulturellen Gruppen in der Bevölkerung hergestellt und der gesellschaftliche Zusammenhalt gefestigt werden. Außerdem hat die Medienberichterstattung einen Effekt auf die Selbstwahrnehmung der Zuwanderer. Ein Medienakteur erläutert:

> „The part that the media plays in shaping cultural cohesiveness and cultural psychology of society is important. So if you are somebody from a migrant family and the media has a part in shaping how you feel about your identity in the same way as the media play a part in how the indigenous British population sees you as a person. Now for a long time in the UK, when portrayal wasn't so great, you created a somewhat distorted perspective for the indigenous population, but also for the people who had migrated here when it comes to their identity and who

they were and where they fitted. The media is such a massive influence. It is not the only one, but such a massive one."

Die Bedeutung des öffentlich-rechtlichen Fernsehens für die interkulturelle Integration liegt nach Expertenansicht nicht in moralischen Zielvorstellungen, sondern ergibt sich konsequenterweise aus dem Programmauftrag. Obwohl kein Programm für alle Zuschauer gleich interessant sein kann, haben die Medienakteure den Anspruch, Inhalte bereitzustellen, die zumindest so viele Zuschauer wie möglich ansprechen, und ihnen neue Perspektiven zu bieten, die sie zuvor in ihrem eigenen Kulturkreis noch nicht erfahren haben.

Im Sinne der interkulturellen Integration durch Austausch und Dialog zwischen Zuwanderern und Einheimischen, können unterschiedliche Gesellschaftsmitglieder laut Meinung der Experten so etwas übereinander erfahren. Die öffentlich-rechtlichen Sender stellen eine bedeutende Einflussquelle für die interkulturelle Verständigung dar und können die Etablierung eines Gemeinschaftssinns unterstützen. Die Art und Weise, wie ethnische Minderheiten im Fernsehen dargestellt werden, hat nach einstimmiger Expertenmeinung zwar nicht einen alleinigen, aber einen großen Einfluss auf ihre gesellschaftliche Wahrnehmung. Ein Experte meint:

> „The more we know about other people, the less likely we are to fear them or to stigmatise them. All these reasons, which we internally have for separating ourselves from other people, all those sort of barriers are broken down once you know more about someone, more about their background, more about their history. And that is what television does. It is a window to the world. It takes you into the minds and experiences of other people. So to me television is a very, very powerful tool for breaking down barriers. And if you break down barriers you are going to create more social cohesion. That is self-evident. So I believe that PSB can have an effect."

Durch eine Berücksichtigung der unterschiedlichen kulturellen Minderheiten in Großbritannien kommt das öffentlich-rechtliche Fernsehen seinem Programmauftrag nach und kann dabei gleichzeitig seine Zuschauerzielgruppe erweitern. Wenn die Fernsehanstalten die Lebenswirklichkeiten aller Gesellschaftsmitglieder in das Programm integrieren und Mehrheiten sowie Minderheiten gleichermaßen ansprechen, dann erhalten sie laut britischer Experten langfristig eine höhere Glaubwürdigkeit in der Gesellschaft und können das Vertrauen bei den Zuschauern ausbauen.

Die Ausrichtung auf eine möglichst breite Menge an Zuschauern, die Menschen mit und ohne Zuwanderungsgeschichte umfasst, wird von den Gesprächspartnern in Großbritannien als der so genannte *Business Case for Diversity* bei den öffentlich-rechtlichen Sendern beschrieben werden. Hier geht es im Vergleich zu den privaten Fernsehsendern jedoch nicht um finanzielle Gesichtspunkte, sondern um das Aufrechterhalten und den Ausbau der Zielgruppen. Heute sind sich die Experten einig, dass das öffentlich-rechtliche Fernsehen aufgrund der demografischen Entwicklung in Großbritannien auf die Berücksichtigung von Menschen aus Einwandererfamilien im *Mainstream* angewiesen ist, um seine Zuschauer nicht zu verlieren.

9.1.2 Abhängigkeit von Sozialstruktur und Wirtschaft

In Großbritannien bewerten die Experten den interdisziplinären Themenkomplex *Integration und Medien* als ein dynamisches und medienpolitisches Feld, das eng damit zusammenhängt, wie die Gesellschaft generell mit Zuwanderung umgeht und wie die öffentliche Diskussion und Wahrnehmung von Integrationsprozessen ablaufen. Ein Akteur erläutert diese Feststellung:

> „The topic of media and integration is closely related to how society in general treats and understands the issue of diversity and multiculturalism. The other thing is what the government does and what the legal obligations in the country are. We are looking at regulations on the national, as well as the EU level, which have to be respected in Britain. The labour government has been very much into encouraging embracing diversity. So the efforts of PSB are absolutely related to the approach to cultural diversity in society and how the government supports these issues, because PSB is in a way the reflection of what society does and how society sees these issues."

Die Auswertung belegt, dass sich die Verantwortlichen der öffentlich-rechtlichen Fernsehsender nicht als alleinige Akteure in der Pflicht sehen, einen Beitrag zur interkulturellen Verständigung zu leisten. Sie erwarten ein gewisses Engagement von allen gesellschaftlichen Akteuren aus Politik, Migrantenorganisationen und Ausbildungsinstitutionen. Auch fordern sie eine enge Zusammenarbeit von der Medienindustrie mit zivilgesellschaftlichen Organisationen, um Menschen mit Zuwanderungsgeschichte den Zugang zum Journalismus zu erleichtern.

Die Analyse des Normenkontexts zeigt, dass in Großbritannien historische und rechtliche Rahmenbedingungen bei der Definition und Umsetzung von medialer Integration einen Einfluss haben. Das öffentlich-rechtliche Fernsehen ist durch seinen gesetzlich festgelegten und historisch begründeten Auftrag dazu verpflichtet, gesellschaftliche Entwicklungen und Interessen widerzuspiegeln. Da kulturelle Vielfalt in den vergangenen Jahrzehnten stets ein prominentes Thema in der politischen Debatte und der öffentlichen Aufmerksamkeit war, wurde und wird ihm auch bei den Sendern BBC und Channel 4 eine hohe Priorität eingeräumt. Hieran wird deutlich, dass in Großbritannien sowohl im politischen wie auch im medialen Umgang mit der Thematik nicht länger isoliert über kulturelle Vielfalt und ethnische Minderheiten gesprochen wird, sondern sich die Perspektive auf gesellschaftliche Gruppen allgemein ausgeweitet hat. Diese Gewichtung der Thematik ist laut

Experten auch auf die historischen Voraussetzungen des Landes zurückzuführen, da sich die britische Gesellschaft schon Jahrzehnte mit dem Gedanken des Multikulturalismus vertraut gemacht hat und die Politik schon früh durch legitimatorische Grundlagen versucht hat, jede Form von Rassismus zu unterbinden (vgl. Kapitel 6).

Bei der Frage nach dem Einfluss von gesellschaftlichen Faktoren auf die Umsetzung der medialen Integration bei den Sendern haben einige der Gesprächspartner auch die Bombenattentate in London im Jahr 2005 angeführt. Die Anschläge auf das Verkehrsnetz in der Hauptstadt haben laut Expertenberichten dazu geführt, dass insbesondere die öffentlich-rechtlichen Sender realisieren mussten, dass sie mit ihrer Personalstruktur die kulturelle Vielfalt in der Gesellschaft nicht ausreichend berücksichtigen.[100] Der Wirtschaftskrise hingegen wird ein marginaler Einfluss auf die Integrationspotentiale zugeschrieben, die sich aufgrund der alleinigen Gebührenfinanzierung ohne eine Abhängigkeit von Werbeeinnahmen bei den öffentlich-rechtlichen Sendern in Großbritannien wesentlich schwächer auswirkt als beim kommerziellen Fernsehen.

9.1.3 Einfluss der Politik

Nach mehrheitlicher Ansicht der Experten spielen Politik und politische Rahmenbedingungen in Großbritannien die wichtigste Rolle als Einflussfaktoren auf die Bemühungen um mediale Integration beim öffentlich-rechtlichen Fernsehen. Insbesondere die britische Labour-Regierung hatte stets den Standpunkt vertreten, dass kulturelle Vielfalt als ein positives Merkmal der britischen Gesellschaft wahrgenommen und vertreten werden muss. Anhand der Interviews zeigt sich, dass die medialen Integrationsbemühungen von Seiten der öffentlich-rechtlichen Sender mit den allgemeinen politischen Leitrichtlinien der ehemaligen britischen Regierung konform waren. Der politische Ansatz einer Definition von Integration basiert auf einem Kompromiss zwischen Loyalität zur britischen Krone und der Akzeptanz von kulturellen Besonderheiten. An diesen Grundgedanken orientieren sich auch die medienpolitischen Leitrichtlinien und die Selbstverpflichtungen der öffentlich-rechtlichen Sender.

Trotz der Potentiale, die den öffentlich-rechtlichen Sendern von den britischen Experten zugesprochen werden, sehen einige unter ihnen die zugeschriebene Integrationsfunktion als bedenklich an. Sie argumentieren, dass das öffentlich-rechtliche Fernsehen keinem politischen Druck ausgesetzt werden sollte und dass

---

[100] Im diesem Auswertungskapitel wird später gesondert auf die Neuausrichtung in der Personalstruktur und Maßnahmen in der Personalakquise eingegangen, die als Konsequenz auf die Bombenanschläge etabliert wurden oder derzeit etabliert werden.

sich die eigentlichen Integrationsprozesse innerhalb der Gesellschaft abspielten, ohne dass dem Rundfunk eine moralische Obligation zur Integration auferlegt werden sollte. Ein Medienakteur führt diesen Punkt aus:

> „I believe you have to combine legal obligations with self-obligations. But I think it is much more important to have good self-regulations, because then people feel like they are doing it, that it comes from the industry. And not that someone is pushing them to do things. (…) Particularly in a society of freedom of expression and freedom of information, journalists don't want to be told what to do. But if you use self-regulation instruments and come with the business case of diversity, then they feel like they are benefiting form the action and they are not only doing it for somebody else."

Dennoch zeigt die Auswertung, dass ein Effekt von der Regierung auf die öffentlich-rechtlichen Sendeanstalten ausgeht. Generell steht über diesem Beziehungsgeflecht aus Politik und Medien immer der Grundsatz, dass das öffentlich-rechtliche Fernsehen unabhängig von politischem Einfluss handeln kann und Politiker weder bei Personalentscheidungen noch bei der inhaltlichen Ausrichtung des Programms ein Mitspracherecht haben. Ein Experte meint dazu:

> „It is a very subtle relationship the government has with the broadcasters. The government obviously has an interest in broadcasting and broadcasting legislation as an aspect of public policy. And it has the obligation to review and update the framework of legislation within the broadcasters operate. These are the government responsibilities. At the other end of the scale, there is the fundamental principle in this country that the government stands apart from broadcasters and broadcasting content. So there is a balance to be maintained."

Eingedenk des Grundsatzes der Unabhängigkeit belegen die Experteninterviews, dass die Politik ein klares Interesse daran hat, dass die öffentlich-rechtlichen Sender ihrem Programmauftrag nachkommen. Dies zeigt sich nach Ansicht der Gesprächspartner darin, dass das *Public Service Remit* von der Regierung ausgestellt wird, dass die Mitglieder des BBC Trusts von der Regierung ins Amt berufen werden und dass die Politik auch im Feld der medialen Integration die treibende Kraft bei der Gründung des Cultural Diversity Networks (CDN) war. Diese halbstaatliche Organisation – im Englischen ein so genannter *quango* – wurde im Jahr 2000 mit dem Ziel gegründet, das Fernsehen dahingehend zu verändern, dass es ein verstärktes Engagement im Bereich der medialen Integration gibt und kulturelle Vielfalt sowohl auf dem Bildschirm als auch hinter den Kulissen bei den Sendern gefördert wird. Einige Experten befürchten hier eine versteckte Strategie der Politik, durch diese Initiative von der eigenen Verantwortung im Bereich Integration ablenken zu wollen.

9.1.4 Vergleich von öffentlich-rechtlichen und privaten Sendeanstalten

Die Interviews haben ergeben, dass sich bei den privaten Sendern in Großbritannien der *Business Case for Diversity* mittlerweile durchgesetzt hat. Sie achten vermehrt darauf, ein breites und heterogenes Publikum anzusprechen, um eine möglichst große Zielgruppe an ihr Programm zu binden. Ethnische Minderheiten sind für sie auch deshalb relevant, da es in Großbritannien eine hohe Anzahl an wohlhabenden Einwandererfamilien gibt, die wiederum für die Werbeindustrie von Interesse sind. Einige der Experten führen an, dass ökonomischer Druck in diesem Fall bei den Privaten sogar förderlich für die mediale Integration von Zuwanderern sein kann.

9.1.5 Medienforschung

Es gibt Experten in Großbritannien, die in den Interviews die wissenschaftliche Skepsis aufgegriffen haben, dass die Effekte des öffentlich-rechtlichen Fernsehens auf die interkulturelle Integration auf Ebene der Gesellschaft schwer empirisch zu messen sind. Von ihnen wird die mediale Integration von Menschen mit Zuwanderungsgeschichte vor allem unter dem Aspekt der Chancengerechtigkeit – im Englischen unter dem Stichwort *Equal Opportunities* – betrachtet. Sie fordern ein verstärktes Engagement der Medienforschung auf personeller Ebene sowie auf der Ebene des Programmoutputs, durch das ein Fortschritt oder eine Verschlechterung in den Bemühungen um Chancengerechtigkeit bei den öffentlich-rechtlichen Sendern kontrollierbar und messbar gemacht werden kann. Das folgende Zitat erläutert, dass vor einigen Jahren noch kein umfassendes *Monitoring* in Großbritannien gewährleistet war:

> „We currently have no indication of how broadcasters have improved the diversity of programme content. For example, they do not appear to monitor the number of hours of drama written by people of different ethnic minority backgrounds or documentaries on disability made from the perspective of disabled people. They do not monitor how the number of Black gun-crime stories compares with the portrayal of Black people as professionals, or how many times Muslims have featured on programmes other than in the context of terrorism." (Campion 2005: 22)

Die Expertenbefragung hat ergeben, dass es auch heute noch unterschiedliche Ansätze bei der Frage gibt, wer Medienforschung betreibt und wie regelmäßige Evaluationen umgesetzt werden können. Nur wenige Rundfunkanstalten haben bereits in ein solches Kontrollorgan innerhalb ihrer Sender investiert oder sind bereits dafür aufgestellt, Chancengerechtigkeit valide zu erfassen (vgl. BTSR 2009: 3). Da eine standardisierte Messung erforderlich ist, um senderübergreifende Prozesse in der gesamten Rundfunklandschaft abbilden zu können, hat das Department for Culture Media and Sport (DCMS) im Jahr 2008 den Broadcast Training & Skills Regulator (BTSR) damit beauftragt, einen jährlichen Bericht über Veränderungen hinsichtlich der medialen Integration von u. a. ethnischen Minderheiten in den Rundfunkanstalten anzulegen.[101] Folgendes Zitat erläutert die Zielsetzung des Berichts:

> „This report shows how people from minority ethnic groups are currently employed across the broadcasting industry and how this compares to their employment a year ago. The report also considers the actions broadcasters state they are taking to promote Equal Opportunities in employment on race." (BTSR 2009: 1)

Neben der quantitativen Aufbereitung von Daten zur Information über die Chancengerechtigkeit von ethnischen Minderheiten in der Personalstruktur des britischen Rundfunks, wird von einigen Medienakteuren eine stärkere qualitative Analyse der Medieninhalte gefordert. Channel 4 benutzt zur Messung der Einschaltquoten bislang das Broadcasters' Audience Research Board (BARB), das nach Aussagen der Interviewpartner nur basale Unterscheidungen zwischen *weißen* und *nichtweißen* Zuschauern zulässt. Die Gruppe der *nicht-weißen* Zuschauer weiter zu differenzieren und spezifische Daten für die Analyse in das System mit einzubeziehen, ist aus Kostengründen bislang nicht durchgesetzt worden.

Des Weiteren hat Channel 4 intern Mediennutzungsstudien durchgeführt, die sich explizit mit der Darstellung von ethnischen Minderheiten im Programm befasst haben.[102] Diese Analysen haben ergeben, dass die Repräsentanz von kultureller Vielfalt auf dem Bildschirm und die Darstellung von Menschen mit Zuwanderungsgeschichte keine so entscheidende Bedeutung bei der Zuschaueransprache und -bindung einnehmen wie bislang angenommen. Die stark vereinfachte Medienwirkungsannahme, dass jemand mit beispielsweise afrikanischem Hintergrund eine Sendung ansieht, weil sie von einem Moderator mit afrikanischen Wurzeln präsentiert wird, muss somit in Frage gestellt oder zumindest die Korrelation relativiert werden. Obwohl laut Expertenansicht immer noch gilt, dass die Darstellung von kultureller Vielfalt im öffentlich-rechtlichen Programm eine positive Maßnahme der medialen Integration ist und auch zur Zuschauerbindung beitragen kann, führt diese Vorgehensweise allein nicht automatisch zum erhofften Erfolg des Programms bei der Zielgruppe.

---

[101] In diesem Bericht geht es nicht ausschließlich um Chancengerechtigkeit für ethnische Minderheiten im Rundfunkmarkt sondern auch um die Bedingungen für Frauen und Behinderte. Diese drei Gruppen sind jeweils einzeln in Statistiken aufgeführt. http://btsr.org.uk/documents/BTSR_Equal_Ops_ 2008_Full_ Report.pdf, Abruf am 15.11.2009.

[102] Vgl. Online Rezipientenbefragung von Channel 4, YouGov 2007, http://today.yougov.co.uk, Abruf am 28.11.2009.

Im Bereich der Medienforschung zeigen die Interviews, dass sich ethnische Minderheiten vor allem dann einem Programm zuwenden, wenn es ihren inhaltlichen Interessen entspricht und die Programmgestaltung sich mit ihren Vorstellungen und Bedürfnissen deckt. Die mediale Integrationsstrategie, Vorbilder durch die Visualisierung von Medienakteuren aus Einwandererfamilien aktiv in das Programm einzubinden, verliert dadurch nicht an Bedeutung, jedoch ist diese Herangehensweise allein nicht ausreichend für die langfristige Publikumsbindung. Um Zielgruppen anzusprechen, sollte der Fokus nach Ansicht der britischen Experten somit in erster Linie auf der Entstehung von Programminhalten liegen und erst danach auf der personellen Besetzung vor der Kamera.

9.2 Struktureller und personeller Aufbau der Medieninstitutionen

Um für Großbritannien die zweite Forschungsfrage beantworten zu können, wurden die öffentlich-rechtlichen Fernsehsender BBC und Channel 4 hinsichtlich ihres Strukturkontexts als Medieninstitutionen analysiert. Die Forschungsfrage für diesen Kontext lautet: *„Wie manifestieren sich mediale Integrationspotentiale im strukturellen und personellen Aufbau bei den öffentlich-rechtlichen Fernsehsendern?"*

9.2.1 Redaktions- und Personalstruktur

Der erste Aspekt bei der Analyse des Strukturkontexts bezieht sich auf Angaben der Experten zur Redaktions- und Personalstruktur. Hier zeigt die Auswertung der Interviews, dass die Personalstruktur bei BBC und Channel 4 mit Blick auf die Medienakteure auf dem Bildschirm kulturell vielfältig erscheint. Jedoch wurde in den Gesprächen auch deutlich, dass in den redaktionellen Strukturen der britischen öffentlich-rechtlichen Fernsehsender zu wenige ethnische Minderheiten vertreten sind. Zwar gibt es schriftliche Bekenntnisse zu einer höheren kulturellen Vielfalt im personellen Aufbau der Medieninstitutionen, aber diese Zielvorgaben, die sich an der multikulturellen Gesellschaftsstruktur in Großbritannien ausrichten, wurden bisher nach Ansicht der Experten nicht vollständig umgesetzt. Ein Medienakteur betont, dass ethnische Minderheiten beim öffentlich-rechtlichen Fernsehen bislang im Produktionsprozess von Medienangeboten und in Entscheidungsprozessen noch unterrepräsentiert sind:

> „Ethnic minorities are underrepresented on the production side of the British mainstream media, with percentages of minority journalists and executives being minimal at the highest levels of production and management. The Parekh report on multicultural Britain (2000) shows a grim picture, with Black and Asians being even less represented at the senior decision-making level in the BBC and Channel 4 in 2000 compared to 1990." (Georgiou & Joo 2009: 64)

Die Analyse der Expertengespräche zeigt, dass der Einstieg in die Führungsebenen bei den öffentlich-rechtlichen Fernsehsendern – von den britischen Interviewpartnern als *White boys Club* bezeichnet – für Nachwuchskräfte schwierig ist und ethnische Minderheiten dort im Höchstmaß unterrepräsentiert sind. Dieses Ungleichgewicht wurde von den Aufsichtsbehörden im vergangenen Jahr festgestellt und in ihrem aktuellen Gutachten festgehalten:

> „Broadcasting continues to be led by predominately white, able-bodied men. Leaders across the industry at board and senior management levels continue to be predominately white, male and able-bodied. There has been almost no change in the representation of people from minority ethnic groups at this level." (BTSR 2009: 28)

Die Interviewauswertung hat auch ergeben, dass Medienakteure mit Zuwanderungsgeschichte in den vergangenen Jahren in Großbritannien jedoch zunehmend auf Aufgaben in der Führungsebene vorbereitet werden. Ein Personalwechsel in den Chefetagen hat bislang aber noch nicht stattgefunden (vgl. BTSR 2009: 2). Die Chancen auf eine gute Position innerhalb der öffentlich-rechtlichen Sender steigen vor allem dann, wenn die entsprechenden Personen merklich an die britische Kultur angepasst sind:

> „It was striking that the few ethnic minority who described feeling they had been equally treated and had a good experience of working in the industry were those who ‚matched' most closely the norms of the dominant monoculture. For example, they were most likely to have an Oxbridge degree, least likely to be overtly different in their accent or cultural reference points." (Campion 2005: 89)

Hier wird deutlich, dass in traditionell verankerten Strukturen wie bei den öffentlich-rechtlichen Fernsehsendern in Großbritannien das theoretische Konzept der Assimilation von Zuwanderern den Entscheidungsprozessen der Akteure zugrunde gelegt wird. Kulturelle Vielfalt wird nur in dem Maße toleriert, wie sie mit einer Anpassungsleistung der jeweiligen Individuen an die britische Kultur und der Eigeninitiative der Zuwanderer einhergeht, sich auf die Wertvorstellungen der britischen Gesellschaft einzulassen. Einige der Experten sehen daher die zivilgesellschaftlichen Akteure dazu aufgerufen, das Bewusstsein bei den Verantwortlichen der öffentlich-rechtlichen Sender für mehr Toleranz auf Grundlage des Konzepts der interkulturellen Integration einzutreten und eine Einbeziehung von Menschen mit Zuwanderungsgeschichte in die Personalstruktur zu fördern, auch wenn diese nicht den *klassischen* britischen Bildungsweg durchlaufen haben.

Die Einstellung und professionelle Weiterbildung von Mitarbeitern mit unterschiedlichen kulturellen Herkünften im Bereich der Medienproduktion wird von den Interviewpartnern als eine Schlüsselstelle für die Umsetzung von medialen Integrationsbemühungen bei den Sendern gesehen. Die Auswertung der Gespräche hat ergeben, dass das öffentlich-rechtliche Fernsehen als Institution eine Chance auf interkulturelle Integration im Strukturkontext vergibt, wenn auf Ebene der Redakteure und Programmchefs keine Heterogenität im Personal herrscht. Ein Experte beschreibt die derzeit fehlende Vielfalt:

> „In our senior editorial commissioning positions we need people with a much wider, broader perspective than what we have right now. When you talk to the people, it is just such a narrow circle and they all refer to each other in the way that they make their decisions. And that is what is worrying, it is not just that it is bad for audiences, which come from ethnic minorities, it is bad for everybody to be getting this narrow perspective. If you have programme makers and commissioning editors who are all between the age of 30 and 50, all from metropolitan backgrounds, all from the same sort of media city, you are not really serving your audience as well as you should. I think it is really important for PSB to get over that."

Nach Expertenansicht fällt auf, dass ein kulturell homogenes Redaktionspersonal auch eher ein einseitiges Programmangebot erstellen wird, was wiederum dem kulturell heterogenen Publikum in Großbritannien nicht gerecht wird. Hier wird die enge Verzahnung und Überlappung der strukturellen Voraussetzungen mit der Ebene der Medieninhalte deutlich: Je vielfältiger die Redakteursstruktur ist, desto reicher ist das Programm an Perspektiven und Ideen. So fordern die britischen Befragten, dass insbesondere bei der Bearbeitung von Migrationsthemen jemand mit kulturellem Verständnis und Sprachkompetenz im Redaktionsteam vertreten sein muss, um eine *authentische* und sensible Berichterstattung zu erleichtern. Die Durchmischung der redaktionellen Personalstruktur mit Medienakteuren aus unterschiedlichen Kulturen ist im Gegensatz zur Visualisierung von kultureller Vielfalt im Programm in Großbritannien noch unzulänglich. Hierzu meint ein Medienakteur:

> „I think that we haven't had enough improvement when it comes to more diversity behind the scenes. People say that there are many black faces on screen, but there is still lacking power behind it because the off-screen structure is still dominated through white, male and middle-class people. So putting different faces on screen is quite easy to do, but what you really want is getting different voices to come through. And that is the struggle. So I think we have made the first step forward, but there still is a long way to go. We are not perfect yet and still have lots of work to do."

Des Weiteren zeigt die Analyse der Interviews, dass eine hohe Fluktuation auf Führungsebene eine Konsistenz und die konsequente Nutzung von medialen Integrationspotentialen bei den Sendern erschwert. Rückschritte entstehen, weil jede neue Führungskraft mit einer eigenen Agenda und einer individuellen Priorisierung erneut *bei Null* anfängt. Laut einstimmiger Expertenmeinung muss ein stärkerer Fokus auf der Führungskräfteschulung der Programmchefs liegen, da diese über operative Entscheidungsbefugnis verfügen. Das Problem sei, dass Journalisten aus Einwandererfamilien bei der BBC und Channel 4 bislang nicht häufig genug für diese Funktionen eingestellt werden. Die Ursachen für diese Unausgewogenheit liegen im Rekrutierungsprozess, der durch seine Ausrichtung auf nur einen bestimmten Bevölkerungsabschnitt charakterisiert ist, so dass ethnische Minderheiten häufig keine gleichwertigen Bewerbungschancen haben (vgl. Campion 2009: 76).

Ohne Chancengerechtigkeit für die Personalbesetzung auf Entscheidungsebene schließt sich der Kreislauf, der sich zwischen der Personalstruktur und der Programmkonzeption abspielt, und sich negativ auf die medialen Integrationspotentiale beim öffentlich-rechtlichen Fernsehen in Großbritannien auswirkt. Bei der Umsetzung von medialer Integration auf Ebene der Personalstruktur geht es folglich in erster Linie um eine reelle Chancengerechtigkeit im Bewerbungsprozess. Diese Rahmenbedingungen des Personalwesens zu beobachten und Entwicklungen zu protokollieren, ist Aufgabe der Rundfunkaufsicht Ofcom. Nachdem Ofcom einige Jahre ernüchternde Befunde im Bereich der Personalpolitik und der Integration von ethnischen Minderheiten innerhalb des öffentlich-rechtlichen Rundfunks vorgelegt hatte, wurde die kooperierende Aufsichtsbehörde BTSR mit der speziellen Evaluation dieses Feldes beauftragt.[103]

Einige Interviewpartner wiesen in den Gesprächen darauf hin, dass im Jahr 2009 der erste Report von BTSR erschien, der auf der Vorjahrespublikation von Ofcom aufbaute und die Defizite innerhalb des Personalmanagements bei den öffentlich-rechtlichen Sendern in Großbritannien deutlich macht. So lautet eine Stelle im Bericht:

> „Despite several broadcasters taking some action to promote Equal Opportunities, the employment data collected for this report indicates that barriers persist to recruiting people from minority ethnic groups to the industry. (…) Little progress has been made in overcoming the under-representation of people from minority ethnic groups employed within the broadcast industry. The employment of people from minority ethnic groups is increasing across the industry, but only very slowly." (BTSR 2009: 3/36f.)

Jetzt gilt es laut Experten die Entwicklung der kommenden Jahre zu verfolgen, um Veränderungen in der Redaktions- und Personalstruktur einschätzen zu können.

---

[103] Vgl. *Future Regulations of Equal Opportunities in Broadcasting*, Ofcom, July 2008. Nähere Informationen gibt es unter: http://www.ofcom.org.uk/consult/condocs/equalopps/eostatement/, Abruf am 10.12. 2009.

9.2.2 Quotenregelung und Qualifikation

Die zweite Kategorie bei der Auswertung des Strukturkontexts bildet die Frage nach einer Quotenregelung bei der Neueinstellung von Medienpersonal, die in den öffentlich-rechtlichen Fernsehsendern in Großbritannien schon seit einigen Jahren diskutiert wird. Bezüglich der Zusammensetzung des Medienpersonals gibt es zurzeit keine rechtlichen Vorgaben, jedoch verbindliche quantitative Zielsetzungen bei den Sendern. Der Grundtenor in der Auseinandersetzung über Quotenvorgaben ist, dass eine Festlegung auf eine bestimmte Anzahl an ethnischen Minderheiten für gewisse Personalstellen die aktive Einstellung von geeigneten Journalisten erschwere. Um ein kulturell heterogenes Umfeld der Personalstruktur zu schaffen, wird eine individuellere qualitative Auswahl an geeigneten Bewerbern gefordert:

> „Existing policy, which is based on tokenistic targets – a quantitative approach – is ineffective. [It] provides a misleading picture of progress and does not address qualitative elements of exclusion and division in media production." (Georgiou & Joo 2009: 67)

Die britischen Interviewpartner weisen während der Gespräche auf die Gefahr hin, dass bei einer ausschließlichen Orientierung an Zahlen und Einstellungsquoten häufig nicht darauf geachtet wird, wer für welche Position qualifiziert ist und letztendlich eingestellt werden sollte. In der Konsequenz werden quantitative Zielsetzungen in der Personalstruktur zwar auf den ersten Blick erreicht, bei genauerer Analyse der Statistiken erhöht sich jedoch die kulturelle Vielfalt innerhalb der Medienakteure nicht im Hinblick auf Schlüsselpositionen. Hinzu kommt die Überzeugung aller Experten, dass die Verantwortliche durch Quoten nicht zur Einstellung von neuen Mitarbeitern gezwungen werden sollten, da Zielvorgaben bei nicht ausreichender Transparenz im der Rekrutierung des Medienpersonals zu Verstimmtheiten führen können. Ein Medienakteur betont:

> „Quotas are an outdated thing. What counts is the way people think about making good programmes. And what they do is a lot more important than fulfilling some bureaucratic quota."

Auf dieser Grundlage werden Quoten im ursprünglichen Sinne bei den öffentlich-rechtlichen Fernsehsendern nicht länger eingesetzt.

9.2.3 Mitarbeiterakquise und Nachwuchsförderung

Unabhängig von der Diskussion um eine mögliche Quotenregelung, geht es innerhalb der Personalabteilungen auch prinzipiell um die Frage nach effizienten Strategien zur Gewinnung von begabten Nachwuchskräften, die neben ihrem journalistischen Handwerk auch über Zuwanderungsgeschichte verfügen. Einige der britischen Experten erwähnten in den Interviews, dass es zu wenig ausreichend qualifizierte Bewerber unter den Medienakteuren aus Einwandererfamilien für die offenen Stellenausschreibungen gibt, weil sie sich nicht für eine Karriere bei den öffentlich-rechtlichen Fernsehsendern interessieren würden. Eine Erklärung hierfür ist einerseits die Angst der jungen Auszubildenden, in Zukunft keinen festen Arbeitsplatz zu haben, und andererseits wird mangelndes Interesse am Berufsfeld Journalismus auch fehlenden Vorbildern zugeschrieben (vgl. Campion 2005: 69).

Da die Eintrittsbarrieren für Talente aus Einwandererfamilien bei den öffentlich-rechtlichen Sendeanstalten in Großbritannien hoch sind, fordert die Mehrheit der Experten, dass es erstens einer verstärkten Positionierung von Vorbildern in der medialen Darstellung bedarf. Um die Mitarbeiterakquise und Nachwuchsförderung von ethnischen Minderheiten auszubauen, sei zweitens ein Umdenken bei den Verantwortlichen erforderlich. Ein Experte erläutert die schwierigen Rahmenbedingungen für einen Neueinsteiger:

> „This is really complicated because the entire broadcasting world in the UK is sort of like the Cottage Industry. There are so many jobs, but you never see them advertised. Jobs are filled by friends, and television is very much a lifestyle, so people want to be surrounded by people like them and they hire people similar to themselves, people they feel comfortable with, people they are sharing some experience with, people who they went to school with, etc. It's horrific and in that sense recruiting a diverse workforce is really difficult."

Die Interviewpartner haben in den Gesprächen bestätigt, dass es bei der hohen Rate an gut ausgebildeten Menschen mit Zuwanderungsgeschichte in Großbritannien ausreichend potentielle Redakteure gibt, diese jedoch durch aktives Werben von Seiten der Sender davon überzeugt werden müssen, dass sie bei den öffentlich-rechtlichen Fernsehsender reelle Berufsaussichten haben. Bislang hält sich aber vereinzelt noch das Vorurteil, dass Talente von Einwandererfamilien fehlen, so dass die öffentlich-rechtlichen Sender nicht offensiv genug nach ihnen suchen.

Nach Expertenansicht sollte es folglich Aufgabe des Personalmanagements sein, Menschen aus Einwandererfamilien aktiv in den verschiedenen Gemeinden, Bürgermedien, Schulen und universitären Einrichtungen anzusprechen und über die Möglichkeiten einer beruflichen Laufbahn bei den öffentlich-rechtlichen Sendern zu informieren. Dieses so genannte *Outreach Work* ist essentiell, wenn durch die Gewinnung neuer Talente die kulturelle Vielfalt innerhalb der Redaktionen erhöht werden soll. Mit den geeigneten Maßnahmen kann laut Expertenmeinung langfristig auch der *Mythos* entkräftet werden, dass sich die öffentlich-rechtlichen Sender nicht für Menschen mit Zuwanderungsgeschichte interessieren. Ein Medienakteur beschreibt seine Erfahrungen:

„I was really astonished because we advertised but still didn't receive many applications. And I thought: ‚What is wrong with these people why don't they apply?' So I went out to communities and spoke to these people and they said: ‚What you don't realise is that unless you are university educated from a white middle class background you don't think that people would actually seriously be interested in you.' So we did a lot of outreach work going to communities, going to schools, to universities saying: ‚We are interested in hearing from you. We don't care what university you come from, we don't care what your background is, what we care about is, are you creative, could you be good at making television. These are the skills we are looking for.' And from doing that after about a year or two years, we found that the range of applicants was improving."

Neben dem psychologischen Phänomen, dass Verantwortliche in Führungspositionen dazu neigen, Menschen einzustellen, die ihnen ähnlich sind und über einen ähnlichen Werdegang verfügen, besteht bei den Sendern auch die strukturelle Hürde, dass freie Stellen häufig gar nicht öffentlich ausgeschrieben werden, sondern intern neu besetzt werden. Daraus resultiert nach Ansicht der britischen Experten ein eingeschränkter Bewerberpool, der den direkten Einstieg in das öffentlich-rechtliche Fernschunternehmen für Außenstehende erschwert.

Dieser Tatsache kann durch spezielle Einstiegsprogramme für ethnische Minderheiten entgegengewirkt werden, bei denen die Personalverantwortlichen in der Pflicht stehen, während der Rekrutierungsprozesse gezielt Bewerber mit Zuwanderungsgeschichte zu begutachten und die Bewerber aus einer möglichst heterogenen Gruppe zu rekrutieren. Die Auswertungsergebnisse belegen, dass es sich als hilfreich erwiesen hat, auf Stellenausschreibungen explizit zu vermerken, dass Bewerber aus Einwandererfamilien erwünscht sind und dass die öffentlich-rechtliche Fernsehanstalt Wert auf kulturelle Vielfalt in der Personalstruktur legt. Dies geschieht mittlerweile bei Channel 4 durch einen speziellen Zusatz in Stellenausschreibungen.

Hier geben einige Experten jedoch zu bedenken, dass zu progressive Maßnahmen – so genannte *Positive action Initiatives* – auch einen gegenteiligen Effekt bewirken können, indem sie neue Vorurteile gegen Medienschaffende aus Einwandererfamilien entstehen lassen. Bei allen Rekrutierungsmaßnahmen sollte stets die Qualität des Bewerbers den Ausschlag geben, und der kulturelle Hintergrund niemals als ausschließliches Kriterium für die Einstellung angelegt werden. Vor diesem Fehler warnt auch ein Experte:

„What we have to be really careful about is that people do not get jobs because of the colour of their skin. That is the enemy of diversity. All you have to do is look at how people are qualified for the job and whether you have the skills. Everyone who only got a job because of the migrant background – that has never worked."

Die mit Ofcom kooperierende Medienaufsicht BTSR fordert in ihrem aktuellen Bericht über Chancengerechtigkeit für ethnische Minderheiten bei der Neueinstellung in den öffentlich-rechtlichen Rundfunkanstalten, dass während des Rekrutierungsprozesses auf folgende Punkte gesondert geachtet werden muss (vgl. BTSR 2009: 33): Erstens müssen Stellenausschreibungen daraufhin überprüft werden, dass sie einen nicht diskriminierenden Wortlaut enthalten. Zweitens müssen die Verantwortlichen aktiv und zielgerichtet bei Institutionen und Ausbildungsstätten um Menschen mit Zuwanderungsgeschichte werben, die eine hohe Anzahl an kulturellen Minderheiten aufweisen. Drittens wird Chancengerechtigkeit dadurch gewährleistet, dass auch auf Seiten der Entscheider, Menschen mit Zuwanderungsgeschichte für die Auswahl im Bewerbungsprozess zuständig sind. Viertens können Führungskräfte und Personalmanager durch interkulturelles Training für Chancengerechtigkeit im Bewerbungsprozess sensibilisiert werden. Abschließend fordert BTSR, dass es eine begleitende Evaluation der Einstellungsgespräche gibt, damit Entscheidungsgrundlagen auch im Nachhinein transparent werden und Führungskräfte zur Rechenschaft gezogen werden können.

Diese Aufstellung der einzelnen Punkte deckt sich mit den Analyseergebnissen der Experteninterviews und kann als strukturierte Zielvorgabe in der Diskussion um Integrationspotentiale im Strukturkontext der Medienunternehmen dienen. Zusätzlich zu diesen Forderungen zeigt die Auswertung der Gespräche, dass mittlerweile zwar mehr Nachwuchskräfte mit Zuwanderungsgeschichte den ersten Einstieg in die öffentlich-rechtlichen Sender schaffen, es aber dann an einer kontinuierlichen und institutionalisierten Aus- und Weiterbildung mangelt, und dies eine Schwachstelle in der Personalentwicklung darstellt:

> „We have employment targets for people from ethnic minorities, but no strategy to keep talent, or develop the talent, or help the talent develop itself. Broadcasting is the only industry in the free world, which treats its people like that! So if you say to managers: ‚The problem is that the BBC isn't developing its ethnic minority talent', they will just nod sympathetically and agree with you that it's a problem and then they will deliver the killer blow. They say: ‚But we don't develop *anyone*.'" (BBC Head of Diversity 2009; Hervorh. im Original)

Der BTSR-Bericht, auf den die britischen Experten hinweisen, belegt, dass sowohl bei der BBC als auch bei Channel 4 Mitarbeiterschulungen durchgeführt werden, damit Medienakteure aus Einwandererfamilien gezielt auf Führungspositionen im Haus vorbereitet werden. So bieten beide Sender *Mentoring-Programme* für Nachwuchstalente an, um bestehende Netzwerke mit neuen Mitgliedern zu bereichern und ihnen eine Chance zu bieten, ihr Können innerhalb der Belegschaft zu präsentieren. Während die Hauptstadtstudios noch nach passenden Strategien zur Mitarbeiterentwicklung suchen, wurden geeignete Förderprogramme auf regionaler Ebene bei den Sendern bereits implementiert. Dort sind die Eintrittsbarrieren niedriger als bei den Sendeanstalten in London und regionale Redaktionen bieten eine gute Ausgangsposition für die Karriere bei den öffentlich-rechtlichen Fernsehsendern. Nach Angaben der Experten sehen sich die Regionalsender als eine Art Talentschmiede, die dem journalistischen Nachwuchs das nötige Umfeld zum Lernen bietet. Ein Medienakteur erläutert die Möglichkeiten:

> „On a regional level, part of our work is to develop talent. We are a first entry point for them where they are in their local area. They can showcase their talent to their own community, they can get feedback, they can refine their skills, and that works for both staff and people who contribute to the content of our broadcasting. And once they are confident or perhaps somebody from London has heard of them, then they can take themselves on further."

Eine weitere Gelegenheit zur Gewinnung neuer Mitarbeiter eröffnet sich durch das Abwerben von Menschen aus Einwandererfamilien, die ihre Ausbildung und professionelle Weiterbildung in anderen Bereichen der Medienlandschaft oder bei anderen Fernsehsendern absolviert haben. Dieser Ansatz hat nach Meinung der Interviewpartner den Vorteil, dass in relativ kurzer Zeit ein kulturell vielfältiges Redaktionsteam mit einer Personalbesetzung auf unterschiedlichen Hierarchieebenen, in verschiedenen Funktionen und Aufgabenbereichen und mit individuellen und professionellen Erfahrungswerten etabliert werden kann. Hierbei haben sich laut Expertenansicht auch so genannte *Diversity Databases* als sinnvolle Informationsquelle herausgestellt.

Neben der Neueinstellung von Menschen mit Zuwanderungsgeschichte als Strategie zur medialen Integration auf Ebene der Personalstruktur kann die Sensibilisierung für Themen der multikulturellen Einwanderergesellschaft auch durch interkulturelles Kompetenztraining des bestehenden Personals gefördert werden. Channel 4 bietet beispielsweise ein interkulturelles Weiterbildungsangebot im Rahmen ihres *Diversity Centre* an. Dieses Angebot besteht aus verschiedenen Workshops zum Thema kulturelle Vielfalt, in denen potentielle Schwierigkeiten des interkulturellen Zusammenlebens in der Einwanderungsgesellschaft thematisiert werden und gemeinsam über die medialen Integrationspotentiale des Senders diskutiert wird. Auch bei der BBC zielen interkulturelle Workshops darauf ab, dass sich die einzelnen Redakteure mit Themen der kulturellen Vielfalt auseinandersetzen, um ihr Wissen dann in die tägliche Programmarbeit einfließen lassen zu können.

9.2.4 Institutionelle Zuständigkeiten

Die Auswertung der Expertengespräche hat ergeben, dass eine institutionelle Zuständigkeitsverteilung erwünscht ist, die sich mit den Integrationspotentialen des öffentlich-rechtlichen Fernsehens befasst, Entwicklungen in diesem Bereich evaluiert und auf Fehlentwicklungen hinweist. Die Experten verweisen auch auf eine zunehmende Kritik an den öffentlich-rechtlichen Sendeanstalten in Großbritannien, die sich auch in den entsprechenden Berichten niederschlägt:

„The approach broadcasters are taking to achieve equality and diversity has come under criticism in recent years. Whilst it is acknowledged that there is often a good level of top commitment to this issue, it is argued that this has not translated into good practice throughout the organisation." (BTSR 2009: 3f.)

Institutionelle Zuständigkeiten könnten nach Meinung der britischen Gesprächspartner für eine zielführende Nutzung von Integrationspotentialen der Sendeanstalten auf allen Hierarchieebenen und in allen Bereichen sorgen. Hierbei können sich interne Posten der Fernsehanstalten und externe Aufsichts- und Kontrollgremien ergänzen. Einzelne Gesprächspartner betonen, dass die Verantwortlichen bislang niemanden zur Rechenschaft ziehen, wenn Zielsetzungen der medialen Integration verfehlt werden. Dazu meint ein Experte:

„Since PSB is paid for in this country, there is reliability to the public, and all the groups of people like the BBC Trust, all these people who have the authority to say anything on these things shy away from the responsibility because they actually don't really rate it as a priority. That's what it gets down to. It wouldn't take a huge amount to change, and I keep trying to show the ways in which it could be changed. Programmers are interested because they are curious and they are driven by what makes a programme interesting and fresh so the audience wants to watch it. If you could get to them, you would change things very quickly. But when you try and talk to people in senior positions, they don't really get it."

Die Gesprächsauswertung zeigt, dass es von starken Führungspersönlichkeiten bei den öffentlich-rechtlichen Sendern in Großbritannien abhängt, inwieweit medialen Integrationsbemühungen innerhalb der Personalstruktur und im Programmangebot Beachtung geschenkt wird. Nur wenn persönliches Interesse an der Thematik und Durchsetzungsvermögen zusammen kommen, gelingt es, weitere Mitarbeiter für das Thema zu sensibilisieren und eine gewisse Aufklärungsarbeit zu leisten. Zusätzlich stehen Führungspersonen unter dem äußeren Druck von politischen Akteuren, zivilgesellschaftlichen Gruppen und marktwirtschaftlichen Einflüssen (vgl. Kapitel 9.1). Daher halten viele Experten die Einführung von speziellen Institutionen und Positionen innerhalb der Sender für wertvoll, da dann die Zuständigkeiten für das Thema unmissverständlich bei den entsprechenden Personen zu verorten sind.

Auf Ebene der Redaktionen haben sich nach Meinung der Experten in den 1970er Jahren so genannte Specialist Diversity Units bei den Sendeanstalten als hilfreich erwiesen, um dem Thema eine feste Verankerung innerhalb der Struktur der Sender zu gewährleisten und als gewisse Kompetenzzentren für die Thematik zu fungieren. Sie bestätigen, dass diese speziellen Redaktionen – als sie noch existierten (vgl. Kapitel 6.3) – den Einstieg für mittlerweile sehr erfolgreiche Journalisten mit Zuwanderungsgeschichte erleichtern konnten. Einige unter ihnen fordern daher die Wiedereinführung der speziellen Redaktionen. Jedoch nur unter der Prämisse, dass aus den Erfahrungen gelernt wird und diese nicht als Ghettos von den anderen Redaktionen abgegrenzt werden. Bei Channel 4 und BBC gibt es mittlerweile jeweils Beauftragte für kulturelle Vielfalt, die so genannten *Head of Diversity* und *Diversity and Talent Manager*. Andere Interviewpartner bezweifeln jedoch den Einfluss von *Diversity Units* und die Wirksamkeit der speziellen Beauftragten innerhalb der öffentlich-rechtlichen Sendeanstalten.

Zusätzlich zu den internen Anlaufstellen der Sender gibt es in Großbritannien eine externe Aufsichts- und Kontrollstruktur, die sich mit den Begebenheiten und Vorgehensweisen zur Förderung von kultureller Vielfalt – *Cultural Diversity* – beim öffentlich-rechtlichen Fernsehen befassen. An dieser Stelle ist zunächst Ofcom zu nennen, die durch den Communications Act aus dem Jahr 2003 dazu berufen ist, die Förderung von kultureller Vielfalt vor und hinter der Kamera bei den Sendern zu kontrollieren. Im April 2004 hat Ofcom diese Evaluation an den Co-Regulator BTSR übergeben, die nun für die jährlichen Berichte über Chancengerechtigkeit und kulturelle Vielfalt bei Personalentscheidungen innerhalb der Rundfunksender zuständig sind.

Doch anhand der Experteninterviews wurde deutlich, dass senderinterne Bemühungen um eine adäquate Berücksichtigung von kultureller Vielfalt im Personalbereich von externer Seite nur schwer evaluiert werden können. Durch den *Communications Act* im Jahr 2003 wurden externe Regulationen insoweit zurückgeschraubt, als dass Ofcom und den Co-Regulatoren des Rundfunksektors lediglich die Beobachtung und Evaluation von Prozessen bei den Medienhäusern zugestanden wird, Eingriffe in die medienpolitische Entscheidungsprozesse innerhalb der Häuser jedoch nicht länger möglich sind. So basieren die Beurteilungen laut Interviewpartner allein auf freiwilligen Selbstauskünften der Medieninstitutionen. Die Fernsehsender werden von BTSR dazu aufgefordert, Reports anzufertigen, die dann gesammelt und ausgewertet werden, um im Jahresbericht Trends in der Entwicklung aufzeigen zu können. In der Konsequenz fehlt es den Regulatoren an entsprechenden Zuständigkeiten, Personen und Institutionen für Fehlentwicklungen zur Verantwortung zu ziehen. Ein Experte äußert sich zu diesen Kontrollmechanismen:

> „There has to be a focus on every single level whether it is the programme makers, the people casting the people in the programmes, further to every single level up, to Ofcom, to the DCMS. The focus has to be on the question: ‚Are your programmes actually bringing in an as wide audience and range of voices and experiences as they should do?' Every single person at every single level should be asked that question and be held accountable for it. Nobody does that. Nobody is held accountable at the moment."

Diesen Unzulänglichkeiten in der Evaluation von medialer Integration ist es zuzuschreiben, dass durch den Einfluss von medienpolitischen Regierungsakteuren auf die Verantwortlichen der großen Fernsehsender – in diesem Fall öffentlich-rechtliche und private Anbieter – im Jahr 2006 das Cultural Diversity Network

(CDN) gegründet wurde. Die Führungskräfte der Fernsehanstalten sind sich einig, dass die kontinuierliche Evaluation der Einbindung von kultureller Vielfalt der Schlüssel für die Identifikation von strukturellen Schwachstellen innerhalb der Sender ist und sich nur über die genaue Beurteilung von durchgeführten Maßnahmen passende Zukunftsstrategien entwickeln lassen, um Schwachpunkte zu beseitigen und positive Trends in der Entwicklung zu verstärken.

Dennoch haben die Interviews ergeben, dass die Meinungen der Experten zur Arbeit des Netzwerks stark variieren. Einige betonen, dass die Etablierung des Netzwerks ein positives Zeichen an die Allgemeinheit gewesen ist und es seit der Gründung zumindest zu regelmäßigen Treffen und einem verstärkten Austausch zwischen den Medienakteuren verschiedener Sender kommt. Währenddessen bemängeln andere die Diskrepanz zwischen den erklärten Aktivitäten des Netzwerks bei seiner Gründung und der schwachen Umsetzung dieser Zielvorgaben. Doch die Diskussionen innerhalb des CDN bestätigen, dass die Kombination aus institutionalisierten Rahmenbestimmungen und selbst erarbeiteten Zielvorgaben beim Streben nach mehr kultureller Vielfalt in den Sendern am effektivsten sei. Dabei sind die Instrumente der Selbstregulation entscheidend, da sie den Betroffenen das Gefühl vermitteln, etwas in ihrem direkten Arbeitsumfeld mitbestimmen und verändern zu können, ohne externem Druck ausgesetzt zu sein. Die Frage nach einer weiter reichenden Evaluation der Umsetzung von Selbstbestimmungen bleibt allerdings auch in Großbritannien unbeantwortet.

9.2.5 Struktureller Vergleich von BBC und Channel 4

Da sich die öffentlich-rechtlichen Fernsehanstalten der BBC und Channel 4 in struktureller Hinsicht unterscheiden (vgl. Kapitel 6), werden an dieser Stelle die in den Experteninterviews genannten Unterschiede und Gemeinsamkeiten bei den Ansätzen zur medialen Integration herausgestellt. Beim Vergleich der institutionellen Strukturen wird deutlich, dass die kleinere Sendeanstalt Channel 4 bei der Nutzung der medialen Integrationspotentiale schneller handeln kann. Die britischen Experten betonen die Sonderstellung des Fernsehsenders, der durch die Mischung aus einer kommerziellen Ausrichtung gepaart mit einer gemeinnützigen Verpflichtung und einem öffentlichen Auftrag zur Darstellung von ethnischen Minderheiten zustande kommt. Ein Gesprächspartner erläutert das Selbstverständnis des Senders:

„We [Channel 4] have always done specific minority interest programmes, but we always hoped that it would appeal to a wider audience. Because we wouldn't just want black people to watch a show on black people. So even though there are our specialist attempts, we always want to attract a wider audience and our research shows that we do. Because the whole point about our public service remit is to try and bring people together, to try and make them experience something together."

Die besondere Struktur des Senders ist etabliert worden, damit Channel 4 als Ergänzung zum *Mainstream-Programm* – hierunter fallen nach Expertenansicht auch die Programme der BBC – neue Inhalte anbietet. So gehörte die spezielle Fokussierung auf Themen der kulturellen Vielfalt seit Sendebeginn zur Hauptaufgabe der Fernsehstation. Nischenprogramme, die gezielt auf ethnische Minderheiten im Publikum ausgerichtet waren, dominierten die Anfangsjahre des Senders. Ein Experte erinnert sich:

> „When Channel 4 started in 1982, it showed black and Asian people on screen in a way that we had never seen it before. It was mesmerising to see your life represented on television. It was incredible. I remember that before when we saw a black person on TV, we would all sort of crowed in front of the TV. It was literally like that. Channel 4 started off with niche programming especially targeted at ethnic minorities. And now my children see people who look like them on all the programmes. (…) Now it is not that marginal anymore and it is not asking any longer who they are but who we are because we have accepted that this is part of our social fabric."

Statistische Erhebungen, auf die von den Interviewpartnern verwiesen wurde, belegen jüngere Stammzuschauer bei Channel 4 als bei der BBC, deren Zuschauer prinzipiell älter und konservativer sind. Unterstützt durch die individuelle Organisations- und Rechtsform und die kommerzielle Finanzierung wird von dem Sender erwartet, dass in der Programmentwicklung offensiver und innovativer mit Themen über die moderne Einwanderungsgesellschaft umgegangen wird. Trotzdem nutzt dieser seine Potentiale nicht immer konsequent und es werden nicht alle vorhandenen Ressourcen eingesetzt, um kulturelle Vielfalt dauerhaft und kontinuierlich in den Programminhalten zu verankern (vgl. Campion 2005: 40). Hieran zeigt sich, dass strukturelle Rahmenbedingungen allein noch keine Garantie für die mediale Integration von Zuwanderern bieten, sondern auch die anderen Kontexte, in denen öffentlich-rechtlicher Fernsehjournalismus stattfindet, eine Rolle spielen.

9.3 Strategische Ausrichtung der Medieninhalte

Mit Hilfe der Experteninterviews konnten bei der Analyse des Funktionskontexts der öffentlich-rechtlichen Fernsehsender in Großbritannien Antworten auf folgende Forschungsfrage gefunden werden: *„Welche Maßnahmen zur medialen Förderung der interkulturellen Integration werden im Programmangebot der öffentlich-rechtlichen Fernsehsender umgesetzt?"* Anhand der Auswertung lassen sich hier die Herausforderungen für eine angemessene Berücksichtigung der medialen Integration von kultureller Vielfalt in den Medieninhalten im Einzelnen aufschlüsseln.

9.3.1 Spezifische Sendungen oder Querschnittsthematik

In Großbritannien, wo die ersten speziell auf die Informationsbedürfnisse der Zuwanderer zugeschnittenen Sendungen bereits in den 1960er Jahren konzipiert wurden, wird von den öffentlich-rechtlichen Fernsehsendern bei der Entwicklung einer Programmstrategie mittlerweile auf eine Kombination aus spezifischen Sendungen und kultureller Vielfalt als Querschnittsthematik im Hauptprogramm gesetzt. Dabei bieten sich nach Ansicht der britischen Interviewpartner vor allem die Regionalprogramme der BBC und Channel 4 dafür an, neue Formate mit speziell auf einzelne gesellschaftliche Gruppen ausgerichteten Themen auszuprobieren, um sie dann in die Hauptprogramme einzuführen. Die Chancen von spezifischen Sendungen für ethnische Minderheiten liegen in der temporären „Enclave Strategy" (Cottle 1995: 304), die einen ersten Zugang für Integrationsthemen und Medienakteure mit Zuwanderungsgeschichte in die Programminhalte der öffentlich-rechtlichen Sender herstellt.

Trotz der jahrzehntelangen Beschäftigung mit der medialen Integration im Programmoutput bei den öffentlich-rechtlichen Fernsehsendern in Großbritannien haben die Expertenbefragungen aufgezeigt, dass auch heute noch verschiedene Medienakteure unterschiedliche Positionen zu der idealen Programmstrategie vertreten: Einige unter den Interviewten sind der Ansicht, dass den Interessen und Bedürfnissen von Zuwanderern am besten durch eine zielgruppenspezifische Programmausstrahlung begegnet wird und dass diese Form des so genannten *Targeted Programming* keineswegs bevormundend wirken muss. Diese Position wurde von BBC und Channel 4 in den 1970er und 1980er Jahren vertreten, als eine Vielzahl an speziellen Programmen für ethnische Minderheiten gesendet wurde.[104] In den 90er Jahren setzten sich dann Kritiker dieses Ansatzes bei den Sendern durch, die mögliche negative Auswirkungen dieser *Ghettoisierung*, oder auch als *positive Diskriminierung* bezeichnete Vorgehensweise für die interkulturelle Integration fürchteten. In Folge wurden die meisten der Programme abgesetzt, was nicht von allen Beteiligten gutgeheißen wurde:

> „There was much discussion about the value of targeted programmes. The trend in the past ten years has generally been away from having programmes on mainstream schedules aimed at minority groups. The official reason that was given for this change of tack was that it was better to put disabled people or black people into the general mix of programmes so that they were not ghettoised. However, people who had worked on those programmes felt their programmes

---

[104] In den 70er Jahren wurde beispielsweise jeden Sonntag die Sendung *New Beginnings - New Life* ausgestrahlt, die Zugewanderten in Großbritannien als Informations- und Orientierungsquelle dienen sollte.

were axed because the channel controllers simply did not find them of interest and didn't want them because they couldn't deliver high audience figures." (Campion 2005: 35)

Dieser Werdegang, weg von zielgruppenspezifischen Nischenprogrammen hin zu einer Fokussierung auf die *Mainstream-Programme,* kann in Großbritannien besonders anschaulich anhand Channel 4 nachgezeichnet werden. Die Programmplaner haben sich bei der Gründung des Senders zunächst darauf konzentriert, mit Hilfe einer Quotenregelung spezifische Sendungen für Menschen mit Zuwanderungsgeschichte zu gestalten, um Personengruppen *eine Stimme zu geben,* die in der Vergangenheit nur geringe Beachtung in den Massenmedien gefunden haben. Ein Experte erinnert sich:

„There used to be a quota for multicultural programmes on Channel 4 long time ago. It got introduced in 1998 but it didn't last very long. Most of the quotas, including this one, got swept away under the Communications Act from 2003 because by then it was realised that setting quotas for things was a very sort of outdated and rather anal way of going about things. When time went on, people realised that things got better because people wanted to rather than because they were compelled to do so."

Ab dem Jahr 2003 wurde es laut Experten beim britischen öffentlich-rechtlichen Fernsehen Vorgabe, dass kulturelle Vielfalt in die Hauptprogramme einfließen sollte. Infolgedessen wurden Menschen aus Einwandererfamilien verstärkt für Informations- und Unterhaltungssendungen eingestellt. Eigens durchgeführte Mediennutzungsstudien des Senders[105] ergaben jedoch, dass unter dem Einfluss des *Mainstream-Programms* die Lebensumstände von Zuwanderern in der britischen Gesellschaft nicht länger differenziert genug wiedergegeben wurden und sich die entsprechenden Bevölkerungsmitglieder mangelhaft repräsentiert fühlten. Als Konsequenz dieser Untersuchungsergebnisse geben die britischen Programmplaner heute an, dass verstärkt darauf geachtet wird, Möglichkeiten der Einbindung von kultureller Vielfalt in die beliebten Hauptprogramme bei gleichzeitiger Gewährleistung eines inhaltlich sensiblen Umgangs mit der Thematik und mit den darstellenden Charakteren zu gewährleisten. Ein Experte beschreibt diesen Ansatz:

„From a regulation viewpoint there are two different ways of reflecting cultural diversity in society on screen: One is to broadcast content, which is dedicated to aiming at minority groups And more recently, the other way is to create programming that is aimed at everyone but has multiculturalism as a theme. So on the one hand there is targeted programming, and on the other hand, there is programming that portrays ethnic minorities as an every day part of our society and in a natural way."

---

[105] Vgl. Online Rezipientenbefragung von Channel 4, YouGov 2007, http://today.yougov.co.uk, Abruf am 28.10.2009.

Die Auswertung der Interviews zeigt, dass die Gesprächspartner die Idee, kulturelle Vielfalt als Querschnittsthematik in den *Mainstream* aufzunehmen zwar theoretisch begrüßen, aber bedauern, dass die praktische Umsetzung im erforderlichen Umfang in Großbritannien noch nicht stattgefunden hat. So meint ein Experte:

> „The idea is there, the policy is there, the concept is there, but not enough has been done for ethnic minorities to really feel that as much service is provided to them as for all other members of society."

Diese Position wird von aktuellen Zuschauerbefragungen gestärkt, die belegen, dass sich Menschen aus anderen Kulturen neben einer selbstverständlichen Berücksichtigung ihrer Lebensumstände in den Hauptprogrammen auch eigens auf ihre Bedürfnisse abgestimmte Sendungen wünschen.[106] Wichtig ist hierbei nicht allein die Tatsache, dass spezifische Sendungen angeboten werden, sondern auch wann dies geschieht, um eine Marginalisierung der Minderheitsinteressen durch unpopuläre Sendeplätze – „ethnic graveyard slots" (Campion 2005: 51) – zu vermeiden.

In der Diskussion um die angemessene Berücksichtigung von kulturellen Minderheiten zeigt die Auswertung der britischen Experteninterviews, dass insbesondere der BBC vorgeworfen wird, ein *zu altmodisches* Programm zu senden, das in den *Mainstream-Sendungen* die unterschiedlichen Perspektiven und Lebensrealitäten von Zuwanderern nicht ausreichend berücksichtigt. Nach Ansicht der Gesprächspartner ist die Entstehung dieses als einseitig empfundenen Programms darauf zurückzuführen, dass sich seine Gestalter nicht ausreichend in die Lebenswelt anderer Gesellschaftsmitglieder hineinversetzen können. Dem *typischen* Programmverantwortlichen, der durch die Attribute *white*, *English*, *middle-class*, *male* beschrieben werden kann, gelänge der Perspektivwechsel hin zu den Bedürfnissen einer kulturell heterogenen Zuschauerzielgruppe aus unterschiedlichen Generationen mit unterschiedlichen Interessen nicht. In der Konsequenz entstünden fast ausschließlich Sendungen, die auf den Interessen der Mehrheitsgesellschaft aufbauen und Unterschiede in der Bevölkerung stärker thematisieren als Gemeinsamkeiten. Dabei sind laut einstimmiger Expertenmeinung gemeinsame Erfahrungen der Schlüssel zur interkulturellen Integration, und die öffentlich-rechtlichen Sender könnten durch die Abbildung von Gemeinsamkeiten zwischen Zuwanderern und Einheimischen auf einen stärkeren gesellschaftlichen Zusammenhalt hinwirken.

Wenn dieses Ziel der Berichterstattung verfehlt wird, wird auch dem theoretischen Kerngedanken des Modells der medialen Integration, dass Menschen durch

---

[106] Vgl. Online Rezipientenbefragung von Channel 4, YouGov 2007, http://today.yougov.co.uk, Abruf am 28.10.2009.

die Rezeption des Programms etwas Neues über ihr Umfeld erfahren, nicht entsprochen. Um mediale Integrationspotentiale nicht zu verspielen, plädieren die Experten konsequenterweise dafür, dass beide Ansätze weiterverfolgt werden und die öffentlich-rechtlichen Fernsehsender neben ihren quotenreichen Hauptprogrammen auch in Zukunft zielgruppenspezifische Sendungen für Zuwanderer anbieten. Minderheiten und Mehrheiten könnten sich dann im Programm der Sender wiederfinden, und es würde dem Bedürfnis der Zuwanderer nachgekommen werden, mit ihren Interessen ein fester Bestandteil der Hauptsendungen zu sein. Dazu meint ein Medienvertreter:

> „We do both And neither one is more important. It is not either or, it is both. Our programmes are appealing to a targeted audience, but they are still mainstream. Everything we do is providing interesting programmes to an audience as broad as possible. We would say it is quite old-fashioned now, to talk about just doing targeted programmes, because nobody wants programmes made in a ghetto. You want something, which has the broadest appeal possible. It is about casting as well as content, so that everybody thinks that there is something in there for them."

Der Fokus in der konzeptionellen Programmplanung des *Mainstream* muss laut britischer Experten somit auf der Vielseitigkeit und Vielschichtigkeit des Medienangebots liegen, damit sich die Zuschauer aus allen gesellschaftlichen Gruppierungen mit unterschiedlichen kulturellen Hintergründen zusammensetzen. Channel 4 versucht seit einiger Zeit, Sendungen für spezielle kulturelle Minderheiten so zu produzieren, dass die Medienangebote eine größtmögliche Menge an Zuschauern ansprechen, damit aus den ehemaligen Nischenprogrammen langfristig *Mainstream-Sendungen* entstehen können.

9.3.2 Normalität anstelle von bad news

Bei der Auswertung des Funktionskontexts fällt als zweiter Aspekt auf, dass kulturelle Vielfalt – trotz der Beschäftigung vieler Medienakteure mit dem Thema – in Großbritannien noch nicht überall einen selbstverständlichen Eingang in die Programmentwicklung und -gestaltung gefunden hat:

> „Coverage of diversity in the broadcasting media can also be problematic, not so much in this case because difference is misrepresented but mostly because it is simply not represented."
> (Georgiou & Joo 2009: 70)

Eng verbunden mit den Bemühungen um die langfristige Etablierung von visueller und thematischer Präsenz von ethnischen Minderheiten in den Hauptprogrammen der öffentlich-rechtlichen Fernsehsender, ist die Diskussion um die Art und Weise – das so genannte *Framing*[107] – wie über Zuwanderer berichtet wird. Inhaltsanalytische Forschungsarbeiten, die von den britischen Experten erwähnt werden, zeigen, dass über ethnische Minderheiten hauptsächlich mit negativer Konnotation berichtet wurde und dass durch eine monokulturelle Perspektive in Medieninhalten häufig ein verzerrtes Bild der Zuwanderer gezeichnet wurde (vgl. Kapitel 3.3.3). Um diesen Missstand auszuräumen, wird verlangen die Vertreter der öffentlich-rechtlichen Fernsehanstalten in Großbritannien heute nach einer gewissen *Normalität* in der Berichterstattung rund um das Thema kulturelle Vielfalt und nach einer differenzierteren Darstellung von ethnischen Minderheiten. Dabei haben die Verantwortlichen erkannt, dass die mediale Integration von kultureller Vielfalt zu Innovation beiträgt. Dazu meint ein Experte:

> „We found with our content that cultural diversity has been a tool, to refresh the programming and to do new things with format. Because of cultural diversity you can add a new dimension to your programmes, which makes them more interesting and more appealing again to a wider audience."

Die Sendungsverantwortlichen haben realisiert, dass es sich beim Thema *Cultural Diversity* nicht um durch Quoten erzwungene inhaltliche Auflagen handeln muss, sondern dass diese Vielfalt eine inhaltliche Bereicherung des Programms darstellt. Nur über die mediale Integration von Menschen mit Zuwanderungsgeschichte wird es laut der Gesprächspartner möglich, gesellschaftliche Prozesse in allen ihren Facetten zu beobachten und diese den Zuschauern dann auf interessante Weise im Programm widerzuspiegeln. Ein Medienakteur unterstreicht diese Erkenntnis:

> „We need to make programmes that really resonate with modern Britain so that audiences of all backgrounds see public service broadcasting as the natural arena for a culturally intelligent dialogue with each other. A place that makes them feel equally valued and heard. A place they are drawn to because it makes them feel good about belonging to and participating in this society."

Ein solches Programm kann wiederum dazu führen, dass sich eine große Zielgruppe in den Inhalten der öffentlich-rechtlichen Sender wiederfindet, was anhand der Einschaltquoten deutlich wird.[108] Nachdem der Stellenwert von einer natürlichen Berücksichtigung von kultureller Vielfalt im Programm von den beteiligten Medi-

---

[107] Auf den kommunikationswissenschaftlichen Framing-Ansatz wird aus forschungsökonomischen Gründen nicht weiter eingegangen. Einen Überblick zu dieser Thematik bietet Scheufele (2003).

[108] Ein Beispiel für eine solche Sendung ist *The Family* auf Channel 4. Hier steht eine Einwandererfamilie im Mittelpunkt und die Sendung erzielt hohe Einschaltquoten in der britischen Gesamtbevölkerung. Weitere Informationen zur Sendung gibt es unter http://www.channel4.com/programmes/the-family, Abruf am 3.12.2009.

enakteuren erkannt ist, fehlt es jedoch noch an der praktischen Anwendung dieser Strategie. So bedauern einige Experten, dass kulturelle Vielfalt häufig ein „numbers game" (Campion 2005) sei, und Charaktere aus Einwandererfamilien zwar im Programm sichtbar werden, sich jedoch bei ihrer Darstellung zumeist auf ihre Andersartigkeit bezogen wird. Damit die Darstellung von ethnischen Minderheiten nicht allein in negativen Kontexten auftaucht, sollten sich die Programmgestalter darauf konzentrieren, auch ihren positiven Beitrag und ihre Rolle innerhalb der Gesellschaft zu präsentieren. Das folgende Zitat beschreibt, wie eine solche Chance der medialen Integration verpasst wurde:

„For example there was this programme on vegetarianism. Now there are so many vegetarians from Jewish background, from Indian background, from Caribbean background. What a great opportunity to talk about all these different perspectives to talk about vegetarianism. What did they do though? They went to this really fancy French restaurant where the chef has no idea about vegetarianism and who makes a silly dish and says: ‚Oh, this tastes nice, I could become vegetarian.' What a missed opportunity! That's what I mean. People are not making programmes about the interesting every day experiences, which people with an immigrant background have."

Solche Möglichkeiten der Programmgestaltung wahrzunehmen, gelingt laut Experten bei den öffentlich-rechtlichen Sendeanstalten in Großbritannien bislang noch nicht häufig genug. Aufgrund fehlenden Medienpersonals mit Zuwanderungsgeschichte bleibt es schwierig, kulturelle Vielfalt in einem *natürlichen* und nichtstereotypischen Rahmen darzustellen. Die Interviews haben ergeben, dass das bestehende Personal häufig nicht ausreichend *outside the box* denkt, dass es dadurch den Medieninhalten an einer gewissen *kulturellen Authentizität* fehlt, und dass es die Verantwortlichen versäumen, entsprechende Anreize für einen Perspektivwechsel im Programm zu schaffen. Ein Experte fasst die Schwierigkeiten einer medialen Förderung von interkultureller Integration in den Medieninhalten zusammen:

„The problems with the current output can be summarised as: lack of meaningful and accurate representations of people from minorities in most areas of programming, too great a reliance on too few voices, and the inability of broadcasters to address a diverse audience."

Die Analyse der Gespräche in Großbritannien hat ergeben, dass ein möglicher Ausweg aus diesem Dilemma über unmissverständliche Zielvorgaben und eine inhaltliche Fokussierung auf das Programm möglich wäre, wenn es innerhalb der Führungsebene Personen gäbe, die beim Verfehlen dieser Leitvorgaben Verantwortung übernähmen und Konsequenzen einleiteten.

9.3.3 Informationsprogramme und Unterhaltungsangebote

Die Expertenbefragungen nach der strategischen Ausrichtung der Medieninhalte bei den öffentlich-rechtlichen Fernsehsendern zeigen, dass insbesondere die Nachrichten- und Informationssparte in Großbritannien bislang nicht von kulturell heterogenen Redaktionen besetzt ist. Von einer Folge dieser strukturellen Schwachstelle für die mediale Integration berichtet ein Akteur:

> „Another important thing is news, which is still mainly dominated by male, middle-class Oxbridge people. It is a lot more subjective than you think because of the way you research stories and that is quite problematic. What often happens is that people underrepresented behind the screens are often overrepresented in the news."

Neben konventionellen Nachrichtensendungen, die wenig Spielraum für neue Formate bieten, sehen Experten im so genannten *Infotainment-Bereich* die Möglichkeit, Zuschauer mit Nachrichtensendungen zu erreichen, die mit Hilfe der *Personalisierungs-Strategie* auf den kulturellen Hintergrund der individuellen Charaktere eingehen können (vgl. Klute 2008: 6). Die Analyse der Interviews macht deutlich, dass die größten Potentiale zur Darstellung von kultureller Vielfalt in den Unterhaltungsangeboten der Fernsehsender liegen. Da in Fernsehfilmen und Serien näher auf einzelne Charaktere eingegangen wird, können hier die besten *kulturellen Brücken* geschlagen werden, wenn Menschen aus unterschiedlichen kulturellen Kontexten vorkommen und miteinander interagieren. In Unterhaltungssendungen können laut Experten unterschiedliche Gesellschaftsmitglieder für das Programm gesucht werden, wobei die Verantwortlichen darauf achten sollten, nicht aufgrund fehlender interkultureller Kompetenz in Stereotype zu verfallen, sondern in den Sendungen die kulturelle Vielfalt der Gesellschaft angemessen wiederzugeben. Ein Medienakteur fordert:

> „We need to widen the perspective in the mainstream programmes. That is what we are missing at the moment, we have a very old-fashioned approach to the main BBC programmes. We don't manage to think about what it is like to be watching them as a member of the audience who is not white, English, middle-class, male."

Das Problem ist, dass die Möglichkeiten zur Gestaltung eines facettenreichen Unterhaltungsprogramms für eine größtmögliche und kulturell heterogene Zielgruppe von den Programmmachern bislang nicht ausreichend wahrgenommen werden. Wenn die Perspektive in den Hauptsendungen erweitert wird, dann ist nicht länger eine spezielle Berücksichtigung von ethnischen Minderheiten von Nöten, sondern kulturelle Vielfalt kann *auf natürlichem Weg* in die Programmgestaltung mit einfließen. Aufgrund der Tatsache, dass bislang eine überwiegend kulturell homogene Gruppe von Personen über die Gestaltung des Programms entscheidet, fehlt jedoch der Zugang zu innovativen Programmformaten. Einige Experten beklagen, dass Verantwortliche beim öffentlich-rechtlichen Fernsehen stets an Wohlbekanntem und Erprobtem festhalten und innerhalb der Sendeanstalten kein Konsens darüber besteht, was ein Programm ausmacht, das den Zielvorgaben der medialen Integration gerecht wird. Ein Medienakteur beschreibt die derzeitige Programmentwicklung:

> „The reality, however, is that too much programme-making is done in a superficial way, reinforcing existing myths and stereotypes about minorities in a way that reflects the ignorance of programme makers and the dominant culture of which they are part."

Dem gegenüber steht laut der Interviewpartner ein idealtypisches Programm, das als *Best Practice-Beispiel* für die zukünftige inhaltliche Programmgestaltung dienen könnte, indem es das Verständnis und die Wertschätzung von kultureller Vielfalt in der Gesellschaft verstärkt, die „national conversation" (Campion 2009: 75) zwischen allen Mitgliedern der Gesellschaft fördert und ein Dazugehörigkeitsgefühl bei vielen Menschen hervorruft.

9.3.4 Visuelle Präsenz und Vorbilder

Ein Schlüsselelement, auf das die britischen Experten bei der erfolgreichen Nutzung der medialen Integrationspotentiale im Programm ihrer Sendehäuser setzen, ist die visuelle Repräsentanz von Menschen mit Zuwanderungsgeschichte auf dem Bildschirm und das Schaffen von Vorbildern für ein kulturell vielfältiges Publikum. Diese Visualisierungsstrategie beruht auf aktuellen Befragungen, die unterstreichen, dass sich ethnische Minderheiten vom Programm dann eher angesprochen fühlen, wenn sie jemanden *aus ihren Reihen* wieder erkennen und *ihre* Themen angesprochen werden.[109] Ethnische Minderheiten legen Wert auf ihre Darstellung im Programm und sie erwarten eine selbstverständliche Berücksichtigung ihrer Interessen im Hauptprogramm, die in den vergangenen Jahrzehnten auch langsam zugenommen hat. So beschreibt ein Medienakteur:

> „We have moved a long way from the days when a black face on screen was such a rarity it led to black families excitedly gathering around the TV at the chance to see themselves reflected, albeit briefly, in the glow of national recognition. (...) Sadly, the audience research figures suggest that there is still a long way to go. Recent research commissioned by the broadcasting regulator Ofcom shows that ethnic minority audiences are less satisfied with the main public service broadcasting channels and prefer other digital channels."

---

[109] Vgl. Online Rezipientenbefragung von Channel 4, YouGov 2007, http://today.yougov.co.uk, Abruf am 28.10.2009.

Einzelne Interviewpartner mahnen an, dass sich trotz des zu verzeichnenden Fortschritts bei der medialen Integration in den Medieninhalten, die visuelle Präsenz von ethnischen Minderheiten auf dem Bildschirm noch nicht bei allen Sendungen der öffentlich-rechtlichen Fernsehsender erfolgreich durchgesetzt hat. Mediennutzungsstudien (vgl. Ipsos MORI 2007) belegen diese Meinung, indem sie aufzeigen, dass sich insbesondere junge Zuwanderer in Großbritannien nicht ausreichend repräsentiert fühlen und als Konsequenz zu den privaten Sendern abwandern.

Ein weiteres Problem ist laut Expertenansicht, dass ethnische Minderheiten zwar im Programm sichtbar werden, es den Verantwortlichen jedoch in erster Linie darum ginge, in ihren Richtlinien die so genannte *Visibility box* abzuhaken. In der Konsequenz wird die Darstellung von Zuwanderern nicht ausreichend reflektiert und multikulturelle Thematiken können sich in ihrer vollen Komplexität nicht entfalten. Diese Herangehensweise hat dazu geführt, dass sich die visuelle Präsenz von einigen ethnischen Minderheiten in Großbritannien – insbesondere der schwarzen und asiatischen Mitbürger – stark erhöht hat, während andere gesellschaftliche Gruppen im Programm fast keine Berücksichtigung erfahren. Es sind jedoch gerade diese individuellen Details der verschiedenen Kulturen, die interessant sind und auf die sich das öffentlich-rechtliche Programm mit seiner Integrationsfunktion konzentrieren sollte.

Einige unter den Experten beanstanden, dass die Darstellung von kultureller Vielfalt häufig eindimensional und oberflächlich bleibt und keine Multidimensionalität und Tiefgründigkeit gegeben ist. Ein Medienakteur erläutert diese Auslegung:

> „We were at that stage to put visible minorities on screen around 30 years ago in Britain. And some people say that we haven't really moved on from that as much as we should have done. This is what I call the ‚colour by numbers approach', where if you can see three black people on screen in one week then you have done your job as a broadcaster. Well, it is important especially for young people that there are role models who could aspire because they are somebody with the influence to be seen and broadcasted on television. And I think that is how we see television, to give people a voice and to give them some sort of status. So visibility is a very important part of it, but it is only one part of it."

Diese Unzulänglichkeiten lassen sich erneut darauf zurückführen, dass die Medienproduzenten nicht über ausreichende Informationen über die verschiedenen Kulturen verfügen und lediglich auf eine überschaubare Referenzgruppe zurückgreifen. Ein Ausweg bestünde laut Expertenansicht in der Durchmischung der Personalstruktur.

9.3.5 Zielgruppe und Zuschauer

Um mediale Integrationspotentiale bei den öffentlich-rechtlichen Fernsehsendern erfolgreich nutzen zu können, ist es aus Perspektive der britischen Befragten wichtig, dass die Programmplaner sich bemühen, eine größtmögliche Anzahl an Zuschauern mit kulturell vielfältigen Hintergründen aus allen gesellschaftlichen Gruppierungen mit ihren Medienangeboten zu erreichen. Aktuelle Untersuchungen der öffentlich-rechtlichen Fernsehsender zeigen, dass dabei die Bedeutung der visuellen Repräsentanz bislang möglicherweise überschätzt wurde (vgl. Kapitel 9.1.5). Vorbilder können zumindest nicht länger allein als feste Garantie für die Zuschauerbindung an bestimmte Sendungen gelten. Ein Akteur beim öffentlich-rechtlichen Fernsehen erläutert diese Erkenntnis:

> „While we have previously thought that casting and portrayal was very important, like when you have a black person on screen that will attract a black audience. So we have found out that it is a positive approach, because it shows that we as TV producers are fresh and modern. However, it is not a driver for a diverse audience in itself. They will only come to a programme when the content and the tone match with their interests. So we are very clear about the fact that casting is not the way to attract an audience, what we traditionally thought. Role models are still good in a way that the diverse audience recognise that we are representing them, but that is still no reason for them to watch the programme. If we are not doing a programme, which interests them, they will not watch it."

Die Analyse der Expertengespräche hat ergeben, dass die Sender danach trachten sollten, ihre Berichterstattung auf eine heterogene Zuschauermenge auszurichten. Um dabei insbesondere Zielgruppen der jüngeren Generationen zu erreichen und an das Programm zu binden können nach Meinung eines Experten auch die Vermittlungswege der Neuen Medien nützlich sein, indem *User-generated content* und Möglichkeiten zum *Zuschauer-Feedback* komplementär zum Fernsehprogramm angeboten werden.

9.4 Rolle der Medienakteure

Als abschließende Analyseebene wurde auch für Großbritannien der Rollenkontext bei den öffentlich-rechtlichen Fernsehsendern ausgewertet. Um folgende Forschungsfrage beantworten zu können, interessierte, wie die einzelnen Experten ihren Einfluss auf mediale Integrationsleistungen der Sender sehen: „*Wie nehmen die einzelnen Akteure ihre individuelle Rolle innerhalb der öffentlich-rechtlichen Fernsehsender im Prozess der medialen Integration wahr?*" Dabei konnten die Ergebnisse dieser Arbeit an die Erkenntnisse von Mukti Jane Campion (2005) anknüpfen, die sich in ihrer Studie hauptsächlich auf die Medienakteure bezogen hat und diese, ausgehend von der

Perspektive der Mikroebene, analysiert hat. Sie hat bereits damals auf die Wichtigkeit der Medienakteure aufmerksam gemacht:

> „Looking back, it seems that many of the successes of the past have often been due to the personal commitment of individuals rather than any infrastructural changes." (Campion 2005: 14)

Diese Untersuchung bestätigt aus Perspektive der Interviewpartner, dass ohne das individuelle Engagement der Medienakteure selbst optimale Rahmenbedingungen für die mediale Integration von Zuwanderern keine Garantie für die Nutzung der Integrationspotentiale beim öffentlich-rechtlichen Fernsehen wären.

9.4.1 Zusatzkompetenz oder Quotenmigrant

Bei der Auswertung der Interviews wurde deutlich, dass die britischen Experten die Einstellung neuer Mitarbeiter vorrangig von der Qualifikation abhängig machen. Bei gleicher Qualifikation wird ein anderer kultureller Hintergrund als Zusatzkompetenz gewertet, da die Verantwortlichen erkennen, dass unterschiedliche Personen auch unterschiedliche Ideen und Blickwinkel in die Medienproduktion einbringen, was wiederum das Programm bereichern kann. Die Befragten sind sich einig, dass sie durch ihren kulturellen Hintergrund eine spezielle Sensibilität für Migrationsthemen mitbringen und mit ihren individuellen Erfahrungen und kulturellem Wissen einen anderen Zugang zu den verschiedenen ethnischen Bevölkerungsgruppen in Großbritannien bekommen. Dabei ist es besonders wertvoll, dass sie in der Lage sind, sich in Zuschauer mit Zuwanderungsgeschichte hinein zu versetzen und dadurch die Perspektive des Medienkonsumenten besser nachvollziehen können.

Die Analyse der Gespräche zeigt, dass der Fokus auf einem kulturell vielfältigen Personal mit der Zielsetzung liegen muss, dass dadurch das Programm interessant und angemessen für ein kulturell vielfältiges Publikum gestaltet werden kann. Eine Veränderung in der Denkweise im Rekrutierungsprozess ist nötig in Hinsicht auf eine innovative Programmentstehung, nicht aufgrund von Quoten, die erfüllt werden sollen. Einerseits lehnt die Mehrheit der Medienakteure eine Quotenregelung bei der Akquise neuer Mitarbeiter ab, da Quoten häufig keine valide Datengrundlage seien, um zu evaluieren, in welchen Bereichen innerhalb der Sender die Neueinstellungen tatsächlich erfolgt sind. Andererseits versprechen sich einige unter ihnen von einer Quotenregelung, dass die Verantwortlichen in der Führungsebene der öffentlich-rechtlichen Sender besser zur Rechenschaft gezogen werden können. Der Kernaspekt der Interviews ist jedoch immer, dass Personalentscheider verstehen müssen, dass eine kulturell vielfältige Personalstruktur sich positiv auf die Arbeit beim Sender und somit mittelfristig auch auf das mediale Angebot auswirkt.

Die Auswertung der Experteninterviews hat ergeben, dass Bewerber unabhängig von ihrer persönlichen Herkunft primär immer als professionelle neue Teammitglieder wahrgenommen werden möchten und Sorge haben, dass sie als *Quotenmigrant* einer Art *Typecasting* zum Opfer fallen. Die Redakteure aus Einwandererfamilien erwähnten, dass sie – ob gewollt oder ungewollt – häufig als Repräsentanten ihrer ethnischen Gruppen wahrgenommen werden, was für sie häufig auch eine emotionale Belastung darstellt:

> „People from minorities, like anyone else, simply want to get on and develop their professional skills rather than draw attention to an aspect of their personal identity which may or may not be relevant. (…) They may be reluctant to get caught between trying to please the broadcaster *and* representing a diverse community that is hungry for media representation." (Campion 2005: 63; Hervorh. im Original)

Einerseits möchten ethnische Minderheiten innerhalb der Medienhäuser als professionelle Mitarbeiter nicht aus der Gruppe der geschätzten Kollegen herausstechen und andererseits fühlen sie sich aufgrund ihrer Herkunft und Erfahrung als eine Art „Sprachrohr" ihrer Kultur.

9.4.2 Austausch innerhalb der Redaktionen

Nach Ansicht der britischen Experten bereichern Mitarbeiter mit Zuwanderungsgeschichte den Austausch innerhalb der Redaktionen. Kulturell heterogene Redaktionsteams können durch ihren Erfahrungsreichtum und ihre erweiterten Perspektiven zu einer facettenreichen und innovativen Programmentwicklung beitragen. Dabei sollten sich alle Redakteure kulturell weiterbilden, um für die journalistische Berichterstattung zu Themen wie Migration und Integration die nötige interkulturelle Kompetenz mitzubringen. Dies kann nicht allein Aufgabe von Medienakteuren mit Zuwanderungsgeschichte sein.

Bei den Expertengesprächen interessierte zudem, inwieweit Medienakteure mit Zuwanderungsgeschichte von ihren Kollegen bei der täglichen Arbeit konsultiert werden und es zu einem lebendigen Austausch über Themen der Einwanderungsgesellschaft innerhalb der Redaktionen kommt. Hier geben die Befragten an, dass es neben dem individuellen Austausch auch institutionalisierte Workshops zur Erweiterung der interkulturellen Kompetenz gibt (vgl. Kapitel 9.2). Ein Experte erklärt, wie diese bei der BBC ablaufen:

> „At the BBC Diversity Centre we have something called ,2020 Vision', which are workshops on diversity where people talk about the different diverse groups in society and how in their

specific area of media production they can embrace this diversity better. So we are constantly trying to get people to engage with diversity in a way that allows them to reflect it back into their own working practices."

Des Weiteren belegt die Auswertung, dass sich Journalisten unterschiedlicher kultureller Herkunft im Kreis ihrer Kollegen auch als Vermittler zwischen den Kulturen und eine Art *Pioniere* für neue Sendeformate über die Einwanderungsgesellschaft empfinden. Um die mediale Integration der Sendeinhalte zu ermöglichen, sehen sie die Notwendigkeit, mit den verschiedenen ethnischen Minderheiten in der britischen Gesellschaft in Kontakt zu treten und ein Vertrauensverhältnis zu ihnen aufzubauen. So können sie auch anderen Medienproduzenten bei der Kontaktaufnahme behilflich sein. Laut einstimmiger Expertenmeinung ist es unumgänglich, dass sich stabile Beziehungen und Netzwerke etablieren, damit Redakteuren mit Zuwanderungsgeschichte langfristig nicht allein für die angemessene Betrachtung von Themen der kulturellen Vielfalt im Sendeangebot verantwortlich sind.

9.4.3 Selbstwahrnehmung

Die Auswertung der Expertengespräche in Großbritannien hat ergeben, dass Programmverantwortliche in den Schlüsselpositionen sitzen, wenn es darum geht, das Medienangebot effektiv auf ein kulturell heterogenes Publikum auszurichten. Da diese Feststellung bislang nicht von allen Verantwortlichen grundlegend akzeptiert worden ist, bleiben durch den Mangel an Redakteuren aus Einwandererfamilien auf diesen Stellen mediale Integrationspotentiale bei den Sendeanstalten ungenutzt. Die Medienakteure selbst sind von ihrer Zusatzkompetenz überzeugt:

„We can get into areas that white people cannot and vice versa. I am from a working class estate, I still have the empathy with my working class roots. I have a better understanding of where they are coming from. While some people, who have never lived in the estate where I come from, can never imagine what it is like where I am coming from. They cannot imagine what it is like without food. They cannot imagine what it is like to come back to an empty house with no heating. They cannot imagine what it must be like to come home and have no supper on the table. I can bring that perspective to the BBC because I went through all that. In terms of social inclusion, the BBC is making that effort, because they understand that otherwise they are not serving a certain audience."

Nach Meinung der Interviewpartner gehört es zur richtigen Vorgehensweise, dass alle redaktionellen Mitarbeiter von der Führungsebene dazu ermutigt werden sollten, ihre Erfahrungshorizonte bezüglich anderer Kulturen zu erweitern und sich mit den ihnen unbekannten kulturellen Gruppierungen in Großbritannien auseinanderzusetzen, damit sie sich bei der Medienproduktion nicht ausschließlich in ihren „comfort zones" (Campion 2009: 76) bewegen. Die Analyse zeigt, wie entscheidend es ist, dass das Thema mediale Integration bei den öffentlich-rechtlichen Sendeanstalten von allen Mitarbeitern auf den verschiedenen Hierarchieebenen als eine wichtige Aufgabe der Sender wahrgenommen und als solche bestmöglich in der täglichen Arbeit umgesetzt wird.

Die britischen Experten sprechen sich einstimmig dafür aus, dass sich die Sender in einem ersten Schritt zur interkulturellen Integration als ihrer Aufgabe bekennen sollten, damit in einem zweiten Schritt eine Selbstregulation innerhalb der öffentlich-rechtlichen Medienhäuser durch transparente Leitrichtlinien eine verstärkte Nutzung der medialen Integrationspotentiale ermöglicht. In einem dritten Schritt ist es ihrer Ansicht nach erforderlich, die medialen Integrationsbemühungen kontinuierlich zu evaluieren und zu optimieren.

9.4.4 Außenwirkung

Die Auswertung der Experteninterviews in Großbritannien hat gezeigt, dass ein verbindliches Bekenntnis zu kultureller Vielfalt von den öffentlich-rechtlichen Fernsehsendern, das durch die Personalstruktur und das Programmangebot für die breite Allgemeinheit sichtbar wird, nicht allein ein Zeichen für die interkulturelle Integration in der Einwanderungsgesellschaft setzt. Zudem können laut Expertenansicht die öffentlich-rechtlichen Sender ihr Potential im Bereich der medialen Integration nutzen, indem sie mit ihrem kulturell heterogenen Personal innerhalb einer zunehmend kulturell vielfältigen Bevölkerungsgruppe für neue Arbeitnehmer werben. Neue Talente können durch diese Außendarstellung auf die öffentlich-rechtlichen Sender aufmerksam werden.

Auch Medienakteure der britischen öffentlich-rechtlichen Fernsehsender, die *vor der Kamera* stehen, sind sich einig, dass sie von den Zuschauern in eine gewisse Vorbildfunktion gehoben werden. Diese Erkenntnis wird durch die vielen Zuschriften belegt, in denen die Moderatoren aus Einwandererfamilien von Nachwuchstalenten nach Tipps und um Rat für die journalistische Karriere gefragt werden. Ein Experte beschreibt seine Erfahrung:

> „It's ambivalent because for a long time I didn't want to be a role model. All I wanted was to be a good journalist. And I felt very ambivalent when people put me into this position. I never asked to be anybody's role model. But over the years, whether I liked it or not, that is who I am now. And my email account is full of young people wanting advice on how I managed to get there where I am and how they could replicate it. So you don't have the choice whether you are a role model or not. You are with an Asian face on British prime time television because that still is a relatively unusual thing for people to see. Whether I like it or not, it comes with the job and I have come to accept it."

Die Analyse zeigt, dass es die öffentlich-rechtlichen Fernsehsender in Großbritannien in ihrer Außendarstellung geschafft haben, als kulturell vielfältige Institutionen wahrgenommen zu werden. Doch darüber hinaus gibt es noch ungenutzte mediale Integrationspotentiale bei den Sendern, die sich im Verborgenen abspielen. Ein Medienakteur bestätigt diese Erkenntnis:

> „Not all role models necessarily have to be on screen. There is a whole range of staff behind the scenes. We have videos that show the full range of people working in our whole organisation. These videos are available to schools and colleges, they are on our website, etc. So people can see not just the one person who is there reading the news but everybody who is involved in the work, so they can understand that there is a whole industry behind it."

Daher besteht laut Experten in Großbritannien die nächste Herausforderung der Personalpolitik der Sendeanstalten in der festen Etablierung von kultureller Vielfalt in den redaktionellen Strukturen auch *hinter dem Bildschirm*. Denn auch in diesen Bereichen können Rollenvorbilder geschaffen werden.

9.5 Zwischenfazit

Die Auswertung der Experteninterviews in Großbritannien erfolgt analog zur Vorgehensweise für Deutschland im normativen, strukturellen, funktionalen und rollenspezifischen Kontext der öffentlich-rechtlichen Fernsehsender BBC und Channel 4 (vgl. Kapitel 8.5).

Sie hat ergeben, dass in einigen der vier Kontexte Integrationspotentiale des britischen öffentlich-rechtlichen Fernsehens weit reichend bereits genutzt werden. Dennoch führen einige unter den Experten auch Gründe an, warum die mediale Integration von kulturellen Minderheiten bei den öffentlich-rechtlichen Fernsehsendern in Großbritannien nicht in dem Ausmaß und in der Qualität umgesetzt wird, wie es Programmaufträge und Selbstverpflichtungen fordern und versprechen. Die Interviews mit den britischen Experten haben gezeigt, dass die Einwohner Großbritanniens sowie die Medienakteure, Politiker und zivilgesellschaftliche Akteure bereits seit Jahrzehnten die Chancen und Herausforderungen des multikulturellen Zusammenlebens in der Einwanderungsgesellschaft diskutieren und reflektieren. Dass dabei auch die Medien eine wichtige Rolle spielen, indem sie Themen an die Gesellschaftsmitglieder herantragen und dadurch als Vermittler im interkulturellen Integrationsprozess in einer gesellschaftlichen Verantwortung stehen, wurde in allen Expertengesprächen deutlich.

Auf Ebene des Normenkontexts kann als Auswertungsbefund festgehalten werden, dass die britischen Experten dem öffentlich-rechtlichen Fernsehen einstimmig ein hohes Maß an Einfluss auf die gesellschaftliche Zusammengehörigkeit

– *Social Cohesion* – bescheinigen. Dennoch sind die Gesprächspartner der Ansicht, dass dem Thema *kulturelle Vielfalt* noch nicht von allen Verantwortlichen genügend Aufmerksamkeit geschenkt wird. Zwar bewerten sie das öffentlich-rechtliche Fernsehen als einen Impulsgeber im interkulturellen Integrationsprozess, aber sie erwarten im Gegenzug auch ein gewisses Engagement von allen gesellschaftlichen Akteuren aus Politik, Migrantenorganisationen und Ausbildungsinstitutionen. Auch fordern die britischen Gesprächspartner eine enge Zusammenarbeit von der Medienindustrie mit zivilgesellschaftlichen Organisationen, um Menschen mit Zuwanderungsgeschichte den Zugang zum Journalismus zu erleichtern.

Eine zentrale Erkenntnis der Interviewauswertung ist, dass in Großbritannien sowohl im politischen wie auch im medialen Umgang mit der Integrationsthematik nicht länger isoliert über kulturelle Vielfalt und ethnische Minderheiten gesprochen wird, sondern sich die Perspektive des Integrationsprozesses auf heterogene gesellschaftliche Gruppen allgemein verlagert hat. Diese Gewichtung der Thematik ist laut Experten auch auf die historischen Voraussetzungen des Landes als ehemalige Kolonialmacht und Teil des Commonwealth zurückzuführen, da sich die britische Gesellschaft schon Jahrzehnte mit dem Gedanken des Multikulturalismus vertraut gemacht hat und durch eine strenge Gesetzgebung versucht wird, jede Form von Rassismus gegen Randgruppen zu unterbinden (vgl Kapitel 6). So zeigt die Auswertung der Interviews, dass die mediale Integration von Menschen mit Zuwanderungsgeschichte vor allem unter dem Aspekt der Chancengerechtigkeit – *Equal Opportunities* – betrachtet wird.

Nach mehrheitlicher Meinung der britischen Experten spielen die Politik und politische Rahmenbedingungen in Großbritannien die wichtigste Rolle als Einflussfaktoren auf die Bemühungen um mediale Integration beim öffentlich-rechtlichen Fernsehen. So waren politische Akteure beispielsweise die treibende Kraft bei der Gründung des Cultural Diversity Networks (CDN) und auch die Aufsichtsbehörde Broadcast Training & Skills Regulator (BTSR) wurde von der Politik beauftragt, zu versuchen, Integrationspotentiale und ihre Nutzung innerhalb der Medienorganisationen in Großbritannien statistisch abzubilden. Einige der britischen Gesprächspartner bewerten die dem öffentlich-rechtlichen Fernsehen zugeschriebene Integrationsfunktion kritisch: Sie argumentieren, dass das öffentlich-rechtliche Fernsehen keinerlei Form von politischem Druck ausgesetzt werden sollte, und dass sich die eigentlichen Integrationsprozesse innerhalb der Gesellschaft abspielten, ohne dass dem Rundfunk eine moralische Obligation zur Integration auferlegt werden sollte.

Der Einfluss der Sozialstruktur auf die Integrationspotentiale des öffentlich-rechtlichen Fernsehens wird laut der Experten vor allem darin deutlich, dass sich die Sendeanstalten auf die multikulturelle Metropole London ausrichten und der dort ansässigen kulturell heterogenen Zielgruppe gerecht werden wollen. Laut britischer Interviewpartner hat sich bei den privaten Sendern in Großbritannien der

Business Case for Diversity mittlerweile durchgesetzt. Ethnische Minderheiten sind für die kommerziell ausgerichteten Medienunternehmen auch deshalb relevant, da es in Großbritannien eine hohe Anzahl an wohlhabenden Einwandererfamilien gibt, die wiederum für die Werbeindustrie von Interesse sind. Aber auch die öffentlich-rechtlichen Sender nehmen nach Ansicht der Experten die Zuschauer aus Einwandererfamilien als ihre Zielgruppe verstärkt wahr. Um ihr Fernsehverhalten besser kennen und einschätzen zu lernen, betreiben die Sender beispielsweise eigene Rezipientenbefragungen.

Die Analyse des Strukturkontexts der britischen öffentlich-rechtlichen Fernsehanstalten hat ergeben, dass die Interviewten in der Personalakquise und der Ausbildung der Medienakteure aus Einwandererfamilien einen Kernbereich bei der Implementierung von medialer Integration sehen. Den britischen Experten zufolge sind informelle Bewerbungskanäle und unbezahlte Praktika für Zuwanderer mit geringerem Einkommen häufig eine strukturelle Barriere, die jungen Talenten den Einstieg in die öffentlich-rechtlichen Fernsehsender erschwert. Dazu kommt der unvorhersehbare Ablauf der journalistischen Karriere, der viele Bewerber davon abbringt, sich für dieses Berufsfeld zu entscheiden. Mit gezielten *Outreach-Programmen* und einem offensiven Werben um Nachwuchstalente mit Zuwanderungsgeschichte kann diese Chancenunausgeglichenheit nach Ansicht der Gesprächspartner ausgeglichen werden. Hier geben einige Experten jedoch zu bedenken, dass zu progressive Maßnahmen – *Positive action Initiatives* – auch einen gegenteiligen Effekt bewirken können, indem sie neue Vorurteile gegen Medienschaffende aus Einwandererfamilien entstehen lassen.

Obwohl nach Ansicht der britischen Experten die Redaktions- und Personalstrukturen von BBC und Channel 4 beim Blick *auf den Bildschirm* bereits heterogen und kulturell vielfältig erscheinen, beanstanden einige unter ihnen noch strukturelle Schwachstellen, da ethnische Minderheiten beim öffentlich-rechtlichen Fernsehen bislang im Produktionsprozess von Medienangeboten und auf Führungsebene noch unterrepräsentiert sind. Laut einstimmiger Expertenmeinung muss daher ein stärkerer Fokus auf der Führungskräfteschulung der Programmchefs liegen, da diese über operative Entscheidungsbefugnis verfügen. Bei den britischen Sendeanstalten gibt es laut Experten keine rechtlichen Vorgaben und Quotenregelung, jedoch verbindliche quantitative Zielsetzungen für den Rekrutierungs- und Einstellungsprozess. Einen Schlüssel, um das *multikulturelle Potential* innerhalb der Medienhäuser zu erhöhen, sehen die britischen Gesprächspartner in der kontinuierlichen Förderung und interkulturellen Aus- und Weiterbildung von allen Mitarbeitern der Sender und in speziellen *Mentoring-Programmen* für Nachwuchstalente.

Die Auswertung der Gespräche hat ergeben, dass bei den öffentlich-rechtlichen Sendern in Großbritannien bereits spezielle institutionelle Positionen geschaffen wurden, um einen abgrenzbaren Verantwortungsbereich für die mediale Integration von ethnischen Minderheiten zu schaffen. Hierbei können sich laut britischer Experten interne Stellen der Fernsehanstalten und externe Aufsichts- und Kontrollgremien ergänzen. Einzelne Gesprächspartner geben zu bedenken, dass institutionelle Zuständigkeiten zwar hilfreich seien, aber nicht effizient, um Integrationspotentiale weiter auszubauen, da die Verantwortlichen bislang niemanden zur Rechenschaft ziehen, wenn Zielsetzungen der medialen Integration verfehlt werden. Auch die Meinungen der Experten zur Arbeit des Cultural Diversity Networks (CDN) variieren stark: Einige Gesprächspartner führen an, dass die Etablierung des Netzwerks ein positives Zeichen für die Allgemeinheit gewesen ist und es seit der Gründung zumindest zu einem intensivierten Austausch zwischen den Medienakteuren verschiedener Sender kommt. Andere Experten kritisieren die Diskrepanz zwischen den erklärten Aktivitäten des Netzwerks und dem unzulänglichen Engagement der Betroffenen in der Umsetzung dieser Zielvorgaben.

Der strukturelle Vergleich von BBC und Channel 4 hat ergeben, dass unterstützt durch die individuelle Organisations- und Rechtsform und die kommerzielle Finanzierung von Channel 4 erwartet wird, in der Programmentwicklung offensiver und innovativer mit Themen über die britische Einwanderungsgesellschaft umzugehen als andere britische Sender. Trotzdem heben einige der Experten hervor, dass Channel 4 diese Potentiale nicht immer konsequent nutzt und nicht alle vorhandenen Ressourcen einsetzt, um kulturelle Vielfalt in den Programminhalten angemessen zu vermitteln. Aus diesem Befund lässt sich die These ableiten, dass strukturelle Rahmenbedingungen allein noch keine Garantie für die mediale Integration von Zuwanderern bieten, sondern auch die anderen Kontexte, in denen öffentlich-rechtlicher Fernsehjournalismus stattfindet, relevanten Einfluss haben.

Die Auswertung des Funktionskontexts hat gezeigt, dass die Integrationsstrategien in den Medieninhalten bei den britischen öffentlich-rechtlichen Fernsehsendern teilweise bereits erfolgreich implementiert werden. Die Experten in Großbritannien belegen, dass mittlerweile auf eine Kombination aus spezifischen Sendungen und kultureller Vielfalt als Querschnittsthematik im Hauptprogramm gesetzt wird. Sie beschreiben einen Werdegang, der in Großbritannien seit den 60er Jahren weg von alleinigen zielgruppenspezifischen Nischenprogrammen hin zu einer Fokussierung auf die *Mainstream-Programme* geführt hat. Einige unter den Interviewten bedauern den Wegfall der auf die Interessen der Zuwanderer ausgerichteten Redaktionen wie dem *Multicultural Programmes Department* (vgl. Kapitel 6.3). Sie sind der Ansicht, dass den Interessen und Bedürfnissen von Zuwanderern am besten durch eine zielgruppenspezifische Programmausstrahlung begegnet wird und dass das so genannte *Targeted Programming* keineswegs bevormundend auf die ethnischen Minderheiten wirken darf.

Die Mehrheit der britischen Experten begrüßt zwar die Idee, kulturelle Vielfalt als Querschnittsthematik in den *Mainstream* aufzunehmen, aber sie kritisiert, dass die praktische Umsetzung im erforderlichen Umfang in Großbritannien noch nicht stattgefunden hat. Allerdings finden sich ethnische Minderheiten auf den ersten Blick *auf dem Bildschirm* sowohl in Informationsprogrammen als auch im Unterhaltungsbereich wieder. Laut Expertenansicht bieten sich dabei die Regionalprogramme der BBC an, um neue Formate mit speziell auf einzelne gesellschaftliche Gruppen ausgerichteten Themen auszuprobieren, um sie dann in die Hauptprogramme einzuführen. Bei der intensiveren Auseinandersetzung mit den Medieninhalten wird jedoch deutlich, dass es trotz der Visualisierung von kultureller Vielfalt in den *Mainstream-Programmen* dennoch zu einer vorurteilsbehafteten Darstellung von Zuwanderern kommen kann, die Lebensumstände von ethnischen Minderheiten häufig nicht ausreichend differenziert vermittelt werden, *bad news* häufig überwiegen und sich die entsprechenden Bevölkerungsmitglieder mangelhaft repräsentiert fühlten.

Nach Ansicht der Gesprächspartner ist die Entstehung dieses als einseitig empfundenen Programms darauf zurückzuführen, dass sich seine Gestalter nicht ausreichend in die Lebenswelt anderer Gesellschaftsmitglieder hineinversetzen können und ihre Routinen bei der Programmentwicklung zudem an Altbekanntem ausrichten. Dass *Normalität* in der Berichterstattung rund um das Thema kulturelle Vielfalt und eine differenzierte Darstellung von ethnischen Minderheiten noch nicht überall stattfindet, bewerten die britischen Experten als Resultat eines Kreislaufs, der sich zwischen der homogenen Personalstruktur in der Programmkonzeption und der Programmausstrahlung ergibt. Insbesondere die Nachrichten- und Informationssparte ist nach Expertenmeinung in Großbritannien bislang noch nicht von kulturell heterogenen Redaktionen besetzt. Hier fordern sie einstimmig einen deutlichen Zuwachs an Medienpersonal aus Einwandererfamilien in den entsprechenden Schlüsselpositionen, damit persönliche Erfahrungen mit anderen Kulturen in die Programmarbeit einfließen und innovative Herangehensweisen bei multikulturellen Themen mit Hilfe von etablierten Kontakten und Netzwerken innerhalb der Migrantenorganisationen vorangetrieben werden können.

Nach britischer Expertenansicht legen ethnische Minderheiten viel Wert auf ihre Darstellung und ihre visuelle Präsenz im Programm. Gerade im Unterhaltungsbereich sehen die Interviewpartner Chancen, um mit Hilfe der *Personalisierungs-Strategie* auf den kulturellen Hintergrund der individuellen Charaktere eingehen zu können und *kulturelle Brücken* zu schlagen. Doch die Gespräche zeigen auch, dass diese so genannte *Visibility* allein nicht für die Zuschauerbindung ausreicht, denn Rezipienten aus Einwandererfamilien erwarten auch eine inhaltliche Berücksichtigung ihrer Interessen im Hauptprogramm. Nach Meinung eines britischen Medienakteurs ist es notwendig, dass es innerhalb der Führungsebene Personen gibt, die beim Verfehlen dieser Leitvorgaben Verantwortung übernehmen und Konsequenzen einleiten.

Schließlich wurde bei der Auswertung der Experteninterviews in Großbritannien hinsichtlich der Akteursebene deutlich, dass ein anderer kultureller Hintergrund bei gleicher Qualifikation der Medienakteure als Zusatzkompetenz gewertet wird, da die Personalverantwortlichen grundsätzlich erkennen, dass unterschiedliche Personen auch unterschiedliche Ideen und Blickwinkel in die Medienproduktion einbringen, was wiederum das Programm bereichern kann. Nach Ansicht der britischen Experten fungieren Journalisten unterschiedlicher kultureller Herkunft im Kreis ihrer Kollegen auch als Vermittler zwischen den Kulturen. Sie empfinden sich als eine Art *Pioniere* für neue Sendeformate über die Einwanderungsgesellschaft und nicht als *Quotenmigrant*. Zudem bestätigen die Gesprächspartner, dass Vorbilder und Mentoren eine wichtige Rolle für den journalistischen Nachwuchs mit Zuwanderungsgeschichte spielen.

Die britischen Experten beschreiben, dass sie sich zuweilen hin und her gerissen fühlen: Einerseits möchten ethnische Minderheiten innerhalb der Medienhäuser als professionelle Mitarbeiter nicht aus der Gruppe der geschätzten Kollegen herausstechen und andererseits fühlen sie sich aufgrund ihrer Herkunft und Erfahrung als eine Art *Sprachrohr* ihrer Kultur. So zeigen die Interviews, dass den Medienakteuren ihre Bedeutung als *Role model* für die Gruppe der ethnischen Minderheiten in der britischen Gesellschaft bewusst ist. Auch lassen sie nach Expertenmeinung ihre individuellen kulturellen Hintergründe als Zusatzkompetenz in die redaktionelle Arbeit und in den Austausch mit Kollegen einfließen. Die britischen Interviewpartner sehen zudem die Führungsebene in der Verantwortung, alle redaktionellen Mitarbeiter unabhängig von ihrer Herkunft dazu zu ermutigen, ihre Erfahrungshorizonte bezüglich anderer Kulturen zu erweitern.

10. Diskussion der Ergebnisse aus vergleichender Perspektive

In der wissenschaftlichen Literatur kommt es bei der Analyse von internationalen Ländervergleichen bisweilen lediglich zu einer Aufzählung der Ergebnisse anhand von Länderkapiteln, ohne dass diese im Anschluss an die eigentliche Auswertung zueinander in Beziehung gebracht werden. Daher widmet sich dieses Kapitel explizit dem Erkenntnisgewinn durch das komparative Vorgehen, indem Ähnlichkeiten und Unterschiede zwischen Deutschland und Großbritannien im Licht der empirischen Befunde betrachtet und die entsprechende Ergebnisfindung diskutiert werden. Auch wird die vorab getroffene These reflektiert, dass die öffentlich-rechtlichen Fernsehsender BBC und Channel 4 in Großbritannien im Bereich der medialen Integration als Vorbilder für Integrationsbemühungen von ARD, WDR und ZDF in Deutschland gelten können. Da die Analyse nicht losgelöst von den spezifischen Voraussetzungen der beiden EU-Mitgliedstaaten erfolgen kann, werden die Ergebnisse auf der normativen, strukturellen, funktionalen und rollenspezifischen Ebene diskutiert.

So können die Antworten auf die forschungsleitende Fragestellung nach den Rahmenbedingungen des öffentlich-rechtlichen Fernsehens für seinen Beitrag zur medialen Integration von Menschen mit Zuwanderungsgeschichte variablenbezogen anhand der vier Ebenen dargelegt und je nach Land beurteilt werden. Ein Experte betont die übergeordnete Bedeutung der Integration als nationale Frage:

> „Ich habe die Erkenntnis gewonnen, dass die Umsetzung der Integration in der Tat eine nationale Frage ist. Und bei uns mit unserem föderalen System ist es auch eine Landesfrage. Weil jedes Land seine eigene Geschichte, seine eigene Kultur im Umgang mit dem Thema und auch einen anderen gesetzlichen Rahmen hat, kann man nichts übertragen. Aber wirklich nichts. Noch nicht einmal von der BBC. Und am Ende klagen auch die Kollegen von der BBC über das Gleiche. (…) Es ist immer gut zu gucken und mit den Leuten zu sprechen, um Anregungen zu bekommen. Aber man muss immer überlegen, was die Umgebung ist, die Unternehmensgeschichte und Unternehmenskultur. Von außen etwas zu übertragen, funktioniert nirgendwo.“

Während der Interviews wurde deutlich, dass die Frage nach der Übertragbarkeit von so genannten *Best Practice-Beispielen* eine entscheidende Rolle spielt und unter den Akteuren aus Politik und Medien häufig zur Diskussion steht. Die Auswertung anhand des Kategoriensystems belegt, dass die jeweiligen Kontexte, in denen mediale Integrationspotentiale entstehen und genutzt werden, einen Effekt auf die Medienakteure und ihre Integrationsbemühungen haben. Umgekehrt können auch die individuellen Akteure ihren Einfluss auf die strukturellen Rahmenbedingungen des journalistischen Arbeitsalltags geltend machen. Da in dieser Untersuchung die

Voraussetzungen für die Integrationsleistungen der öffentlich-rechtlichen Sender aufgeführt wurden, können auf dieser Grundlage vorbildliche Herangehensweisen deutlich gemacht werden.

Um die durch die Auswertung der Experteninterviews ermittelten Integrationspotentiale zu vergleichen, wird in diesem Kapitel der Bezug hergestellt zwischen den individuellen Grundlagen für die mediale Integration in Deutschland und Großbritannien (vgl. Kapitel 5 und 6) und den jeweiligen Befunden der Auswertung der Experteninterviews (vgl. Kapitel 8 und 9). So gelingt es durch die Berücksichtigung der jeweiligen Kontexte und strukturellen Voraussetzungen, Ideen und Zielvorgaben im Bereich der medialen Integration sowie *Best Practice-Maßnahmen* der medialen Integrationsbemühungen innerhalb der öffentlich-rechtlichen Sendeanstalten zu identifizieren, die – selbst wenn sie nicht in dieser konkreten organisatorischen Ausprägung direkt übertragen werden können – zumindest als Anregung für die medienpolitische Diskussion beim öffentlich-rechtlichen Fernsehen in den beiden EU-Mitgliedstaaten dienen können.

10.1 Normative Rahmenbedingungen des Mediensystems

Mit Blick auf den Normenkontext werden die Geschichte des jeweiligen Landes und seine Definition als ein *Gastarbeiterland* oder ein *Einwanderungsland* zur Diskussion herangezogen. Hierbei fällt auf, dass unter den deutschen Experten lediglich ein Befragter auch die deutsche *Nazi-Vergangenheit* als Einflussgröße auf die heutige Programmkonzeption des (Unterhaltungs-)Fernsehens mit einbezieht und dadurch zu einer Erklärung für die Unterschiede in den angelsächsischen und deutschen Medieninhalten kommt (vgl. Kapitel 8.3.3). Die anderen Interviewpartner benennen die Geschichte des Landes in Hinsicht auf die Verbrechen des Zweiten Weltkriegs nicht.

In Deutschland haben die Experteninterviews insgesamt gezeigt, dass alle Befragten seit der Jahrtausendwende einen integrationspolitischen Paradigmenwechsel vom Gastarbeiterland hin zum dauerhaften multikulturellen Einwanderungsland beobachtet haben. Angeregt durch den ersten Integrationsgipfel im Jahr 2006 und den Nationalen Integrationsplan im darauf folgenden Jahr hat dieser Prozess weiter Kontur angenommen und Impulse im Mediensystem gesetzt. Die Vertreter des öffentlich-rechtlichen Fernsehens im Speziellen wurden an ihre gesellschaftliche Verpflichtung erinnert, sich mit aktuellen und zukünftigen Veränderungen der Einwanderergesellschaft zu beschäftigen, über kulturelle Vielfalt zu berichten, und den interkulturellen Integrationsprozess medial zu begleiten.

Trotz der verstärkten Bemühungen um die mediale Integration von Zuwanderern bei WDR und ZDF zeigt die Auswertung der Expertengespräche, dass

BBC und Channel 4 in Großbritannien bis heute als Vorbild für die deutschen Sender wahrgenommen werden und als solches auch in vielen Bereichen zu Recht gelten können, was ihren Beitrag zur medialen Integration von Menschen mit Zuwanderungsgeschichte und zur Akzeptanz kultureller Vielfalt in der Gesellschaft angeht.

Als Gründe führen die Experten die britische Vergangenheit als ehemalige Kolonialmacht und das klare Bekenntnis zu einem multikulturellen Einwanderungsland an, die dafür gesorgt haben, dass Zuwanderer in Großbritannien *mit anderen Augen betrachtet werden* und als Teil der Gesellschaft seit Jahrzehnten toleriert werden. Diese gesellschaftliche Haltung kann auch auf die Tatsache zurückgeführt werden, dass *britisch zu sein oder zu werden* in der Historie des Landes nie mit dem Abstammungsrecht (*Ius sanguinis*) begründet war. Dass neue Mitbürger aus den Kolonien oder dem Commonwealth in der Gesellschaft akzeptiert wurden, hat auch auf die Bemühungen der öffentlich-rechtlichen Fernsehsender um die mediale Integration von kultureller Vielfalt abgefärbt. So meint ein Experte aus Deutschland:

> „Wenn wir 50 Jahre lang verkannt haben, dass wir ein Einwanderungsland sind, und Großbritannien seit 50 Jahren sagt: ‚Wir sind ein Einwanderungsland', und Großbritannien ist Commonwealth geprägt, und die BBC ist der Weltsender schlechthin, dann kann er gar nicht arbeiten, ohne kulturelle Vielfalt als Merkmal mit einzubeziehen. Wenn bei uns in Deutschland erst ab 2006 verstärkt darüber nachgedacht wird, dann ist das gar kein Wunder, sondern ganz logisch, dass man jeden Vergleich mit der BBC verliert. Da werden wir wahrscheinlich noch 30 Jahre brauchen, aber mich beunruhigt das nicht, weil es zeigt, dass wir da aufholen und auf gutem Weg sind."

Die BBC gilt aufgrund der kulturellen Vielfalt im Programm als der öffentlich-rechtliche Sender, der international die „Königsrolle" bei der Darstellung von ethnischen Minderheiten eingenommen hat. Dem Sender gelingt es, die verschiedenen Nationalitäten, die in Großbritannien leben, auf dem Bildschirm abzubilden. Laut Expertenansicht vermitteln die britischen öffentlich-rechtlichen Sender dadurch ein anderes Fernsehgefühl und anhand des Programms von BBC und Channel 4 wird deutlich, dass die britische Gesellschaft in ihrer Selbstwahrnehmung als modernes Einwanderungsland weiter ist als Deutschland. Hierzulande finden das Thema Integration und die Rolle der Medien im Integrationsprozess erst seit einigen Jahren die nötige Berücksichtigung. Dass Medienvertreter in Deutschland Integration lange Zeit als alleinige Aufgabe der Politik eingeordnet haben, mag auch daran liegen, dass Institutionen wie die Integrationsministerien einzelner Bundesländer den Anschein einer staatlich-dominierten Handhabung des Themenkomplexes *Migration und Integration* erwecken.

Da die Experten bejahen, dass sich für den Beitrag des öffentlich-rechtlichen Fernsehens zur Integration und zur Akzeptanz kultureller Vielfalt in der Einwanderungsgesellschaft eine Vorbildsituation im angelsächsischen Raum ausmachen lässt, haben sich die Verantwortlichen der deutschen öffentlich-rechtlichen Sender bereits mit den Ansätzen des britischen *Diversity Managements* beschäftigt.[110] Auch wenn sich die Herangehensweisen der britischen öffentlich-rechtlichen Fernsehsender aufgrund der speziellen Ausprägungen der britischen Gesellschaft nicht unreflektiert auf deutsche Verhältnisse und die hiesigen öffentlich-rechtlichen Fernsehsender übertragen lassen, können sie als gedankliche Leitrichtlinien genutzt werden. Dazu meint ein Experte:

> „Ich glaube, dass die Fragen aus der britischen Gesellschaft sich auch nicht eins zu eins auf die deutsche übertragen lassen. Aber ich fand den grundsätzlichen Ansatz ganz gut, von dem Integrationsbegriff als Leitbegriff zu dem Begriff des Diversity Managements überzuleiten. Keine schlechte Idee, weil der Integrationsbegriff immer so eine Art Homogenitätsvorstellung suggeriert, die am Ende dieser ganzen Bemühungen stehen sollte, während Diversity Management besser zum Ausdruck bringt, dass es vor allen Dingen darum geht, mit Unterschieden vernünftig leben zu lernen."

Die Auswertung der Interviews hat gezeigt, dass sich die nach dem Zweiten Weltkrieg etablierte integrationspolitische Definition im Sinne einer Assimilation in Deutschland auch heute noch auf den Umgang mit Zuwanderern auswirkt. Während der Gedanke nahe liegt, dass in Großbritannien durch seine Kolonialgeschichte anders mit Zuwanderungsfragen umgegangen wird und die Menschen sich dort mit *dem Fremden* bereits in der Vergangenheit auseinandergesetzt haben, reagieren Menschen in Deutschland auf kulturelle Vielfalt teilweise noch mit einer gewissen Abwehrhaltung. Das folgende Zitat führt diesen Gedanken weiter aus:

> „The official mantra that ‚Germany is not an immigration country', which German governments until very recently adhered to, has had real consequences for the opportunities for minority claims-making. Many of the migrants in Germany were actively recruited, coming as a result of the ‚guestworker' system for importing foreign labour. This produced an official policy that assumed that these ‚guests' would one day return to their homelands, and so policies for integration were minimal. (…) In contrast to Germany, migrant organisations and political participation – as ethnic or racial minorities – is facilitated by the British state, particularly at the local level. In Britain, a state-sponsored ‚race relations' industry has emerged, backed by anti-discrimination legislation and the authority of the Commission for Racial Equality and local bodies to report and advise on practices for ensuring equal treatment, (…) to combat racism and discrimination and promote social integration." (Koopmans & Statham 2003: 213)

---

[110] Nach britischem Vorbild hat auch auf europäischer Ebene die European Broadcasting Union (EBU) eine so genannte *Intercultural Diversity Group* gegründet, die sich mit ihren 20 Mitgliedern zur Aufgabe gemacht hat, dem Thema mediale Integration und die Förderung der Akzeptanz von kultureller Vielfalt innerhalb der öffentlich-rechtlichen Sendeanstalten der europäischen Mitgliedstaaten mehr Bedeutung bei-zumessen.

Sich von der assimilativen Tradition zu lösen, bedeutet für Deutschland, mit dem bekannten Werteschema des homogenen Nationalstaats zu brechen und sich fernab der gewohnten *Leitkultur* nach dem Prinzip der interkulturellen Integration eine neue gemeinsame Basis des gesellschaftlichen Zusammenlebens aufbauen zu müssen. Laut Expertenmeinung befindet sich Deutschland spätestens seit dem ersten Integrationsgipfel im Jahr 2006 an diesem Wendepunkt der Integrationspolitik. Dieses Umdenken hat sich seitdem auch auf die öffentlich-rechtlichen Fernsehsender ausgedehnt.

Während die öffentlich-rechtlichen Sender in Deutschland in Fragen ihrer Integrationsleistungen einen gewissen Druck der Politik verspüren, lässt die Auswertung in Großbritannien einen vermehrten Einfluss der Sozialstruktur auf das Mediensystem erkennen. Dort geht es in der aktuellen politischen Diskussion mittlerweile nicht länger um einen speziellen Integrationsauftrag für Zuwanderer und ethnische Minderheiten, sondern es wird nach einem allumfassenden Ansatz der Programm- und Personalplanung gesucht, die im Sinn von einer Integration der Gesamtgesellschaft, bestehend aus Stadt- und Landbevölkerung, Menschen verschiedenen Alters und aus unterschiedlichen sozioökonomischen Verhältnissen vonstatten geht. Dieser Trend bestimmt auch die derzeitige Vorgehensweise beim öffentlich-rechtlichen Fernsehen:

> „The demography of the UK is changing rapidly and the growing range of media outlets means that people have more choices than ever before to meet their information and entertainment needs. In order to survive, both commercial and PSB will have to adapt much faster to engage these ever-more discerning and diverse audiences. (…) But there is also a bigger goal that should not be ignored, which is that of social cohesion and building mutual understanding across the many groups that make up modern Britain." (Campion 2009: 78f.)

Folglich ist auch in der medienpolitischen Debatte die Integration von *Cultural Diversity* mittlerweile nur noch ein Aspekt des übergeordneten *Diversity Managements*, und die Beauftragten bei den öffentlich-rechtlichen Fernsehsendern, die für die mediale Integration von ethnischen Minderheiten zuständig sind, befassen sich mit einer Integrationsthematik, die über die Diskussion um Chancengerechtigkeit für kulturelle Minderheiten in den Medieninhalten und in der Personalstruktur hinausgeht. Die Integrationspotentiale des öffentlich-rechtlichen Fernsehens müssen nach Ansicht der Experten in Zukunft auf die Etablierung einer Plattform für den gemeinsamen gesamtgesellschaftlichen Dialog ausgerichtet werden.

Innerhalb der länderspezifischen gesellschaftlichen Rahmenbedingungen konnte anhand der Auswertung der Experteninterviews für beide EU-Mitgliedstaaten festgestellt werden, dass die Diskussion um die Rolle des öffentlich-rechtlichen Fernsehens im interkulturellen Integrationsprozess unter dem Einfluss der politischen Integrationsansätze geführt wird. Hier fällt auf, dass die integrationspolitischen Vorgaben in Deutschland in den vergangenen vier Jahren einen deutlichen Impuls auf die öffentlich-rechtlichen Sender ausgeübt haben, da das Thema *Integration und Medien* im Zentrum der politischen Aufmerksamkeit stand – und auch heute noch steht. Laut Experten waren solche Impulse von Seiten der Politik auf die öffentlich-rechtlichen Sender in Großbritannien vor allem nach den Bombenanschlägen in London im Jahr 2005 merklich, als die Migrations- und Integrationsthematik plötzlich wieder auf der politischen Agenda stand.

Neben den politischen, historischen und rechtlichen Faktoren, die in beiden EU-Mitgliedstaaten jeweils länderspezifisch einen individuellen Einfluss auf die medialen Integrationspotentiale beim öffentlich-rechtlichen Fernsehen haben, belegen die Experteninterviews, dass marktwirtschaftliche Faktoren sich in beiden Ländern ähnlich auf die Sender auswirken. So entdecken die privaten Fernsehsender in Deutschland und in Großbritannien Menschen aus Einwandererfamilien als gewinnbringende Zielgruppe für sich, was ein erhöhtes Engagement in der Darstellung von kultureller Vielfalt in den Medieninhalten zur Folge hat.

Die BBC ist im Vergleich zu den deutschen öffentlich-rechtlichen Sendern in Zeiten einer schlechten Wirtschaftslage im Vorteil, da sie nicht auf Werbeeinnahmen angewiesen ist. Auch sticht an dieser Stelle der Sender Channel 4 mit seinem speziellen Normenkontext aus der Auswertung hervor, da er durch seine kommerzielle Ausrichtung bei gleichzeitiger öffentlicher Verpflichtung durch den Programmauftrag am schnellsten und unbürokratischsten auf marktwirtschaftliche Trends reagieren kann. In Folge dessen kann die Sendeanstalt auch ihre medialen Integrationsmaßnahmen besser auf die vorhandenen Rahmenbedingungen anpassen, um so einerseits die Darstellung von kultureller Vielfalt im Programm unter dem Zielgruppenaspekt zu fördern und andererseits eine kulturell heterogene Personalstruktur zu etablieren, die dem Anteil an ethnischen Minderheiten in der britischen Bevölkerung gerecht wird.

10.2 Struktureller und personeller Aufbau der Medieninstitutionen

Bei der Beantwortung der Forschungsfrage nach den medialen Integrationspotentialen im Strukturkontext des öffentlich-rechtlichen Fernsehens zeigen sich Gemeinsamkeiten und Unterschiede zwischen den öffentlich-rechtlichen Sendeanstalten in Deutschland und Großbritannien. Die Auswertung in Hinblick auf die Redaktions- und Personalstruktur hat ergeben, dass Medienakteure mit Zuwanderungsgeschichte sowohl bei den deutschen Sendern eindeutig unterrepräsentiert als auch in Großbritannien nicht auf allen Positionen innerhalb des öffentlich-rechtlichen Fernsehens angemessen vertreten sind.

Bei dieser generellen Feststellung muss jedoch für die beiden Länder differenziert werden: Während in Deutschland die Visualisierung von kultureller Vielfalt durch Moderatoren und Protagonisten *vor der Kamera* erst langsam zunimmt, ist dieser Schritt der medialen Integration in Großbritannien bereits vollzogen und schon lange sichtbar. In den Sendeanstalten beider Länder fehlt jedoch die Auflösung einer kulturell homogenen Personalstruktur *hinter der Kamera* und es bedarf einer Angleichung an die kulturell heterogene Gesellschaftsstruktur.

Vor allem Führungspositionen beim öffentlich-rechtlichen Fernsehen werden bislang nicht von Menschen aus Einwandererfamilien besetzt. Dies kann zur Folge haben, dass in der Programmplanung an Altbekanntem festgehalten wird und innovative Formate, die Entwicklungen in der Einwanderungsgesellschaft glaubhaft widerspiegeln könnten, in der Programmplanung zu Gunsten von Standardlösungen verworfen werden. Vor dem Hintergrund der gelungenen Visualisierung von kultureller Vielfalt in den Medieninhalten von BBC und Channel 4 bleibt dieses Brachliegen von Integrationspotentialen in der Struktur der Sender auf den ersten Blick häufig unerkannt. Experten fordern daher, dass ein genaueres Hinsehen, damit die Schwachstellen in der Medienstruktur hinter die Kulissen erkannt werden:

> „Although a good progress has been made in some areas of mainstream British media in terms of *visibility* of ethnic minority faces, there is still remarkably little increase in diversity of the *content* of programmes or the diversity of the *people* who commission and produce mainstream media output. (…) The increase in visibility of black and brown faces on television has created an impression of great progress across the industry. However, colour on screen does not reflect greater diversity behind." (Campion 2009: 73/76; Hervorh. im Original)

Neben der Gemeinsamkeit, dass sowohl in Deutschland als auch in Großbritannien mediale Integrationspotentiale in der Personalstruktur zum Teil noch ungenutzt bleiben, zeigt sich eine Parallele, wenn es um die Diskussion von einer Quotenregelung geht, die im Rekrutierungsprozess die Einstellung von Menschen mit Zuwanderungsgeschichte fördern soll. Hier zeigt die Analyse der Länderstudien, dass die Experten – unabhängig aus welchem Land und von welchem Fernsehsender – befürchten, dass eine solche Quote manipuliert werden könnte. Sie teilen die Ansicht, dass ein rein quantitatives Vorgehen keine Chancengerechtigkeit gewährleistet und sprechen sich gegen eine solche Regelung aus. Die Interviewpartner erwarten, dass die Qualität der Bewerber stets als Hauptkriterium bei den Auswahlprozessen angelegt wird. Verantwortliche Führungskräfte müssten verstehen, warum eine kulturell vielfältige Personalstruktur beim öffentlich-rechtlichen Fernsehen wichtig ist, und sie müssten gegenüber einer Aufsichtsinstanz Rechenschaft ablegen, wenn es nicht gelingt, die Personalzusammensetzung langfristig der kulturell heterogenen Gesellschaftsstruktur anzugleichen.

Aufgrund der Zuwanderung von gebildeten und qualifizierten Arbeitskräften und der durch die Einwanderungsgeschichte herausgebildeten Akzeptanz von kultureller Vielfalt in der britischen Gesellschaft haben die Verantwortlichen der britischen öffentlich-rechtlichen Fernsehsender theoretisch keine Schwierigkeiten, geeignete Medienakteure einzustellen. Auch sind in Großbritannien der Schutz gegen Antidiskriminierung und die Förderung von *Race Equality* wesentlich stärker legislativ verankert, als dies in Deutschland der Fall ist. So ist es beispielsweise Pflicht, bei der Veröffentlichung von Stellenausschreibungen der BBC und Channel 4 die Bewerbung von Personen aus Einwandererfamilien ausdrücklich zu befürworten. Die Gesetzgebung in Großbritannien schützt kulturelle Vielfalt und die restriktive Zuwanderung nach einem Punktesystem und verspricht zudem die Aufnahme von höher qualifizierten Menschen, die so potentiell auch als Arbeitnehmer beim öffentlich-rechtlichen Fernsehen gelten könnten.

In Deutschland wurden jahrzehntelang größtenteils unqualifizierte Arbeitskräfte aus dem Ausland als Gastarbeiter angeworben. Das Resultat dieser Einwanderungspolitik kann auch als einer der Gründe gelten, warum die Kinder aus Einwandererfamilien in der zweiten und dritten Zuwanderergeneration häufig Ausbildungsdefizite aufweisen. Dass es hierzulande mittlerweile trotzdem adäquat qualifizierte Nachwuchsjournalisten mit Zuwanderungsgeschichte gibt, zeigen Integrationsoffensiven des WDR, die in Form von Aus- und Fortbildungsprogrammen und auch in Stellenausschreibungen Zuwanderer mit Interesse am Fernsehen gezielt ansprechen und umwerben.

Mit Blick auf die aktuellen medienpolitischen Imperative in den beiden EU-Mitgliedstaaten wird deutlich, dass es in Großbritannien – mit Ausnahme der Commission for Racial Equality (CRE) – und in Deutschland bislang an funktionierenden Kontrollinstanzen fehlt, die Fortschritte in diesen Feldern der Integrationsleistung des öffentlich-rechtlichen Fernsehens protokollieren, evaluieren und bei einer Verfehlung der Zielvorgabe über mehr Mitarbeiter mit Zuwanderungsgeschichte entsprechende Konsequenzen durchsetzen.

Als *Best Practice-Beispiele*, die einen Schritt in die richtige Richtung darstellen, können hier intern bei den öffentlich-rechtlichen Sendern für Großbritannien der jährliche Report des Broadcast Training & Skills Regulator (BTSR) und für Deutschland der Integrationsbericht des WDR genannt werden. Jedoch sind diese freiwilligen Angaben der Fernsehanstalten nicht ausreichend, um Transparenz in Einstellungs- und Beförderungsprozessen herzustellen. Sinnvoller erscheint es insbesondere für Deutschland, wenn sich alle Sender der ARD und das ZDF zur Herausgabe der Daten verpflichten und eine gemeinsame Regelung des *Monitoring* und der Evaluationskriterien erarbeiten würden.

Im Bereich der Personalakquise und Nachwuchsförderung hat die Auswertung ergeben, dass in beiden Ländern insbesondere die regionalen Sender eine gute Einstiegsmöglichkeit für Medienakteure aus Einwandererfamilien bieten, da es beispielsweise bei den BBC-Regionalprogrammen, Channel 4 und dem WDR spezielle Förderprogramme für ethnische Minderheiten gibt. Auch wird bei diesen

Fernsehanstalten ein interkulturelles Training für die Belegschaft und die Führungsebene angeboten. Dennoch zeigen die Expertengespräche, dass diese ersten Schritte noch ausbaufähig sind und in Zukunft in einem größeren Rahmen und als feste Bestandteile bei allen öffentlich-rechtlichen Fernsehsendern etabliert werden sollten.

Hier wird deutlich, dass strukturelle Rahmenbedingungen diese Prozesse entweder beschleunigen oder bremsen können. Je größer und bürokratischer eine Fernsehanstalt ist, desto langsamer ist auch die Ausarbeitung und Implementierung von medialen Integrationsstrategien. Der internationale Vergleich – vor allem mit Blick auf Channel 4 – unterstreicht den Vorteil, den kleinere Sendeanstalten gegenüber großen, föderal organisierten Medieninstitutionen bei der Umsetzung von Integrationsmaßnahmen haben. Neben den Chancen, die eine föderale Struktur im Aufbau der öffentlich-rechtlichen Fernsehsender aufgrund der Regionalprogramme mit sich bringt, belegt die Auswertung der Experteninterviews, dass die komplexe Organisation von BBC und ARD einer schnellen und stringenten Ausübung ihrer Integrationsfunktion häufig im Wege steht. Zudem erschweren bürokratische Hürden diesen Prozess.

Im Bereich der Nachwuchsförderung wird deutlich, dass es in Deutschland weniger Ausführungsbestimmungen als in Großbritannien gibt, um eine aktive Rekrutierung für neue Talente zu unterstützen. So genannte *Outreach-Maßnahmen* von BBC und Channel 4, bei denen die Sendeanstalten gezielt den Kontakt zu Menschen aus Einwandererfamilien suchen, gibt es bei der ARD (mit Ausnahme von *WDR-Grenzenlos*) und beim ZDF bislang noch nicht regelmäßig und flächendeckend. Auch fehlen hier spezielle Förder- und *Mentoring-Programme* für Medienakteure mit Zuwanderungsgeschichte, um sie gezielt auf Führungspositionen vorzubereiten und ihnen ein erweitertes Netzwerk zugänglich zu machen.

Ein weiterer Unterschied ist in Hinsicht auf die institutionellen Zuständigkeiten auszumachen. Sowohl bei der BBC als auch bei Channel 4 gibt es auf nationaler und regionaler Ebene spezielle Beauftragte für (kulturelle) Vielfalt, die sich einzig um die Integration von (ethnischen) Minderheiten auf Struktur- und Inhaltsebene kümmern. Aufgrund der weit reichenden Antidiskriminierungsgesetzgebung sind ethnische Minderheiten mit ihren Anliegen auch in den jeweiligen Aufsichts- und Kontrollgremien vertreten. In Deutschland gibt es lediglich einen Vollzeit-Integrationsbeauftragten des WDR, der stellvertretend auch für die ARD tätig ist, sowie einen Vertreter der Gruppe der Migranten im WDR-Rundfunkrat.

Dieses strukturelle Missverhältnis in Deutschland untergräbt den eigens postulierten Anspruch der Sender auf gleichberechtigte Teilhabe von ethnischen Minderheiten beim öffentlich-rechtlichen Fernsehen. Da das gesellschaftliche Verständnis von Integration der Kommunikation über Leitmedien eine hohe Bedeutung im interkulturellen Dialog beimisst, bleiben hier mediale Integrationspotentiale ungenutzt und wird den Zuwanderern ihr Grundrecht in Form von Teilhabe am demokratischen Diskurs verwehrt. Denn nur wenn Menschen aus Einwandererfamilien in den Gremien ein Mitspracherecht haben, können sie ihre Interessen öffentlich machen und sich mit den Vertretern der Mehrheitsgesellschaft eine gemeinsame Basis des Austauschs erarbeiten. Daher sind medienpolitische Akteure in Deutschland gefordert, rechtliche Grundlagen in den Staatsverträgen der öffentlich-rechtlichen Sender dahingehend zu ändern oder zu aktualisieren, dass in Zukunft in der Gremienarbeit tatsächlich allen gesellschaftlichen Gruppen und kulturellen Minderheiten eine Stimme gegeben wird.

10.3 Strategische Ausrichtung der Medieninhalte

Nach Meinung der Experten hat die britische Bevölkerung aufgrund der kolonialen Vergangenheit weniger Berührungsängste mit Zuwanderern, als dies in der deutschen Bevölkerung der Fall sei. Die britischen Interviewpartner erklären, dass *klassische* europäische Kolonialländer wie Großbritannien eine viel selbstverständlichere Herangehensweise an das Thema *Migration und Integration* haben als dies in Deutschland der Fall sei.

Da die britische Gesellschaft, durch das Commonwealth geprägt, auch das Migrationsthema auf andere Weise erlebt, ist interkulturelle Integration als Aufgabe des öffentlich-rechtlichen Fernsehens in den historisch herausgebildeten und weiterentwickelten Programmaufträgen der Rundfunkanstalten seit Jahrzehnten enthalten. So verfügt die BBC über Erfahrung in der strategischen Ausrichtung der Medieninhalte auf die Bedürfnisse der Zuwanderer, da bereits im Jahr 1975 Menschen mit Zuwanderungsgeschichte auf dem Bildschirm im Hauptprogramm zu sehen waren. Der Sender empfindet sich als *Weltsender*, daher ist er verpflichtet, Facetten und Themenspektren aus verschiedenen Kulturen abzubilden und die Akzeptanz von kultureller Vielfalt mit den Sendungen zu demonstrieren. Dazu meint ein Experte:

> „Wenn sie BBC gucken, dann haben sie nach zwei Stunden die ganze Welt gesehen. Wenn sie die deutschen Sender sehen, dann haben sie irgendwelche Fußgängerumfragen zur Bundeskanzlerin. Also da gibt es enorme Unterschiede. Auch CNN hat einen ganz anderen globalen Ansatz. Im Personal sowieso. In Amerika ist es überhaupt kein Thema, ob man schwarz oder weiß ist als Anchorman. Da hat es diese Form von Rassismus schon lange nicht mehr gegeben. Das ist kein Thema, was man organisieren muss, sondern das ist ein Sachverhalt, der sich von selbst ergibt. Und das ist der bessere Ansatz."

Bei den deutschen öffentlich-rechtlichen Sendern ist der Fokus auf die Zielgruppe nicht so international ausgerichtet. WDR und ZDF zeigen im Vergleich zur BBC und Channel 4 dahingehend Unterschiede in der Programmkonzeption, dass die

306

mediale Integration von Menschen mit Zuwanderungsgeschichte zwar mittlerweile verstärkt stattfindet, aber dennoch nicht überall Bestandteil des Programmangebots ist. Dies mag auch darauf zurückzuführen sein, dass in der gesellschaftspolitischen Debatte in Deutschland bislang unzulänglich geklärt wurde, auf welche gemeinsame Basis sich das Zusammenleben von Zuwanderern und Einheimischen stützt.[111]

Da Diskussionen dieser Art verstärkt und in diesem Ausmaß erst seit dem ersten Integrationsgipfel der Bundesregierung im Jahr 2006 geführt werden, scheint noch kein gesellschaftlicher Konsens darüber zu bestehen, welche Leitgedanken und Wertvorstellungen die kulturell heterogene Bevölkerung zu einer Gemeinschaft zusammen wachsen lassen. Bis diese „dritte deutsche Einheit" (Laschet 2009: 41) gelungen und die Frage nach den Gemeinsamkeiten aller Mitbürger geklärt ist, wird es den Programmverantwortlichen bei den öffentlich-rechtlichen Sendern konsequenterweise schwer fallen müssen, die *Normalität* des Einwanderungslandes medial zu vermitteln.

In Großbritannien haben die Sendeanstalten erkannt, dass sich durch die Darstellung von kultureller Vielfalt eine größere Zuschauerzielgruppe an das Programmangebot binden lässt. Das Thema *Migration und Integration* ist dort seit Jahrzehnten auf der politischen Agenda und dadurch zur gesellschaftlichen Normalität und zum medialen Alltag geworden. So nutzen BBC und Channel 4 ihre Möglichkeiten der Darstellung von ethnischen Minderheiten und der Präsentation von aktuellen Themen der Einwanderungsgesellschaft bereits konsequenter als deutsche Sender. In der BBC gibt es eine gewisse *Normalität* der kulturellen Vielfalt:

> „Wenn man sich bei der BBC die Nachrichten anschaut, dann gibt es da eine Vielfalt und auch eine gewisse Normalität. Dies ist ja der entscheidende Punkt, dass ich nicht nur herausgehobene Positionen habe und sage: ,Das ist jetzt ein Zuwanderer', sondern dass sie als Nachrichtensprecher oder in allen möglichen Serien vorkommen. Da gibt es viele gute Beispiele dafür, wo es sich widerspiegelt, dass es normal ist, dass viele verschiedene Nationalitäten in Großbritannien leben. Obwohl jetzt vieles gemacht worden ist, sind wir in Deutschland sicher noch weit davon entfernt."

Die Befunde der beiden Länderstudien zeigen im Vergleich einen weiteren Unterschied in der Konzeption der Medieninhalte. In Deutschland gehen die Akteure bei den öffentlich-rechtlichen Sendern insofern eher *konservativ* mit der Ausführung ihres Programmauftrags um, als dass es ihnen noch nicht gelungen ist, die mediale Integration von Zuwanderern sowohl im Informationsbereich wie auch im Fiktionalen als Querschnittsthema im gesamten Programm zu etablieren. Dort, wo diese *Mainstream-Strategie* verfolgt wird, wurde sie bislang – insbesondere im Unterhaltungsbereich – noch nicht ausreichend umgesetzt. Auch der WDR, der mit *Cosmo*

---

[111] In diesem Zusammenhang kann auf die so genannte *Leitkulturdebatte* verwiesen werden, die in Deutschland zu Beginn des Jahres 2004 wieder aufkam und von politischem wie gesellschaftlichem Dissenz geprägt war.

TV eine spezifische Sendung für die *Integrationsthematik* anbietet, erreicht damit noch nicht seine gewünschten Zielgruppen. In Großbritannien bieten die öffentlich-rechtlichen Sendeanstalten auch spezielle Nischenprogramme für Zuwanderer an. Jedoch trachten sie danach, die Thematik so selbstverständlich wie möglich im Hauptprogramm unterzubringen. Hier sind sich die Vertreter von BBC und Channel 4 aufgrund ihrer Erfahrungswerte einig, dass eine Kombination aus beiden Ansätzen die überzeugendere Lösung ist. Auch im Bereich des Fiktionalen sind die britischen gegenüber den deutschen Sendern vorbildlich. Dennoch gelingt es den Programmverantwortlichen auch in Großbritannien nicht immer, ihrem Mandat gerecht zu werden und einen Beitrag zur demokratischen Debatte aller Bürger zu leisten (vgl. Abbildung 5, Kapitel 4.1). Sie versuchen es jedoch, indem sie beide Ansätze der Programmentwicklung verbinden und Medieninhalte konzipieren, von denen sich Mehrheiten wie Minderheiten gleichermaßen angesprochen fühlen und etwas übereinander erfahren können.

Die Befunde zu den Medieninhalten machen deutlich, dass die öffentlich-rechtlichen Fernsehsender in Großbritannien mit ihrer Darstellung von kultureller Vielfalt in Nachrichten- und Unterhaltungsprogrammen den Zielvorstellungen des Integrationsauftrags besser entsprechen, als dies bislang bei den deutschen Pendants der Fall ist. Auf den zweiten Blick zeigt sich, dass sich die Verantwortlichen von BBC und Channel 4 dabei vor allem auf die Strategie der Visualisierung stützen. Dies hat laut Expertenmeinung zur Folge, dass ethnische Minderheiten zwar jemanden *aus ihren Reihen* auf dem Bildschirm wieder erkennen, sich mit ihren Themen und Lebensumständen aber dennoch nicht immer adäquat in den Medieninhalten vertreten sehen.

Aktuelle Forschungsstudien in Großbritannien belegen (vgl. Kapitel 9.1.5), dass mediale Integration über die visuelle Präsenz von Zuwanderern zwar möglich ist, jedoch langfristig die Inhalte des Programms entscheidend sind, um ein kulturell heterogenes Publikum zu etablieren und halten zu können. Zurzeit fühlen sich sowohl in Großbritannien als auch in Deutschland vor allem junge Menschen aus Einwandererfamilien nicht ausreichend vom öffentlich-rechtlichen Fernsehen repräsentiert, da die Sender ihren Vorbildern und Interessen in den Medieninhalten zu wenig Platz einräumen. So werden auch im Funktionskontext Integrationspotentiale der Sender nicht ausreichend genutzt. In den Interviews wurde dies vor allem mit einer fehlenden Verbindlichkeit und Konsequenz in den Bemühungen begründet, mit ihrem Programmangebot einen Beitrag zur Akzeptanz von kultureller Vielfalt in der Einwanderungsgesellschaft zu leisten. Das folgende Zitat beschreibt die Situation treffend:

„Every year broadcasters announce new initiatives to promote what is currently known as *cultural diversity*, good intentions are voiced everywhere, occasional programmes seem to signify progress but turn out to only to be a flash in the pan. People from all sorts of marginalised groups remain hungry for meaningful representations of themselves and their lives as part of the mainstream output on television." (Campion 2005: 5; Hervorh. im Original)

Diese Unbeständigkeit in der Umsetzung der medialen Integrationsmaßnahmen ist auch auf den Strukturkontext zurückzuführen. Da institutionelle Zuständigkeiten beim öffentlich-rechtlichen Fernsehen häufig wechseln und neue Verantwortliche stets auch individuelle Prioritäten mitbringen, ist eine langfristige Implementierung von Integrationsstrategien schwer durchzusetzen. Da interkulturelle Integration jedoch ein langwieriger Prozess ist, der Beständigkeit und Weitsicht verlangt, kann die Nutzung der Integrationspotentiale innerhalb der Sender unter den strukturellen Rahmenbedingungen in den Medienhäusern sowie unter den konjunkturellen gesellschaftlichen Einflüssen leiden.

10.4 Rolle der Medienakteure

Bei der Auswertung der Experteninterviews im Hinblick auf den Rollenkontext fiel zunächst die Gemeinsamkeit zwischen den Medienakteuren in Deutschland und Großbritannien auf, dass Medienakteure aus Einwandererfamilien, die als Moderatoren beim öffentlich-rechtlichen Fernsehen arbeiten, ein ähnliches Rollenselbstverständnis empfinden. Sie berichten von ambivalenten Gefühlen, die durch ihre Vorbildfunktion bei Präsenz auf dem Bildschirm entsteht, ohne dass dieser Effekt auf die Zuschauer für sie im Vordergrund ihrer journalistischen Arbeit steht.

Hier zeigen die Befunde, dass vor allem die Moderatoren in Deutschland viele Zuschriften der Rezipienten mit Zuwanderungsgeschichte bekommen, in denen sie zu ihrem persönlichen Werdegang wie zu Integrationsthemen befragt werden. Diese Tatsache belegt, dass Zuschauer hierzulande noch nicht an Menschen aus Einwandererfamilien *vor der Kamera* gewöhnt sind, sondern kulturelle Vielfalt im Fernsehen noch als etwas Neues empfunden wird. In Großbritannien ist die Visualisierung von ethnischen Minderheiten im öffentlich-rechtlichen Fernsehprogramm längst zur Normalität geworden. Ein Experte beschreibt, wie das Land in dieser Hinsicht Deutschland um Schritte voraus ist:

„So weit wie die englische Gesellschaft sind wir noch nicht. Aber ich glaube, in den letzten zehn Jahren haben wir einen großen Sprung gemacht. Großbritannien ist viel flotter als wir. Da muss man aber auch gerechterweise hinzufügen, die haben viele Farbige, die natürlich dann auch viel auffälliger sind, wenn sie auf dem Schirm sind. Und bei uns ist das ja in der Tat nicht immer zu sagen, wer ist Migrant und wer nicht. Das ist ja auch gut so, muss ja auch nicht."

Die Analyse der Experteninterviews hat ergeben, dass die öffentlich-rechtlichen Sender in Großbritannien die Vorbildrolle ihrer Moderatoren mit Zuwanderungsgeschichte gezielt nutzen, um sie in der Öffentlichkeit zu zeigen und durch ihre Präsenz auch neue Talente aus Einwandererfamilien anzuziehen.

10.5 Zwischenfazit

Die Befunde der Expertenbefragung zeigen, dass sich in den öffentlich-rechtlichen Fernsehanstalten in Großbritannien seit einigen Jahrzehnten ein Perspektivwechsel vollzieht, der weg von einer defizitären Minderheitenpolitik, hin zu einer ressourcenorientierten Wertschätzung von kultureller Vielfalt führt. Deutschland befindet sich zurzeit noch in einem früheren Stadium der Integrationspolitik. Hier werden die Probleme und Versäumnisse der Vergangenheit jedoch spätestens seit dem ersten Integrationsgipfel im Jahr 2006 angesprochen, und sowohl in der Politik als auch bei den öffentlich-rechtlichen Fernsehsendern sind Zielvorgaben im Integrationsprozess mittlerweile festgelegt.

Mit Blick auf die Leitfrage, wie sich die normativen Rahmenbedingungen des Mediensystems zwischen Deutschland und Großbritannien unterscheiden, zeigt sich der größte Unterschied in der politischen Auffassung und in den integrationspolitischen Ansätzen zum Thema *Integration*. Während die Bundesrepublik mit ihrer Gastarbeitertradition und einer traditionell assimilativen Definition von Integration das Thema politisch bis in die späten 90er Jahre nachrangig behandelt hat, zielen migrations- und integrationspolitische Maßnahmen in Großbritannien bereits seit der 60er Jahre auf eine Antidiskriminierungsgesetzgebung und ein friedliches Zusammenleben in der multikulturellen Einwanderungsgesellschaft ab.

Als Konsequenz hat sich bei der BBC bereits seit Jahrzehnten ein Selbstverständnis als Kommunikator und Plattform im interkulturellen Dialog entwickelt, und Channel 4 ist mit der Zielsetzung entstanden, dass die Sendeanstalt mit einer individuellen Unternehmensform durch ein unkonventionelles Programm zum Zusammenhalt der Gesellschaft beitragen soll. Da sich das deutsche duale Rundfunksystem in seiner Entstehung an der britischen BBC orientiert hat, und das Thema *Integration und Medien* seit dem Integrationsgipfel auf der medienpolitischen Agenda steht, existieren heutzutage in Deutschland und Großbritannien ähnliche Grundpositionen im soziokulturellen Verständnis der Rolle des öffentlich-rechtlichen Fernsehens im Integrationsprozess.

Sowohl die ARD-Sendeanstalten und das ZDF als auch BBC und Channel 4 haben im Programmauftrag eine identische Position bezüglich der dem öffentlich-rechtlichen Fernsehen zugeschriebenen Integrationsfunktion. Ein Unterschied besteht darin, dass sich die britischen Sender dabei an dem weiter gefassten Begriffs des *Diversity Managements* orientieren, der sich auf alle gesellschaftlichen Minderheiten und Randgruppen bezieht. Da dem Thema *Migration und Medien* in der medienpolitischen Diskussion in Deutschland in den vergangenen Jahren eine hohe Aufmerksamkeit zuteil wurde, haben die deutschen Sender innerhalb ihres gesamtgesellschaftlichen Integrationsauftrags eine enger gefasste Zielsetzung, die verstärkt auf die Integration von *kultureller Vielfalt* und Menschen mit Zuwanderungsgeschichte ausgerichtet ist.

Deutsche und britische Gesprächspartner weisen einstimmig auf den Effekt von integrationspolitischen Entscheidungsprozessen auf das öffentlich-rechtliche Fernsehen hin. Dabei warnen lediglich vereinzelte Experten, dass den Fernsehsendern von Seiten der Politik und Gesellschaft eine *moralische Obligation* der gesellschaftlichen Integration nicht zu stark aufgedrängt werden dürfe. Da die öffentlich rechtlichen Fernsehsender BBC und Channel 4 in Großbritannien sich bereits länger als ihre deutschen Pendants (mit Ausnahme des WDR) mit interkultureller Integration als ihrer gesellschaftlichen Aufgabe und Funktion auseinandersetzen, können sie in den folgenden Bereichen der medialen Integration als Vorbilder für Integrationsbemühungen von ARD-Sendeanstalten und ZDF in Deutschland gelten.

Im Bereich des strukturellen und personellen Aufbaus der Medieninstitutionen zeigt die Auswertung, dass Medienakteure aus Einwandererfamilien in Deutschland und in Großbritannien zurzeit in der generellen Personalzusammensetzung und vor allem in den Führungspositionen bei den Fernsehsendern unterrepräsentiert sind. Die britischen BBC und Channel 4 sowie der deutsche WDR bemühen sich hier jedoch mit einzelnen Rekrutierungs- und Weiterbildungsmaßnahmen um eine Umsetzung ihrer internen Zielvorgaben. Während die Visualisierung von kultureller Vielfalt durch Moderatoren und Protagonisten *vor der Kamera* bei den deutschen Sendern erst langsam zunimmt, ist dieser Schritt der medialen Integration in Großbritannien bereits vollzogen, denn seit den 70er Jahren ist kulturelle Vielfalt ein sichtbarer Bestandteil des öffentlich-rechtlichen Programms. In Großbritannien fehlt es heutzutage vor allem an einer Durchmischung der Personalstruktur *hinter der Kamera*, die sich proportional zur gesellschaftlichen Demografie vollzieht.

Diese Unausgewogenheit in der Personalstruktur erklären deutsche wie britische Experten durch ungleiche Voraussetzungen im Bewerbungsprozess. Anhand Großbritanniens wird deutlich, dass Nachwuchstalente aus Einwandererfamilien vor allem dann eine Chance bei der BBC haben, wenn sie den sozialen und intellektuellen Status aus *Oxbridge-Kreisen* mitbringen, da Führungskräfte bevorzugt Mitarbeiter einstellen, die aus ihrem eigenen gesellschaftlichen Umfeld stammen. Um diesem Effekt vorzubeugen und den Kreis der potentiellen Nachwuchskräfte zu erweitern, wird insbesondere bei Channel 4 so genanntes *Outreach Work* betrieben, um Talente aus Einwandererfamilien für die Arbeit beim öffentlich-rechtlichen

Fernsehen zu rekrutieren, die nicht den *klassischen* britischen Bildungsweg beschritten haben. Mit Ausnahme des WDR sind solche speziell auf Menschen mit ausländischen Wurzeln zugeschnittene Maßnahmen bei den deutschen öffentlich-rechtlichen Sendeanstalten noch nicht konzeptionell entwickelt und werden nicht durchgeführt.

Im Bereich der Personalakquise und Nachwuchsförderung hat die Auswertung ergeben, dass in beiden Ländern insbesondere die regionalen Sender eine gute Einstiegsmöglichkeit für Medienakteure aus Einwandererfamilien bieten, da sich interkulturelle Integration auf lokaler und regionaler Ebene besser durchsetzen kann. Mit diesem Befund ging auch die Erkenntnis einher, dass die Größe und förderale Organisationsform von Sendeanstalten zu bürokratischen Hürden führen können, die wiederum die Implementierung von Integrationsstrategien erschweren. Eine eindeutige institutionelle Zuständigkeit für Integration und kulturelle Vielfalt in der Person des Integrationsbeauftragten, für den beim deutschen WDR und der britischen BBC und Channel 4 bereits Positionen geschaffen wurden, hilft laut Meinung der Verantwortlichen dieser Sender dabei, dem Themenkomplex einen höheren Stellenwert zu geben.

In Deutschland fehlt es bislang an funktionierenden Kontrollinstanzen, die Fortschritte in der Integrationsleistung des öffentlich-rechtlichen Fernsehens protokollieren und begleiten. Auch wenn in Großbritannien eine regelmäßige Evaluation noch nicht optimal abläuft und einige unter den Experten Konsequenzen bei einer Verfehlung der Zielvorgaben fordern, sind die britischen Aufsichts- und Kontrollgremien wesentlich weiter entwickelt und adäquater besetzt als dies in Deutschland der Fall ist. Ein möglicher Grund hierfür kann die Fokussierung auf *Equal Opportunities* und *Race Equality* sein, die sich in der britischen Gesellschaft in allen Feldern weit reichend durchgesetzt hat. Trotz der nahezu nicht vorhandenen Repräsentanz von Zuwanderern in den Gremien der öffentlich-rechtlichen Fernsehsender in Deutschland sprechen nur wenige Experten dieses Problem der unzulänglichen Besetzung der Rundfunk- und Fernsehräte an. Diese strukturelle Unausgewogenheit könnte in Zukunft dadurch behoben werden, wenn mehr Medienakteure mit eigener Migrationsgeschichte in den Führungspositionen vertreten sind und das Thema dort vorrangig auch in den Entscheidungsgremien behandelt wird.

Hinsichtlich der Leitfrage welche Gemeinsamkeiten und Unterschiede es bei den Medieninhalten der deutschen und britischen öffentlich-rechtlichen Fernsehsender gibt, zeigen sich Unterschiede in der Programmkonzeption und inhaltlichen Ausstrahlung. Laut britischer Experten hat die strategische Ausrichtung der Medieninhalte in Großbritannien seit den 70er Jahren mehrere Phasen durchlaufen; von alleinigen zielgruppenspezifischen Sendungen *als Eingliederungshilfe* für Zuwanderer, über die Abschaffung von solchen *speziellen Redaktionen*, hin zum alleinigen Versuch einer Aufnahme der Thematik in den *Mainstream* unter Verlust von kulturellen Eigenheiten, bis zum heutigen Zeitpunkt, an dem auf eine Kombination aus zielgruppenspezifischen Sendungen für ethnische Minderheiten und der Thematik *Migration und Integration* im Hauptprogramm gesetzt wird. In Großbritannien versuchen sie beide Ansätze der Programmentwicklung zu verbinden und Medieninhalte zu konzipieren, von denen sich Mehrheiten wie Minderheiten gleichermaßen angesprochen fühlen und etwas übereinander erfahren können. Hohe Einschaltquoten sind ihnen damit nicht sicher, jedoch erreichen sie ihre Zielgruppe zumeist in fiktionalen Programmangeboten.

Das Thema *Migration und Integration* ist in Großbritannien seit Jahrzehnten auf der politischen Agenda und dadurch zur *gesellschaftlichen Normalität* und zum medialen Alltag geworden. So nutzen BBC und Channel 4 ihre Möglichkeiten der Darstellung von ethnischen Minderheiten und der Präsentation von aktuellen Themen der Einwanderungsgesellschaft bereits konsequenter als deutsche Sender. So erreichen sie eine *mediale Normalität* von kultureller Vielfalt in den Programminhalten. In Großbritannien stellt sich nicht länger die Frage, *ob* Menschen aus Einwandererfamilien auf dem Bildschirm präsent sind, sondern *wie* sie in den verschiedenen Kontexten in Informations- und Unterhaltungssendungen vermittelt werden. Hier beanstanden einige Experten, dass die Differenziertheit und Tiefe in der Darstellung von ethnischen Minderheiten aufgrund der Ausrichtung am *Mainstream* leidet. Mediale Integration ist über Vorbilder und über die visuelle Präsenz von Zuwanderern zwar möglich, jedoch langfristig sind die Inhalte des Programms entscheidend, um ein kulturell heterogenes Publikum zu etablieren und halten zu können.

Bis in Deutschland ein gesellschaftlicher Konsens darüber ausgehandelt wurde, welche *gemeinsame Leitkultur* die heterogene Einwanderungsgesellschaft zu einer Gemeinschaft zusammen wachsen lässt, wird es für die Programmentwicklung schwierig, eine gewisse Normalität des kulturell vielfältigen Alltags medial widerzuspiegeln. Zudem werden nach Ansicht der deutschen Experten die medialen Integrationspotentiale der Unterhaltungsformate noch nicht in dem Umfang genutzt wie es möglich und mit Blick auf die Vorbilder BBC und Channel 4 in Großbritannien wünschenswert wäre. Während bei den britischen öffentlich-rechtlichen Sendern die Visualisierung von kultureller Vielfalt in Form von Medienakteuren im Programm bereits Standard ist, wird diese Strategie der medialen Integration in Deutschland erst langsam verstärkt implementiert.

Der Rollenkontext unterscheidet sich in den verschiedenen Sendeanstalten in den beiden EU-Ländern nicht. Alle Medienakteure aus Einwandererfamilien, die als Moderatoren beim öffentlich-rechtlichen Fernsehen arbeiten, sind sich ihrer Außenwirkung auf das Publikum bewusst und bestätigen ein ähnliches Rollenselbstverständnis, das einerseits durch ihre *Vorbildfunktion auf dem Bildschirm* geprägt ist. Andererseits fühlen sie sich durch ihr Wissen über eine andere Kultur als Bereicherung für ihr redaktionelles Team und ihre Sendeanstalt, wollen aber nicht aus der Gruppe ihrer Kollegen hervorstechen, sondern in ihrem Beruf an der Qualität ihrer journalistischen Leistung gemessen und als kompetente Medienakteure wahrgenommen werden.

Trotz dieser in den Grundzügen positiven Entwicklung in beiden EU-Mitgliedstaaten und obwohl es an wohlklingenden Absichtserklärungen von Seiten der Sender nicht mangelt, ist es – vor allem in Deutschland – noch ein langer Weg bis zur medialen Gleichstellung von Zuwanderern im öffentlich-rechtlichen Fernsehen. Da die individuellen Grundlagen und Voraussetzungen für die Integrationsleistungen der öffentlich-rechtlichen Sender in dieser Studie miteinbezogen werden, können auf dieser Grundlage *Best Practice*-Herangehensweisen deutlich gemacht werden. Im folgenden Kapitel werden gewisse Richtungsvorgaben und Lösungsvorschläge präsentiert, die helfen könnten, Prozesse und Maßnahmen innerhalb des öffentlich-rechtlichen Mediensystems zu optimieren. Dabei wird in erster Linie länderbezogen für Deutschland vorgegangen.

11. Fazit und Ausblick

In diesem Kapitel werden die Befunde der Arbeit vor dem Hintergrund der theoretischen Anknüpfung an den bestehenden Forschungsstand und die weiterführenden Erkenntnisse für die wissenschaftliche Auseinandersetzung mit dem Thema *Integration und Medien* beleuchtet. Dabei wird das konzeptionelle theoretische und methodische Vorgehen der Untersuchung reflektiert und auf Basis der Ergebnisse evaluiert. Auch wird die Praxisrelevanz der Befunde für zukünftige medienpolitische Entscheidungen in Deutschland diskutiert.

Die medialen Integrationspotentiale in den Medieninstitutionen in Deutschland befinden sich trotz einiger bereits verankerter Praxisansätze und Teilerfolge zurzeit noch in einem frühen Stadium der Entwicklung und Implementierung. Integrationspolitische wie medieninterne Entscheidungen und der Einsatz von Verantwortlichen können für die zukünftige Anwendung der Integrationsstrategien beim öffentlich-rechtlichen Fernsehen entscheidende Einflussfaktoren darstellen. Nach dem Modell der medialen Integration liegt der Fokus für die Sender vor allem auf den strukturellen Voraussetzungen und dem personellen Aufbau der Medieninstitutionen sowie auf den Rahmenbedingungen der Medienproduktion.

In Einwanderungsgesellschaften, in denen sich die medialen Integrationspotentiale des öffentlich-rechtlichen Fernsehens noch in der Entstehungsphase befinden – wie das in Deutschland der Fall ist – wird kulturelle Vielfalt bisher stärker unter einem paternalistischen Integrationsaspekt im Sinne von Assimilation als unter einem Gleichstellungsaspekt im Sinne der geforderten interkulturellen Integration behandelt. In Großbritannien ist dieser Schritt bereits vollzogen: die Visualisierung von ethnischen Minderheiten im Hauptprogramm von BBC und Channel 4 gehört zum journalistischen Alltag und die Sender bemühen sich um die Einbindung von Medienakteuren aus Einwandererfamilien in ihre Personalstruktur. In Großbritannien geht es darum, bestehendes *Best Practice* auszubauen und zudem nach einer inhaltlich differenzierteren Darstellung der Migrationsthematik sowie einer Durchmischung des Medienpersonals in der Führungsebene der Sendeanstalten zu trachten.

Deutschland kann aus dem Vergleich mit den Erfahrungen des europäischen Nachbarn Großbritannien lernen. Durch einen positiven Umgang mit kultureller Heterogenität in der wissenschaftlichen Auseinandersetzung als auch in der medienpraktischen Umsetzung können Ausgangsvoraussetzungen für den gesellschaftlichen Zusammenhalt geschaffen werden:

„A real politics of inclusion cannot undermine or aim at diminishing the value of cultural differences; it has to promote dialogue within a society characterised by cultural diversity."
(Georgiou & Joo 2009: 72)

Vor dem Hintergrund der Forderung nach sozialer Inklusion von Menschen mit Zuwanderungsgeschichte, die den Ausgangspunkt dieser Arbeit bildet (vgl. Kapitel 1.1) werden im Folgenden die Fragen diskutiert, die sich erstens für die Wissenschaft, zweitens für den medienpolitischen Diskurs über die Thematik *Integration und Medien* und drittens für die Medienpraxis aus den Befunden ergeben.

11.1 Implikationen für die Wissenschaft

Diese Untersuchung erfasst und analysiert erstmals empirisch die normativen, strukturellen, funktionalen und rollenspezifischen Rahmenbedingungen der interkulturellen Integration als Aufgabe des öffentlich-rechtlichen Fernsehens in den Einwanderungsländern Deutschland und Großbritannien. Das Zusammenspiel von strukturellen Voraussetzungen und akteursbasierter Interaktion innerhalb der öffentlich-rechtlichen Fernsehsender wurde dadurch ersichtlich und beschreibbar. Die neuen Befunde können in den bestehenden, bis dato noch eher fragmentarischen Forschungskontext eingeordnet werden und ebnen den Weg für systematische, repräsentative Studien zur interkulturellen Integration als Aufgabe des Mediensystems.

Auf theoretischer Ebene wurde für diese Untersuchung ein interdisziplinärer Ansatz entwickelt, der politikwissenschaftliche und soziologische Forschungsdisziplinen im Feld der interkulturellen Integration auf Makroebene mit kommunikationswissenschaftlichen Theorien zur Rolle der Medien im Integrationsprozess auf Mesoebene verbindet. Das Konzept der medialen Integration wurde auf die speziellen Voraussetzungen des öffentlich-rechtlichen Fernsehens in den zwei EU-Mitgliedstaaten Deutschland und Großbritannien angepasst. Die Auswertung der Rahmenbedingungen für ihren Beitrag zur gesellschaftlichen Integration in den beiden Einwanderungsländern wurde methodisch auf den vier Kontextebenen des Systems Journalismus operationalisiert.

Die empirischen Befunde der Auswertung der Experteninterviews bestätigen die theoretischen Vorüberlegungen bezüglich des Beitrags der öffentlich-rechtlichen Fernsehsender zur interkulturellen Integration in der Einwanderungsgesellschaft. Dabei wird die Rolle des Leitmediums Fernsehen als wichtiger Impulsgeber im Prozess der öffentlichen Meinungsbildung der Mehrheitsgesellschaft deutlich. Anhand der Analyse der einzelnen Kontexte wurde sichtbar, dass gesellschaftliche Rahmenbedingungen und die integrationspolitische Haltung in den beiden untersuchten EU-Mitgliedstaaten Deutschland und Großbritannien einen Einfluss auf die medialen Integrationspotentiale bei den Sendern haben.

Die Expertengespräche haben ergeben, dass das derzeitige Verständnis von medialer Integration bei den öffentlich-rechtlichen Fernsehsendern auf dem theoretischen Konzept der interkulturellen Integration aufbaut. Die Medienakteure bemühen sich innerhalb der vorgegebenen strukturellen Rahmenbedingungen, für eine Balance zwischen den Ansprüchen der Mehrheitsgesellschaft und dem Bedürfnis der Zugewanderten nach Akzeptanz ihrer kulturellen Eigenheiten und Teilhabe am medial vermittelten Gesellschaftsdiskurs zu sorgen. Die medialen Integrationspotentiale sind dabei einerseits auf Ebene der Personalstruktur und andererseits im ausgestrahlten Programmangebot zu verorten. Anhand der Untersuchungsbefunde wurde deutlich, dass sich der theoretische Ansatz vom öffentlich-rechtlichen Fernsehen als komplexes System und der methodische Zugriff über das *Kontextmodell des Journalismus* bewährt haben. Den unterschiedlichen Rahmenbedingungen der einzelnen Sender in Deutschland und Großbritannien ist es zuzuschreiben, dass sich Integrationspotentiale innerhalb dieser verschiedenen Kontexte in den beiden Einwanderungsländern unterscheiden.

Das Modell der medialen Integration, das in seiner ursprünglichen Form nach Geißler (2006) auf den drei Komponenten Mediennutzung, Medienpersonal und Medieninhalte basiert, wurde in dieser Untersuchung auf die öffentlich-rechtlichen Fernsehsender angewendet und mit Hilfe der Vorkenntnisse durch die Auseinandersetzung mit der Theorie der interkulturellen Integration spezifiziert. Mit den Befunden aus den Länderstudien und den Erkenntnissen, die sich in der Analyse der Ergebnisse aus Perspektive des Vergleichs ergeben haben, kann das theoretische Konzept der medialen Integration jetzt um neue Aspekte ergänzt werden.

In dem erweiterten Konzept wird die Mediennutzung nicht länger als eine tragende Komponente des Modells eingeordnet, sondern als eine unabdingbare Voraussetzung dafür betrachtet, dass mediale Integrationsbemühungen einen Effekt auf die interkulturellen Integrationsprozesse in der Einwanderergesellschaft haben können. Wenn die Medienangebote des öffentlich-rechtlichen Fernsehens von den Zuschauern nicht wahrgenommen werden, können sie nicht als gesellschaftliche Plattform für den interkulturellen Dialog fungieren und konsequenterweise auch keinen Beitrag zur Akzeptanz von kultureller Vielfalt in den Reihen ihrer Rezipienten leisten.

Da das Feld der Mediennutzung in dieser Studie nicht eigenständig analysiert wurde, sondern die Untersuchung auf dem vorliegenden Forschungsstand aufbaut, wird an dieser Stelle auf Anknüpfungspunkte für andere empirische Studien hingewiesen, insbesondere auch, weil die hier erhobenen Daten nur eine eingeschränkte Repräsentativität haben. Forschungsarbeiten, die sich in Zukunft mit dem Feld der Mediennutzungs- und Medienwirkungsforschung von Zuwanderern befassen, könnten einerseits neue Erkenntnisse über die Verbindung zwischen ihrem Medienkonsum und dem Grad der Integration aufzeigen. Andererseits könnte der Effekt von Medieninhalten auf die Akzeptanz von kultureller Vielfalt bei den Zuschauern untersucht werden.

Damit solche Studien möglich werden und damit messbar werden kann, ob mediale Integrationsanstrengungen von Seiten der Massenmedien einen Effekt auf die Zuschauer haben und eventuell Reaktion bei ihnen hervorrufen, ist zunächst eine umfassendere Datensammlung in Form von Einschaltquotenerhebungen und der Erhebung von soziodemografischen Fakten der Mediennutzer aus Einwandererfamilien wünschenswert. Auf Grundlage solcher quantitativen Daten könnten qualitative Studien eine höhere Differenzierung der einzelnen Zuschauergruppen und ihrer Mediennutzungsgewohnheiten ermöglichen.

Für diese Art der methodischen Triangulierung von empirischen Untersuchungen wurde bereits plädiert: „A closer synergy between quantitative approaches and qualitative approaches is seriously overdue" (Campion 2005: 22). Um dieser Forderung des tiefergehenden Verständnisses der Mediennutzung zu begegnen, wäre es beispielsweise ein erster Schritt, das quantitative Panel zur Einschaltquotenerhebung um weitere Fernsehhaushalte, proportional zum Anteil der Menschen aus Einwandererfamilien in der Gesamtbevölkerung, zu erweitern.

Das ursprüngliche Modell der medialen Integration von Geißler (2006) kann auf Grundlage der Forschungsbefunde erweitert werden, so dass in Zukunft bei der theoretischen Betrachtung von medialen Integrationspotentialen die Einbeziehung der Rahmenbedingungen des Journalismus möglich wird.

Diese Erweiterung des Modells der medialen Integration, das auf die Rahmenbedingungen auf allen Ebenen eingeht, bezieht sich in seinen Grundzügen auf das vorherige Konzept von Geißler (2006) und das *Kontextmodell des Journalismus* von Weischenberg (1992) (vgl. Abbildung 3 und 4). Die Untersuchung der Integrationspotentiale des öffentlich-rechtlichen Fernsehens hat ergeben, dass normative, strukturelle, funktionale und rollenspezifische Voraussetzungen bei der Frage nach medialer Integration wichtig sind. Das erweiterte Modell der medialen Integration soll die Wichtigkeit der kontextuellen Betrachtung verdeutlichen und die Tatsache ins Bewusstsein rücken, dass intekulturelle Integration beim öffentlich-rechtlichen Fernsehen nicht allein auf entsprechenden Angeboten und einem darauf bezogenen Nutzungsverhalten aufbauen kann. Vielmehr zeigen die Befunde, dass der normative Kontext, die Strukturen der Medienorganisationen sowie das Rollenverständnis der Medienakteure eine maßgebliche Rolle spielen. Die hier angedachte Erweiterung des Modells der medialen Integration kann daher als methodisches Instrument auch in folgenden wissenschaftlichen Arbeiten verwendet werden.

Insbesondere durch den internationalen Vergleich wurde deutlich, dass der Normenkontext bei der Analyse beachtet werden sollte. Als Konsequenz aus den

Befunden sollte mediale Integration nicht länger *losgelöst* von ihrer Umwelt betrachtet werden, sondern um diese Facette komplettiert werden. Es eignet sich vor allem als Analysewerkzeug für Medienvergleiche in verschiedenen Ländern. Folgende Implikationen haben sich für die vier Einflussebenen auf Grundlage der Befunde ergeben und können in Zukunft bei der theoretischen Auseinandersetzung mit dem Untersuchungsgegenstand *Integration und Medien* und bei der wissenschaftlichen Auseinandersetzung mit Integrationspotentialen der Massenmedien anhand des Modells beachtet werden:

Erstens hat die Untersuchung der Integrationspotentiale des Mediensystems und Normenkontexts in dieser Studie gezeigt, dass von den gesellschaftlichen Rahmenbedingungen insbesondere der politische Einfluss eine Rolle zumindest als Impulsgeber bei der Entwicklung und Implementierung von Integrationsstrategien der öffentlich-rechtlichen Fernsehanstalten spielen kann. Forschungsprojekte, die sich detaillierter mit der Wechselwirkung von integrationspolitischen Ansätzen und der Bedeutung von Massenmedien im Integrationsprozess auseinandersetzen, könnten in diesem Gebiet Erkenntnisse gewinnen und für mehr Transparenz sorgen.

Mit Blick auf die Medieninstitutionen und den Strukturkontext hat sich zweitens gezeigt, dass in der kulturellen Heterogenität des Medienpersonals große Potentiale liegen, damit das öffentlich-rechtliche Fernsehen zur interkulturellen Integration beitragen kann. Hier finden sich Integrationspotentiale in Form einer chancengerechten Teilhabe von Zuwanderern am Produktionsprozess der Medieninhalte und eine höhere Präsenz von Menschen mit Zuwanderungsgeschichte auf allen Ebenen der Personalstruktur, vor allem in der Führungsriege. Um Fortschritte oder Rückschritte in diesem Bereich evaluieren zu können, sind regelmäßige statistische Erhebungen notwendig, die im besten Fall von einer unabhängigen Kontrollinstanz durchgeführt werden sollten. Durch Längsschnittanalysen und regelmäßige Berichte der Medienunternehmen über Neueinstellungen und Beförderungen kann der Prozess der medialen Integration in der Personalstruktur abgebildet werden. So können in Zukunft mit Hilfe von repräsentativen Studien zur Zuwanderungsgeschichte von Medienakteuren Trends der Integrationsbemühungen der Medieninstitutionen erkannt werden.

Dabei ist entscheidend, dass ein Schwerpunkt auf die Schlüsselpositionen innerhalb der Medieninstitutionen gelegt wird, und dass klar definierte institutionelle Zuständigkeitsbereiche intern wie extern geschaffen werden, die sich der medialen Integrationsbemühungen annehmen. Die strukturelle Komponente des Medienpersonals kann im Modell in zwei Rubriken aufgeteilt werden: einerseits in die Präsenz von Zuwanderern *vor der Kamera* und andererseits in die Personalstruktur *hinter den Kulissen* und auf der Führungsebene. In beiden Fällen bestehen zwischen der Medienstruktur und den Medieninhalten enge Wechselbeziehungen. Daher ist es bei der Verwendung des Modells wichtig, dass ein größeres Augenmerk auf der

Personalentwicklung innerhalb des Medienunternehmens liegt, da eine heterogene Zusammensetzung der Mitarbeiter ein perspektivenreicheres Programm verspricht. Auch steht die strukturelle Ebene in Bezug zum akteursspezifischen Rollenkontext, da die Unternehmensorganisation und -kultur laut Expertenaussagen und nach der Theorie von Journalismus als komplexes System auch das Handeln des einzelnen Medienakteurs beeinflussen.

Drittens haben die Expertenbefragungen bezüglich der Integrationspotentiale der Medieninhalte und des Funktionskontexts neue Erkenntnisse für die strategische Programmentwicklung des öffentlich-rechtlichen Fernsehens ergeben. Mediale Integrationspotentiale liegen hier sowohl in der Visualisierung von kultureller Vielfalt als auch in der thematischen Darstellung der Lebensumstände von Zuwanderern. An dieser Stelle könnte eine verstärkte qualitative Forschung zum Angebot der Medieninhalte ansetzen, die einer inhaltsanalytischen Methodik folgt. Da sich ethnische Minderheiten teilweise noch stereotypisch und schwach repräsentiert fühlen, bedarf es zudem Diskursanalysen der Medieninhalte, um herauszufinden, inwieweit Menschen mit Zuwanderungsgeschichte in der medial vermittelten gesellschaftlichen Debatte ein gleichberechtigter Zugang zur Sprecherrolle gewährleistet wird. Im Nachrichtenbereich und im Unterhaltungssektor könnte anhand einer empirischen Basis ausgewertet werden, ob ethnische Minderheiten mit ihren Themen angemessen im Programm vertreten sind. Je nach Befund könnten mit Hilfe der Diskursanalyse Impulse für eine adäquate Repräsentanz von Personen aus Einwandererfamilien in den Medieninhalten gegeben werden.

Durch die Expertenaussagen zum Funktionskontext des Fernsehjournalismus wurde deutlich, dass im Einklang mit der Theorie der interkulturellen Integration in der Berichterstattung über Themen der Einwanderungsgesellschaft die Gemeinsamkeiten innerhalb der Bevölkerung in den Vordergrund rücken sollten, um nicht ausschließlich über Problemfelder zu berichten. So wie faktisch ethnische Minderheiten nicht als *die zu integrierenden Objekte* gesehen werden sollten, wäre es wünschenswert, wenn sich die journalistische Arbeit stärker auf die gesamte Gesellschaft mit ihren kulturell heterogenen Subjekten konzentriert. Dabei könnten zukünftige Untersuchungen sich inhaltsanalytisch mit dem Medienprogramm auseinandersetzen, um herauszufinden, in welchem Maß der in den Interviews vielfach erwähnte Wunsch nach *Normalität* im redaktionellen Umgang mit der kulturell vielfältigen Gesellschaft sich inhaltlich manifestiert.

Für die Analyse der medialen Integrationspotentiale ist es wichtig, dass die Personalisierungsstrategie und der Symbolwert durch die Visualisierung von Menschen mit Zuwanderungsgeschichte im Programm nicht überbewertet werden. Das Modell der medialen Integration sollte in seiner Anwendung nicht ausschließlich auf Inhaltsanalysen basieren, sondern mehr Raum lassen für die Interpretation der strukturellen und personellen Voraussetzungen der Entstehung von Medieninhalten. Die Befunde aus Großbritannien haben gezeigt, dass in der thematischen Darstellung von kultureller Vielfalt im Programm nicht allein die Personen *vor der Kamera* zählen, sondern eine angemessene inhaltliche Darstellung von kultureller Vielfalt von den Zuschauern aus Einwandererfamilien erwartet wird.

Viertens hat die Analyse der Experteninterviews ergeben, dass auch einzelne Medienakteure bei der Gestaltung von Integrationsbemühungen bei den öffentlich-rechtlichen Fernsehsendern eine entscheidende Rolle spielen. Daher erscheint es sinnvoll, wenn in Zukunft auch der Rollenkontext in Überlegungen zur theoretischen und methodischen Konzeptionalisierung der medialen Integration mit einfließt. Dieser Kontext ist wiederum verflochten mit den anderen Ebenen des Konzepts und steht vor allem in engem Bezug zu den strukturellen Rahmenbedingungen. Hier bieten sich Anknüpfungspunkte für akteurstheoretische Untersuchungen, die nach qualitativem Paradigma weiterführende Erkenntnisse zur Selbstwahrnehmung und zum Rollenverständnis der Medienakteure mit Zuwanderungsgeschichte generieren könnten.

Mit Hilfe des hier gewählten theoretischen Zugangs- und Kontextmodells konnte ein guter Überblick über die verschiedenen Komponenten und Ebenen der medialen Integration erarbeitet und die Verknüpfung der Makro-, Meso- und Mikroebene sowie des struktur- und akteurstheoretischen Ansatzes hergestellt werden. Auch eignete das Modell sich in dieser komparativ angelegten Untersuchung für den internationalen Vergleich, da der Normenkontext jeweils die individuellen gesellschaftlichen Rahmenbedingungen der Länderstudien berücksichtigt. So konnten auf Makroebene die Leistungen und Funktionen des öffentlich-rechtlichen Fernsehens als Mediensystem der gesellschaftlichen Beobachtung für den interkulturellen Integrationsprozess in der Einwanderungsgesellschaft diskutiert werden. Auf Mesoebene konnten die Strukturen und Prozesse innerhalb der öffentlich-rechtlichen Fernsehanstalten für die Bereiche Medienpersonal und Medieninhalte nachgezeichnet werden. Anhand des Rollenkontexts wurden schließlich auf Mikroebene erste Erkenntnisse zum Umgang mit kultureller Vielfalt bei den handelnden Medienakteuren gesammelt. Zusätzlich wurden durch die schrittweise Analyse der einzelnen Ebenen die Verknüpfung und die Interaktionseffekte der einzelnen Kontexte deutlich.

Der Fokus dieser Untersuchung bestand darin, vorhandene Theoriestränge zusammenzuführen und empirisch anwendbar zu machen. Zu den Nachteilen des theoretischen Zugriffs über das funktionale Analysewerkzeug des *Kontextmodells des Journalismus* gehört die Erkenntnis, dass in dieser Untersuchung eine umfassende Auswertung der medialen Integrationspotentiale des öffentlich-rechtlichen Fernsehens zwar in der Breite, aber nicht gänzlich in der Tiefe möglich wurde. So konnte die Analyse auf der Makro-, Meso- und Mikroebene ansetzen und die Integrationspotentiale der öffentlich-rechtlichen Sender beschreiben, jedoch wurde eine intensivere Evaluation der vorhandenen Integrationsbemühungen der einzelnen Ebenen durch das Konzept nicht entsprechend unterstützt.

Des Weiteren wurde im Laufe der Untersuchung deutlich, dass die erstrebenswerte Trennschärfe zwischen den einzelnen Kontexten des Systems Journalismus anhand des Konzepts nicht immer gewährleistet werden konnte, da vor allem Normen- und Strukturkontext eng verwoben sind. Das erschwerte die Auswertung und Zuordnung der Ergebnisse zu den jeweiligen Ebenen, wenn sich gewisse Überlappungen ergaben. Dennoch zeigt auch diese Erkenntnis, dass bei der Evaluation von Integrationspotentialen im Bereich der Medieninhalte, der Produktionskontext und die individuellen Arbeitsbedingungen der Medienakteure berücksichtigt werden sollten. Da es in der Medienpraxis keine klare Trennung zwischen diesen Kontexten geben kann, sind diese auch in der Theorie lediglich funktional in Form eines Modells möglich, lassen sich aber empirisch nicht trennscharf erheben.

Anhand der Befunde der Experteninterviews liegt nahe, dass die öffentlich-rechtlichen Sendeanstalten mit ihren Medieninhalten zur interkulturellen Integration in der Einwanderungsgesellschaft beitragen, den gesellschaftlichen Zusammenhalt stärken und Hilfestellungen für Zuwanderer im Integrationsprozess leisten können. Konkrete Wirkungsannahmen und Effekte auf die Rezipienten und damit auf die interkulturelle Integration in der Gesamtgesellschaft können mit dieser Studie jedoch nicht empirisch nachgewiesen werden. Aufgrund der verschiedenen gesellschaftlichen Einflussfaktoren auf den Integrationsprozess, sind spezifische Effekte des öffentlich-rechtlichen Fernsehens in der Gesellschaft nach wissenschaftlichen Kriterien schwer zu erforschen. Die theoretische Wirkungszuschreibung, dass das öffentlich-rechtliche Fernsehen die interkulturellen Integration fördert, erscheint anhand der Interviewauswertung zwar schlüssig, kann jedoch mit Hilfe dieser Befunde nicht bewiesen werden.

Bei der Wahl einer anderen theoretischen oder methodischen Herangehensweise könnte sich die Analyse auf nur eine der Ebenen (Makro-, Meso- oder Mikroebene) konzentrieren, auf entweder einen struktur- oder einen akteurstheoretischen Ansatz beziehen oder auf nur einen Aspekt des Modells der medialen Integration stützen. So enthält diese Arbeit eine Reihe von Anknüpfungspunkten, die sich für Untersuchungsvorhaben im Forschungsfeld *Integration und Medien* anbieten.

11.2 Implikationen für die Medienpraxis

Die gesellschaftliche und medienpraktische Relevanz dieser Arbeit ergibt sich aus dem aktuellen Handlungsbedarf im Bereich *Integration und Medien*. Dieser Anspruch soll hier abschließend durch eine Ergänzung der theoretischen Erkenntnisse über die Integrationspotentiale des öffentlich-rechtlichen Fernsehens um praktische Komponenten unterstrichen werden. Auf Grundlage der Interviewauswertung und in Anlehnung an die Implikationen für die Wissenschaft lassen sich an dieser Stelle Ansätze für die Medienpraxis ableiten, die als Orientierungspunkte für zukünftige medienpolitische Diskussionen um eine zielführende Nutzung und Entwicklung der Integrationspotentiale des öffentlich-rechtlichen Fernsehens dienen können. Dabei können mit Hilfe der Erkenntnisse des Ländervergleichs (vgl. Kapitel 10) und der Erfahrungswerte in der Nutzung von medialen Integrationspotentialen von BBC und Channel 4 in Großbritannien, Lösungsvorschläge und *Best Practice-Maßnahmen* für die ARD, den WDR und das ZDF in Deutschland entwickelt werden.

Mit Blick auf die praktische Nutzung von Integrationspotentialen im Mediensystem wird die Interdisziplinarität dieses Forschungsfeldes deutlich. Es zeigt sich, dass das Thema kulturelle Vielfalt in Großbritannien und mittlerweile auch in Deutschland nicht mehr allein in Medieninstitutionen diskutiert wird, sondern seit wenigen Jahren auch in verschiedenen Unternehmen in diversen Branchen Eingang in Leitrichtlinien und Zukunftskonzepte findet:

> „Viele Betriebswissenschaftler sind der Ansicht, dass die gezielte Förderung von Heterogenität einen ökonomischen Vorteil nach sich ziehe, weil die Vermeidung von Diskriminierung und die aktive Verbesserung der Chancengleichheit zu einer produktiveren Gesamtatmosphäre in den Betrieben beitragen. Diversity Management toleriere nicht nur die individuelle Verschiedenheit der Mitarbeiter, sondern hebe diese im Sinne einer positiven Wertschätzung besonders hervor." (Horn 2008: 2)

Der aus dem Englischen übernommene Begriff des *Diversity Managements* steht für die Berücksichtigung von Menschen mit Zuwanderungsgeschichte in der Personalstruktur und für das Versprechen, Chancengerechtigkeit bei Einstellungs- und Beförderungsentscheidungen zu schaffen, Transparenz in Auswahlverfahren herzustellen und den prinzipiellen Zugang aller Mitarbeiter zur Führungsebene zu ermöglichen. Dieser ökonomische Ansatz lässt sich theoretisch auch auf die strukturellen Voraussetzungen beim öffentlich-rechtlichen Fernsehen übertragen:

> „Diversity Management verfolgt das Ziel, die Mitarbeitervielfalt in Unternehmen als Chance und Erfolgspotenzial zu nutzen. Das Konzept berührt wesentliche Themenfelder, mit denen sich Unternehmen aller Größenklassen für die Sicherung ihres Geschäftserfolgs zukünftig auseinandersetzen müssen, wie unter anderem die Überalterung der Belegschaftsstrukturen, die Gewinnung und Bindung von Nachwuchskräften, die Zunahme ethnischer Minderheiten in der Belegschaft sowie die Differenzierung und Pluralisierung der Lebensformen." (Klaffke 2008: 24)

Die Interviews haben einerseits bestätigt, dass *Diversity Management* für die öffent-lich-rechtlichen Sendeanstalten und andere Medieninstitutionen darüber hinaus einen potentiellen Effekt auf den interkulturellen Integrationsprozess in der Gesell-schaft bedeutet, da sie die Möglichkeit haben, die öffentliche Meinung zu formen, Rollenvorbilder zu schaffen und Einfluss auf die gesellschaftliche Wahrnehmung von kultureller Vielfalt zu nehmen. Die britischen *Vorbilder* BBC und Channel 4 haben gezeigt, dass im Gegensatz zu einem herkömmlichen Wirtschaftsunterneh-men die Zielsetzungen des *Diversity Managements* beim öffentlich-rechtlichen Fern-sehen – analog zum erweiterten Modell der medialen Integration – neben der Per-sonalstruktur auch auf die Medieninhalte ausgeweitet werden können.

Andererseits wurde in den Interviews deutlich, dass britische wie deutsche Experten bislang noch nicht zufrieden mit dem Fortschritt sind, was die Präsenz von kultureller Vielfalt in den Medieninhalten und die Integration von Menschen aus Einwandererfamilien in die Personalstruktur der öffentlich-rechtlichen Sender angeht. Wenn mediale Integration nicht auf allen Hierarchieebenen und Bereichen innerhalb der Fernsehanstalten verankert ist und sich die verantwortlichen Akteure auf Schlüsselpositionen nicht deutlich zu einem Engagement in diesem Bereich bekennen, erfüllen die Integrationsbemühungen häufig nicht ihre Vorgaben. Kon-sequenterweise gilt es für zukünftige Integrationsmaßnahmen in Deutschland, nicht allein die institutionellen Strukturvorgaben zu verbessern, wie dies grundsätz-lich bereits in Großbritannien geschehen ist, sondern auch bei den individuellen Anstrengungen der Medienakteure anzusetzen.

Die britischen Gesprächspartner haben darauf hingewiesen, dass auch ver-öffentlichte Statistiken über eine höhere Einstellungsquote von Medienakteuren mit Zuwanderungsgeschichte, wie sie in Großbritannien früher durch Ofcom und mittlerweile durch den Broadcast Training & Skills Regulator (BTSR) bereitgestellt werden, im Prozess der medialen Integration nicht allein zielführend sein können. Aus ihnen wird nicht klar ersichtlich, auf welchen Positionen Nachwuchstalente eingestellt wurden und wie Mitarbeiter mit Zuwanderungsgeschichte in ihrer pro-fessionellen Weiterentwicklung von den öffentlich-rechtlichen Sendern unterstützt werden. Des Weiteren hat sich sowohl in Deutschland als auch in Großbritannien gezeigt, dass mehr kulturelle Vielfalt auf dem Bildschirm nicht automatisch die Erfüllung der Zielvorgaben auf Ebene der Medieninhalte bedeutet. Die Medienak-teure betonten, dass hier speziell darauf geachtet werden sollte, dass ethnische Minderheiten differenzierter dargestellt und Generalisierungen vermieden werden.

Mit Blick auf die Befunde der Experteninterviews, anhand derer deutlich wird, dass deutsche öffentlich-rechtliche Sendeanstalten in ihren Integrationsbe-mühungen in einigen Bereichen noch von den britischen Pendants lernen können (vgl. Kapitel 10), stellt sich nun für die Verantwortlichen bei den öffentlich-rechtlichen Fernsehsendern in Deutschland die Frage, wie bisherige Unzulänglichkeiten in der Umsetzung des Integrationsauftrags behoben werden können.

Schließlich gilt es, den eigens auferlegten Leitvorgaben aus dem Nationalen Integrationsplan nachzukommen und einen Fortschritt auf dem Gebiet der medialen Integration in der Medienpraxis zu garantieren. Auf Basis der Gesprächsauswertung und der Analyse der Integrationspotentiale des öffentlich-rechtlichen Fernsehens im internationalen Vergleich können an dieser Stelle einige Anregungen präsentiert werden, die den öffentlich-rechtlichen Fernsehsendern in Deutschland als eine Richtungsvorgabe bei der Optimierung ihrer Integrationsstrategien dienen können.

Anhand des erweiterten Modells der medialen Integration könnten zukünftige Prioritäten auf dem Mediensystem, den Medieninstitutionen, den Medieninhalten und den Medienakteuren liegen. In Großbritannien hat die Evaluation der Integrationsmaßnahmen der Fernsehsender ergeben, dass Zielvorstellungen und zum Teil auch konkrete Maßnahmen innerhalb dieser Kontexte an die individuellen Rahmenbedingungen bei den jeweiligen öffentlich-rechtlichen Sendeanstalten angepasst werden können:

„There is a need to ensure that all broadcasters are aware of good practice approaches to Equal Opportunities and are able to adopt an approach that fits their own organisation's priorities and needs." (BTSR 2009: 38)

Da die organisatorischen Voraussetzungen der jeweiligen öffentlich-rechtlichen Sendeanstalten in Deutschland durch die konsequente Anwendung des erweiterten Modells Beachtung finden, kann auch diese Frage nach der Übertragbarkeit von *Best Practice* geklärt werden. Mit Hilfe des theoretischen Zugangs über das Modell wird es möglich, zunächst die vorliegenden normativen und strukturellen Rahmenbedingungen abzustecken, um dann in einem zweiten Schritt darauf aufbauend, geeignete Potentiale für die mediale Integration in der Personalstruktur und in der Berichterstattung ausfindig zu machen und zu nutzen. In die folgende Zusammenstellung eines *Aktionsplans* für die öffentlich-rechtlichen Fernsehsender in Deutschland, der sich auf die Befunde aus den Experteninterviews stützt, fließen auch bestehende Projekte und Überlegungen mit ein, die sich international bereits bewährt haben, um den Umgang mit kultureller Vielfalt in der Medienbranche zu fördern.[112]

---

[112] Beispielsweise veranstaltete der Council of Europe im Jahr 2009 ein *Journalist Training Pack to cover the multicultural Europe*, das sich in Handbüchern und Trainingseinheiten explizit dem Thema *Medien und kulturelle Vielfalt* widmet. Des Weiteren wurde von der Initiative *Diversity Professionals* ein Modell der so genannten *Six Cylinders of Diversity* entwickelt, das bereits für die Implementierung von Integrationsmaßnahmen bei der Canadian Broadcasting Corporation Anwendung gefunden hat. Hier werden potentielle Maßnahmen in den sechs Feldern Leadership, Hiring and Recruiting, The Workplace, Community Connections, Marketing and Communication sowie Programme Development anordnet. Weitere Informationen finden sich unter http://diversipro.com/.

In Hinsicht auf den Normenkontext ist es in der zukünftigen medienprakti-schen Arbeit wichtig, dass der Gedankenaustausch senderintern und senderextern zwischen den öffentlich-rechtlichen Sendeanstalten und medienübergreifend auf nationaler und europäischer Ebene zunimmt. Die Auswertung der Experteninter-views hat ergeben, dass es auch in Deutschland bereits erste erfolgreiche Projekte der medialen Integration von verschiedenen Medieninstitutionen und gesellschaft-lichen Initiativen gibt. In Zukunft sollten der Informationsaustausch und die Ko-operation zunehmen, damit die gesamte Medienbranche anhand positiver Erfah-rungsberichte in diesem Bereich langfristig und kontinuierlich weiter vorankommt.

Innerhalb dieses internen und externen Erfahrungstransfers über geeignete Formen und Ausführungsbestimmungen der medialen Integration sollten professi-onelle Verbände wie beispielsweise Journalistenorganisationen und Ausbildungs-stätten involviert sein. Anhand der Interviews hat sich gezeigt, dass auch der Aus-bau der Kontakte zu Migrantenverbänden diesen Dialog befruchten kann. Die Foren für diesen multilateralen Wissensaustausch sollten regelmäßig, z. B. in Form von Tagungen stattfinden. Auch jährliche Journalistenpreise und Auszeichnungen wie der europäische *Civis Medienpreis*[113], den die öffentlich-rechtlichen Fernsehsen-der in Deutschland gemeinsam mit anderen Rundfunkanstalten bereits ausloten, sind eine günstige Plattform für brancheninterne Diskussionen zu Fragen nach den Integrationsleistungen der Medien.

Sie bieten unter Partizipationsgesichtspunkten die Chance, dass Medienin-stitutionen auf Zuwanderer zugehen und Interesse an ihren Lebensumständen signalisieren. In Zusammenarbeit mit der Zivilgesellschaft, medienpolitischen Ak-teuren und Vertretern der Migranten, könnten Komitees zur Beratung der Fern-sehsender und zur Evaluation der Integrationsbemühungen gebildet werden. Eine Diskussion um die Forderung nach effektiveren Kontroll- und Evaluationsmecha-nismen durch eine Aufsichtsinstanz nach britischem Vorbild könnte auch in Deutschland viel versprechende neue Impulse geben, und dafür sorgen, dass das Thema *Integration und Medien* nicht wieder in Vergessenheit gerät.

Die Expertengespräche in beiden EU-Mitgliedstaaten haben ergeben, dass im Strukturkontext der Medieninstitutionen besonders viele Möglichkeiten für die mediale Integration von Menschen mit Zuwanderungsgeschichte liegen. Hier sollte darauf geachtet werden, dass eine Offenheit für kulturelle Vielfalt auf allen Hier-archieebenen und in allen Redaktionen der Medieninstitutionen besteht, und Chan-cengerechtigkeit in den Bereichen Rekrutierung, Auswahlverfahren und Nach-wuchsförderung gewährleistet ist. Bislang werden hier in Deutschland und in

---

[113] Weitere Informationen zur *Civis Medienstiftung für Integration* gibt es unter http://www.civismedia.eu /tv/civis/, Abruf am 19.09.2008.

Großbritannien noch Potentiale vernachlässigt, so dass es klarer Bestimmungen und formalen Regelungen innerhalb der Medieninstitutionen bedarf.

Da diese Form des *Diversity Managements* noch nicht bei allen Medienakteuren gleichermaßen als Priorität behandelt wird, sollten die Verantwortlichen der öffentlich-rechtlichen Sender danach trachten, insbesondere auf Führungsebene für einen größeren Perspektivenreichtum einzutreten. Nach Expertenansicht geht es hier vor allem um die Zielsetzung, Mitarbeiter mit Zuwanderungsgeschichte stärker als bisher in Entscheidungsprozesse einzubinden.

Um die Monokultur in der Personalstruktur bei den deutschen öffentlich-rechtlichen Sendern aufzulösen und alle Hierarchieebenen für Medienakteure aus Einwandererfamilien zugänglich zu machen, gibt es eine Reihe an möglichen Maßnahmen, die laut Experten in Großbritannien bereits in dieser Form umgesetzt werden: So sollten zunächst *Mentoring-Programme* bereitgestellt und die berufliche Weiterentwicklung von viel versprechenden Talenten durch Trainings intensiviert werden.

Auch sollten in Deutschland proportional zur Gesamtbevölkerung mehr Personen mit verschiedenen kulturellen Hintergründen in den Auswahlkommissionen, den Gremien und den Rundfunkräten vertreten sein. Hier geht Großbritannien mit der heterogenen Besetzung der BBC *Audience Council*[114] mit gutem Beispiel voran. Eine angemessene Präsenz von Medienakteuren aus Einwandererfamilien kann durch die Einberufung eines Integrationsbeauftragten unterstützt werden, die als eine institutionalisierte Stelle die Führungsebene regelmäßig über Fortschritte informieren kann. Dies haben die Befunde der Interviewauswertung mit Experten des deutschen WDR und der britischen BBC und Channel 4 unterstrichen. Damit diese Aktionen innerhalb der Personalstruktur der Medienhäuser greifen können, sollte zusätzlich die Förderung von kultureller Vielfalt als Kernaspekt innerhalb der Unternehmenskultur verankert werden.

Die Auswertung hat zudem gezeigt, dass der Funktionskontext, der auf den Medieninhalten basiert, in enger Wechselbeziehung mit dem Strukturkontext steht. Da sich die Theorie der interkulturellen Integration auf einen Dialog zwischen Bürgern der Aufnahmegesellschaft und Zuwanderern – auf einen so genannten *Two-way-approach* – bezieht, heißt die Zukunftsvision der befragten Experten hier, dass Minderheiten und Mehrheiten bei den Medienunternehmen gemeinsam die Programmplanung gestalten sollten. Nur wenn sich der von den Zuschauern stark genutzte *Mainstream* verändert, kann sich die gesamtgesellschaftliche Öffentlichkeit in den Hauptprogrammen wiederfinden. Dafür gilt es, auf Ebene der Medieninhalte so genannte „culturally intelligent programmes" (Campion 2005: 94) zu entwickeln.

---

[114] Weitere Informationen z. B. zum *Audience Council England* sind einzusehen unter www.bbc.co.uk /england/ace, Abruf am 12.3.2010.

Diese praktische Empfehlung kann an das theoretische Konzept der medialen Integration anknüpfen, wenn die journalistischen Beiträge folgende Kriterien erfüllen: Die thematische Integration von verschiedenen kulturellen Gruppen, insbesondere solchen Minderheiten, die an den gesellschaftlichen Rand gedrängt sind, wird gewährleistet. Die Programmgestalter bemühen sich um eine akkurate und *objektive* Repräsentanz von ethnischen Minderheiten. Menschen aus Einwandererfamilien bekommen die Chance, als Akteure im Fernsehprogramm selbst in Erscheinung zu treten. Zudem sollten sich die Programmchefs der Portraitierung von Kulturen öffnen, über die bislang eher selten berichtet wurde. In der redaktionellen Arbeit wird dabei der Anspruch vertreten, Gemeinsamkeiten darzustellen, das Verständnis für die eigene Kultur und für andere Kulturen zu fördern.

Wenn diese Kriterien beachtet werden, kommt das öffentlich-rechtliche Fernsehen seiner Informationsfunktion für die öffentliche Debatte über Zuwanderung und Integration in der kulturell heterogenen Bevölkerung nach. Dafür, das haben die Expertengespräche belegt, ist ein offenes und konstruktives Arbeitsklima innerhalb der Redaktionen hilfreich. Um die Integrationspotentiale im Bereich der Medieninhalte mit Hilfe eines solchen *kulturell intelligenten Programms* in Zukunft stärker nutzen zu können, sollte das Augenmerk insbesondere auf die Unterhaltungssparte und auf fiktionale Programme gelegt werden, da sich dort Möglichkeiten auftun, kulturelle Unterschiede und Gemeinsamkeiten thematisch und visuell deutlich zu machen und bestehende Vorurteile zu entkräften. Die Befunde der Interviews – besonders bezüglich des Senders Channel 4 – weisen auf die Chance hin, wenn Unterhaltungsprogramme mit altbekannten Schemata der Berichterstattung brechen. Laut Expertenmeinung könnten Vorurteile dann aufgeweicht werden, wenn auf unterhaltende Weise für positive Irritationen bei den Zuschauern gesorgt wird.

Schließlich hat die Auswertung der Gespräche mit Interviewpartnern aus Deutschland und Großbritannien ergeben, dass die einzelnen Medienakteure einen bedeutenden Einfluss auf die medialen Integrationsbemühungen haben können. Das heißt für die zukünftige Ausrichtung der Integrationsbemühungen bei den deutschen öffentlich-rechtlichen Fernsehsendern, dass innerhalb des Rollenkontexts noch mehr Eigeninitiative von den Akteuren erwünscht ist, damit das Medienpersonal innerhalb der vorgegebenen strukturellen Bedingungen auch seinen individuellen Beitrag für eine chancengerechte und kulturell vielfältige Medieninstitution leisten kann.

Dieser verstärkte Einsatz für ein kulturell aufgeschlossenes redaktionelles Arbeitsumfeld und für die Ausrichtung auf ein perspektivenreiches Programmangebot sollte am besten auf der Zusammenarbeit mit verschiedenen gesellschaftlichen Gruppen und auf dem Austausch mit Experten und Kollegen aufbauen. Generell haben die Interviews in beiden EU-Ländern gezeigt, dass es bei diesen Überlegungen und möglichen Strategien für eine verstärkte Integrationsleistung des öffentlich-rechtlichen Fernsehens für jede Ebene der erfolgversprechenden Nutzung der Integrationspotentiale entscheidend ist, dass die Zielvorgaben für mehr kulturelle Vielfalt in den Medienunternehmen auf einer dauerhaften Unterstützung von Seiten der Führungsebene basieren.

Bei der Beschäftigung mit der Thematik *Integration und Medien* ist es wichtig, dass die Frage nach interkultureller Integration als Aufgabe des öffentlich-rechtlichen Fernsehens in Deutschland nicht als vorübergehendes Phänomen betrachtet wird, das kurzeitig durch den ersten Integrationsgipfel der Bundesregierung im Jahr 2006 an Aufmerksamkeit gewonnen hat und nun langsam wieder in Vergessenheit gerät. In dieser Untersuchung hat der Vergleich mit Großbritannien gezeigt, dass es einer langfristigen Auseinandersetzung mit der Thematik bedarf, um schrittweise Maßnahmen der medialen Integration durchführen zu können. Anhand der britischen öffentlich-rechtlichen Sendeanstalten wurde deutlich, dass nach Jahrzehnten der Beschäftigung mit Möglichkeiten und Herausforderungen der Integrationsfunktion auch heute noch Fragen offen bleiben und teilweise Potentiale brach liegen.

In Zukunft wird es auch zur Aufgabe der politischen Führung in Deutschland gehören, regionale und nationale Lösungsansätze für europäische und weltweite Herausforderungen durch Migrationsbewegungen zu finden. Mit einer stetig zunehmenden Mobilität der Menschen durch Prozesse der Globalisierung und vor allem der Europäisierung, kann gesellschaftliche Integration ohne die Etablierung eines interkulturellen Dialogs innerhalb verschiedener ethnischer Gruppen, Minderheiten und Mehrheiten nicht funktionieren. Das Konzept der interkulturellen Integration durch ein gemeinsames gesellschaftliches Forum, das überwiegend durch massenmedial vermittelte Kommunikation ermöglicht wird, ist daher erfolgversprechend. Gegenüber der in der Vergangenheit bemühten Vorstellung von Integration auf Grundlage einer abgegrenzten kulturellen Gemeinschaft und Assimilationsanstrengungen bietet die aktuelle Definition ein höheres Maß an Partizipation von Menschen mit unterschiedlichen kulturellen Herkünften und ermöglicht eine Kontaktaufnahme *auf Augenhöhe* zwischen Zugewanderten und Einheimischen.

Parallel zu den Bemühungen um interkulturelle Integration von der Politik und zivilgesellschaftlichen Akteuren handelt es sich auch bei der medialen Integration um einen fortlaufenden Prozess, der sich – das hat der Vergleich mit Großbritannien deutlich gemacht – nicht innerhalb weniger Jahre, sondern allenfalls in Jahrzehnten vollzieht. Dabei kann der Einfluss von Politik und Gesellschaft auf die Entwicklungen bei den öffentlich-rechtlichen Medieninstitutionen entscheidend sein. So sind Voraussetzungen für Veränderungen in Deutschland zurzeit gut, da das Thema *Integration* eine hohe Aufmerksamkeit in der politischen (Medien-) Öffentlichkeit genießt.

Jetzt sind die Verantwortlichen bei den Medieninstitutionen und Menschen mit Zuwanderungsgeschichte gefordert, progressiv die Initiative zu ergreifen und die Akzeptanz und Präsenz von kultureller Vielfalt innerhalb des öffentlich-rechtlichen Fernsehens auszubauen. In Zusammenarbeit von Aufnahmegesellschaft und Zuwanderern, von Politik und Medien, von Mitarbeiter- und Führungsebene kann es gelingen, dass die einzelnen Sendeanstalten ihrem gesellschaftlichen Auftrag nachkommen und interkulturelle Integration als ihre Aufgabe ernst nehmen. So kann das öffentlich-rechtliche Fernsehen seinen Beitrag zur interkulturellen Integration in der Einwanderungsgesellschaft in Form von medialer Integration leisten. Dabei sollte gesellschaftliche, politische und journalistische Verantwortung auf Seiten der öffentlich-rechtlichen Fernsehsender zusammenkommen, um die medialen Integrationspotentiale auf Ebene des Medienpersonals und in den journalistischen Inhalten bestmöglich einzusetzen. Dann kann das öffentlich-rechtliche Fernsehen auch in Zukunft eine wichtige Rolle dabei spielen, wenn die deutsche Einwanderungsgesellschaft sich auf ein dauerhaftes Zusammenleben mit kultureller Vielfalt einstellt.

Interdisziplinäre Arbeiten im Feld der Politik- und Kommunikationswissenschaft können diese Entwicklung wissenschaftlich begleiten und medienpolitische Entscheidungsfindungen sowie die medienpraktische Arbeit durch ihre Befunde voranbringen.

12. Literaturverzeichnis

12.1 Quellen aus der Literatur

Abels, Gabriele & Behrens, Maria (2005). ExpertInneninterviews in der Politikwissenschaft. Geschlechtertheoretische und politikfeldanalytische Reflexion einer Methode. In: Bogner, A./Littig, B. & Menz, W. (Hrsg.) *Das Experteninterview. Theorie, Methode, Anwendung.* Wiesbaden: VS Verlag für Sozialwissenschaften, S. 173-190.

Appiah, Kwame Anthony (2007). *Der Kosmopolit. Philosophie des Weltbürgertums.* München: Beck.

ARD/ZDF-Medienkommission (2007). *Migranten und Medien 2007.* Mainz/Frankfurt.

Atteslander, Peter (2000). *Methoden der empirischen Sozialforschung.* 9. Auflage. Berlin: De Gruyter.

Bade, Klaus J. (1994). *Ausländer, Aussiedler, Asyl in der Bundesrepublik Deutschland.* Bonn: Bundeszentrale für politische Bildung.

Bade, Klaus J. (1996). *Migration – Ethnizität – Konflikt: Systemfragen und Fallstudien.* Osnabrück: Institut für Migrationsforschung und Interkulturelle Studien.

Bade, Klaus J. (2006). Integration und Politik – aus der Geschichte lernen. Essay. In: *Aus Politik und Zeitgeschichte,* Nr. 40-41, S. 3-6.

Bade, Klaus J. (2007). *Leviten lesen. Migration und Integration in Deutschland.* Osnabrück: Universitätsverlag Osnabrück V&R unipress.

Bade, Klaus J. (2007). Versäumte Integrationschancen und nachholende Integrationspolitik. In: *Aus Politik und Zeitgeschichte,* Nr. 22-23, S. 32-38.

Bade, Klaus J. (2007). Versäumte Integrationschancen und nachholende Integrationspolitik. In: Bade, K. & Hiesserich, H.-G. (Hrsg.) *Nachholende Integrationspolitik und Gestaltungsperspektiven der Integrationspraxis.* Göttingen: V&R unipress, S. 21-95.

Bade, Klaus J. & Hiesserich, Hans-Georg (Hrsg.) (2007). *Nachholende Integrationspolitik und Gestaltungsperspektiven der Integrationspraxis.* Göttingen: V&R unipress.

Bade, Klaus J. & Münz, Rainer (Hrsg.) (2000). *Migrationsreport 2000. Fakten – Analysen – Perspektiven.* Franfurt/New York: Campus.

Balke, Friedrich et al. (Hrsg.) (1993). *Schwierige Fremdheit. Über Integration und Ausgrenzung in Einwanderungsländern.* Frankfurt a. M.: Fischer.

Banks, James A. (2004). Teaching for Social Justice, Diversity, and Citizenship in a Global World. In: *The Educational Forum,* Nr. 68, 289-298, S. 291.

Baringhorst, Sigrid (2008). Abschied vom Multikulturalismus? Zu neueren Entwicklungen der Integrationspolitik in Großbritannien und Australien. In: Hentges, G./Hinnenkamp, V. & Zwengel, A. (Hrsg.) *Migrations- und Integrationsforschung in der Diskussion. Biografie, Sprache und Bildung als zentrale Bezugspunkte.* Wiesbaden: VS Verlag für Sozialwissenschaften, S. 89-110.

Baringhorst, Siegrid/Hunger, Uwe & Schönwalder, Karin (Hrsg.) (2006). *Politische Steuerung von Integrationsprozessen. Intentionen und Wirkungen.* Wiesbaden: VS Verlag für Sozialwissenschaften.

Baringhorst, Siegrid/Hunger, Uwe & Schönwalder, Karin (2006). Staat und Integration: Forschungsperspektiven zur politischen Intervention in Integrationsprozesse von MigrantInnen. In: Baringhorst, S./Hunger, U. & Schönwalder, K. (Hrsg.) *Politische Steuerung von Integrationsprozessen. Intentionen und Wirkungen.* Wiesbaden: VS Verlag für Sozialwissenschaften, S. 9-25.

Barnett, Clive (2003). *Culture and Democracy: Media, Space, and Representation.* Edinburgh: Edinburgh University Press.

Baumann, Zygmunt (2009). *From Assimilation to…? A brief History of European Ambitions and Frustrations. Keynote Lecture at the Symposium Media Diversity and Cosmopolitanism in Europe.* London: Goldsmiths University.

BBC (1995). *People and Programmes.* London: BBC.

Beauftragte der Bundesregierung für Migration, Flüchtlinge und Integration (2007). *Nationaler Integrationsplan. Arbeitsgruppe Medien. Vielfalt nutzen. Abschlussbericht.* http://www.migration- online.de /data/ag_6_medien_endbericht.pdf, Abruf am 10.02. 2010.

Beck, Ulrich (1986). *Risikogesellschaft. Auf dem Weg in eine andere Moderne.* Frankfurt a. M.: Edition Suhrkamp.

Becker, Jörg (1989). Die Ethnisierung der deutschen Medienlandschaft – Türkische Medienkultur zwischen Assoziation und Dissoziation. In: Quandt, S. & Gast, W. (Hrsg.) *Deutschland im Dialog der Kulturen: Medien, Images, Verständigung.* Konstanz: UVK-Medien. S. 225-302.

Becker, Jörg (2007). Für Vielfalt bei den Migrantenmedien: Zukunftsorientierte Thesen. In: Bonfadelli, H. & Moser, H. (Hrsg.) *Medien und Migration. Europa als multi-kultureller Raum?* Wiesbaden: VS Verlag für Sozialwissenschaften, S. 43-53.

Behnke, Joachim/Baur, Nina & Behnke, Nathalie (2006). *Empirische Methoden der Politikwissenschaft.* Paderborn: Verlag Ferdinand Schöningh.

Benhabib, Seyla (2002). *The claims of culture: equality and diversity in the global era.* Princeton: Princeton University Press.

Berg, Sebastian (2006). Einwanderung und multikulturelle Gesellschaft. In: Kastendiek, H. & Sturm, R. (Hrsg.) *Länderbericht Großbritannien.* Bonn: Bundeszentrale für politische Bildung, S. 250-272.

Berger, Peter L. & Luckmann, Thomas (1997). *Die gesellschaftliche Konstruktion der Wirklichkeit.* Frankfurt/M: Fischer.

Bericht der Unabhängigen Kommission Zuwanderung (2001). *Zuwanderung gestalten – Integration fördern.* Berlin. http://www.bmi.bund.de/cae/servlet/contentblob/123148/publicationFile/9075/ Zuwanderungsbericht_pdf.pdf, Abruf am 08.02.2010.

Bertelsmann Stiftung (Hrsg.) (2003). *Auf Worte folgen Taten. Gesellschaftliche Initiativen zur Integration von Zuwanderern.* Gütersloh: Bertelsmann Stiftung.

Bertelsmann Stiftung (Hrsg.) (2006a). *Integration braucht Bildung!* Gütersloh: Bertelsmann Stiftung.

Bertelsmann Stiftung (Hrsg.) (2006b). *Integration, Identität und Interkulturelle Kompetenz – Neue Wege aufzeigen.* Gütersloh: Bertelsmann Stiftung.

Bertelsmann Stiftung (Hrsg.) (2006c). *Zuwanderung steuern, Ausländer integrieren, Zusammenleben gestalten. Thesen zur Einwanderung und Integration in Europa.* Gütersloh: Bertelsmann Stiftung.

Bertelsmann Stiftung & Bundesministerium des Inneren (Hrsg.) (2005). *Erfolgreiche Integration ist kein Zufall – Strategien kommunaler Integrationspolitik.* Gütersloh: Bertelsmann Stiftung.

Blommesteijn, Marieke & Entzinger, Han (1999). Appendix: Report of the Field Studies carried out in France, Italy, the Netherlands, Norway, Portugal and the United Kingdom. In: Entzinger, H. et al. (Hrsg.) *Political and Social Participation of Immigrants through consultative Bodies.* Straßburg: Council of Europe.

Blumler, Jay G./McLeod, Jack M. & Rosengren, Karl Eric (1992). An introduction to comparative communication research. In: Blumler, J.G./McLeod, J.M. & Rosengren, K.E. (Hrsg.) *Comparatively Speaking: Communication and culture across space and time.* Newbury Park: Sage, S. 3-18.

Bogner, Alexander & Leuthold, Margit (2005). „Was ich dazu noch sagen wollte…" Die Moderation von Experten-Fokusgruppen. In: Bogner, A./Littig, B. & Menz, W. (Hrsg.) *Das Experteninterview. Theorie, Methode, Anwendung.* Wiesbaden: VS Verlag für Sozialwissenschaften, S. 155-172.

Bogner, Alexander & Menz, Wolfgang (2002a). Expertenwissen und Forschungspraxis: Die modernisierungs-theoretische und die methodische Debatte um die Experten. Zur Einführung in ein unübersichtliches Problemfeld. In: Bogner, A./Littig, B. & Menz, W. (Hrsg.) *Das Experteninterview. Theorie, Methode, Anwendung.* Opladen: Leske + Budrich, S. 7-29.

332

Bogner, Alexander & Menz, Wolfgang (2002b). Das theoriegenerierende Experteninterview. Erkenntnisinteresse, Wissensformen, Interaktion. In: Bogner, A./Littig, B. & Menz, W. (Hrsg.) *Das Experteninterview. Theorie, Methode, Anwendung*. Opladen: Leske + Budrich, S. 33-70.

Bogner, Alexander & Menz, Wolfgang (2005a). Das theoriegenerierende Experteninterview. Erkenntnisinteresse, Wissensformen, Interaktion. In: Bogner, A./Littig, B. & Menz, W. (Hrsg.) *Das Experteninterview. Theorie, Methode, Anwendung*. Wiesbaden: VS Verlag für Sozialwissenschaften, S. 33-70.

Bogner, Alexander & Menz, Wolfgang (2005b). Expertenwissen und Forschungspraxis: Die modernisierungstheoretische und die methodische Debatte um die Experten. In: Bogner, A./Littig, B. & Menz, W. (Hrsg.) *Das Experteninterview. Theorie, Methode, Anwendung*. Wiesbaden: VS Verlag für Sozialwissenschaften, S. 7-30.

Böhmer, Maria (2007). *Die Bedeutung der Medien für die Integration*. Referat auf der Fachtagung „Migranten und Medien 2007" in Mainz.

Bohnsack, Ralf (2007). *Rekonstruktive Sozialforschung. Einführung in qualitative Methoden*. (6. Auflage) Stuttgart: Uni-Taschenbücher.

Bommes, Michael & Schiffauer, Werner (Hrsg.) (2006). *Migrationsreport: Fakten – Analysen – Perspektiven*. Frankfurt a. M./New York: Campus.

Bonfadelli, Heinz (2007). Die Darstellung ethnischer Minderheiten in den Massenmedien. In: Bonfadelli, H. & Moser, H. (Hrsg.) *Medien und Migration Europa als multi-kultureller Raum?* Wiesbaden: VS Verlag für Sozialwissenschaften, S. 95-116.

Bonfadelli, Heinz (2008). *Migration, Medien und Integration. Der Integrationsbeitrag des öffentlich-rechtlichen, kommerziellen und komplementären Rundfunks in der Schweiz*. Forschungsbericht zuhanden des Bundesamtes für Kommunikation BAKOM. Universität Zürich. IPMZ.

Bonfadelli, Heinz & Moser, Heinz (Hrsg.) (2007). *Medien und Migration Europa als multi-kultureller Raum?* Wiesbaden: VS Verlag für Sozialwissenschaften.

Brenner, Michael (1985). *The Research Interview. Uses and Approaches*. London: Academic Press.

Brinkmann, Christian/Deeke, Axel & Völkel, Brigitte (Hrsg.) (1995). *Experteninterviews in der Arbeitsmarkforschung. Diskussionsbeiträge zu methodischen Fragen und praktischen Erfahrungen*. Nürnberg: Beiträge zur Arbeitsmarkt- und Berufsforschung 191.

Broadcast Training & Skills Regulator (BTSR) (2009). *Equal Opportunities Report 2008*. http://www.btsr.org.uk/documents/BTSR_Equal_Ops_2008_Full_Report.pdf, Abruf am 12.02.2010.

Brosius, Hans-Bernd & Koschel, Friederike (2001). *Methoden der empirischen Kommunikationsforschung*. Opladen/Wiesbaden: Westdeutscher Verlag.

Brubaker, Rogers (2003). The Return of Assimilation? Changing Perspectives on Immigration and its Sequels in France, Germany, and the United States. In: Joppke, C. & Morawska, E. (Hrsg.) *Toward Assimilation and Citizenship: Immigrants in Liberal Nation-States*. Houndmills, Basingstoke, Hampshire: Palgrave Macmillan, S. 39-58.

Bucher, Priska & Bonfadelli, Heinz (2007). Mediennutzung von Jugendlichen mit Migrationshintergrund in der Schweiz. In: Bonfadelli, H. & Moser, H. (Hrsg.) *Medien und Migration Europa als multikultureller Raum?* Wiesbaden: VS Verlag für Sozialwissenschaften, S. 119-145.

Buchwald, Manfred (1997). *Medien-Demokratie. Auf dem Weg zum entmündigten Bürger*. Berlin: Aufbau Taschenbuch Verlag.

Bullinger, Martin (1999). *Die Aufgaben des öffentlich-rechtlichen Rundfunks: Wege zu einem Funktionsauftrag*. Studie im Auftrag der Bertelsmann Stiftung. Gütersloh: Bertelsmann Stiftung.

Bundesamt für Migration und Flüchtlinge (BAMF) (2007). Migrationsbericht des Bundesamtes für Migration und Flüchtlinge im Auftrag der Bundesregierung. *Migrationsbericht 2006*. http://www.bpb.de/files/UT32YA .pdf, Abruf am 08.02.2010.

Bundesministerium des Inneren (BMI) (2005). *Willkommen in Deutschland – Informationen für Zuwanderer*. http://www.bmi.bund.de/cae/servlet/contentblob/130218/publicationFile/53668/Willkomm en_in_Deutschland_de.pdf, Abruf am 08.02.2010.

Bundesministerium des Inneren (BMI) (2008a). *Migration and Integration. Residence law and policy on migration and integration in Germany.* http://www.bmi.bund.de/cae/servlet/contentblob/136596/ publicationFile/15354/Migration_und_Integration_en. pdf, Abruf am 08.02. 2010.

Bundesministerium des Inneren (BMI) (2008b). *Aufenthaltsrecht, Migrations- und Integrationspolitik in Deutschland* /http://www.bmi.bund.de/cae/servlet/contentblob/136594/publicationFile/53662 /Migration_und_Integration.pdf, Abruf am 08.02.2010.

Busch, Klaus (Hrsg.) (1999). *Wege zum Sozialen Frieden in Europa.* Osnabrück: Secolo Verlag.

Busch, Brigitta/Hipfel, Brigitte & Robins, Kevin (Hrsg.) (2001). *Bewegte Identitäten. Medien in transkulturellen Kontexten.* Klagenfurt: Drava Verlag.

Buß, Christian (2008). *Neuer Hamburg-„Tatort". Bye, bye Kebab-Klischee!* Spiegel Online. http://www.spiegel.de /kultur/gesellschaft/0,1518,586356,00.html, Abruf am 25.10. 2008.

Butterwegge, Christoph (2006). Migrationsberichterstattung, Medienpädagogik und politische Bildung. In: Butterwegge, C. & Hentges, G. (Hrsg.) *Massenmedien, Migration und Integration.* Wiesbaden: VS Verlag für Sozialwissenschaften, S. 187-237.

Butterwegge, Christoph (2008). Globalisierung, Migration und (Des-)Integration. In: *Dossier Multikulturalismus.* Berlin: Heinrich-Böll-Stiftung. http://www.migration-boell.de/web/integration/47_766. asp, Abruf am 08.02.2010.

Butterwegge, Christoph & Hentges, Gudrun (Hrsg.) (2003). *Migrations-, Integrations-, und Minderheitenpolitik.* Opladen: VS Verlag für Sozialwissenschaften.

Butterwegge, C. & Hentges, G. (Hrsg.) (2006). *Massenmedien, Migration und Integration.* Wiesbaden: VS Verlag für Sozialwissenschaften.

Butterwegge, Christoph/Hentges, Gudrun & Sarigöz, Fatma (Hrsg.) (1999). *Medien und multikulturelle Gesellschaft.* Opladen: Leske + Budrich Verlag.

Calhoun, Craig & Sennet, Richard (Hrsg.) (2007). *Practising Culture.* London/New York: Routledge.

Campion, Mukti Jane (2005). *Look Who's Talking. Cultural Diversity, Public Service Broadcasting and the National Conversation.* Nuffield College Oxford. http://www.nuff.ox.ac.uk/guardian/ lookwhostalking.pdf, Abruf am 08.02.2010.

Campion, Mukti Jane (2009). Cultural Diversity in Britain broadcasting: where we are now and where we need to go. In: Frachon, C. (2009). *Media and Cultural Diversity in Europe and North Amerika.* Institut Panos. Paris: Karthala, S. 73-79.

Cantle, Ted (2001). *Community Cohesion – A Report of the Independent Review Team.* London: Home Office.

CIVIS Medien Stiftung & Westdeutscher Rundfunk (2008). Programmkonferenz am 11. September 2008. Programm für alle! *Die Einwanderungsgesellschaft in den Medien.* Funkhaus Bonn. Deutsche Welle. http://www.civismedia.eu/tv/civis/downloads/reader_ programmkonferenz2008.pdf , Abruf am 11.02.2010.

Cottle, Simon (1997). *Television and Ethnic Minorities: Producers' Perspectives. A Study of BBC In-house, Independent and Cable TV producers.* Aldershot: Avebury.

Cottle, Simon (1998). Making ethnic minority programmes inside the BBC: professional pragmatics and cultural containment. In: *Media, Culture and Society,* Nr. 20, 2. London/Thousand Oaks and New Delhi: Sage, S. 295-317.

Cottle, Simon (Hrsg.) (2000a). *Ethnic Minorities and the Media. Changing Cultural Boundaries.* Philadelphia: Open University Press.

Cottle, Simon (2000b). Media Research and Ethnic Minorities: Mapping the Field. In: Cottle, S. (Hrsg.) *Ethnic Minorities and the Media. Changing Cultural Boundaries.* Philadelphia: Open University Press, S. 1-30.

Cottle, Simon (2000c). A Rock and a hard Place: making Ethnic Minority Television. In: Cottle, S. (Hrsg.) *Ethnic Minorities and the Media. Changing Cultural Boundaries.* Philadelphia: Open University Press, S. 100-117.

Council of Europe (2006). *Public Service Media in the Information Society.* H/Inf, Nr. 3. http://www.coe.int/t/dghl/standardsetting/media/doc/H-Inf(2006)003_en.pdf, Abruf am 12. 02.2010.

Cumberbatch, Guy (1996). Ethnic Minorities on Television. In: *Channels of Diversity.* London: CRE Seminar Report.

Cuperus, René/Duffek, Karl A. & Kandel, Johannes (Hrsg.) (2003). *The Challenge of Diversity.* Innsbruck u. a.: Studienverlag.

Dahlgren, P. (1995). *Television and the Public Sphere: Citizenship, Democracy and the Media.* London: Sage.

Deeke, Axel (1995). Experteninterviews – ein methodologisches und forschungspraktisches Problem. Einleitende Bemerkungen und Fragen zum Workshop. In: Brinkmann, C./ Deeke, A. & Völkel, B. (Hrsg.) *Experteninterviews in der Arbeitsmarktforschung.* Nürnberg, S. 7-22.

Delgado, Jesus Manuel (1972). *Die Gastarbeiter in der Presse. Eine inhaltsanalytische Studie.* Opladen: Westdeutscher Verlag.

Department for Culture, Media and Sport (DCMS) (2005). *Review of the BBC's Royal Charta.* London.

Devroe, Ilse (2004). *Minority Report. De nieuwspercepties van etnische minderheden.* Enschede. Conference Paper Universitet Twente Enschede.

Dewey, John (Hrsg.) (1996). *Die Öffentlichkeit und ihre Probleme.* Bodenheim: Philo Verlagsgesellschaft.

D'Haenens, Leen (2007). Medien und Diversität in den Niederlanden: Politik und Forschung im Überblick. In: Bonfadelli, H. & Moser, H. (Hrsg.) *Medien und Migration Europa als multi-kultureller Raum?* Wiesbaden: VS Verlag für Sozialwissenschaften, S. 147-181.

D'Haenens, Leen/Beentjes, Johannes & Bink, Susan (2000). The Media Experience of Ethnic Minorities in the Netherlands: A Qualitative Study. In: *Journal of Communications,* Nr. 25, 3, S. 365-393.

D'Haenens, Leen & Koeman, Joyce (2006). From Freedom of Self-Sufficiency. 1979 – 2004: Developments in Dutch Integration – and Media Policy. In: Geißler, R. & Pöttker, H. (Hrsg.) *Integration durch Massenmedien. Medien und Migration im internationalen Vergleich.* Bielefeld: Transcript Verlag, S. 223-247.

Diller, Ansgar (1996). *Rundfunk im Westen von 1945 bis 1990. Was Sie über Rundfunk wissen sollten. Materialien zum Verständnis eines Mediums.* Berlin: Vistas Verlag.

Diller, Ansgar (Hrsg.) (1997). Rundfunk im vereinten Deutschland (ab 1990). In: Diller, A. *Was Sie über Rundfunk wissen sollten. Materialien zum Verständnis eines Mediums.* Berlin: Vistas Verlag, S. 359-361.

Dokumentation der Medienkonferenz in Essen (2006). *Migration und Integration – Europas große Herausforderung. Welche Rolle spielen die Medien?* http://www.wdr.de/themen/homepages/integration _medienkonferenz.jhtml?rubrikenstyle=integration_medien, Abruf am 16.02.2010.

Dokumentation. Integration und kulturelle Vielfalt – Querschnittsaufgabe in der ARD. In: *Media Perspektiven,* Nr. 9, S. 472-474.

Donges, Patrick & Jarren, Otfried (2002). *Politische Kommunikation in der Mediengesellschaft.* Wiesbaden: VS Verlag für Sozialwissenschaft.

Donsbach, Wolfgang (2008). Journalismusforschung im internationalen Vergleich: Werden die professionellen Kulturen eingeebnet? In: Melischek, G./Seethaler, J. & Wilke J. (Hrsg.) *Medien und Kommunikationsforschung im Vergleich: Grundlagen, Gegenstandsbereiche, Verfahrensweisen.* Wiesbaden: VS Verlag für Sozialwissenschaften, S. 271-290.

Donsbach, Wolfgang & Patterson, Thomas (2003). Journalisten in der politischen Kommunikation: Professionelle Orientierungen von Nachrichtenredakteuren im internationalen Vergleich. In: Esser, F. & Pfetsch, B. (Hrsg.) *Politische Kommunikation im internationalen Vergleich. Grundlagen, Anwendungen, Perspektiven.* Wiesbaden: Westdeutscher Verlag, S. 281-304.

Eckhardt, Josef (1990). Massenmedien und Ausländer in Nordrhein-Westfalen. In: *Media Perspektiven,* Nr. 10, S. 661 – 674.

Eckhardt, Josef (2000). Mediennutzungsverhalten von Ausländern in Deutschland. In: Schatz, H./Holtz-Bacha, C. & Nieland, J.-U. (Hrsg.) *Migranten und Medien. Neue Herausforderungen an die Integrationsfunktion von Presse und Rundfunk.* Wiesbaden: Westdeutscher Verlag, S. 265-271.

Entzinger, Han & Biezeveld, Renske (2005). Benchmarking in immigrant integration. In: Süssmuth, R. & Weidenfeld, W. (Hrsg.) *Managing Integration. The European Union's Responsibilities towards Immigrants*. Gütersloh: Bertelsmann Stiftung, S. 101-113.

Esser, Frank (2003). Gut, dass wir verglichen haben. Bilanz und Bedeutung der komparativen politischen Kommunikationsforschung. In: Esser, F. & Pfetsch, B. (Hrsg.) *Politische Kommunikation im internationalen Vergleich. Grundlagen, Anwendungen, Perspektiven*. Wiesbaden: Westdeutscher Verlag, S. 437-494.

Esser, Frank & Pfetsch, Barbara (Hrsg.) (2003a). *Politische Kommunikation im internationalen Vergleich. Grundlagen, Anwendungen, Perspektiven*. Wiesbaden: Westdeutscher Verlag.

Esser, Frank & Pfetsch, Barbara (Hrsg.) (2003b). Politische Kommunikation im internationalen Vergleich: Neuorientierung in einer veränderten Welt. In: Esser, F. & Pfetsch, B. (Hrsg.) *Politische Kommunikation im internationalen Vergleich. Grundlagen, Anwendungen, Perspektiven*. Wiesbaden: Westdeutscher Verlag, S. 9-31.

Esser, Hartmut (2000). *Soziologie. Spezielle Grundlagen. Band 2, Die Konstruktion der Gesellschaft*. New York: Campus, S. 261-306.

Esser, Hartmut (2001). Integration und das Problem der „multikulturellen Gesellschaft". In: Mehrländer, U. & Schultze, G. (Hrsg.) *Einwanderungsland Deutschland. Neue Wege nachhaltiger Integration*. Bonn: Dietz, S. 64-91.

Falter, Jürgen (1994). *Wer wählt rechts? Die Wähler und Anhänger rechtsextremistischer Parteien im vereinigten Deutschland*. München: Beck.

Favell, Adrian (2008). *Eurostars and Eurocities: Free Movement and Mobility in an Integrating Europe*. Hoboken: Wiley-Blackwell.

Ferguson, Robert (1998). *Representing „Race". Ideology, identity and the media*. London: Arnold Publishers.

Flam, Helena (Hrsg.) (2007). *Migration in Deutschland. Statistiken – Fakten – Diskurse*. Konstanz: UVK Medienverlagsgesellschaft.

Fleras, Augie & Elliot, Jean Leonard (2002). *Engaging Diversity. Multiculturalism in Canada*. Toronto: Nelson.

Fleras, Augie & Kunz, Jean Lock (2001). *Media and Minorities: Representing Diversity in a Multicultural Canada*. Toronto: Thompson Educational Publishing.

Flick, Uwe (1999). *Qualitative Forschung. Theorie, Methoden, Anwendung in Psychologie und Sozialwissenschaften*. (4. Auflage) Reinbek bei Hamburg: Rowohlt-Taschenbuch-Verlag.

Flick, Uwe (2005). *Qualitative Sozialforschung – Eine Einführung*. (3. Auflage) Reinbek: Reinbek bei Hamburg: Rowohlt-Taschenbuch-Verlag.

Flick, Uwe/Kardorff, E. & Steinke, I. (2007). *Qualitative Forschung. Ein Handbuch*. (5. Auflage) Reinbek bei Hamburg: Rowohlt-Taschenbuch-Verlag.

Frachon, Claire (Hrsg.) (2009). *Media and Cultural Diversity in Europe and North America*. Institut Panos. Paris: Karthala.

France Télévisions & UNESCO (2007). *Migration, integration: rôle majeur pour les medias et défi pur les audiovisuals publics en Europe*. Paris: UNESCO.

Friedrichs, Jürgen & Jagodzinski, Wolfgang (1999). *Soziale Integration*. Sonderheft 39 der KZfSS. Opladen/Wiesbaden: Westdeutscher Verlag.

Fuchs, Max (2002). Dialog zwischen den Kulturen. Kulturtheoretische und -politische Anmerkungen. In: *UNESCO heute*, Nr. 1-2, S. 4-8.

Fuhr, Ernst W. (1972). *ZDF-Staatsvertrag*. Mainz: v. Hase & Koehler.

Gangloff, Tilmann P. (2005). Wer im Schatten lebt. Initiative „Integration und Fernsehen" will Ausländern Gehör verschaffen und zur Integration beitragen. In: *Menschen machen Medien*, Nr. 11, S. 3-4.

Geddes, Andrew (2003). *The Politics of Migration and Immigration in Europe*. London: Sage Publications.

Geißler, Rainer (2000). Bessere Präsentation durch bessere Repräsentation. Anmerkungen zur medialen Integration von ethnischen Minderheiten. In: Schatz, H./Holtz-Bacha, C. & Nieland, J.-U. (Hrsg.) *Migranten und Medien. Neue Herausforderungen an die Integrationsfunktion von Presse und Rundfunk.* Wiesbaden: Westdeutscher Verlag, S. 129-146.

Geißler, Rainer (2003). Multikulturalismus in Kanada – Modell für Deutschland? In: *Aus Politik und Zeitgeschichte*, Nr. 26, S. 19-25.

Geißler, Rainer (2005). Medial Integration von ethnischen Minderheiten. In: Geißler, R. & Pöttker, H. (Hrsg.) *Massenmedien und die Integration ethnischer Minderheiten in Deutschland. Problemaufriss – Forschungsstand – Bibliographie.* Bielefeld: transcript, S. 71-79.

Geißler, Rainer (2007). Einwanderungsland Deutschland. Herausforderung an die Massenmedien. In: *Journalistik Journal,* Nr. 2, S.11-13.

Geißler, Rainer & Pöttker, Horst (Hrsg.) (2005). *Massenmedien und die Integration ethnischer Minderheiten in Deutschland. Problemaufriss – Forschungsstand – Bibliographie.* Bielefeld: Transcript.

Geißler, Rainer & Pöttker, Horst (Hrsg.) (2006). *Integration durch Massenmedien. Medien und Migration im internationalen Vergleich.* Bielefeld: Transcript Verlag.

Gellner, Winand (1990). Ordnungspolitik im Fernsehwesen: Bundesrepublik Deutschland und Großbritannien. Frankfurt a.M.: Peter Lang Verlag.

Georgi, Viola B. (2008). Citizenship and Diversity. In: Georgi, V. B. (Hrsg.) *The Making of Citizens in Europe: New Perspectives on Citizenship Education.* Bonn: Bundeszentrale für politische Bildung, S. 79-89.

Georgiou, Myria (2001). *Mapping minorities and their Media: The National. Context –The UK Report.* London: London School of Economics. (unpublished)

Georgiou, Myria (2005). Mapping Diasporic Media Cultures: A Transnational Cultural Approach to Exclusion. In: Silverstone, R. (Hrsg.) *Media, Technology and Everyday Life in Europe.* London: Ashgate, S. 33-52.

Georgiou, Myria (2006). *Diaspora, Identity and the Media. Diasporic transnationalism and mediated spaces.* Cresskill: Hampton Press.

Georgiou, Myria & Joo, Jae-Won (2009). Representing difference in the British media. In: Frachon, C. (Hrsg.) *Media and Cultural Diversity in Europe and North Amerika.* Institut Panos. Paris: Karthala, S. 60-72.

Georgiou, Myria & Silverstone, Roger (2005). Editorial. Special Issue: media and Minorities in Multicultural Europe. In: *Journal of Ethnic and Migration Studies,* Nr. 31, 3, S. 433-441.

Gerhards, Jürgen (1998). Konzeption von Öffentlichkeit unter heutigen Medienbedingungen. In: Jarren, O. (Hrsg.) *Öffentlichkeit unter Viel-Kanal-Bedingungen.* Baden-Baden: Nomos, S. 25-48.

Gerhards, Maria/Grajczyk, Andreas & Klinger, Walter (1999). Programmangebote und Spartennutzung im Fernsehen 1998. In: *Media Perspektiven,* Nr. 8, S. 390-400.

Ghosh, Bimal (2005). The challenge of integration. In: Süssmuth, R. & Weidenfeld, W. (Hrsg.) *Managing Integration. The European Union's Responsibilities towards Immigrants.* Gütersloh: Bertelsmann Stiftung, S. 2-5.

Gillespie, Marie (1995). *Television, Ethnicity and Cultural Change.* London: Routledge.

Gläser, Jochen & Laudel, Grit (2004). *Experteninterviews und qualitative Inhaltsanalyse.* Wiesbaden: VS Verlag für Sozialwissenschaften.

Gläser, Jochen & Laudel, Grit (2006). *Experteninterviews und qualitative Inhaltsanalyse als Instrumente rekonstruierender Untersuchungen.* Wiesbaden: VS Verlag für Sozialwissenschaften.

Glazer, Nathan (1997). *We are all multiculturalists now.* Cambridge: Harvard University Press.

Global Commission on International Migration (2005). *Migration in an Interconnected World: New Directions for Action.* Report of the Global Commision on International Migration. Genf. http://www.gcim.org/ attachements /gcim-complete-report-2005.pdf, Abruf am 10.02.2010.

Global Commission on International Migration (2006). *Migration in einer interdependenten Welt: Neue Handlungsprinzipien.* Bericht der Weltkommission für Internationale Migration. Genf. http://www.gcim.org/mm/File /German%20report.pdf, Abruf am 10.20.2010.

337

Goddar, Jeanette (2001). Kontakt der Kulturen. In: *Journalist*, Nr. 8, S. 10-13.

Goldberg, Andreas (1998): Mediale Vielfalt versus mediale Ghettoisierung. Türkischsprachige Medien in der Bundesrepublik Deutschland. In: *Zeitschrift für Migration und soziale Arbeit* Nr. 2, S. 35 – 41.

Goldberg, David Theo (Hrsg.) (1994). *Multiculturalism: A Critical Reader*. Oxford: Blackwell.

Gordon, Milton M. (1964). *Assimilation in American life: the role of race, religion, and national origins*. New York: Oxford University Press.

Göttlich, Udo (2000). Migration, Medien und die Politik der Anerkennung: Aspekte des Zusammenhangs von kultureller Identität und Medien. In: Schatz, H./Holtz-Bacha, C. & Nieland, J.-U. (Hrsg.) *Migranten und Medien. Neue Herausforderungen an die Integrationsfunktion von Presse und Rundfunk*. Opladen: Westdeutscher Verlag, S. 38-50.

Göttlich, Udo (2007). Von der Fernseh- zur Netzwerkgesellschaft: Mobile Privatisierung als kulturelle Kontinuität in der Mediengesellschaft. In: Hieber, L. & Schrage, D. (Hrsg.) *Technologieentwicklung und Massenmedien*. Bielefeld: Transcript Verlag, S. 181-195.

Graber, Doris (1993). Political Communication: Scope, Progress, Promise. In: Finifter, A. W. (Hrsg.) *Political Science: The State of Discipline. Part II*. Washington: American Political Science Association, S. 305-332.

Greco Larson, Stephanie (2006). *Media and Minorities. The Politics of Race in News and Entertainment*. Lanham: Rowman and Littlefield Publishing Group.

Greger, Volker & Otto, Kim (2000). Türkische Fernsehprogramme in Deutschland. In: Schatz, H./Holtz-Bacha, C. & Nieland, J.-U. (Hrsg.) *Migranten und Medien. Neue Herausforderungen an die Integrationsfunktion von Presse und Rundfunk*. Opladen: Westdeutscher Verlag, S. 232-252.

Grimberg, Steffen (2007). Entdecke die Möglichkeiten. 26. Tutzinger Medientage: Migration, Integration und Fernsehen. In: *Funkkorrespondenz*, Nr. 55 (12), S. 15-16.

Grote, Janne & Kollender, Ellen (2007). Migration – Entfesselung neuer Kräfte. Globalisierung und Migration. In: *360 Grad – Das studentische Magazin für Politik und Gesellschaft*, Nr. 1, S. 5-8. http://www.journal360.de/uploads/ausgaben/ausgabe012007/360grad _starter_migration.pdf, Abruf am 10.02.2010.

Güntürk, Reyhan (1999). Mediennutzung der Migranten – mediale Isolation?. In: Butterwegge, C. et al. (Hrsg.) *Medien und multikulturelle Gesellschaft*. Opladen: Leske + Budrich.

Güntürk, Reyhan (2000). Mediennutzung der türkischen Migranten. In: Schatz, H./Holtz-Bacha, C. & Nieland, J.-U. (Hrsg.) *Migranten und Medien*. Wiesbaden: Westdeutscher Verlag, S. 272-280.

Gurevitch, Michael & Blumler, Jay G. (2003). Der Stand der vergleichenden politischen Kommunikationsforschung: Ein eigenständiges Feld formiert sich. In: Esser, F. & Pfetsch, B. (Hrsg.) *Politische Kommunikation im internationalen Vergleich. Grundlagen, Anwendungen, Perspektiven*. Wiesbaden: Westdeutscher Verlag, S. 371-392.

Habermas, Jürgen (1981). *Theorie des kommunikativen Handelns*. Frankfurt/Main: Suhrkamp.

Habermas, Jürgen (1990). Strukturwandel der Öffentlichkeit: Untersuchungen zu einer Kategorie der bürgerlichen Gesellschaft. (2. Auflage) Frankfurt/Main: Suhrkamp.

Habermas, Jürgen (2005). *The structural transformation of the public sphere: an inqury into a category of bourgois society*. Cambridge: Polity.

Hafez, Kai (2001). *Medien und Einwanderung. Türkische Mediennutzung in Deutschland*. Erfurt: Forschungsprojekt des Instituts für Kommunikationswissenschaft.

Hafez, Kai (Hrsg.) (2002a). *Die Zukunft der internationalen Kommunikationswissenschaft in Deutschland*. Hamburg: Deutsches Übersee Institut.

Hafez, Kai (2002b). *Türkische Mediennutzung in Deutschland: Hemmnis oder Chance der gesellschaftlichen Integration?* Eine qualitative Studie im Auftrag des Presse- und Informationsamtes der Bundesregierung. Hamburg/Berlin: Presse- und Informationsamt der Bundesregierung.

Hafez, Kai (2006). *Die Rolle der Medien im multikulturellen Europa – die Beziehungen zu den islamisch-orientalischen Ländern. Überlegungen zur Reform der europäischen Medien*. Grundsatzreferat in Vorbereitung der Europäischen Medienkonferenz zu Integration und kultureller Vielfalt in der Einwan-

338

derungsgesellschaft. Köln: WDR. www2.kommunikations-wissenschaft-erfurt.de/.../WDR_Rede_Hafez.doc, Abruf am 10.02. 2010.

Hafez, Kai & Richter, Carola (2007). Das Islambild von ARD und ZDF. In: *Aus Politik und Zeitgeschichte*, Nr. 26-27, S. 40-46. http://www1.bpb.de/publikationen/BSF019,0,0,Das_Islambild_von _ARD _und_ZDF .html , Abruf am 10.02.2010.

Hagen, L. M. (Hrsg.) (2004). *Europäische Union und Mediale Öffentlichkeit*. Köln: Halem.

Hall, Stuart (Hrsg.) (1997). *Representation: Cultural Representations and Signifying Practices*. London, CA: Thousand Oaks, New Delhi: Sage.

Hall, Stuart & Du Gay, P. (1997). *Questions of cultural identity*. London: Sage.

Hallin, Daniel C. & Mancini, Paolo (2004). *Comparing media systems: Three models of media and politics*. Cambridge: Cambridge University Press.

Hamburgische Anstalt für neue Medien (Hrsg.) (2001). *Medien. Migration. Integration*. Berlin: Vistas Verlag.

Hammeran, Regine/Baspinar, Deniz & Simon, Erk (2007). Selbstbild und Mediennutzung junger Erwachsener mit türkischer Herkunft: Ergebnisse einer qualitativen Studie. In: *Media Perspektiven*, Nr. 3, S. 126-135.

Hanitzsch, Thomas (2008). Problemzonen kulturvergleichender Kommunikatorforschung: Methodologische Fallstudien. In: Melischek, G./Seethaler, J. & Wilke, J. (Hrsg.) *Medien und Kommunikationsforschung im Vergleich: Grundlagen, Gegenstandsbereiche, Verfahrensweisen*. Wiesbaden: VS Verlag für Sozialwissenschaften, S. 253-270.

Hanitzsch, Thomas & Altmeppen, Klaus-Dieter (2007). Über das Vergleichen: Komparative Forschung in deutschen kommunikationswissenschaftlichen Fachzeitschriften, 1948–2005. In: *Medien & Kommunikationswissenschaft*, Nr. 54 (2), S. 185-203.

Hans-Bredow-Institut (Hrsg.) (2009). *Internationales Handbuch Medien*. (28. Auflage) Baden-Baden: Nomos.

Hansen, Randall (2000). *Citizenship and Immigration in Postwar Britain*. Oxford: Oxford University Press.

Hansen, Randall (2007). Länderprofil Vereinigtes Königreich. In: Hamburger Weltwirtschaftsinstitut (Hrsg.) *Focus Migration*. http://www.hwwi.org/uploads/tx_wilpubdb/ LP_12_Vereinigte_Koenigreich.pdf,Abruf am 10.02.2010.

Hasebrink, Uwe (2000). Europäische Öffentlichkeit: Zur Konstruktion von Kommunikationsräumen in Europa durch Medienpublika. In Faulstich, W. (Hrsg.) *Öffentlichkeit im Wandel: Neue Beiträge zur Begriffsklärung*. Bardowick: Wissenschaftler-Verlag.

Hasebrink, Uwe & Rössler, Patrick (Hrsg.) (1999). Publikumsbindungen. Medienrezeption zwischen Individualisierung und Integration. In: *Schriftenreihe des Medien Instituts Ludwigshafen: Angewandte Medienforschung*. (Band 12) München: Verlag Reinhard Fischer.

Hawkins, Freda (1989). *Critical Years in Immigration: Canada and Australia Compared*. Montreal: McGill-Quen's University Press.

Heinrich, Bettina (2005). *Globalisierung, Migration, Integration, Segregation. Herausforderungen für eine moderne Stadtgesellschaft, Stadtpolitik und Kulturpolitik – ein Problemaufriss*. Texte zum Kongress Mythos Kreuzberg. Berlin: Heinrich-Böll-Stiftung.

Heitmeyer, Wilhelm (Hrsg.) (1997a). *Die Bundesrepublik Deutschland auf dem Weg von der Konsens- zur Konfliktgesellschaft. (Germany's Drift from a Consensus to a Conflict Society). Vol. 1. Was treibt die Gesellschaft auseinander? (What Is Driving Society Apart?)*. Frankfurt/Main: Suhrkamp.

Heitmeyer, Wilhelm (Hrsg.) (1997b). *Die Bundesrepublik Deutschland auf dem Weg von der Konsens- zur Konfliktgesellschaft (Germany's Drift from a Consensus to a Conflict Society). Vol. 2: Was hält die Gesellschaft zusammen? (What Holds Society Together?)*. Frankfurt/Main. Suhrkamp.

Helfferich, Cornelia (2005). *Die Qualität qualitativer Daten. Manual für die Durchführung qualitativer Interviews*. (2. Auflage) Wiesbaden: VS Verlag für Sozialwissenschaften.

Hepp, Andreas (2009). Transkulturalität als Perspektive: Überlegungen zu einer vergleichenden empirischen Erforschung von Medienkulturen. In: *Forum Qualitative Sozialforschung*, Nr. 10, 1, Artikel 26. http://www.qualitative-research.net/index.php/fqs/ article/view/1221/ 2659, Abruf am 10.02.2010.

Hepp, Andreas & Löffelholz, Martin (Hrsg.) (2002). *Grundlagentexte zur transkulturellen Kommunikation.* Konstanz: UVK.

Herbert, Ulrich (2001). *Geschichte der Ausländerpolitik in Deutschland: Saisonarbeiter. Zwangsarbeiter. Gastarbeiter.* Flüchtlinge. München: Beck.

Hermann, Thomas & Hanetseder, Christa (2007). Jugendliche mit Migrationshintergrund: heimatliche, lokale und globale Verortungen. In: Bonfadelli, H. & Moser, H. (Hrsg.) *Medien und Migration. Europa als multikultureller Raum?* Wiesbaden: VS Verlag für Sozialwissenschaften, S. 237–271.

Hickman, Larry A. & Alexander, Thomas M. (Hrsg.) (1998). *The Essential Dewey: Volumes 1 and 2.* Bloomington: Indiana University Press.

Hitzler, Ronald (1994). Wissen und Wesen der Experten. Ein Annäherungsversuch – zur Einleitung. In: Hitzler, R./Honer, A. & Maeder, C. (Hrsg.) *Expertenwissen. Die institutionalisierte Kompetenz zur Konstruktion von Wirklichkeit.* Opladen: Westdeutscher Verlag, S. 13-30.

Hoffmann-Nowotny, Hans-Joachim/Imhof, Kurt & Romano, Gaetano (1998). Einwanderungspopulationen: Soziodemographische Daten als Indikatoren im internationalen und interethnischen Vergleich. In: Hoffmann-Nowotny (Hrsg.) *Kultur und Gesellschaft.* Zürich: Seismo-Verlag, S. 499-509.

Hoffmann-Riem, Christel (1980). Die Sozialforschung einer interpretativen Soziologie – Der Datengewinn. In: *Kölner Zeitschrift für Soziologie und Sozialpsychologie*, Nr. 32, S. 339-372.

Hoffmann-Riem, Wolfgang (2000). Thesen zur Regulierung der dualen Rundfunkordnung. In: *Medien & Kommunikationswissenschaft*, Nr. 48(1), S. 7-21.

Hofstede, Geert (1998). A case for comparing apples with oranges: International differences in values. In: Sasaki, M. (Hrsg.) *Values and Attitudes Across Nations and Time.* Leiden: Brill, S. 16-31.

Holznagel, Bernd (1999). Im Lichte neuer Herausforderungen: Der spezielle Funktionsauftrag des ZDF. In: *epd*, Nr. 36, S. 23-27.

Horn, Christian (2008). Neue Konzepte, alter Widersprüche: Der mühsame Weg zu einer Politik der Vielfalt. In: *nah & fern Das Kulturmagazin für Migration und Partizipation*, Nr. 38. http://www.migration-boell.de /web/diversity/48_1708.asp, Abruf am 10.02. 2010.

Humphreys, Peter (2008). *Redefining Public Service Media: A Comparative Study of France, Germany and the UK.* Paper for the 4th RIPE-Conference in Mainz, Germany. https://www.uni-mainz.de /downloads/RIPE2008 .pdf, Abruf am 10.02.2010.

Hundal, Sunny (2009). A snapshot of the British media and ethnic minorities. In: Frachon, C. (Hrsg.) *Media and Cultural Diversity in Europe and North Amerika.* Institut Panos. Paris: Karthala, S. 80-84.

Husband, Charles (1994). *A Richer Version: the Development of Ethnic Minority Media in Western Democracies.* London: John Libbey.

Husband, Charles (2000). Media and the Public Sphere in multi-ethnic Societies. In: Cottle, S. (Hrsg.) *Ethnic Minorities and the Media. Changing Cultural Boundaries.* Philadelphia: Open University Press, S. 199-214.

Imhof, Kurt (2002). *Integration und Medien.* Wiesbaden: Westdeutscher Verlag.

Imhof, Kurt/Jarren, Otfried & Blum, Roger (Hrsg.) (2003). *Integration und Medien. Mediensymposium Luzern.* (Band 7) Wiesbaden: Westdeutscher Verlag.

International Organization of Migration (IOM) (2008). *World Migration 2008: Managing Labour Mobility in the Evolving Global Econom.* (Vol. 4) Genf: International Organization of Migration.

Ipsos MORI (2007). *April Political Monitor.* www.ipsos-mori.com/polls/2007/mpm 07425.shtml, Abruf am 23.10.2009.

Jarren, Otfried (2000). Gesellschaftliche Integration durch Medien? Zur Begründung normativer Anforderungen an die Medien. In: *Medien & Kommunikationswissenschaft*, Nr. 4 (1), S. 22-41.

Jarren, Otfrid & Donges, Patrick (2002). *Politische Kommunikation in der Mediengesellschaft. Eine Einführung.* Wiesbaden: Westdeutscher Verlag.

Jarren, Otfried/Donges, Patrick/Künzer, Matthias/Schulz, Wolfgang/Held, Thorsten & Jürgens, Uwe (2001). *Der öffentliche Rundfunk im Netzwerk von Politik, Wirtschaft und Gesellschaft. Eine komparative Studie zu Möglichkeiten der Absicherung des Public Service.* Baden Baden: Nomos.

Jarren, Otfried, Imhof, Kurt & Blum, Roger (Hrsg.) (2000). *Zerfall der Öffentlichkeit? Mediensymposium Luzern.* (Band 6) Wiesbaden: Westdeutscher Verlag.

Jeffres, Leo W. (2000). Ethnicity and Ethnic Media Use. A Panel Study. In: *Communication Research*, Nr. 27, 4, S. 496-535.

Joppke, Christian & Morawska, Ewa (Hrsg.) (2003). *Toward Assimilation and Citizenship: Immigrants in Liberal Nation-States.* Hampshire: Palgrave Macmillan.

Jung, Matthias/Wengeler, Martin, & Böke, Karin (Hrsg.) (1997). *Die Sprache des Migrationsdiskurses. Das „Reden" über Ausländer in den Medien.* Opladen: Politik und Alltag.

Junk, Sabine (1999). Mehr Farbe in den Medien – Ein Projekt zur interkulturellen Öffnung von Rundfunkanstalten. In: Butterwegge, C./Hentges, G. & Sarigöz, F. (Hrsg.) *Medien und multikulturelle Gesellschaft. Interkulturelle Studien.* (Band 3) Opladen. Leske und Budrich, S. 207-227.

Kalter, Frank (2008). Stand, Herausforderungen und Perspektiven der empirischen Migrationsforschung. In: Kalter, F. (Hrsg.) *Migration und Integration. Kölner Zeitschrift für Soziologie und Sozialpsychologie.* (Sonderheft 48) Wiesbaden: VS Verlag für Sozialwissenschaften, S. 11-36.

Kassner, Karsten & Wassermann, Petra (2005). Nicht überall, wo Methode draufsteht, ist auch Methode drin. Zur Problematik der Fundierung von ExpertInneninterviews. In: Bogner, A./Littig, B. & Menz, W. (Hrsg.) *Das Experteninterview. Theorie, Methode, Anwendung.* Wiesbaden: VS Verlag für Sozialwissenschaften, S. 95-111.

Kastendiek, Hans & Sturm, Roland (Hrsg.) (2006). *Länderbericht Großbritannien.* Bonn: Bundeszentrale für politische Bildung.

Kaumanns, Ralf/Siegenheim, Veit & Knoll, Eva Marie (Hrsg.) (2007). *BBC – Value for Money & Creative Future – Die strategische Neuausrichtung der BBC.* München: Fischer.

Kelly, Paul (Hrsg.) (2002). *Multiculturalism Reconsidered. Culture and Equality and its Critics.* Cambridge: Polity.

Kepplinger, Hans Mathias (1998). Der Nachrichtenwert der Nachrichtenfaktoren, In: Holtz-Bacha, C./Scherer, H. & Waldmann, N. (Hrsg.) *Wie die Medien die Welt erschaffen und wie die Menschen darin leben.* Opladen/Wiesbaden: Westdeutscher Verlag.

Kiliç, Memet (2003). Verantwortung der öffentlich-rechtlichen Rundfunkanstalten bei der Integration von Migranten. In: *Zeitschrift für Medien- und Kommunikationsrecht* (AfP), S. 22-23.

King, Russel & Wood, Nancy (2001). *Media and Migration. Constructions of mobility and difference.* London/New York: Routledge.

Klaffke, Martin (2008). Vielfalt strategisch nutzen. In: *Personal*, Nr. 12, S. 24-26. http: //www. hsba.de/de/pdf/professoren/klaffke/Vielfalt_Handelsblatt.pdf, Abruf am 10.02. 2010.

Kleinsteuber, Hans J. (2003a). Mediensysteme im internationalen Vergleich. In: Bentele, G./Brosius, H.-B. & Jarren, O. (Hrsg.) *Öffentliche Kommunikation.* Wiesbaden: Westdeutscher Verlag, S. 382-396.

Kleinsteuber, Hans J. (2003b). Medien und Kommunikation im internationalen Vergleich: Konzepte, Methoden und Befunde. In: Esser, F. & Pfetsch, B. (Hrsg.) *Politische Kommunikation im internationalen Vergleich. Grundlagen, Anwendungen, Perspektiven.* Wiesbaden: Westdeutscher Verlag, S. 78-103.

Kleres, Jochen (2007). Experteninterviews: Die Methode und ihre Durchführung im Projekt XENO-PHOB. In: Flam, H. (Hrsg.) *Migration in Deutschland. Statistiken – Fakten – Diskurse.* Konstanz: UVK Medienverlagsgesellschaft, S. 282-285.

Klute, Ed (2008). Media and Intercultural Dialogue in Europe 2008. Utrecht: Mira Media.http://api.ning.com/files/xOStf52gjVJqBL5Sc9QuvPPPW6cpoiJCC5MvDTHVllwvAQ25 00AdPTHeKgItBSeTnUoRxgK2oMO2g9MO6bJGbnloF3jA9To/mediaandintercultural.pdf, Abruf am 10.02. 2010.

Kohlschein, Ingo (2006). Experteninterviews. Anwendung einer empirischen Forschungsmethode im Medienmanagement. In: Rott, A. (Hrsg.) *Fallstudien zum Medienmanagement*. Hamburg: Hamburg Media School, S. 5-8.

Kohn, Melvin L. (1989). Introduction. In: Kohn, M.L. (Hrsg.) *Cross-national Research in Sociology*. Newbury Park: Sage.

Koolwijk, Jürgen van. (1974). Techniken der empirischen Sozialforschung: Ein Lehrbuch in 8 Bänden. München, Wien: Oldenbourg.

Koopmans, Ruud & Statham, Paul (2003). How National Citizenship Shapes Transnationalism: Migrant and Minority Claims-making in Germany, Great Britain and the Netherlands. In: Joppke, C. & Morawska, E. (Hrsg.) *Toward Assimilation and Citizenship: Immigrants in Liberal Nation-States*. Hampshire: Palgrave Macmillan, S. 195-236.

Konrad-Adenauer-Stiftung (Hrsg.) (2001). *Türken in Deutschland. Einstellungen zu Staat und Gesellschaft*. Sankt Augustin: Konrad-Adenauer-Stiftung. http://www.kas.de/db_files/dokumente/ arbeitspapiere/7_dokument_dok_pdf_201_1.pdf, Abruf am 10.02. 2010.

Kosnick, Kira (2000). Building bridges. Media for migrants and the public-service-mission in Germany. In: *European Journal for Cultural Studies*, Nr. 3 (3), S. 319-342.

Kosnick, Kira (2007). *Migrant Media. Turkish Broadcasting and Multicultural Politics in Berlin*. Bloomington: Indiana University Press.

Kretzschmar, Sonja (2002). *Fremde Kulturen im europäischen Fernsehen. Zur Thematik der fremden Kulturen in den Fernsehprogrammen von Deutschland, Frankreich und Großbritannien. Mit einem Vorwort von Ulrich Wickert*. Opladen/Wiesbaden: Westdeutscher Verlag.

Krüger, Michael & Simon, Erk (2005). Das Bild der Migranten im WDR Fernsehen: Ergebnisse einer empirischen Programmanalyse. In: *Media Perspektiven*, Nr. 3, S. 105-114.

Kruse, Jan (2008). Einführung in die Qualitative Interviewforschung. Ein Reader. Freiburg.http://www.soziologie.unifreiburg.de/Personen/kruse/UniHomepage/Workshops/Reader.html, Abruf am 15.01.2009.

Kühnel, Steffen & Leibold, Jürgen (2000). Die anderen und wir. Das Verhältnis zwischen Deutschen und Ausländern aus der Sicht der in Deutschland lebenden Ausländer. In: Alba, R./Schmidt, P. & Wasmer, M. (Hrsg.) *Deutsche und Ausländer: Freunde, Feinde oder Fremde? Empirische Befunde und theoretische Erklärungen*. Opladen: Westdeutscher Verlag, S. 111-146.

Kurtulus, Mehmet (2008). *Kommissar im Hamburger Tatort 2008*. Spiegel Online, Abruf am 26.10.2008.

Kvale, Steiner (2007). *Doing Interviews*. London: Sage.

Kymlicka, Will (2001). *Politics in the Vernacular: Nationalism, Multiculturalism and Citizenship*. New York: Oxford University Press.

Kymlicka, Will (2007). *Multicultural Odysseys. Navigating the New International Politics of Diversity*. New York: Oxford University Press.

Lamnek, Siegfried (2005). *Qualitative Sozialforschung. Ein Lehrbuch*. Reinbek: Rowohlt-Taschenbuch-Verlag.

Lamp, Erich (2008). Öffentlichkeitskonzepte im Vergleich – Elitekonzept und Integrationskonzept. In: Melischek, G./Seethaler, J. & Wilke, J. (Hrsg.) *Medien und Kommunikationsforschung im Vergleich. Grundlagen, Gegenstandsbereiche, Verfahrensweisen*. Wiesbaden: VS Verlag für Sozialwissenschaften, S. 199-218.

La Porte, Teresa/Medina, Mercedes & Sábada, Teresa (2007). Globalization and Pluralism: The Function of Public Television in the European Audiovisual Market. In: *International Communication Gazette*, Nr. 69, (4), S. 377-399.

Laschet, Armin (2009). *Die Aufsteiger-Republik. Zuwanderung als Chance*. Köln: Kiepenheuer & Witsch.

Liebold, R. & Trinczek, Rainer (2002). Experteninterviews. In: Kühl, S. & Strodtholz, P. (Hrsg.) *Methoden der Organisationsforschung. Ein Handbuch*. Hamburg: Rowohlt Taschenbuch Verlag, S. 33-71.

Lilienthal, Volker (2009). Integration als Programmauftrag. In: *Aus Politik und Zeitgeschichte*, Nr. 9-10, S. 6-12. http://www1.bpb.de/publikationen/SBZ0J9,0,Integration _als_Programmauftrag.html, 10.02.2010.

Livingston, Sonja (2003a). *On the challenges of cross-national comparative media research.* London: LSE Research Online. https://eprints.lse.ac.uk/archive/00000403, Abruf am 10.02.2010.

Livingston, Sonja (2003b). On the challenges of cross-national comparative media research. In: *European Journal of Communication*, Nr. 18 (4), S. 477-500.

Lockwood, David (1964). Social Integration and System Integration. In: Rollschan, G.Z. & Hirsch, W. (Hrsg.) *Explorations in Social Change.* London: John Wiley & Sons, S. 244-257.

Luhmann, Niklas (1996). *Die Realität der Massenmedien.* Opladen/Wiesbaden: Westdeutscher Verlag.

Maaz, Hans-Joachim (1993). Das Fremde in uns. Zur Entstehung der Gewaltbereitschaft. In: Ahlheim, Klaus et al. (Hrsg.) *Argumente gegen den Hass. Band 2: Textsammlung.* Bonn: Bundeszentrale für politische Bildung, S. 97-100.

Madianou, Mirca (2005). *Mediating the Nation. News, audiences, and the politics of identity.* London: UCL Press.

Mahnig, Hans (1998). *Integrationspolitik in Großbritannien, Frankreich, Deutschland und den Niederlanden. Eine vergleichende Analyse.* Forschungsbericht No. 10 des Schweizerischen Forums für Migrationsstudien. Neuchatel: Schweizerisches Forum für Migrationsstudien.

Mahnig, Hans (2001). Ist Deutschland wirklich anders? Die deutsche Integrationspolitik im europäischen Vergleich. In: Curle, E. & Wunderlich, T. (Hrsg.). *Deutschland – ein Einwanderungsland? Rückblick, Bilanz und neue Fragen.* Stuttgart: Lucius und Lucius, S. 159-195.

Maindok, Herlinde (2003). *Professionelle Interviewführung in der Sozialforschung.* Herbolzheim: Centaurus Verlag.

Maletzke, Gerhard (1980). Integration – eine gesellschaftliche Funktion der Massenkommunikation. In: *Publizistik,* Nr. 1, S. 199 – 206.

Maletzke, Gerhard (1996). *Interkulturelle Kommunikation. Zur Interaktion zwischen Menschen verschiedener Kulturen.* Opladen: Westdeutscher Verlag

Marcinkowski, Frank (2002). Massenmedien und die Integration der Gesellschaft aus der Sicht der autopoietischen Systemtheorie: Steigern die Medien das Reflexionspotential sozialer Systeme? In: Imhof, K./Jarren, O. & Blum, R. (Hrsg.) *Integration und Medien. Mediensymposium Luzern.* (Band 7) Opladen/Wiesbaden: Westdeutscher Verlag, S. 110-121.

Mattern, Klaus & Künstner, Thomas (1998). Fernsehsysteme im internationalen Vergleich. In: Hamm, I. (Hrsg.) *Die Zukunft des dualen Systems: Aufgaben des dualen Rundfunkmarktes im internationalen Vergleich mit Studien von Booz, Allen & Hamilton.* Gütersloh: Bertelsmann Stiftung.

Maurer, Marcus & Reinemann, Carsten (2006). *Medieninhalte: Eine Einführung.* Wiesbaden: VS Verlag für Sozialwissenschaften.

Mayer, Horst O. (2004). *Interview und schriftliche Befragung. Entwicklung, Durchführung und Auswertung.* München, Wien: Oldenbourg Verlag.

Mayring, Philipp (2002a). *Einführung in die qualitative Sozialforschung. Eine Anleitung zu qualitativem Denken.* (5. Auflage) Weinheim/Basel: Beltz Verlag.

Mayring, Philipp (2002b). Einführung in die qualitative Sozialforschung. In: Mayring, P. *Einführung in die qualitative Sozialforschung. Eine Anleitung zu qualitativem Denken.* (5. Auflage) Weinheim: Beltz, S. 65-81.

Mayring, Philipp (2003). *Qualitative Inhaltsanalyse. Grundlagen und Techniken.* (8. Auflage) Weinheim/Basel: Beltz Verlag.

McQuail, Denis (2000). *Mass Communication Theory.* London/Thousand Oaks/New Delhi: Sage.

Meckel, Miriam (1994). *Fernsehen ohne Grenzen? Europas Fernsehen zwischen Integration und Segmentierung.* Opladen: VS Verlag für Sozialwissenschaften.

Media Perspektiven Nr. 3 (2007). *Special Issue. Mediennutzung von Migranten.*

Medien und Migranten. Schwieriger Zugang (2007). In: *journalist*, Nr. 2, S. 2-5.

Mehrländer, Ursula & Schultze, Günther (Hrsg.) (2001). *Einwanderungsland Deutschland. Neue Wege nachhaltiger Integration.* Bonn: Friedrich-Ebert-Stiftung.

343

Meier-Braun, Karl-Heinz & Kilgus, Martin A. (2002). Integration durch Politik und Medien? 7. Medienforum Migranten bei uns. In: Voß, P. (Hrsg.) *SWR-Schriftenreihe/Grundlagen*. Baden Baden: Nomos.

Melischek, Gabriele/Seethaler, Josef & Wilke, Jürgen (Hrsg.) (2008). *Medien und Kommunikationsforschung im Vergleich: Grundlagen, Gegenstandsbereiche, Verfahrensweisen*. Wiesbaden: VS Verlag für Sozialwissenschaften.

Melotti, Umberto (2004). *Migrazioni internazionali. Globalizzazione e culture politiche*. Milano: B. Mondadori.

Mesghena, Mekonnen (2006). *Einwanderung nach Deutschland. Der lange Weg in die Realität. Migration-Integration-Diversity*. Berlin: Heinrich-Böll-Stiftung.

Meuser, Michael & Nagel, Ulrike (1991). ExpertInneninterviews – vielfach erprobt, wenig bedacht. Ein Beitrag zur qualitativen Methodendiskussion. In: Garz, D. & Kraimer, K. (Hrsg.) *Qualitativempirische Sozialforschung. Konzepte, Methoden, Analysen*. Opladen: Westdeutscher Verlag, S. 441 – 468.

Meuser, Michael & Nagel, Ulrike (1997). Das Experteninterview – Wissenssoziologische Voraussetzungen und methodische Durchführung. In: Friebertshäuser, B. & Prengel, A. (Hrsg.) *Handbuch Qualitative Forschungsmethoden in der Erziehungswissenschaft*. Weinheim: Basel, S. 481-491.

Meuser, Michael & Nagel, Ulrike (2005). ExpertInneninterviews – vielfach erprobt, wenig bedacht. Ein Beitrag zur qualitativen Methodendiskussion. In: Bogner, A./Littig, B. & Menz, W. (Hrsg.) *Das Experteninterview*. Wiesbaden: VS Verlag für Sozialwissenschaften, S. 71-94.

Meyer, Christoph O. (1999). Political Legitimacy and the Invisibility of Politics: Exploring the European Union's Communication Deficit. In: *Journal of Common Market Studies*, Nr. 37, S. 617-639.

Mintzel, Alf (1997). *Multikulturelle Gesellschaften in Europa und Nordamerika – Konzepte Streitfragen Analysen Befunde*. Passau: Wissenschaftsverlag Rothe.

MMB Institut für Medien und Kompetenzforschung (2006). *Berliner Beiträge zur Migration und Integration. Expertise „Ausbildung von Volontären in den Medien"*. http://www.bqn-berlin.de/grafik/Expertise_Medien.pdf, Abruf am 11.02.2010.

Morar, Natalija (1995). *Multicultural Programmes Department. Department publication*. Birmingham: BBC.

Morley, David (1999). Bemerkungen zur Ethnographie des Fernsehpublikums. In: Bromley, R./Göttlich, U. & Winter, C. (Hrsg.) *Cultural Studies. Grundlagentexte zur Einführung*. Lüneburg: Zu Klampen, S. 281-316.

Morley, David & Robins, Kevin (1995). *Spaces of Identity. Global Media, Electronic Landscapes and Cultural Boundaries*. London/New York: Routledge.

Moser, Heinz (2007). Medien und Migration: Konsequenzen und Schlussfolgerungen. In: Bonfadelli, H. & Moser, H. (Hrsg.) *Medien und Migration Europa als multi-kultureller Raum?* Wiesbaden: VS Verlag für Sozialwissenschaften, S. 347-366.

Müller, Daniel (2005). Die Darstellung ethnischer Minderheiten in den deutschen Massenmedien. In: Geißler, R. & Pöttker, H. (Hrsg.) *Massenmedien und die Integration ethnischer Minderheiten in Deutschland. Problemaufriss – Forschungsstand – Bibliographie*. Bielefeld: Transcript, S. 359-387.

Müller, Dieter K. (2000). Fernsehforschung ab 2000 – methodische Kontinualität. In: *Media Perspektiven*, Nr. 1, S. 2-7.

Münch, Richard (1998a). *Globale Dynamik, lokale Lebenswelten. Der schwierige Weg in die Weltgesellschaft*. Frankfurt am Main: Suhrkamp.

Münch, Richard (1998b). Soziale Integration als dynamischer Prozess. In: Giegel, H.-J. (Hrsg.) *Konflikte in modernen Gesellschaften*. Frankfurt am Main: Suhrkamp, S. 190-202.

Münz, Rainer/Seifert, Wolfgang & Ulrich, Ralf E. (1999). *Zuwanderung nach Deutschland. Strukturen. Wirkungen. Perspektiven*. Frankfurt am Main, New York: Campus.

Nationaler Integrationsplan. (2007). *Arbeitsgruppe „Medien – Vielfalt nutzen" Abschlussbericht und Materialien*. http://www.bundesregierung.de/Content/DE/Artikel/IB/Anlagen/arbeitsgruppe-medien-abschlussbericht,property=publicationFile.pdf, Abruf am 14.10.2007.

344

Nationaler Integrationsplan. (2007). *Kurzfassung für die Presse.* http://www.bmj.bund.de /files/- /2322/2007-07-12-nationalerintegrationsplan_KURZFASSUNG.pdf, Abruf am 14.10.2007.

Neidhardt, Friedhelm (Hrsg.) (1994). Öffentlichkeit, öffentliche Meinung, soziale Bewegungen. In: *Kölner Zeitschrift für Soziologie und Sozialpsychologie,* Nr. 34, S. 7-41.

Niessen, Jan & Schibel, Yongmi (2005). *Europäisches Handbuch zur Integration. Für Entscheidungsträger und Praktiker.* http://ec.europa.eu/justice_home/doc_centre/immigration/integration/doc/ handbook _1sted_de.pdf, Abruf am 10.02.2010.

Nötzold, Katharina & Dilli, Sirin (2009). Media and migration in Germany. In: Frachon, C. (Hrsg.) *Media and Cultural Diversity in Europe and North Amerika.* Institut Panos. Paris: Karthala, S. 86-101.

Oberndorfer, Dieter (2005). Conceptual and political approaches to integration: a German perspective. In: Süssmuth, R. & Weidenfeld, W. (Hrsg.) *Managing Integration. The European Union's Responsibilities towards Immigrants.* Gütersloh: Bertelsmann Stiftung, S. 12-15.

OECD (2008). *International Migration Outlook,* SOPEMI 2008 Edition. http://www.oecd.org/dataoecd /30/13/41275373.pdf, Abruf am 10.02.2010.

Oehmichen, Ekkehardt (2007). Radionutzung von Migranten. In: *Media Perspektiven,* Nr. 9, S. 452-460.

Oehmichen, Ekkehardt (2008). *Migranten und Medien 2007: Keine mediale Parallelgesellschaft.* Studie im Auftrag von ARD/ZDF mit Unterstützung der Hertie Stiftung.

Office of Communicatins (Ofcom) (2005a). *Race Equality Scheme.* http://www.ofcom.org.uk/consult/ condocs /race/draftrace/race.odf, Abruf am 11.02.2010.

Office of Communications (Ofcom) (2005b). Section 2, PSB Statements of programme policy and self-assesment reviews consultation: The draft guidance note for TV networks. http://www.ofcom. org.uk/consult/condocs/psb_selfasses/psb_self_asses/ section 2/, Abruf am 11.02.2010

Ortner, Christina (2007). *Migranten im „Tatort". Das Thema Einwanderung im beliebtesten deutschen TV-Krimi.* Marburg: Tectum.

Ouaj, Jamil (1999). *More Colour in the Media. Employment and Access of ‚Ethnic Minorities' to the Television Industry in Germany, the UK, France, the Netherlands and Finland.* Manchester: The European Institute for the Media.

Özcan, Veysel (2007). Länderprofil 1: Deutschland. In: Hamburger Weltwirtschaftsinstitut (Hrsg.) *Focus Migration.* http://www.hwwi.org/uploads/tx_wilpubdb/LP01_ Deutschland_v2.pdf, Abruf am 10.02.2010.

Parekh, Bhikhu (1997). National culture and multiculturalism. In: Thompson, K. (Hrsg.) *Media and Cultural Regulation.* London: Sage, S. 163-206.

Parekh, Bhikhu (2000a). *The Future of Multi-Ethnic Britain: The Parekh Report.* London: Profile Books.

Parekh, Bhikhu (2000b). *Rethinking Multiculturalism. Cultural Diversity and Political Theory.* Basingstoke: Macmillan Press/Palgrave.

Parekh, Bhikhu (2008). *A New Politics of Identity. Political Principles for an Independent World.* New York: Palgrave Macmillan.

Peters, Bernhard (1993). *Die Integration moderner Gesellschaften.* Suhrkamp.

Peters, Bernhard (2002). Die Leistungsfähigkeit heutiger Öffentlichkeiten – einige theoretische Kontroversen. In: Imhof, K./Jarren, O. & Blum, R. (Hrsg.) Integration und Medien. In: *Reihe Mediensymposium Luzern.* (Band 7) Opladen/Wiesbaden: Westdeutscher Verlag, S. 23-25.

Pfadenhauer, Michaela (2005). Das Experteninterview – ein Gespräch zwischen Experte und Quasi-Experte. In: Bogner, A./Littig, B. & Menz, W. (Hrsg.) *Das Experteninterview – Theorie, Methode, Anwendung.* (2. Auflage) Wiesbaden: VS Verlag für Sozialwissenschaften, S.113-130.

Pfetsch, Barbara & Maurer, Peter (2008). Mediensysteme und politische Kommunikationsmilieus im internationalen Vergleich: Theoretische Überlegungen zur Untersuchung ihres Zusammenhangs. In: Melischek, G./Seethaler, J. & Wilke, J. (Hrsg.) *Medien und Kommunikationsforschung im Vergleich: Grundlagen, Gegenstandsbereiche, Verfahrensweisen.* Wiesbaden: VS Verlag für Sozialwissenschaften, S. 99-120.

345

Piening, Günter (2006). Vorwort. In: MMB Institut für Medien- und Kompetenzforschung. *Berliner Beiträge zur Integration und Migration. Expertise Ausbildung von Volontären in den Medien.* http://www.bqn-berlin.de/grafik/Expertise_Medien.pdf, Abruf am 10.02.2010.

Piga, Andrea (2007). Mediennutzung von Migranten: Ein Forschungsüberblick. In: Bonfadelli, H. & Moser, H. (Hrsg.) *Medien und Migration Europa als multi-kultureller Raum?* Wiesbaden: VS Verlag für Sozialwissenschaften, S. 209-236.

Pöttker, Horst (2005). Soziale Integration. Ein Schlüsselbegriff für die Forschung über Medien und ethnische Minderheiten. In: Geißler, R. & Pöttker, H. (Hrsg.) *Massenmedien und die Integration ethnischer Minderheiten in Deutschland. Problemaufriss – Forschungsstand – Bibliographie.* Bielefeld: transcript, S. 25-43.

Pöttker, Horst (2006). Haben Medien einen Auftrag zur Integration? Podiumsdiskussion. In: Geißler, R. & Pöttker, H. (Hrsg.) *Integration durch Massenmedien. Medien und Migration im internationalen Vergleich.* Bielefeld: Transcript Verlag, S. 252-297.

Presse- und Informationsamt der Bundesregierung (2007). *Nationaler Integrationsplan. Kurzfassung für die Presse.* http://www.bundesregierung.de/Content/DE/Archiv16/Artikel/2007/07/Anlage/2007-07-12-nationaler-integrationsplankurzfassung,property =publication- File.pdf, Abruf am 11.02.2010.

Presse- und Informationsamt der Bundesregierung (2008). *Chancen durch Integration. Ratgeber für Familien.* http://www.bundesregierung.de/Content/DE/Publikation/Bestellservice/__Anlagen/2008-07-17-chancen-durch-integration-deutschbarrierefrei, property=publicat ionFile.pdf, Abruf am 11.02.2010.

Preuß, Ulrich K. (2001): Multikulti ist nur eine Illusion. Deutschland wird zum Einwanderungsland. Das Grundgesetz taugt nicht als Wegweiser. In: *DIE ZEIT,* Nr. 23 (31.5.2001), S. 13.

Price, Monroe E. (1995). *Television: The Public Sphere and National Identity.* Oxford: Clarendon Press.

Quandt, Siegfried (1998). *Deutschland im Dialog der Kulturen: Medien – Images – Verständigung.* Berichtsband der Jahrestagung der Deutschen Gesellschaft für Publizistik- und Kommunikationswissenschaft (DGPuK) vom 7.-9.5.1997 in Gießen zum Thema „Deutschland im Dialog der Kulturen". Konstanz: UVK-Medien.

Radtke, Frank-Olaf (1992): Die Konstruktion des Fremden im Diskurs des Multikulturalismus. In: Kürsat-Ahlers, H. (Hrsg.) *Die multikulturelle Gesellschaft: Der Weg zur Gleichstellung?* Frankfurt: Verlag für Interkulturelle Kommunikation, S. 129-141.

Radtke, Frank-Olaf (1993). *Multikulturell: die Konstruktion eines sozialen Problems und ihre Folgen.* Frankfurt: Verlag für Interkulturelle Kommunikation.

Rau, Johannes (2000). *Ohne Angst und ohne Träumereien: Gemeinsam in Deutschland leben.* Berliner Rede im Haus der Kulturen der Welt, am 12. Mai 2000. http://www. bundespraesident.de/Reden-und-Interviews/Berliner-Reden-,12090/Berliner-Rede-2000.htm, Abruf am 11.02.2010.

Renn, Joachim (2006). *Übersetzungsverhältnisse. Perspektiven einer pragmatischen Gesellschaftstheorie.* Weilerswist: Velbrück Wissenschaft.

Robbers, Gerhard (1994). Ausländer im Verfassungsrecht. In: Benda/Maihofer & Vogel (Hrsg.). *Handbuch des Verfassungsrechts.* (2. Auflage) Berlin: de Gruyter , S. 391-424.

Röben, Bärbel (2004). Umgang mit Differenzen als Schlüsselqualifikation. Projekte zur Einführung einer interkulturellen Perspektive in die Journalistenausbildung. In: Neubert, K. & Scherer, H. (Hrsg.) *Die Zukunft der Kommunikationsberufe. Ausbildung, Berufsfelder, Arbeitsweisen.* Konstanz: UVK Verlagsgesellschaft, S. 265- 306.

Ross, Karen (1996). *Black and White Media: Black Images in Popular Film and Television.* Cambridge: Polity.

Rössler, Patrick (1997). *Theoretische Annahmen und empirische Evidenzen einer Medienwirkungshypothese.* Opladen: Westdeutscher Verlag.

Rudiger, Anja (2005). Conceptual and political approaches to integration: an anglo-american perspective. In: Süssmuth, R. & Weidenfeld, W. (Hrsg.) *Managing Integration. The European Union's Responsibilities towards Immigrants.* Gütersloh: Bertelsmann Stiftung, S. 16-24.

346

Ruhrmann, Georg (2009). *Migranten und Medien. Dokumentation zum Forschungsstand der wichtigsten Studien über die Mediendarstellung, Nutzung und Rezeption von Migranten und ethnischen Minderheiten von 2003 bis 2009.* Köln: CIVISMedienstiftung.http://www.civismedia.eu/tv/civis/downloads/ Dokumentation_Migranten_und_Medien.pdf, Abruf am 11.02.2010.

Ruhrmann, Georg & Demren, Songül (2000). Wie Medien über Migranten berichten. In: Schatz, H./Holtz-Bacha, C. & Nieland, J.-U. (Hrsg.) *Migranten und Medien. Neue Herausforderungen an die Integrationsfunktion von Presse und Rundfunk.* Opladen/Wiesbaden: Westdeutscher Verlag, S. 69-81.

Sachverständigenrat für Zuwanderung und Integration (Hrsg.) (2004). *Migration und Integration – Erfahrungen nutzen, Neues wagen.* Jahresgutachten des Sachverständigenrates für Zuwanderung und Integration 2004. Nürnberg: Sachverständigenrat für Zuwanderung und Integration. http://www.dstgb.de/homepage/kommunalreport/archiv2004/newsitem00997/ 997_3_1092. pdf, Abruf am 11.02.2010.

Sackmann, Rosemarie (2004). *Zuwanderung und Integration. Theorien und empirische Befunde aus Frankreich, den Niederlanden und Deutschland.* Wiesbaden: VS Verlag für Sozialwissenschaften.

Sassen, Saskia (2000). *Migranten, Siedler, Flüchtlinge: von der Massenauswanderung zur Festung Europa.* (3. Auflage) Frankfurt/Main: Fischer-Taschenbuch-Verlag.

Schächter, Markus (2007). *Integration durch Sport.* Interview am 27.02.2007. Deutscher Olympischer Sportbund. http://www.dosb.de/de/integration-durchsport/interview/detail /news/ markus_schaechter_zum_zdf schwerpunkt_integration_die_vereine_leisten_vorbildliche_ integrationsar/11726/nb/2/cHash/ 636dd9314b/, Abruf am 11.02.2010.

Schächter, Markus (2008). *Selbstverpflichtungserklärung ZDF 2009-2010. ZDF-Programm-Perspektiven 2009-2010.* http://www.unternehmen.zdf.de/fileadmin/files/Download_Dokumente/DD_Das_ ZDF/Selbstverpflichtungserklaerung_Programm_Perspektiven_2009_ 2010.pdf, Abruf am 10.02.2010.

Schatz, Heribert/Holtz-Bacha, Christina & Nieland, Jörg-Uwe (Hrsg.) (2000). *Migranten und Medien. Neue Herausforderungen an die Integrationsfunktion von Presse und Rundfunk.* Opladen/Wiesbaden: Westdeutscher Verlag.

Schatz, Heribert & Nieland, Jörg-Uwe (2000). Einführung in die Thematik und Überblick über die Beiträge. In: Schatz, H./Holtz-Bacha, C. & Nieland, J.-U. (Hrsg.) *Migranten und Medien. Neue Herausforderungen an die Integrationsfunktion von Presse und Rundfunk.* Opladen/Wiesbaden: Westdeutscher Verlag, S. 11-24.

Schatz, Heribert/Habig, Christopher & Immer, Nikolaus (1990). Medienpolitik. In: von Beyme, K. & Schmidt, M. (Hrsg.) *Politik in der Bundesrepublik Deutschland.* Opladen: Westdeutscher Verlag, S. 331-359.

Schäuble, Wolfgang (2006). Unser Problem ist die Integration. Interview. In: *Der Spiegel,* Nr. 21 (22.05.2006), S. 36-38.

Schäuble, Wolfgang (2007). Anforderungen an eine moderne Integrationspolitik. Rede beim Forum Migration 2006 der Otto Bennecke Stiftung am 12. Dezember 2006 in Bonn. In: Bade, K. J. & Hiesserich, H.-G. (Hrsg.) *Nachholende Integrationspolitik und Gestaltungsperspektiven der Integrationspraxis.* Göttingen. V&R unipress, S. 11-20.

Scheuch, Erwin (1967). Das Interview in der Sozialforschung. In: König, R. (Hrsg.) *Handbuch der empirischen Sozialforschung.* (Band 1, 2. Auflage) Stuttgart: Enke, S. 136-196.

Scheufele, Bertram (2003). *Frames – Framing – Framing Effekte. Studien zur Kommunikationswissenschaft.* Wiesbaden: VS Verlag für Sozialwissenschaften.

Schiffer, Sabine (2005). *Die Darstellung des Islams in der Presse. Sprache, Bilder, Suggestionen. Eine Auswahl von Techniken und Beispielen.* Würzburg: Ergon Verlag.

Silbermann, Alfons & Hüsers, Francis (1995). *Der ,normale' Hass auf die Fremden. Eine sozialwissenschaftliche Studie zu Ausmaß und Hintergründen von Fremdenfeindlichkeit in Deutschland.* München: Beck.

Schmidt, Christiane (2000). Analyse von Leitfadeninterviews. In: Flick, U./Kardoff, E. & Steinke, I. (Hrsg.) *Qualitative Forschung. Ein Handbuch.* Reinbek bei Hamburg: Rowohlt, S. 447-456.

347

Schmidt, Siegfried J. (1998). Kalte Faszination. In: Beck, U. (Hrsg.) *Politik der Globalisierung.* Frankfurt am Main: Suhrkamp Verlag, S. 100-118.

Schmidt, Siegfried J. (2002). *Kalte Faszination. Medien, Kultur, Wissenschaft in der Mediengesellschaft.* Weilerswist: Velbrück Wissenschaft.

Schneider, Irmela (2008). Rundfunk für alle. In: Wischermann, U. & Thomas, T. (Hrsg.) *Medien – Diversität – Ungleichheit. Zur medialen Konstruktion sozialer Differenz.* Wiesbaden: Verlag für Sozialwissenschaften, S. 27-60.

Schneider, Beate & Arnold, Anne-Katrin (2004a). Mediennutzung und Integration türkischer Migranten in Deutschland. In: Pöttker, H. & Meyer, T. (Hrsg.) *Kritische Empirie. Lebenschancen in den Sozialwissenschaften. Festschrift für Rainer Geißler.* Wiesbaden: VS Verlag für Sozialwissenschaften, S. 489-503.

Schneider, Beate & Arnold, Anne-Katrin (2004b). Türkische Journalisten in Deutschland. Zwischen Integration und Bewahrung. In: Neubert, K. & Scherer, H. (Hrsg.) *Die Zukunft der Kommunikationsberufe. Ausbildung, Berufsfelder, Arbeitsweisen.* Konstanz: UVK, S. 245-263.

Schneider, Beate & Arnold, Anne-Katrin (2006). Die Kontroverse um die Mediennutzung von Migranten: Massenmediale Ghettoisierung oder Einheit durch Mainstream? In: Geißler, R. & Pöttker, H. (Hrsg.) *Integration durch Massenmedien – Mass Media – Integration.* Bielefeld: Transcript, S. 93-119.

Scholl, Armin (2003). *Die Befragung. Sozialwissenschaftliche Methode und kommunikationswissenschaftliche Anwendung.* Konstanz: UVK.

Schönwälder, Karen & Söhn, Janina (2006). *Integration.* Dossier „Kulturen in Bewegung" des Goethe-Instituts. http://www.goethe.de/ges/pok/prj/mig/igd/de3146846.htm, Abruf am 11.02.2010.

Schuler-Harms, Margarete (2000). Die Rundfunkordnung der Bundesrepublik Deutschland. In: Hans-Bredow-Institut (Hrsg.) *Internationales Handbuch für Hörfunk und Fernsehen 2000/2001.* Baden-Baden: Nomos, S. 139-159.

Schulte, Axel (2000). *Zwischen Diskriminierung und Demokratisierung. Aufsätze zu Politiken der Migration, Integration und Multikulturalität in Westeuropa.* Frankfurt/M: IKO – Verlag für Interkulturelle Kommunikation.

Schulte, Axel (2006). Integrationspolitik – ein Beitrag zu mehr Freiheit und Gleichheit in der Einwanderungsgesellschaft. In: Baringhorst, S./Hunger, U. & Schönwalder, K. (Hrsg.) *Politische Steuerungs- von Integrationsprozessen. Intentionen und Wirkungen.* Wiesbaden: VS Verlag für Sozialwissenschaften, S. 27-60.

Schultz, Tanjev (2002). Grosse Gemeinschaft und Kunst der Kommunikation. Zur Sozialphilosophie von John Dewey und ihrem Revival im Public Journalism. In: Imhof, K./ Jarren, O. & Blum, R. (Hrsg.) *Integration und Medien. Mediensymposium Luzern.* (Band 7) Opladen/Wiesbaden: Westdeutscher Verlag, S. 36-55.

Schultz, Tanjev. *Gutachten der OECD: Studie warnt vor Spitzenkräfte-Mangel.* In: Süddeutsche Zeitung (SZ), 13.09.2006.

Schulz, Winfried (2008). Kommunikationsforscher als Komparatisten. In: Melischek, G./Seethaler, J. & Wilke J. (Hrsg.) *Medien und Kommunikationsforschung im Vergleich: Grundlagen, Gegenstandsbereiche, Verfahrensweisen.* Wiesbaden: VS Verlag für Sozialwissenschaften, S. 17-26.

Schulz, Wolfgang (Hrsg.) (1998). *Expertenwissen. Soziologische, psychochologische und pädagogische Perspektiven.* Opladen: Leske + Budrich.

Sennet, Richard (2002). *Respekt im Zeitalter der Ungleichheit.* Berlin: Berliner Verlag.

Sergeant, Jean-Claude (2008). Umkämpfte BBC. In: *Informationen zur politischen Bildung. Großbritannien*, Nr. 262, S. 54.

Silverstone, Roger (2002). Eine Stimme finden. Minderheiten, Medien und die globale Allmende. In: Hepp, A. & Löffelholz, M. (Hrsg.) *Grundlagentexte zur transkulturellen Kommunikation.* Konstanz: UVK, S. 725 – 749.

Simon, Erik (2007). Migranten und Medien 2007. In: *Media Perspektiven*, Nr. 9, S. 426-435.

Statham, Paul (2002). United Kingdom. In: ter Wal, J. (Hrsg.) *Racism and cultural diversity in the mass media – an overview of research and examples of good practice in the EU member States*, 1995-2000. Vienna: European Monitoring Centre on Racism and Xenophobia (EUMC), S. 395-419.

Sterk, G. et al. (Hrsg.) (2000). *Media en allochtonen. Journalistiek in de multiculturele samenleving.* Den Haag: Sdu.

Stichweh, Rudolf (2005). *Inklusion und Exklusion. Studien zur Gesellschaftstheorie.* Transcript: Bielefeld.

Stolte, Dieter (2004). *Wie das Fernsehen das Menschenbild verändert.* München: C.H. Beck.

Süssmuth, Rita (2006). *Migration und Integration. Testfall für unsere Gesellschaft.* München: Deutscher Taschenbuch Verlag.

Süssmuth, Rita & Weidenfeld, Werner (Hrsg.) (2005a). *Managing Integration. The European Union's Responsibilities towards Immigrants.* Gütersloh: Bertelsmann Stiftung.

Süssmuth, Rita & Weidenfeld, Werner (2005b). The integration of challenge: living together in a Europe of diversity. In: Süssmuth, R. & Weidenfeld, W. (Hrsg.) *Managing Integration. The European Union's Responsibilities towards Immigrants.* Gütersloh: Bertelsmann Stiftung, S. 1-18.

Sutter, Tilmann (2002). Integration durch Medien als Beziehung struktureller Kopplung. In: Imhof, K./Jarren, O. & Blum, R. (Hrsg.) *Integration und Medien. Mediensymposium Luzern.* (Band 7) Opladen/Wiesbaden: Westdeutscher Verlag, S. 122-135.

Tendenz (2002). Magazin für Funk und Fernsehen der Bayerischen Landeszentrale für neue Medien, Heft Nr. 1, Themenheft: *Gefangen im Medienghetto? Migranten in Deutschland.*

ter Wal, Jessika (Hrsg.) (2002). *Racism and cultural diversity in the mass media – an overview of research and examples of good practice in the Eu member States, 1995-2000.* Vienna: European Monitoring Centre on Racism and Xenophobia (EUMC).

ter Wal, Jessica (2004). *European Day of Media Monitoring. Quantitative analysis of daily press and TV contents in the 15 EU Member states.* Utrecht: European Research Centre on Migration and Ethnic Relations.

The Council of Europe (2008). (9th edition) *Compendium of Cultural Policies and Trends in Europe.* http://www.culturalpolicy.org/commons/announcedetail.cfm? ID=674,Abruf am 8. 05.2010.

The Netherlands Scientific Council for Government Policy (WRR) (2006). *Media Policy for the Digital Age. Report.* Amsterdam: Amsterdam University Press.

The Runnymede Trust (Hrsg.) (2007). *The Future of Multi-Ethnic Britain.* London: Profile Books.

Thompson, John (1995). *The Media and Modernity: A Social History of the Media.* Stanford: Stanford University Press.

Thompson, Mark (2004). *Building Public Value BBC.* Launch Speech 29/06/2004. http://www.bbc.co.uk/pressoffice/speeches/stories/bpv_thompson.shtml, Abruf am 15.02. 2010.

Thränhardt, Dietrich (2001). Einwanderungsland Deutschland – von der Tabuisierung zur Realität. In: Mehrländer, U. & Schulze, G. (Hrsg.) *Einwanderungsland Deutschland. Neue Wege nachhaltiger Integration.* Bonn: J.H.W. Dietz Verlag, S. 41-63.

Thränhardt, Dietrich & Hunger, Uwe (2003). *Migration im Spannungsfeld von Globalisierung und Nationalstaat.* Leviathan. (Sonderheft 22.) Wiesbaden: VS Verlag für Sozialwissenschaften.

Tibi, Bassam (2008). Die Idee des Multikulturalismus. In: *Dossier Multikulturalismus.* Berlin: Heinrich-Böll-Stiftung.

Touraine, Alain (1994). *Qu'est-ce que la democratie?* Paris: Fayard.

Trebbe, Joachim (2003). Mediennutzung und Integration. Eine Integrationstypologie der türkischen Bevölkerung in Deutschland. In: Donsbach, W. & Jandura, O. (Hrsg.) *Chancen und Gefahren der Mediendemokratie.* Konstanz: UVK.

Trebbe, Joachim (2007). Akkulturation und Mediennutzung von türkischen Jugendlichen in Deutschland. In: Bonfadelli, H. & Moser, H. (Hrsg.) *Medien und Migration. Europa als multikultureller Raum?* Wiesbaden: VS Verlag für Sozialwissenschaften, S. 183-208.

Trebbe, Joachim (2009). *Ethnische Minderheiten, Massenmedien und Integration. Eine Untersuchung zu massenmedialer Repräsentation und Medienwirkungen.* Wiesbaden: VS Verlag für Sozialwissenschaften.

349

Trebbe, Joachim & Weiss, Hans-Jürgen (2007). Integration als Mediennutzungsmotiv? Eine Typologie junger türkischer Erwachsener in Nordrhein-Westfalen. In: *Media Perspektiven*, Nr. 3, S. 136-141.

Trinczek, Rainer (2005). Wie befrage ich Manager? Methodische und methodologische Aspekte des Experteninterviews als qualitativer Methode empirischer Sozialforschung. In: Bogner, A./Littig, B. & Menz, W. (Hrsg.) *Das Experteninterview. Theorie, Methode, Anwendung*. Wiesbaden: VS Verlag für Sozialwissenschaften, S. 209-222.

United Nations (UN) (2006). *Trends in total Migrant Stock. The 2005 Revision*. New York: United nations.

van de Steeg, Marianne (2002). Rethinking the conditions for a public sphere in the European Union. In: *European Journal of Social Theory*, Nr. 5, 499-519.

van Koolwijk, Jürgen (1974). Die Befragungsmethode. In: van Koolwijk, J. & Wieken-Mayser, M. (Hrsg.) *Techniken der empirischen Sozialforschung. Erhebungsmethoden: Die Befragung*. München/Wien: Oldenbourg, S. 9-23.

Viehoff, Reinhold & Segers, Rien T. (Hrsg.) (1999). *Kultur – Identität – Europa. Über die Schwierigkeiten und Möglichkeiten einer Konstruktion*. Frankfurt/Main: Suhrkamp.

Vitorino, Antonio (2005). The European Union's role in immigration and integration policy. In: Süssmuth, R. & Weidenfeld, W. (Hrsg.) *Managing Integration. The European Union's Responsibilities towards Immigrants*. Gütersloh: Bertelsmann Stiftung.

Vlasic, Andreas (2004). *Die Integrationsfunktion der Massenmedien. Begriffsgeschichte, Modelle, Operationalisierung*. Wiesbaden: VS Verlag für Sozialwissenschaften.

Vlasic, Andreas & Brosius, Hans-Bernd (2002). „Wetten dass…" – Massenmedien integrieren? Die Integrationsfunktion der Massenmedien: Zur empirischen Beschreibbarkeit eines normativen Paradigmas. In: Imhof, K./Jarren, O. & Blum, R. (Hrsg.) *Integration und Medien. Mediensymposium Luzern*. (Band 7. Opladen/Wiesbaden: Westdeutscher Verlag, S. 93-109.

Vogel, Berthold (1995). Wenn der Eisberg zu schmelzen beginnt… einige Reflexionen über den Stellenwert und die Probleme des Experteninterviews in der Praxis der empirischen Sozialforschung. In: Brinkmann, C./Decke, A. & Völkel, B. (Hrsg.) *Experteninterviews in der Arbeitsmarktforschung. Diskussionsbeiträge zu methodischen Fragen und praktischen Erfahrungen*. Nürnberg: Institut für Arbeitsmarkt- und Berufsforschung, S. 73-84.

von Beyme, Klaus & Schmidt, Manfred G. (Hrsg.) (1990). *Politik in der Bundesrepublik Deutschland*. Westdeutscher Verlag: Opladen.

von Droste, Liane (2007). Weg vom Problemfall. In: *journalist*, S. 16-17.

Voß, Friedrich (2001). SFB4 Radio Multikulti – Bewahren und Integrieren. In: Hamburgische Anstalt für Neue Medien (Hrsg.) *Medien – Migration – Integration. Elektronische Massenmedien und die Grenzen kultureller Identität*. Berlin: Vistas, S. 137-146.

Waldron, Jeremy (2000). Cultural Identity and Civic Responsibility. In: Kymlicka, W. & Norman, W. (Hrsg.) *Citizenship in Diverse Societies*. New York: Oxford University Press, S. 155-174.

Walter, Mignon/Schlinker, Ute & Fischer, Christiane (2007). Fernsehnutzung von Migranten. In: *Media Perspektiven*, Nr. 9, S. 436-451.

WDR (2007). Zwischen den Kulturen: Fernsehen, Einstellungen und Integration junger Erwachsener mit türkischer Herkunft in Nordrhein-Westfalen. In: *Media Perspektiven*, Nr. 3, S. 153-161.

Weinlein, Alexander (2007). Integration: Böhmer erfreut über Selbstverpflichtungen der Medien. In: *Aus Politik und Zeitgeschichte*, Nr. 25. Berlin: Deutscher Bundestag und Bundeszentrale für politische Bildung. http://www.bundestag.de/dasparlament/2007/25/ KulturMedien/16196793.html, Abruf am 11.02.2010.

Weischenberg, Siegfried (1992). *Journalistik. Theorie und Praxis aktueller Medienkommunkation. Band 1: Mediensysteme, Medienethik, Medieninstitutionen*. Opladen: Westdeutscher Verlag.

Weischenberg, Siegfried (1998). *Journalistik. Medienkommunikation: Theorie und Praxis*. (2. Auflage) Opladen/Wiesbaden: Westdeutscher Verlag.

Weischenberg, Siegfried (1990). *Nachrichtenschreiben. Journalistische Praxis zum Studium und Selbststudium*. Opladen: Westdeutscher Verlag.

Weischenberg, Siegfried (2002). *Journalistik. Medientechnik. Medienfunktionen. Medienakteure.* (Nachdruck) (Band 2) Opladen/Wiesbaden: Westdeutscher Verlag.

Weiß, Hans-Jürgen (2002). Mediengheto – nutzen türkische Migranten hauptsächlich deutsche Medien? Contra. In: *tendenz,* Nr. 1, S. 11.

Weiß, Hans-Jürgen & Trebbe, Joachim (2001). *Mediennutzung und Integration der türkischen Bevölkerung in Deutschland. Ergebnisse einer Umfrage des Presse- und Informationsamtes der Bundesregierung.* Potsdam: GöfaK Medienforschung.

Weiß, Hans-Jürgen & Trebbe, Joachim (2002). Mediennutzung und Integration der türkischen Bevölkerung in Deutschland. Ergebnisse einer Umfrage des Presse- und Informationsamtes der Bundesregierung. In: Meier-Braun, H. & Kilgus, M. A. (Hrsg.) *Integration durch Politik und Medien? 7. Medienforum Migranten bei uns.* Baden-Baden: Nomos, S. 45-48.

Weßler, Hartmut (2002). Multiple Differenzierung und kommunikative Integration – Symbolische Gemeinschaft und Medien. In Imhof, K./Jarren, O. & Blum, R. (Hrsg.) *Integration und Medien. Mediensymposium Luzern.* (Band 7) Opladen/Wiesbaden: Westdeutscher Verlag, S. 56-76.

Weßler, Hartmut (2004). Europa als Kommunikationsnetzwerk. Theoretische Überlegungen zur Europäisierung von Öffentlichkeit. In Hagen, L. M. (Hrsg.) *Europäische Union und mediale Öffentlichkeit. Theoretische Perspektiven und Befunde zur Rolle der Medien im europäischen Einigungsprozess.* Köln: Herbert von Halem Verlag, S. 13-28.

Weßler, Hartmut (2008). Mediale Diskursöffentlichkeiten im internationalen Vergleich – ein Forschungsprogramm. In: Melischek, G./Seethaler, J. & Wilke; J. (Hrsg.) *Medien und Kommunikationsforschung im Vergleich: Grundlagen, Gegenstandsbereiche, Verfahrensweisen.* Wiesbaden: VS Verlag für Sozialwissenschaften.

Wilke, Jürgen (Hrsg.) (1999). *Mediengeschichte der Bundesrepublik Deutschland.* Köln: Böhlau.

Winkler, Josef (2008). Integrationspolitik – die große gesellschaftspolitische Herausforderung. In: *Dossier Multikulturalismus.* Berlin: Heinrich-Böll-Stiftung. http://www.migration-boell.de/web/ integration/47 _765.asp, Abruf am 12.02.2010.

Winter, Rainer (2005). Der zu bestimmende Charakter von Kultur: Das Konzept der Artikulation in der Tradition der Cultural Studies. In: Srubar, I./Renn, J. & Wenzel, U. (Hrsg.) *Kulturen vergleichen. Sozial- und kulturwissenschaftliche Grundlagen und Kontroversen.* Wiesbaden: VS Verlag für Sozialwissenschaften, S. 271-289.

Winter, Carsten/Thomas, Tanja & Hepp, Andreas (Hrsg.) (2003). *Medienidentitäten. Identität im Kontext von Globalisierung und Medienkultur.* Köln: Halem.

Wirth, Werner & Kolb, Steffen (2003). Äquivalenz als Problem: Forschungsstrategien und Designs der komparativen Kommunikationswissenschaft. In: Esser, F. & Pfetsch, B. (Hrsg.) *Politische Kommunikation im internationalen Vergleich. Grundlagen, Anwendungen, Perspektiven.* Wiesbaden: Westdeutscher Verlag, S. 104-134.

Wirth, Werner & Kolb, Steffen (2004). Designs and Methods of Comparative Political Communication Research. In: Esser, F. & Pfetsch, B. (Hrsg.) *Comparing Political Communication: Theories, Cases, and Challenges.* New York: Cambridge University Press, S. 87-114.

Wischermann, Ulla & Thomas, Tanja (Hrsg.) (2008). *Medien – Diversität – Ungleichheit. Zur medialen Konstruktion sozialer Differenz.* Wiesbaden: VS Verlag für Sozialwissenschaften.

Wolf, Frederike (2009). *The labour market integration of the children of immigrants. What can the media do to promote the integration of immigrants and their children?* Room Document. Brüssel: Conference OECD & EU Commission.

Yildiz, Erol (2006). Stigmatisierende Mediendiskurse in der kosmopolitanen Einwanderungsgesellschaft. In Butterwegge, C. & Hentges, G. (Hrsg.) *Massenmedien, Migration und Integration.* Wiesbaden: VS Verlag für Sozialwissenschaften, S. 37-53.

Young, Iris Marion (2000). *Inclusion and Democracy.* Oxford: University Press.

Zambonini, Gualtiero (2004). Ausländer rein! In: *Print. Zeitung des WDR,* Nr. 333, S. 8-10.

Zambonini, Gualtiero (2006). Haben Medien einen Auftrag zur Integration? Podiumsdiskussion. In: Geißler, R. & Pöttker, H. (Hrsg.) *Integration durch Massenmedien. Medien und Migration im internationalen Vergleich.* Bielefeld: Transcript Verlag, S. 252-297.

Zambonini, Gualtiero & Simon, Erk (2008). Kulturelle Vielfalt und Integration: Die Rolle der Medien. Forschungsstand, Perspektiven und Maßnahmen. In: *Media Perspektiven*, Nr. 3, S. 120-124.

Zentrum für Türkeistudien (ZfT) (1997). *Kurzfassung der Studie zum Medienkonsum der türkischen Bevölkerung in Deutschland und Deutschlandbild im türkischen Fernsehen.* Essen/Bonn: Presse- und Informationsamt der Bundesregierung der Bundesrepublik Deutschland.

Zweites Deutsches Fernsehen (ZDF) (2007). *Die Darstellung von Migration und Integration in den ZDF-Programmen: Status quo und Perspektiven.* http://www. unternehmen.zdf.de/uploads/media/ Migration_und _Integration_im_ZDF-Programm.pdf, Abruf am 12.02.2010.

12.2 Quellen aus dem Internet

Arbeitsgemeinschaft der öffentlich-rechtlichen Rundfunkanstalten der Bundesrepublik Deutschland (ARD)
www.ard.de

Arbeitsgemeinschaft Fernsehforschung (AGF)
www.agf.de

„Boundless"-Medienakademie für interkulturellen Journalismus (WDR)
www.boundless2008.com

British Broadcasting Corporation (BBC)
www.bbc.co.uk

Broadcast Training & Skills Regulator (BTSR)
www.btsr.org.uk

Broadcasters' Audience Research Board (BARB)
www.barb.co.uk

Bundesministerium des Inneren (BMI)
http://zuwanderung.de

Bundesamt für Migration und Flüchtlinge (BAMF)
www.bamf.de

Bundesinitiative Integration und Fernsehen (BIF)
http://bundesinitiative.org

Channel 4
www.channel4.com/about4

Charta der Vielfalt
www.charta-der-vielfalt.de

Civis Medienstiftung für Integration
http://civismedia.eu

Compendium of Cultural Policies and Trends in Europe
www.culturalpolicies.net/web/themes.php

Cosmo TV (WDR)
www.wdr.de/tv/cosmotv

Council of Europe
www.coe.int/dialogue

Cultural Diversity Network (CDN)
www.culturaldiversitynetwork.co.uk

Department for Culture Media and Sport (DCMS)
www.culture.gov.uk

Diversi Pro The Diversity Professionals
http://diversipro.com

Ethnic Multicultural Media Academy (EMMA)
www.emmainteractive.com

EU Journalist Award Together against discrimination
http://journalistaward.stop-discrimination.info

Europäische Webseite für Integration
http://ec.europa.eu/ewsi/de

European Broadcasting Union (EBU)
www.ebu.ch

European Year of Intercultural Dialogue (EYID)
www.interculturaldialogue2008.eu

Focus Migration
http://focus-migration.de

France Télévisions
www.francetelevisions.fr

Grundgesetz der Bundesrepublik Deutschland
www.bundestag.de/dokumente/rechtsgrundlagen/grundgesetz

Institute Panos Paris (IPP)
www.panosparis.org

Intercultural Dialogue
www.interculturaldialogue.eu

Intercultural Diversity Group
http://diversipro.com

International Organization for Migration (IOM)
http://iom.int

Media Diversity Institute (MDI)
www.media-diversity.org

Media4Diversity
www.media4diversity.eu

Medien Monitor
www.medien-monitor.com/Medien-und-Migranten.383.0.html

Mediensymposium Luzern
www.foeg.unizh.ch/forschungsbereich/veranstaltungen

Migration Info
www.migration-info.de

„Migration, Integration und Medien"-Forschungsprojekt
http://integration-und-medien.de

Migration Online
http://migration-online.de

Netzwerk Recherche
www.netzwerkrecherche.de

Office of Communications (OFCOM)
www.ofcom.org.uk

Statistisches Bundesamt Deutschland
www.destatis.de

United Nations (UN)
http://esa.un.org/migration

Westdeutscher Rundfunk (WDR)
www.wdr.de/unternehmen

Zweites Deutsches Fernsehen (ZDF)
www.unternehmen.zdf.de

VS Forschung | VS Research
Neu im Programm Soziologie